ACCESO GRATIS ***a la Lectura en la Nube***

Para visualizar el libro electrónico en la nube de lectura envíe junto a su nombre y apellidos una fotografía del código de barras situado en la contraportada del libro y otra del ticket de compra a la dirección:

ebooktirant@tirant.com

En un máximo de 72 horas laborales le enviaremos el código de acceso con sus instrucciones.

EXÉGESIS HISTÓRICO JURÍDICA DE LA EVOLUCIÓN NORMATIVA DE LAS AGUAS CONTINENTALES

Procedimiento de selección de originales, ver página web:
www.tirant.net/index.php/editorial/procedimiento-de-seleccion-de-originales

EXÉGESIS HISTÓRICO JURÍDICA DE LA EVOLUCIÓN NORMATIVA DE LAS AGUAS CONTINENTALES

FRANCISCO JOSÉ ABELLÁN CONTRERAS

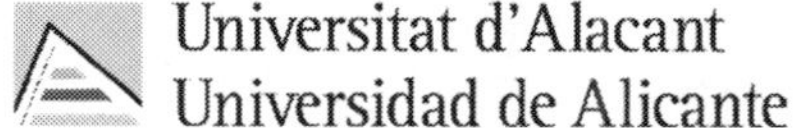

tirant lo blanch
Valencia, 2025

En caso de erratas y actualizaciones, la Editorial Tirant lo Blanch publicará la pertinente corrección en la página web www.tirant.com.

EDITA: TIRANT LO BLANCH
C/ Artes Gráficas, 14 - 46010 - Valencia
TELFS.: 96/361 00 48 - 50
FAX: 96/369 41 51
Email: tlb@tirant.com
www.tirant.com
Librería virtual: www.tirant.es
Depósito legal: V-4673-2024
ISBN: 978-84-1071-795-4

Si tiene alguna queja o sugerencia, envíenos un mail a: *atencioncliente@tirant.com*. En caso de no ser atendida su sugerencia, por favor, lea en *www.tirant.net/index.php/empresa/politicas-de-empresa* nuestro procedimiento de quejas.

Responsabilidad Social Corporativa: http://www.tirant.net/Docs/RSCTirant.pdf

Mi más sincero agradecimiento a la Cátedra del Agua, al IUACA
y al Área de Historia del Derecho de la Universidad de Alicante
por su confianza y apoyo

Índice

Introducción

En la Carta Europea del Agua, aprobada en Estrasburgo en 1968, el líquido elemento se concibió como un recurso natural, escaso e imprescindible a toda actividad humana. En efecto, sin agua no hay vida ni desarrollo, de ahí la importancia de no alterar su calidad, preservarlo de cualquier tipo de contaminación, amén de garantizar su disponibilidad en cantidad necesaria en función de las directrices de la planificación económica, de la dinámica social y, por supuesto, de los requerimientos o previsiones de la ordenación territorial. A los problemas tradicionales que, desde tiempos inmemoriales, han planteado las aguas continentales (superficiales y subterráneas), en relación a su control, posesión, gestión, uso y aprovechamiento, se unen hoy día los generados por la sequía extrema y las inundaciones -consecuencia directa del cambio climático-, pero también por el deterioro paulatino de la calidad y el aumento constante de su consumo debido, entre otros factores, a la expansión demográfica, al incremento exponencial de la población -y su concentración en ciudades-, y a las crecientes necesidades del sector agrario e industrial.

Los problemas cualitativos y cuantitativos de este recurso natural, tan importante como escaso, ha llevado a los poderes públicos a mostrar una enorme preocupación e inquietud por el tema, proponiéndose medidas adecuadas para su efectiva resolución. Y aunque pueda resultar anacrónico, por decirlo de alguna forma, con anterioridad a la codificación de las aguas en España, la autoridad pública mostró un interés inusitado en tutelar el recurso con el fin de maximizar su aprovechamiento y garantizar un uso eficiente y racional. De ahí, las múltiples disposiciones legales dictadas para tratar de dar solución a los problemas reales suscitados por la carestía de agua potable para abastecer a la población, pero también para preservar la salud pública mediante un mayor control de las infraestructuras hidráulicas y de las actividades económicas desarrolladas.

Por ello, el presente trabajo, realizado por encargo de la Cátedra del Agua de la Universidad de Alicante, tiene por objetivo estudiar, desde una visión histórico-jurídica, la evolución del marco normativo de las aguas continentales desde el Antiguo Régimen hasta finales del siglo XX. A partir de la exhumación y estudio de múltiples fuentes legales históricas y de la vasta doctrina jurídica desarrollada, en los últimos cincuenta años, por especialistas autorizados del Derecho Administrativo y Civil español en el ramo de las aguas, se aborda, entre otras cuestiones de interés: la dimensión jurídica del líquido elemento como recurso básico, estratégico, patrimonial y de control en el periodo de transición del régimen absoluto a la Monarquía constitucional, los efectos de la desarticulación de los vestigios medievales con ocasión de la reforma liberal de las aguas en el siglo XIX, la conformación y consolidación del régimen jurídico especial de las aguas en el Archipiélago de Canarias, el papel de los incentivos y auxilios estatales en la ejecución de grandes obras para satisfacer las necesidades de la población, la agricultura (nuevos riegos) y para el aprovechamiento de la fuerza motriz de la corriente de agua de los ríos. De igual modo, se ha prestado especial atención a la problemática de la dispersión normativa en el ramo de las aguas previa a la codificación, a las dificultades y vicisitudes del perentorio proceso de redacción de la Ley de Aguas de 1866 y su reforma, y a la evolución normativa del régimen de los aprovechamientos hídricos con posterioridad a la Ley de Aguas de 1879. Asimismo, se ha profundizado en el estudio de los distintos Proyectos de Ley de reforma parcial de la legislación decimonónica de aguas con el propósito de solventar su obsolescencia en el tratamiento de algunas cuestiones de interés, amén de adecuarla a las nuevas exigencias de la sociedad del siglo XX; manifestaciones revisionistas de la legislación que, a lo largo de esta centuria, marcaron el camino hacia la demanialización y protección de todos los recursos hídricos del país, como se tendrá ocasión de comprobar a lo largo de la presente monografía. Si bien, no será hasta 1985, con la aprobación de una nueva Ley de Aguas, cuando se produzca en España una reforma sustancial del Derecho hidráulico, cuyo radicalismo no sólo quedó patente al declarar la totalidad de las aguas continentales de dominio público, frente a la calificación de aguas privadas que venía, de toda la legislación histórica conocida, sino también al conferir un papel central a la planificación hidrológica como instrumento transcendental para distribuir los recursos de manera eficiente y condicionante de nuevos aprovechamientos. Por otro lado, la nueva Ley incorporó un enfoque ambiental del agua que sirvió para poner de relieve la dispersión normativa que existía en la materia y la necesidad de abordar, desde una perspectiva unitaria, la protección de la calidad del recurso frente a cualquier tipo de actividad contaminante, no sólo con un criterio puramente represivo, sino también preventivo. Precisamente, por sus repercusiones en la salud pública, en la economía y en el medioambiente, esta última cuestión ocupa un lugar destacado en la obra.

1.

Naturaleza jurídica de las aguas continentales en el tránsito del Antiguo Régimen al Estado Constitucional

El régimen de propiedad y de aprovechamientos del agua quedó consagrado en los antiguos reinos hispánicos, desde el medievo hasta finales del Antiguo Régimen, en dos sistemas muy dispares: el "ribereño" y el "regaliano"[1]. En el primero, característico de la Corona de Castilla, se protegía el acceso común de las aguas superficiales y el derecho de los hombres y mujeres a servirse de ella, al tiempo que se privatizaba su uso. En base a este sistema, los titulares de las heredades próximas a las riberas fluviales gozaron de una posición jurídica privilegiada para servirse del agua pública -por regía concesión realizada sin perjuicio de tercero-[2] en el marco de los "repartimientos" que se hicieron para favorecer la repoblación[3]. Tal circuns-

---

1 Vid. LALINDE ABADÍA, J. "La consideración jurídica de las aguas en el Derecho Medieval Hispánico", *Anales de la Facultad de Derecho (Universidad de La Laguna),* núm. 1968, pp. 43-59. GALLEGO ANABITARTE, A. *El Derecho de aguas en España,* Ministerio de Obras Públicas y Urbanismo, Madrid, 1986, pp. 128-133. PIQUERAS DELGADO, F. *Derecho de aguas y medio ambiente. El paradigma de la protección de los humedales.* Tecnos, Madrid, 1992, pp. 72-75. GAY DE MONTELLÁ, R. y MASSÓ ESCOFET, C.: *Tratado de la legislación de aguas públicas y privadas.* (Tomo I), Edición 3º, Bosch, Barcelona, 1956, pp. 19-27. MOREU BALLONGA, J. L. *Aguas públicas y aguas privadas,* Bosch, Barcelona, 1996, pp. 107-124.

2 LATOUR BROTONS, J. *Antecedentes de la primitiva Ley de Aguas.* Imprenta de F. Domenech, Madrid, 1955, pp. 40-42.

3 GALLEGO ANABITARTE, A. *El Derecho de aguas*...cit., pp. 132-133.

tancia, como se desprende de las *Partidas* -y anteriormente en cartas pueblas y fueros municipales-[4], afectó a cualquier uso o aprovechamiento de las aguas, desde la pesca y el transporte fluvial de personas y mercancías, a la explotación de la energía

[4] El régimen jurídico de las aguas en Castilla, desde la Baja Edad Media hasta finales del Antiguo Régimen, se plasmó en las *Partidas*. Con anterioridad, la titularidad de las aguas junto a los usos y aprovechamientos de los recursos hídricos se rigieron por los usos y costumbres locales (derecho consuetudinario) y por las disposiciones contenidas tanto en cartas pueblas como en fueros municipales. En estos dos primitivos y rudimentarios instrumentos legales de ordenación de la repoblación, que contribuyeron a vertebrar el especio tras la Reconquista, amén de regular las relaciones socio-económicas y jurídicas entre los habitantes del Concejo con la Corona -o con el señor territorial-, concedían la propiedad y aprovechamiento comunal de las aguas de los ríos, de los manantiales, de las fuentes y de los lagos junto a los pastos y montes del término municipal como incentivo para estimular la repoblación con colonos cristianos. Precisamente, los fueros municipales fijaron reglas para el abastecimiento de la población, distribución, gobierno y buen uso de las aguas, además de la conservación de las infraestructuras hidráulicas (acequias, azudes o presas, cisternas, aljibes, pozos, acueductos, etc.) cuya administración recaía, por lo general, en los Concejos, Jurados y Tribunales Privativos de aguas. Para más información véase los comentarios de: SANDOVAL PARRA, V. "Derecho local medieval de aguas", *Ius Fugit*, núm. 20, 2017, pp. 397-429. BONACHÍA HERNÁNDO, J. A. "El agua en las Partidas" en *Aguas y Sociedad en la Edad Media hispana*, Isabel del Val Valdivieso (Coord.), Universidad de Granada, Granada, 2012, pp.13-64. VASSBERG, D. E., *Tierra y sociedad en Castilla, Señores, poderosos y campesinos en la España del siglo XVI*, Crítica, Barcelona, 1986, pp. 20-ss. GARCÍA CAÑÓN, P. "La pesca en los Concejos de Luna de Yuso y de Suso (León) durante el siglo X: lucha e intereses entre señores y pescadores", en *Vivir del agua en las ciudades medievales*, Isabel Del Val Valdivieso (Coord.), Universidad de Valladolid, Valladolid, 2006, pp. 181-202. DELGADO PIQUERAS, F. *Derecho de aguas...*, cit., p. 74.

hidráulica[5]. Se ha de tener en consideración que los monarcas castellanos lograron fundar su derecho o titularidad sobre las aguas en la idea del "dominio eminente"[6]. En el *Fuero Juzgo* se dispuso que la navegación en los grandes ríos y el uso de molinos siempre requería autorización regia y una contraprestación económica en virtud del dominio supremo que el mo-

---

5 DEL VAL VALDIVIESO, I. "Agua y paisaje en las crónicas castellanas de la Baja Edad Media" en *Wasse-Wege-Wisseauf der Iberischen Halbinsel,* Nomos, Berlín, 2018, pp. 285-304.

6 El profesor Jesús Lalinde Abadía, al estudiar el Derecho hispánico de aguas medieval, distinguió entre "regalía" y "dominio eminente, en cuanto al contenido y significado mismo de ambos términos o vocablos. En opinión del autor, desde tiempos de la Reconquista todo lo que no era objeto de propiedad privada -aceptada o permitida- por el monarca devenía propiedad de éste en concepto de "regalía", pero a partir del siglo XVII recibirá el nombre de "dominio eminente", pudiendo pasar en ocasiones del rey a los señores territoriales y, a veces, a entes locales. Además, uno y otro podían ser cedidos por el monarca en cualquier concepto (donación, enajenación o venta). LALINDE ABADÍA, J.: *La consideración jurídica…*, cit. pp. 51-ss. Por otro lado, se debe detener en consideración que el desplazamiento paulatino de la noción de "dominio eminente" por la de "regalía" tuvo un significado profundo de "patrimonialización" y "privatización". Empero, el profesor Gallego-Anabitarte considera que la esencia de ambos conceptos jurídicos fue la de un poder o jurisdicción del Estado o del monarca sobre las cosas públicas o comunes, y no tanto la propiedad del soberano sobre ellas que no la tenía en el Antiguo Régimen. GALLEGO ANABITARTE, A. *El Derecho de aguas...*, cit. pp. 149 y ss. Esta opinión no la compartía el profesor José Luis Moreu, al considerar que en el Antiguo Régimen existía una noción más "patrimonial" del patrimonio del monarca que la actual noción del dominio público del Estado Constitucional, al no existir para las regalías ni la inalienabilidad ni la total imprescriptibilidad en cuanto a su titularidad radical. MOREU BALLONGA, J. L. *Aguas públicas…*, cit. pp. 109-111.

narca tenía sobre las aguas públicas[7]; facultad que también se reconoció, tiempo después, en el *Fuero Real*[8], en las *Partidas*[9] y en otros posteriores textos legales hasta la *Novísima Recopilación*, a comienzos del siglo XIX[10]. La condición demanial del lí-

---

7 Preservar expeditos los caminos fluviales para el transporte de personas y mercancías era una de las principales preocupaciones de la Corona. De hecho, se observa en el *Fuero Juzgo* la prohibición de construir cualquier obra en los cauces de los ríos o bien instalar maquinarias o artefactos sin la preceptiva autorización real. La sanción, por estas infracciones, consistía en el pago de una multa (pena pecuniaria) de seiscientos maravedíes, amén de la obligación de restituir a su estado primigenio los canales y cauces del río afectados por las referidas obras. [*Fuero Juzgo*. VIII, IV, 29, 30 y 31. Edición facsímil de la impulsada por la Real Academia Española en 1815. Biblioteca Jurídica Digital. Agencia Estatal Boletín Oficial del Estado. Disponible en https://www.boe.es/biblioteca_juridica/publicacion.php?id=PUB-LH-2015-5].

8 *Fuero Real*. IV, VI. 6. [Edición de la Real Academia de la Historia de 1836. Biblioteca Jurídica Digital. Agencia Estatal Boletín Oficial del Estado. Disponible en: https://www.boe.es/biblioteca_juridica/publicacion.php?id=PUB-LH-2018-7].

9 En este último, no hallamos una regulación sistemática de las aguas, sino más bien un conjunto de disposiciones "dispersas", que regulaban aspectos muy diversos de esta materia, en particular: dominio de las aguas, derechos de aprovechamiento y su otorgamiento regio. Se observa, por otro lado, que la existencia de una conciencia jurídica de lo público en el marco de las aguas (*Partida*. III. XXVIII. 26 y 31), en concreto, de lo "comunal", ya sea de todos los hombres -como fuentes, ríos y caminos públicos- (*Partida*. III. XXVIII. 6.) o de todas las criaturas como el aire, las aguas de lluvias, el mar y su ribera (*Partida*. III. XXVIII. 3). [Edición de 1555, glosada por Gregorio López y reproducida en facsímil. Biblioteca Jurídica Digital. Agencia Estatal Boletín Oficial del Estado. Disponible en: https://www.boe.es/biblioteca_juridica/publicacion.php?id=PUB-LH-2011-60].

10 En efecto, en el *Ordenamiento de Alcalá*, las aguas y rentas derivadas de su uso y aprovechamiento pertenecían a la Corona. (*Ordenamiento de Alcalá*. XXXII, 47 y 48). Tiempo después, con ayuda de los instrumentos jurídicos tomados del Derecho común, se consolidó

quido elemento, al quedar sustraído de la apropiación privada, requería algún tipo de otorgamiento, licencia o autorización

---

este derecho patrimonial y privativo del rey, como se observa en las *Ordenanzas Reales de Castilla* al reconocer el privilegio real sobre las aguas y pozos salados: "*todas las aguas é pozos salados que son para fazer sal e todas las rentas dellas, rindan al Rey salvo las que dio el rey por privilegio, o las ganó por tiempo en la manera que debía*", (*Ordenanzas Reales de Castilla.* 32.42). [*Ordenanzas Reales de Castilla.* Edición facsímil de las Ordenanzas Reales de Castilla compiladas por Diego Pérez de Salamanca y editadas en 1575. Real Academia Española. Disponible en: https://www.rae.es/archivo-digital/ordenancas-reales-de-castilla]. En esta misma línea, las *Leyes de la Nueva Recopilación de Castilla* -promulgadas por Felipe II en 1567- aludían al dominio real sobre las aguas, al exigirse a todos los particulares que quisieran "entrar en ellas para su uso" no solo autorización real sino también el pago de una renta a favor de la Corona (*Novísima Recopilación.*VI. XIII, 2). Asimismo, se reconocía el carácter público y de uso común de los ríos, fijándose al respecto algunas prohibiciones para garantizar la calidad de las aguas y el normal desarrollo de la actividad de la pesca. Esto explicaría, por ejemplo, la prohibición de arrojar al río sustancias nocivas (cal viva, veneno, "veleños", entre otros productos ponzoñosos) que pudieran alterar gravemente la biodiversidad y menguar la población de peces, bajo pena pecuniaria de mil maravedíes; cuantía que debía repartirse a partes iguales entre el denunciante, el juez que dictó la sentencia y la Corona. A esta pena habría que sumar también el destierro del infractor por espacio de seis meses. (*Novísima Recopilación.* VII. VIII. 9.) De igual modo, para evitar la sobreexplotación de los ríos se prohibió la pesca con "*paños de xerga, lienzos, sábanas y cestos de mimbre, pesquen con xurdias ni fagan paradas*" bajo pena de comiso de las capturas, de los aperos empleados para tal fin y multa de mil maravedíes. También se prohibió todo tipo de obras e instalaciones que pudieran afectar a la calidad de las aguas y la pesca en época de cría y desove, sancionándose con multa de hasta dos mil maravedíes y pena de destierro por espacio de seis meses. (*Novísima Recopilación.* VII. VIII. 10). [Biblioteca Digital jurídica. Agencia Estatal Boletín Oficial del Estado. Disponible en: https://www.boe.es/biblioteca_juridica/publicacion.php?id=PUB-LH-1993-63&tipo=L&modo=2].

del monarca -por ejemplo, para sangrar los ríos y derivar sus aguas para uso doméstico o agrícola-[11]. Al quedar sometido los ríos navegables[12] al dominio del soberano, se prohibió todo tipo obras e incluso la instalación de canales y artefactos que pudieran afectar al transporte (de mercancías y personas)[13]. El agua de los pozos, manantiales y fuentes se consideraba parte integrante del terreno, reconociendo las *Partidas* el derecho del dueño del predio a utilizar y disponer del recurso con plena libertad, aunque ello supusiera privar o reducir el caudal de un pozo vecino, salvo que lo hiciera con intención manifiesta de causar un daño o perjuicio a tercero[14].

En la Edad Moderna, la apropiación de las aguas públicas por parte de señores territoriales, Concejos y particulares supuso una pratrimonialización de la facultad de aprovechamiento libre del recurso que, con el paso del tiempo, acabó consolidándose en toda Castilla[15]. Ahora bien, que el líquido elemento fuera objeto de privatización y patrimonialización y que, a su vez, su utilidad fuese pública no comportaba en modo alguno contradicción, pues como aduce Lalinde Abadía, este recurso

---

11 *Partida.* III. XXXII. 18.

12 A diferencia de los ríos navegables, en las *Partidas* no encontramos referencia alguna a la naturaleza jurídica de los no navegables. A falta de una norma precisa sobre esta cuestión, autores como Lalinde Abadía, Gallego Anabitarte y Maluquer de Motes, entre otros, han sugerido que estas aguas eran comunales o de la feudalidad. Véase al respecto los comentarios de: LALINDE ABADÍA, J. "La consideración jurídica...", cit. pp. 43-59. GALLEGO ANABITARTE, A. *El Derecho de aguas...*, cit., pp. 131-133. MALUQUER DE MOTES, J. "La despatrimonialización del agua: movilización de un recurso natural fundamental", *Revista de Historia Económica,* núm.1, 1983, pp. 79-96.

13 *Partida.* III. XXVIII. 6 y 9.

14 *Partida.* III. XXXII, 19.

15 GALLEGO ANABITARTE, A. *El Derecho de aguas...*, cit. pp. 141-ss.

natural se concedía como incentivo para estimular la repoblación o colonización de un territorio tras la Reconquista[16].

En tiempos de los Reyes Católicos esta práctica se extendió al Archipiélago de Canarias y también a Granada que, junto a Navarra[17], se integraron dentro de la Corona de Castilla. El agua, en todos estos territorios, jugó un papel trascendental en la organización socioeconómica asumiendo la autoridad pública el compromiso de su tutela para preservar expeditos las vías fluviales, y fomentar el regadío. En este sentido, poco después de las Capitulaciones de Granada, los monarcas concedieron a los nuevos pobladores cristianos privilegios y derechos similares a los de los musulmanes, junto a unas Ordenanzas para regular el uso y aprovechamiento del recurso en toda la ciudad[18], cuyos principios generales se asemejaban

---

16 LALINDE ABADÍA, J. "La consideración jurídica..., cit., pp. 1-51. Sobre esta cuestión véase también SANDOVAL PARRA, V. "Derecho local...", cit., pp. 397-429. GAY DE MONTELLÁ. R y MASSÓ ESCOFET, C. *Tratado de aguas...*, cit. pp. 24-ss.

17 Las disposiciones del *Fuero General de Navarra* en materia de aguas eran muy exiguas. Tras regular la servidumbre legal de acueducto (*Fuero.* 10. 12. 3) se limitó a señalar que las aguas públicas separadas del cauce de los ríos eran de dominio privado y a prohibir la toma de agua en terrenos donde hubiera presa para su derivación, permitiéndose únicamente la toma de las acequias para uso doméstico, pero sólo empleado cántaros o vasijas (*Fuero.*1.6.6). La construcción de obras hidráulicas (como presas) requería también concesión o autorización real al igual que la práctica de la expropiación forzosa de aguas privadas en caso de ser necesario para abastecer a la población, previa indemnización al afectado (*Fuero.* 1. 5. 6.). [*Fueros General de Navarra.* (Recopilación de Antonio Chavier de 1685). Disponible en: https://www.boe.es/biblioteca_juridica/publicacion.php?id=PUB-LH-2020-166].

18 TORRIJANO PÉREZ, E., "Los aprovechamientos del agua en el Derecho histórico hispano, siglos XIII-XIX", *Minius*, núm. 23, 2015, pp. 171-206.

a los contenidos en las Ordenanzas de la Huerta de Murcia, que los Reyes Católicos habían dictado años antes para proteger el espacio irrigado y para mayor eficacia en el reparto de las aguas[19]. Tanto en Granada como en Murcia el aprovechamiento y uso de los caudales de los ríos requería concesión o autorización real, por estar sometido al dominio supremo de la Corona, y la servidumbre de acueducto se introdujo en la canalización y conducción del líquido elemento en todas sus aplicaciones[20]. El abastecimiento a la población y el aprovechamiento con destino a riego ocuparon, en la ciudad de Granada, un lugar preferente en las concesiones de aprovechamiento de aguas públicas, sancionándose cualquier acción u omisión que alterara su calidad o bien afectara a las infraes-

---

19 MARTÍNEZ MARTÍNEZ, M. *Unas ordenanzas inéditas de la Huerta de Murcia durante el reinado de los Reyes Católicos*, Consejería de Cultura y Festejos de Murcia, Murcia, 2006.

20 Para más información sobre el régimen jurídico de las aguas en la Huerta de Murcia y en Granada (siglos XVI y XVII), además de las coerciones o sanciones impuestas para proteger la calidad de las aguas, el espacio irrigado y garantizar un correcto aprovechamiento del recurso, véase: ABELLÁN CONTRERAS, F. "Malos usos del agua en el sureste peninsular (ss. XVI-XX). Medios procesales para su corrección", *e-Legal History Review*, núm. 35. 2022. ABELLÁN CONTRERAS, F. J. "La gestión de los riegos en la Corona de Castilla y en el Virreinato del Perú. Coerciones por malas prácticas en el uso y aprovechamiento de los recursos hídricos (siglos XVI-XVII)". *Poder, sociedad y administración de justicia en la América Hispánica (siglos XVI-XIX)*. Vol. II. Miguel Pino Abad (Coord.), Dykinson, Madrid, 2021, pp. 801-824. MARTÍNEZ MARTÍNEZ, M. y HERNÁNDEZ MARTÍNEZ, P. "Las leyes del regadío murciano conflictividad social y codificación (1479-1503)", *Medievalismo. Revista de la Sociedad Española de Estudios Medievales*, núm. 25, 2015, pp. 315-355. QUESADA MORILLAS, Mª. Y. "Fuentes para el estudio del régimen jurídico de aguas en Al-Ándalus", *Wasser-Weger-Wissenauf der Iberichen Halbinsel*, Ignacio Czegun, Cósima Möller, Yolanda María Quesada Morillas y José Antonio Pérez Juan (Coord.). Nomos, Berlín, 2016. pp. 295-318.

tructuras hidráulicas[21]. La administración de las aguas recayó en Diego de Padilla y en una serie de oficiales auxiliares encargados de la inspección y policía de las aguas. En 1501, al tiempo que se aprobaron las Ordenanzas de Aguas[22], los

---

21 RUIZ RUIZ J. F. "Sistema de riego en la Vega de Granada: el mantenimiento de un paisaje agrario a partir de los repartos de agua de riego", *Revista Electrónica de Patrimonio Agrario,* núm. 12, 2013, pp. 3-30. POVEDA SÁNCHEZ, A.: "Sistemas hidráulicos y organización campesina durante el periodo andalusí", en *El agua en la Historia de España, Servicios de publicaciones de la Universidad de Alicante, Alicante,* 2000, pp.19-46. FERNÁNDEZ NAVARRO, E. y GARCÍA PORRAS, A.: "Arquitectura del agua en al-Ándalus", en *Wasser-Weger-Wissenauf der iberichen Halbinsel,* Ignacio Czeghun, Yolanda Quesada Morillas y José Antonio Pérez Juan (coord.) Nomos, Berlín, 2018. GARRIDO ATIENZA, M.: *Las aguas del Albaicín y Alcazaba,* Imprenta Moderna, Granada, 1902. ESPINAR MORENO, M.: "Consideraciones sobre el regadío de la Vega de Granada: Repartimientos musulmanes (XII-XVI)", *Crhonica nova. Revista de Historia Moderna de la Universidad de Granada,* núm. 18, 1990, pp.121-154. CASTILLO RUIZ, J. "El sistema histórico de riegos de la Vega de Granada. Reconocimiento y protección desde la perspectiva del Patrimonio Agrario" *Irrigation, society and lands cape tribute to Thomas F. Glick: proceedings International Conference,* Universidad Politécnica de Valencia. Valencia, 2014, pp. 763-789.

22 Las primeras Ordenanzas de Aguas, como se ha comentado, fueron aprobadas por los Reyes Católicos en 1501. Años después, el monarca Carlos I dispuso y ordenó, por Real Cédula de 29 de marzo de 1527, la revisión de las Ordenanzas municipales en lo relativo a los recursos hídricos de la ciudad. Más tarde, en virtud de una Real Cédula de 29 de mayo de 1535 se ordenó la elaboración de unas nuevas Ordenanzas de Aguas (confirmadas por Real Cédula de 18 de junio de 1538), que pasaron a formar parte de la recopilación de Ordenanzas granadinas de 1552. Veinte años después, por orden de la Audiencia y la Real Chancillería, se aprobó la segunda recopilación impresa que reproducía el texto original de las Ordenanzas de Aguas de 1538 de manera íntegra, pero con algunas novedades importantes, entre otras; se incluyeron como un capítulo, dividido a su vez, en diferentes títulos (94 a 108), al tiempo que se incorporó una

Reyes Católicos, a petición de la ciudad, crearon un tribunal integrado por el Corregidor de la ciudad (Alonso Enrique) y cinco regidores nombrados por los monarcas para resolver los litigios de aguas[23]. Su jurisdicción privativa, ejercida en primera instancia por oficiales de designación regia entre los siglos XVI y XVII, se perfiló hasta completar, como sostiene Benjamín González, los "tres círculos jurisdiccionales"[24] con el establecimiento de la tercera instancia o suplicación, a través de la Real Cédula de 6 de septiembre de 1746[25]. A pesar de que la Corona siempre defendió su independía competencial y estatus privilegiado[26], el desarrollo de su actividad se vio

---

ordenanza relativa al precio del agua de riego. Cfr. LÓPEZ NEVOT, J. A. "Las Ordenanzas de las aguas de Granada y su aplicación jurídica en el siglo XVI". *Wasser - Wege - Wissenauf der Iberischen Halbinsel,* Ignacio Czeghun (Coord.). Nomos, Berlín, 2018, pp. 305-346.

23 Para más información sobre el régimen de las aguas en Granada a la luz de sus Ordenanzas, véase*:* DE DIEGO VELASCO, M. T. "Las Ordenanzas de las aguas de Granada", Revista España Medieval, núm. 4, 1984, pp. 249-276. QUESADA MORILLA, Y. Mª. "La continuidad del modelo andalusí: las Ordenanzas de las aguas de Granada de 1538", *e-Legal History Review,* núm. 33, 2021. MARTÍNEZ ALMIRA, Mª. M. *Los Juzgados de aguas. privados, privativos y privilegiados.* Tirant lo Blanch, Valencia, 2022, pp. 491-504.

24 GONZÁLEZ ALONSO, B. "La Justicia", en *Enciclopedia de Historia de España,* vol. II, Alianza Editorial, Madrid, 1988, pp. 343-410.

25 MARTÍN LÓPEZ, E. y TORRES IBÁÑEZ, D. "Fuentes para el estudio del Agua en la Granada Moderna: el Juzgado de Aguas y el Juez de Apelaciones", en Ignacio Czeghun, Yolanda Quesada Morillas y José Antonio Pérez Juan (coord.) *Wasser-Weger-Wissenauf der Iberichen Halbinsel,* Berlín, Nomos, 2016, pp. pp. 323-324. MORENO CASADO, J.: "Una jurisdicción especial de aguas en Granada creada por los Reyes Católicos y subsistente hasta el siglo XIX», *Boletín de la Cámara Oficial de Comercio e Industria de Granada,* núm. 30-32, 1966.

26 Real Cédula de 3 de marzo de 1698, «Inhibiendo à los Señores de la Real Chancillería para que remitan un asunto tocante a aguas al Juzgado de ellas aguas». *Colección de Reales cédulas, Decretos y superiores*

gravemente comprometida debido a las continuas intromisiones de la Real Chancillería y de otros tribunales ordinarios que no cesaron hasta la extinción definitiva del Juzgado en 1835[27].

Mención especial merece el territorio canario, entre otras razones, por su singular orografía, estructura geológica y por la práctica inexistencia de aguas superficiales (pluviales y de cursos continuos); factores que, con el tiempo, contribuyeron a conformar y consolidar un régimen especial de aguas. A finales del siglo XV, con ocasión de la conquista y anexión del Archipiélago a la Corona de Castilla, se privatizaron las aguas,proceso que culminó con la concesión de una serie de Reales Cédulas a favor de los primeros gobernadores[28]. Los Reyes Católicos, por

---

deliberaciones en razón del Juzgado Privilegiado de aguas de la ciudad de Granada, fol. 78-79.

27 En España, durante el primer tercio del siglo XIX, las jurisdicciones privativas y especiales padecieron innumerables vicisitudes, hasta el punto que muchos órganos acabaron desapareciendo por completo. El Juzgado de Aguas de Granada fue uno de ellos, habida cuenta que con ocasión de la aplicación de los artículos 36 y 37 del "Reglamento Provisional para la Administración de Justicia", de 26 de septiembre de 1835, se acabó suprimiendo y desde entonces sus funciones pasaron a ser asumidas por los Juzgados Letrados de Primera Instancias. Vid. ABELLÁN CONTRERAS, F.J. "Malos usos del agua en el sureste peninsular (ss. XVI-XX). Medios procesales para su corrección", *e-Legal History Review,* núm. 33, 2022, núm. 35, 2022. ABELLÁN CONTRERAS, F. "Exegesis jurídica sobre la génesis y evolución del Juzgado Privativo de Aguas de Granada (1501-1835)", en *Los Juzgados de Aguas, Privativos, Privados y Privilegiados,* M. M. Martínez Almira (aut.), Tirant lo Blanch, Valencia, 2022, pp.291-504. MARTÍN LÓPEZ, E. y TORRES IBÁÑEZ, D. "Fuentes para…", cit. pp. 343-367.

28 Vid., MACIÁS HERNÁNDEZ, A. M. "La colonización europea y el derecho de aguas. El ejemplo de Canarias, 1480-1525", *Hispania: Revista Española de Historia,* núm. 233, vol. 69, pp.715- 738. AZNAR VALLEJO, E.: *La integración de las Islas Canarias en la Corona de Casti-*

derecho de conquista (*ius belli*), no sólo afianzaron su dominio sobre las islas (de Gran Canaria, Tenerife y La Palma) además, se arrogaron la titularidad de la tierra y el agua que repartieron entre los señores territoriales -en proporción al grado de participación en la ocupación-, y entre los colonos como estrategia para favorecer la repoblación y acrecentar la superficie agrícola con nuevos riegos[29]. Por el contrario, los repartimientos

---

lla (1478-1520), Universidad de La Laguna, Santa Cruz de Tenerife, 1983. BELLO LEÓN, J.M. "Repoblación y repartimiento de Gran Canaria", *Strenae Emmanuelae Marrero Oblatae*, Universidad de La Laguna, 1993, pp. 134-135. HERNÁNDEZ RAMOS, J. *Las Heredades de Aguas de Gran Canarias*, Imprenta. Sáez-Buen Suceso, Madrid, 1954, pp. 47-60. DE LA ROSA OLIVERA, L. *El agua en Canarias factor polémico*, Cuadernos de Economía Canaria, Ministerio de Industria y Energía, Delegación de Santa Cruz de Tenerife, 1981, pp.16-30. SÁNCHEZ JORDÁN, M.E. "La titularidad (y el aprovechamiento) de las aguas en Canarias", en *Derechos civiles en España*, Madrid, 2000, pp.4021-4056. DE LA ROSA OLIVERA, L. "Antecedentes históricos de los Heredamientos y Comunidades de Aguas en Canarias, en *Estudios de Derecho Administrativo Especial Canarios (Heredamientos y Comunidades de Aguas)*, Cabildo Insular de Tenerife, Aula de Cultura, Tenerife, 1968, pp. 23-38. SARMIENTO ACOSTA, M. *El Derecho de aguas...*, cit.,pp. 22-29. BELLO LEÓN, J. "El reparto de tierras de riego en el valle de La Orotava (1501-1504)", *Revista Mueso Canario*, núm. 48 1988-1991, pp. 71-105.

29 A diferencia de la conquista y repoblación del Reino de Valencia, a finales del siglo XIII, donde los *repartimientos* -de tierra y agua-, eran "regalías menores", en el Archipiélago Canario no se dio ninguna reserva a favor de la Corona al transmitirse el pleno dominio. En el Archipiélago, una vez consumada la conquista, las tierras más elevadas se repartieron para cultivos de secano en régimen de propiedad privada, mientras que las tierras más próximas a la costa, por ser las más feraces para el cultivo de la caña de azúcar, recibieron una determinada dotación de agua, amén de un tratamiento especial para garantizar su correcto uso y distribución. Vid. DE LA ROSA, L. "Los repartimientos de aguas en Canarias", *Estudios Canarios: Anuario del Instituto de Estudios Canarios*, núm. 27, 1982, pp. 60-61. DE LA ROSA,

practicados en las demás islas (Fuerteventura, La Gomera, El Hierro y Lanzarote) se realizaron por iniciativa señorial, quienes a cambio de la cesión del dominio útil exigieron a los colonos repobladores el pago de una prestación (un canon en dinero o en especie), mientras que en las tierras de "realengo" hubo total exención de cualquier tipo de contribución a favor de la Corona[30]. Cuando se hizo necesario en las tierras de realengo y en las señoriales aunar voluntades en la gestión y distribución del líquido elemento, además de fijar un turno para el regadío y alumbrar las aguas del subsuelo -para atender las necesidades domésticas y agrarias-, comenzaron a surgir unas singulares instituciones ,los Heredamientos, que velaron en todo momento por la correcta gestión, aprovechamiento y distribución del agua con el fin de evitar disputas, conflictos y pugnas en torno al recurso[31]. Los Heredamientos contaban

---

L.: "Antecedentes…", cit., pp. 25-27. FEBRER ROMAGUERA, M. V. *Dominio y explotación territorial en la Valencia foral,* Universidad de Valencia, Valencia, 2000. FERRER NAVARRO, R. *Conquista y repoblación del Reino de Valencia,* ed. Del Senia al Segura, Valencia, 1999. GUIMERÁ PERAZA, M. *Heredamientos y Comunidades de Aguas en Canarias. Notas para un estudio de sus diversos problemas jurídico-prácticos,* Reus, Madrid, 1953, pp. 120-195.

30 DÍAZ CRUZ, P. L. "El agua en Canarias: una aproximación historiográfica", *Vegueta: Anuario de la Facultad de Geografía e Historia,* núm. 13, 2023, pp. 43-54.

31 En opinión de Guimerá, entre los años 1505 y 1508, se desarrolló en el territorio insular todo el sistema de Heredamientos. Y aunque originariamente estas instituciones se rigieron por los usos y costumbres locales, a partir de la Real Cédula de 3 de enero de 1508, se dispuso que se regirían por sus Ordenanzas con la obligación de respetar, en todo momento, los acuerdos de las Juntas y de los Alcaldes de Aguas. Los Heredamientos, en ningún caso, deben ser confundidos con otros entes de análoga naturaleza como las "Comunidades de Aguas" o las "Comunidades de Regantes". GUIMERÁ PERAZA, M. *Heredamientos y Comunidades de Aguas en Canarias. Notas para un estudio de sus diversos problemas jurídico-prácticos,* Reus, Madrid, 1953, pp. 120-195.

Para el profesor Nieto García, los Heredamientos surgieron -en tiempos de los Reyes Católicos- una vez alumbrada el agua del subsuelo, mientras que las "Comunidades de Aguas" se originaron a mediados del siglo XIX como respuesta a la necesidad de investigar y alumbrar las aguas subterráneas en zonas áridas donde los trabajos de prospección -para la apertura de un pozo o la excavación de galerías- suponía un elevado coste económico para un solo particular. NIETO GARCÍA, A. "Heredamientos y Comunidades de Aguas en el siglo XIX", En *Estudios de Derecho Administrativo Especial Canario (Heredamientos y Comunidades de Aguas),* Cabildo Insular de Tenerife, 1969, pp. 95-177. Para la profesora Silvia Del Saz, la naturaleza pública o privada de las aguas era la principal nota que diferencia a estas instituciones entre sí, habida cuenta que las "Comunidades de Regantes" son entes que se constituyen para utilizar las aguas públicas adscritas a la tierra -para la que se concedió su uso o aprovechamiento-, de modo que la transmisión de la tierra conlleva la trasmisión del derecho a disfrutar del líquido elemento. En cambio, los Heredamientos y las Comunidades de Aguas, son entes que ostentan la titularidad del recurso hídrico que gestionan y no se halla adscrito a la tierra. DEL SAZ CORDERO, S.: *Aguas subterráneas...,* cit., pp. 26-27. Para más información sobre estas cuestiones véase los comentarios de: GUIMERÁ PERAZA, M. *Régimen jurídico de las aguas en Canarias,* Instituto de Estudios Canarios, La Laguna, 1960, pp. 5-ss. CASTELLÓ TÁRREGA, J. Mª "Los Heredamientos y Comunidades en su Ley reguladora", *Estudios de Derecho Administrativo Especial Canario (Heredamientos y Comunidades de Aguas),* Cabildo Insular de Tenerife, 1969, pp. 184-ss. BENÍTEZ INGLOT, L. "Personalidad de los Heredamientos de Aguas", Revista del Foro Canario, núm. 1, 1952, pp. 21-ss. PERAZA DE AYALA, J. "El Heredamiento de Aguas de La Orotava (notas y documentos para un estudio histórico-jurídico de las aguas en Canarias)", *Estudios de Derecho Administrativo Especial Canario (Heredamientos y Comunidades de Aguas),* Cabildo Insular de Tenerife, 1969, pp. 47-ss. LALINDE ABADÍA, J. "La problemática histórica del Heredamiento", *Anuario de Historia del Derecho Español,* núm. 31, 1961, pp. 197-201. MACÍAS HERNÁNDEZ, A. M. "Los heredamientos de aguas de Canarias y la cuestión señorial", *Constitución, Estado de las Autonomías y justicia constitucional,* Tirant lo Blanch, Valencia, 2005, pp. 1327-1340. GUIMERÁ PERAZA, M: *Tres estudios sobre aguas canarias,* Aula de Cultura, Santa Cruz

con una Alcaldía de Aguas y se regían, desde la primera mitad del siglo XVI, por sus respectivas Ordenanzas aprobadas por el Cabildo Insular que, más tarde, eran confirmadas por la Corona. A estos Alcaldes de Aguas, nombrados por los Cabildos, les correspondía inspeccionar el estado de conservación y limpieza de las infraestructuras de riego, amén de ejecutar las penas contempladas en las Ordenanzas para proteger el espacio irrigado y poner fin a las malas prácticas en torno a la gestión y reparto del líquido elemento. Estas atribuciones, a partir de 1835, pasaron a ser desarrolladas por los Alcaldes constitucionales tras la supresión de los Alcaldes de Aguas[32]. Con el paso del tiempo las demandas hídricas, como es lógico, aumentaron considerablemente debido al incremento de la población y a la expansión de la agricultura[33]. Esto explica los múltiples conflictos sociales y judiciales que se desencadenaron con ocasión de la privatización de las aguas comunes, pues al quedar fuera

---

de Tenerife, 1970, pp. 90-103. MARTÍNEZ ALMIRA, M. "El heredamiento en el marco de las comunidades de regantes del río Segura: Entre tradición y modernidad", *El Bajo Segura como enclave hidrológico: territorio, economía y paisaje.* María Zaragoza Martí (Coord.), Tirant lo Blanch, Valencia, 2023, pp. 121-159. NAVARRO CABALLERO, T. M. "EL Derecho de aguas en Canarias. Especial consideración de los Heredamientos y de las Comunidades de aguas insulares", *Revista de Administración Pública,* núm. 175, 2008, pp. 399-424. AZNAR VALLEJO, E. *La integración de las Islas Canarias en la Corona de Castilla (1478-1526),* Universidad de la Laguna, Las Palmas, 1992, pp. 312-314.

32 No obstante, tras la *Revolución Gloriosa,* el Heredamiento pasó a designar a su propio Presidente. Para más información sobre estas cuestiones véase los comentarios de: ROSALES QUEVEDO, T. *Historia de la Heredad de Arucas y Firgas,* Ed. Casa de la Cultura del Ayuntamiento de Arucas, 1977, pp. 26-ss. GUIMERÁ PERAZA, M. *Régimen jurídico de las aguas en Canarias,* Instituto de Estudios Canarios, La Laguna, 1960, pp. 5-ss.

33 MACÍAS HERNÁNDEZ, A. M. "Expansión ultramarina y economía vitivinícola. El ejemplo de Canarias (1500-1550)", *Investigaciones de Historia Económica,* núm. 8, 2007, pp. 13-44.

de los primeros repartimientos, a los colonos ribereños, previa autorización de la Corona o del titular del dominio directo, se les permitió utilizar estas aguas para la agricultura[34]. En este contexto, la Corona autorizó al municipio isleño a transformar las "aguas realengas" en "aguas de propios", pero al carecer de recursos suficientes para alumbrarlas y canalizarlas se decidió privatizar las excedentes[35].

Con el desarrollo del regadío, a finales del siglo XVIII, se reavivó el conflicto por el líquido elemento, especialmente cuando los Heredamientos negaron su adscripción a la tierra e hicieron valer sus derechos inmemoriales sobre el recurso[36]. Ya en el siglo XIX, coincidiendo con el inicio del constitucionalismo, se cuestionó la legitimidad de estos derechos por los nuevos municipios, pero una Real Orden de 5 de abril de 1854 reconoció y confirmó la posesión inmemorial en los aprovechamientos de los Heredamientos, a pesar de no contar con justo título, convirtiéndose en propiedad privada. Este proceso se vio favorecido con la legislación desamortizadora[37], al permitir

---

34 SUARÉZ GRIMÓN, V, J. "El agua como motivo de la conflictividad social en Gran Canarias (siglos XVIII-XIX), *VIII Coloquio de Historia Canario-Americana (1988),* Cabildo Insular de Gran Canarias, Gran Canarias, 1981, pp. 209-230.

35 SARMIENTO ACOSTA, M. J. *El derecho de aguas…,* cit. pp.39-40.

36 Vid. PÉREZ MARRERO, L. M. "El proceso de privatización del agua en Canarias", *Anuario de Estudios Atlánticos,* núm. 36, 1990, pp. 429-461. MACIÁS HERNÁNDEZ, A. M. "Aproximación al proceso de privatización del agua en Canarias, (1500-1879), *Agua y Modo de Producción,* Mª. Teresa Pérez Picazo y Guy Lemeunier (Coord.) Crítica, Madrid, 1990, pp. 121-149. VIÑA BRITO, A. y GAMBÍN GARCÍA, M. "El poder del agua. Conflictividad en las islas Canarias", *Anuario de Estudios Atlánticos,* núm. 54, 2008, pp. 323-370.

37 Los intentos de transformar el derecho de uso de las aguas en una propiedad privada arrancan, como apunta Pérez Marrero, con la conquista y colonización de las Islas, pudiéndose distinguir dos grandes etapas: la primera abarcaría desde los inicios de la coloniza-

tanto la apropiación o usurpación de las aguas superficiales de carácter público por los entes privados, como la privatización del subsuelo hídrico mediante la concesión de permisos de minas, galerías y pozos en terrenos públicos, además de la transformación de todos los derechos preexistentes sobre aguas en propiedad privada[38].

Los monarcas ilustrados tomaron conciencia de la importancia de la actividad agrícola, en particular el regadío, para el desarrollo socioeconómico, lo que se tradujo en el impulso de políticas de obras públicas hidráulicas por todo el Reino, incluido los territorios insulares, aunque la propiedad de las aguas se mantuvo intacta hasta la disolución del régimen señorial. A modo de ejemplo, la Instrucción de Corregidores dictada por Fernando VI ,el 13 de octubre de 1749, ordenaba la elaboración de un mapa geográfico de cada provincia señalándose todos los ríos, lagos, lagunas y bosques para su ex-

---

ción hasta el siglo XIX y, la segunda, arrancaría de esta centuria hasta el siglo XX. En esta segunda etapa, con ocasión de la legislación desamortizadora, se favoreció la concertación de la propiedad y la extracción del agua de los acuíferos, hechos que vinieron a consagrar el proceso de privatización habida cuenta que papel del Estado era residual -al no tener control exclusivo sobre la explotación de las aguas subterráneas- lo que provocó la paulatina desaparición de los manantiales públicos; fenómeno que, como no podía ser de otra forma, propició un predominio abrumador de aguas de dominio privado en el siglo XX. A partir de entonces, fruto de la expansión de nuevos cultivos y del regadío, la demanda y realidad hídrica insular cambió por completo, erigiéndose las aguas subterráneas como paradigma del desarrollo socioeconómico, lo que se tradujo en la ejecución de un elevado número de obras de captación y alumbramiento. PÉREZ MARRERO, L. M.: "El proceso de privatización...", cit. pp. 434-ss. También véase los comentarios de DEL SAZ CORDERO, S. *Aguas subterráneas...*, cit., pp. 24-36. GUIMERÁ PERAZA, M. *Régimen jurídico...*cit., pp. 5-ss.

38 SARMIENTO ACOSTA, M. J. *El derecho de aguas...*, cit. pp. 39-40.

plotación[39]. En relación a las vías fluviales, se dispuso la necesidad de catalogar todos los ríos que "se pudieran comunicar, engrosar y hacer navegables" con referencia explícita al coste económico de los canales de navegación y a las utilidades que estas infraestructuras u obras podían reportar a la Nación y "a los vasallos encargados de su ejecución". De igual modo se autorizó la construcción de canales con destino al riego y para el aprovechamiento de la fuerza motriz del agua[40].

Por Real Orden de 2 de julio de 1795, se dispuso que el derecho de pesca en los ríos era tan libre como el de la navegación, de modo que la facultad privativa de pescar solo se podía adquirir a través de autorización regia o bien por posesión inmemorial. En cualquier caso, tal derecho en las aguas fluviales quedó condicionado a no entorpecer la navegación, estableciéndose la obligación de eliminar cualquier obstáculo (piedras, maderas y estacas) por "estorbar el derecho público general de pesca y navegación"[41]. Como se observa, la especial protección para que el río no "embargara" el uso público suponía también la facultad del monarca para otorga concesiones o derechos privativos sobre dicho bien[42]. Estas disposiciones dictadas en el último tercio del siglo XVIII, en ningún caso comportaron reformas legales de alcance, pero vinieron a reafirmar el principio de publicidad de las vías fluviales, con derecho de los particulares a los usos comunes (como ocurría con la pesca), aunque sobre estos usos, como se ha comentado, se extendió las concesiones privativas por parte de la Corona.

---

39 Artículo 19 de la Instrucción de Corregidores de 13 de octubre de 1749. [La disposición se encuentra en la *Novísima Recopilación*. VII. XI. 24.].

40 Artículo 29 de la Instrucción de Corregidores de 13 de octubre de 1749.

41 Artículo 1 Real Orden de 2 de julio de 1795 [Esta disposición se encuentra en la Disposición *Novísima Recopilación*. VII. XXX. 16].

42 GALLEGO ANABITARTE, A. *El Derecho…*, cit. pp. 136-137.

En la Corona de Aragón, al menos en el Principado de Cataluña y en el Reino de Valencia[43], el Real Patrimonio tuvo atribuido el dominio eminente de las aguas públicas corrientes. En Aragón, la *regalía*[44]quedó reducida a la concesión de agua

---

43 Existen dudas en la doctrina si también en Aragón, el Real Patrimonio tuvo atribuido, desde la Reconquista, el dominio directo de las aguas como en el Principado de Cataluña y en el Reino de Valencia. Véase al respecto los comentarios de: GALLEGO ANABITARTE, A. *El Derecho...*, cit.pp. 145-180. PÉREZ SARRIÓN, G. "Regadíos, política hidráulica y cambio social en Aragón (ss. XV-XVIII)", en *Aguas y modos de producción*, Mª. Teresa Pérez Picazo (Coord.). Crítica, Barcelona, 1990, pp. 212-270.

44 La *regalía* puede definirse como el conjunto de derechos reservados, privativos y exclusivos de la Corona. Era, por tanto, uno de los pilares fundamentales en la creación del "Estado moderno" ya que junto a los Derechos señoriales y la Real Hacienda conformó la estructura de la administración moderna en España. Podían distinguirse hasta dos tipos de *regalías*: "mayores" y "menores". Las primeras se referían a las competencias de administración y gobierno (por ejemplo, dirigir el reino, legislar, administrar justicia...etc.,), pero sin posibilidad alguna de concederlas a ningún particular. Las "menores", por el contrario, sí podían ser otorgadas a terceros ya que se referían en exclusiva a prerrogativas de carácter inferior en los que no figuraba la magnificencia del rey (por ejemplo, derecho de aguas, de caza, de explotación y comercio de determinados recursos naturales como, por ejemplo, la sal de las salinas reales... etc.,). Los monarcas castellanos tenían "señorío" sobre algunos bienes (como, por ejemplo, el agua), sin embargo, esta vinculación patrimonial, con el paso del tiempo, no recaerá sobre las rentas sino directamente sobre las aguas en forma de *iura regalia,* a pesar de ser un concepto que no se contemplaba en las *Partidas*. En cualquier caso, se ha de tener en consideración que la vinculación patrimonial de determinados derechos en la persona del monarca -tanto en la Edad Media como en la Moderna- se caracterizaron por dos elementos: la inalienabilidad y la imprescriptibilidad. Los bienes privativos del rey, en modo alguno, eran susceptibles de enajenación o transmisión onerosa y tampoco podían ser objeto de prescripción. En cuanto a la imprescriptibilidad, se ha de tener presente que el

de los ríos para pesca, navegación y aprovechamiento de la fuerza motriz hidráulica[45].

En el Principado de Cataluña[46], los *Usatges* consignaron la regla general de que todas las aguas públicas pertenecían,

---

peligro por la prescripción decaerá con el paso del tiempo, habida cuenta que los aprovechamientos de bienes privativos del soberano podían ser otorgados a particulares como "donaciones y concesiones regias" a cambio del pago periódico de un canon o renta; prestación, que en la práctica ha significado un reconocimiento del dominio del "señorío regio" (o *regalía)* impidiendo de este modo toda suerte de prescripción. Vid. GAY DE MONTELLÁ, R, y MASSÓ ESCOFET, C. *Tratado....* cit., pp.19-28. VERGARA BLANCO, A.: *Derecho de Aguas.* Tomo I, Editorial jurídica de Chile, Santiago de Chile, 1998. GIL OLCINA, A.: "Regalías de las aguas públicas y dominio público hidráulico", *Investigaciones Geográficas,* núm. 53, 2010, pp. 7-23. MOREU BALLONGA, J. L.: *Aguas públicas...*, cit., pp. 109-111. GALLEGO ANABITARTE, A. *El Derecho de aguas...*, cit. pp. 133-138. LADINDE ABADÍA, J. "La Consideración jurídica...," cit., pp. 51-ss.

45 *Fueros de Aragón*, VII, 287. Para más información sobre los aprovechamientos hídricos en Aragón, véase: PÉREZ SARRIÓN, G. "Regadío, política hidráulica y cambio social en Aragón, siglos XV-XVIII", *Aguas y modelo de producción,* María Teresa Pérez Picazo (Coord.), Crítica, Madrid, 1990, pp. 212-270.

46 La regulación de las aguas en Cataluña se caracterizó por el reconocimiento de un sistema de aguas públicas y plenas garantías en su acceso, uso y disfrute previo pago de un canon o renta a favor del titular del dominio directo.

como *regalía,* a las "Potestats"[47]. Al igual que en Castilla[48], la regulación de las cuestiones relacionadas con el líquido elemento y su tutela despertó un gran interés por parte de la autoridad pública. Ya en las Cortes de Monzón de 1585, el monarca manifestó su preocupación por mantener expeditas y en buen estado de conservación las acequias, desagües, canales de riego

---

47 En los *Usatges* se afirmaba que, aunque los pueblos tenían siempre las aguas (comunes) éstas pertenecían a las "Postests" (*Usatges.* I, III. 4); Concepto que ha sido interpretado por una parte de la doctrina jurídica (Jesús Lalinde, por ejemplo) como pertenencia al soberano, en cambio autores como Jordi Maluquer, como pertenecía a los señores. Vid., LALINDE ABADÍA, J. "La consideración jurídica...", cit., pp. 51-52. MALUQUER DE MOTES, J.: "Las técnicas hidráulicas y la gestión del agua en la especialización industrial de Cataluña. Su evolución a largo plazo", *Aguay modo de producción,* 1990, p. 316. Por otro lado, en el Derecho catalán se observa multitud de disposiciones que regulaban, de manera pormenorizada, los usos y aprovechamientos de las aguas en el Principado. A modo de ejemplo, se dispuso la obligación de respetar tanto los derechos adquiridos como las servidumbres de acueducto (*Usatges.* I.VI. 4), imponiéndose el pago obligatorio de un canon para desecar terrenos pantanosos y transfórmalos en nuevos riegos (*Usatges.* VI. IV.4). Asimismo, se consignó la regla general de que el agua que nacía en un terreno privado pertenecía a su dueño, de tal modo que su uso y aprovechamiento por un tercero requería la expresa autorización o permiso del dueño del fundo. Empero, si el líquido elemento salía fuera del mismo, cualquier particular podía libremente usarla siempre que no causara ningún daño a la propiedad a la hora de tomar el agua. (*Usatges.* II.XI.3). Cfr. SALETA Y JIMENEZ, J. M. *Tratado de aguas, expropiación forzosa, obras públicas, agricultura y colonias agrícolas,* Imprenta de la Viuda e Hijos J.A, García, Madrid, 1879, pp. 23-28.

48 Para más información sobre la protección de la calidad de las aguas en Castilla véase el estudio de ZAMBRANA MORAL, P. "La protección de las aguas frente a la contaminación y otros aspectos medio-ambientales en el Derecho romano y en el Derecho castellano medieval", *Revista de Derecho de la Pontificia Universidad Católica de Valparaíso,* núm.2. Vol. 37, 2011, pp. 597-650.

y riberas de los ríos de todo el Principado, para preservar la calidad de las aguas y evitar problemas de salud pública[49]. Como aduce la profesora Patricia Zambrana, para asegurar los trabajos de limpieza y mantenimiento de las infraestructuras hidráulicas se sometieron a una rigurosa y exhaustiva inspección por personas expertas en la materia, quienes tenían el deber de informar del estado de las obras, de los defectos detectados y de las medidas a adoptar[50].

En el Reino de Valencia se declararon las aguas de los ríos -y del mar- públicas y de uso común a excepción de las albuferas que eran regalías y, por tanto, se requería licencia real para pescar y cazar en estos singulares humedales[51]. Aunque los ríos quedaron sometidos al dominio supremo del monarca, por apremiante y urgente necesidad de estimular la repoblación tras la Reconquista, Jaime I dispuso en los *Furs*[52] que concedía francas y libres todas las acequias de la ciudad -salvo la acequia real con dirección a Puzol- para que toda la población pudiera tomar agua y regar sin necesidad de abonar tributo o impuesto alguno, con la única obligación de aprovechar el caudal de

---

49 Cortes de Monzón de 1585, Capitol de Cort 28 (*Constitutions i altres-drets de Cathalunya*, IV, 4, 2, Vol. I, pp. 249-250. Cfr. ZAMBRANA MORAL, P. *La protección del medio ambiente: perspectiva histórico-jurídica*. Aranzadi, Pamplona, 2022, p. 189. (cita, 394).

50 ZAMBRANA MORAL, P. *La protección del medio...*, cit., pp. 189-190.

51 *Furs*. IX.XII.10. [*Furs e Ordinations fetes per les gloriosos reys d´Aragó als regnicols del regne de Valencia*. Valencia, 1482. Universidad de Valencia, 1977].

52 El texto legal, en materia de aguas, contemplaba la servidumbre legal o forzosa de acueducto y la ocupación temporal para verificar los trabajos de construcción, restauración y limpieza de las infraestructuras hidráulicas (*Furs*, III. XVI. 22 y 24). Asimismo, confió el dominio de las aguas de los manantiales a favor del dueño del terreno, con la única obligación de aprovecharlas; concediendo el derecho preferente de las heredades inferiores que primero las hubieran aprovechado durante el tiempo de la prescripción de diez años (*Furs*. III. XVI. 36).

manera racional y evitar su despilfarro, además de conservar y mantener limpias las acequias[53] "segons costum que antigament es o fo stablit en temps dels serrahins"[54]. Al igual que en el Principado, la autoridad pública manifestó interés -y preocupación- en la tutela de las aguas frente a la contaminación por sus repercusiones en el "medio ambiente" y en la salud de la población en general. De ahí la exigencia de mantener pulcras y en buen estado de conservación todas las infraestructuras hidráulicas (acequias, azarbes, canales…etc.,), optimizar los recursos disponibles y garantizar un correcto reparto entre los regantes, como se venía haciendo desde tiempos de la dominación islámica[55]. Respecto a esta última cuestión, se orde-

---

53 El oficial encargado de velar por el cumplimiento de estas obligaciones y el cuidado de las infraestructuras de riego era el *çequier* -nombrado por los *Jurats* de los *Consells*-. De igual modo, quedaba facultado para realizar labores de control y vigilancia para que nadie pudiera hacer mal uso o apropiarse de manera indebida del agua, además de exigir a los propietarios de las parcelas que, al menos una vez al año, acometieran los trabajos de limpieza ("monda") de las acequias y azarbes retirando la broza y demás inmundicia acumulada en los cauces (*Furs*. IX. XXX. 3 y 4).

54 *Furs*. III.XVI.16.

55 Para más información sobre los usos y aprovechamientos de los recursos hídricos con destino al riego en el levante peninsular en época islámica véanse: MARTÍNEZ ALMIRA, M. "El valor de la tradición jurídica andalusí en el régimen de aguas. Consenso y Acuerdos del pasado para el agua en el futuro", *e-Legal History Review*, núm. 27, 2018. MARTÍNEZ ALMIRA, M: "Agua, derecho de uso y utilidad en el regadío de tradición andalusí del Reino de Valencia", *Glossae. European Journal of Legal History*, núm. 12, 2015, pp. 483-520. MARTÍNEZ ALMIRA, M. ABELLÁN CONTRERAS, F.J, y PAYÁ SELLÉS, J. "Cultura jurídica y patrimonio hidráulico", *Canelobre. Revista del Instituto Alicantino de Cultura, Juan Gil-Albert*, núm. 70, 2019, pp. 130-147. MÁRTINEZ ALMIRA, M. "Derecho de aguas: malos usos y contaminación en el Derecho andalusí", *Anuario de Historia del Derecho Español*, núm. 76. 2006, pp.323-410. MÁRTINEZ ALMIRA, M.: De-

nó que las aguas públicas, tanto de los ríos como de los manantiales que manaban libremente por las acequias, se repartieran en proporción a la extensión de la tierra cultivada, sin admitir ningún tipo de abuso o injusticia[56], teniendo el dueño de la tierra derecho de servidumbre, al menos, de una senda o pequeño camino para acceder al recurso[57]. La sobrante, sin negar dicha propiedad del señor de la tierra por donde manaba, se podía aprovechar por un tercero, pero era necesario contar antes con la autorización del dueño[58].

El fuerte control del poder público sobre las aguas públicas se reafirmó durante el Antiguo Régimen, a cuyo aprovechamiento se accedía a través de concesiones realizadas por el *Batle General* por delegación del monarca[59]. Precisamente, la Ins-

---

recho sobre el agua en el ordenamiento jurídico andalusí", *Waser, Wege, Wissenauf der iberischen Halbinsel,* Ignacio Czeguhn (Coord.), Nomos, Berlín, 2016, pp. 227-272.

56 *Furs.* III. XVI. 37.

57 *Furs.* III. XVI. 9.

58 *Furs.* III. XVI. 2.

59 Originariamente este oficial regio abarcaba toda la vida socioeconómica del reino, tal y como se recoge en los *Furs* (I. III. 8 y 9). Sus atribuciones no siempre fueron las mismas, sino que concordaron con la personalidad del soberano, que fue desarrollando su jurisdicción a tenor de las pragmáticas reales y de los *Furs.* Se ocupó de la gestión y administración de las rentas y bienes reales, es decir, de los bienes del Real Patrimonio. Ahora bien, además de su jurisdicción fiscal y de recaudación también gozaba de una autoridad política, con capacidad de decisión en todas las cuestiones que supusiera un beneficio pecuniario para la Corona. ROCA TRAVER, F.A.: *Tierra y propiedad en la Valencia medieval,* Servicio de publicaciones del Ayuntamiento de Valencia, Valencia, 2006, pp.62-65. GUINOT RODRÍGUEZ, E. *La Batlía general se Valencia: gestors i beneficiaris,* en Institut d´estudis Llerdenecs, Lleida, 1997. Por las atribuciones inherentes a su oficio logró perpetuarse en el tiempo, a pesar de que con los Decretos de Nueva Plata se suprimieron las *Bailias,* poco tiempo des-

trucción de 13 de abril de 1783[60], prestó atención a la cuestión de las concesiones de las aguas sobrantes para sangrar ríos o descubrir las aguas subterráneas, regulando el procedimiento de las concesiones para alumbrarlas y aprovecharlas con destino a la agricultura[61]. Las referidas condiciones se plasmaron en el contrato de censo enfitéutico (o enfiteusis), que suponía la cesión de la tierra y el agua por el titular del dominio directo (Real Patrimonio) a favor de un particular (enfiteuta) para que, en tiempo y forma, la cultivara o mejorara a cambio del pago de un canon anual y el cumplimiento de los pactos fija-

---

pués, Felipe V tuvo que rectificar y declarar que la derogación de los fueros no implicaba la de aquellos que afectasen a la Corona, siendo de su real animo conservar todos los usos y costumbres favorables a sus regalías. Ya en el último tercio del siglo XIX, con la aprobación del Decreto de 15 de abril de 1873 se suprimió en todos los antiguos territorios de la Corona de Aragón. LATOUR BROTONS. J. *Antecedentes de la primitiva Ley de Aguas*, Imprenta de F. Domenech, S.A, Madrid, 1955, p. 9.

60 Conforme a esta norma, al Real Patrimonio del Reino de Valencia le correspondía, entre otras regalías, la facultad general de establecer tierra y agua "*en todos los pueblos de realengo y otros donde no se hubiese enajenado este derecho". Además, con el firme propósito de solucionar el grave problema de inseguridad jurídica -en relación a los derechos y deberes del enfiteuta-, el Baile General tenía el deber de establecer una serie de "condiciones conforme a la naturaleza de la enfiteusis que han de insertarse en la escritura (…)*". [Exposición de Motivos de la Instrucción sobre formalización de los expedientes en el Reino de Valencia aprobado por la Real Cédula de 13 de abril de 1783].

61 Bajo el convencimiento de que el uso de las aguas subterráneas sería una alternativa idónea para acrecentar la superficie de regadío y, por consiguiente, la riqueza nacional, se otorgaron concesiones aún contra la oposición del titular del terreno, que en modo alguno motivaba la paralización del expediente administrativo, el cual debía ser remitido al asesor patrimonial para que valorase la entidad de los daños y perjuicios que pudiesen ocasionarse en los cultivos. GALLEGO ANABITARTE, A. *El Derecho de aguas…*, cit. pp. 419-ss.

dos de mutuo acuerdo[62]. El interés desmesurado de recaudación de la Hacienda pública valenciana, cuyos pingües ingresos provenían en su mayoría de prestaciones económicas a cargo

---

62 El enfiteuta, en relación a las aguas subterráneas, como titular del dominio útil gozaba del derecho a buscarlas, alumbrarlas, canalizarlas y aprovecharlas en riego, con la obligación del pago periódico de un canon. Aunque el dominio útil se transfería al enfiteuta, el dominio directo seguía en poder del Real Patrimonio. La licencia o autorización para buscar, alumbrar y aprovechar el agua del subsuelo por los particulares (enfiteutas) era preceptiva no sólo en los terrenos de realengo sino también de un tercero, y la oposición del titular del fundo o predio no impedía que dicha autorización se otorgara, tal y como se desprende de la Instrucción de 13 de abril de 1783. Vid. GALLEGO ANABITARTE, A. *El Derecho de aguas…*, cit. pp. 419-ss. DELGADO PIQUERAS, F. *Derecho de aguas…*, cit. p. 76 (cita. 14) Para más información sobre el contrato de enfiteusis y sus efectos en los distintos reinos hispánicos véase: ABELLÁN CONTRERAS, F. "Los efectos de la enfiteusis en los reinos peninsulares durante la Baja Edad Media: reflexiones sobre los derechos y obligaciones de las partes contratantes", *Revista da Faculdade de Direito da Universidade de Lisboa,* núm. 49, vol. 2. 2020, pp. 257-288. ABELLÁN CONTRERAS F. J. "Régimen de explotación de la tierra y condición jurídica de los campesinos en el Principado de Cataluña y en el Reino de Valencia en la Baja Edad Media", *e-Legal History Review,* núm. 30, 2019, pp. 1-41. CORBELLA, A.: *Historia jurídica de las diferentes especies de censos.* Imprenta Y Litografía de los Huérfanos, Madrid, 1892. FEBRER ROMAGUERA, V. *El dominio y explotación territorial en la Valencia foral,* Servicios de publicaciones de la Universidad de Valencia, Valencia, 2000. GIL OLCINA, A.: *Singularidad del régimen señorial valenciano. Expansión, declive y extinción de la señoría directa.* Servicios de publicaciones de la Universidad de Alicante, 2012. PESET REIG, M. "L´Enfiteusis al Regne de Valencia: una análisis jurídica", *Estudi d´Historia Agraria,* núm.7, 1989, pp. 99-126. ORTUÑO SÁNCHEZ PEDREO, J.M. "Origen romano de la enfiteusis", *Revista Anales de la Universidad de Alicante, Facultad de Derecho.* Núm. 8, 1993, pp. 63-74. GONZALEZ MARTINEZ, J. A. "La enfiteusis aspectos básicos de la institución", *Revista Facultad de Ciencias Sociales y Jurídicas de Elche,* núm. 4, vol. 1, 2009, pp. 255-265.

de los enfiteutas, llevó a la autoridad pública a someter a un riguroso control todos los usos del agua a través de un procedimiento de autorización muy exhaustivo. Ahora bien, tras las reformas liberalizadoras implementadas en el siglo XIX, el poder público quedó desligado de toda connotación patrimonial del poder real y señorial sobre la "cosa pública", de manera que su administración, gestión, conservación y vigilancia recayó en el Estado, pero sin llegar a ser su propietario[63].

A partir de la revolución burguesa se inició en España un lento proceso de "reformismo liberal" del régimen jurídico de las aguas -y de la tierra-, al suprimirse el dominio directo y favorecerse la expansión del dominio útil mediante la liberación del pago de los tradicionales cánones o rentas feudales[64]. A este fin contribuyó, por un lado, el Real Decreto de 6 de agosto de 1811 que supuso la inmediata incorporación de los señoríos jurisdiccionales al Estado de toda índole y condición[65], pero también la abolición de "los dictados de vasallos y vasallaje y

---

63 GALLEGO ANABITARTE, A. *El Derecho de aguas…*, cit. pp.151-157.

64 Vid., GARCÍA ORMAECHEA, R. *Supervivencia feudales en España. Estudio de legislación y jurisprudencia sobre señoríos,* Edición de Pedro Ruiz Torres, Urgoiti Editores S.L. Mutilva Baja (Navarra), 2002.VILLARES PAZ, R. "Reformas institucionales y expansión agraria en la España liberal", *Estudios de historia (Homenaje al profesor Jesús María Palomares).* Elena Maza Zorrilla (Coord.), Universidad de Valladolid, Valladolid, 2006, pp. 351-368. CONGOST i COLOMER, R. "Enfiteusis y pequeña explotación campesina en Cataluña, siglos XVIII-XIX", *Señores y campesinos en la Península Ibérica, siglos XVIII-XX,* Pegerto Saavedra (Coord.), Vol. II. Crítica, 1991, Barcelona, pp. 63-87.LA PARRA LÓPEZ, E. y SÁNCHEZ RECIO, G.: "La revolución burguesa", *Historia de la provincia de Alicante,* José Uroz Sáez (Coord.), vol. V. Ed. Murcia-Mediterráneo, Murcia, 1985, pp. 17-104. PIQUERAS ARENA, J. A. "La revolución burguesa española. De la burguesía sin revolución a la revolución sin burguesía", *Revista Historia Social,* núm. 24. 1996, pp. 95-132.

65 Artículo 1 del Decreto de 6 de agosto de 1811.

las prestaciones reales y personales"[66], amén de los privilegios "exclusivos, privativos y prohibitivos", tales como el aprovechamiento del agua, la pesca, la caza, etc., que debieran su origen a título jurisdiccional o feudal, quedado a partir de ahora -con arreglo al Derecho común y a las reglas municipales- al libre uso de los vecinos[67]. Años después, el Real Decreto de 19 de julio de 1813, extendió la previsión del anterior Decreto a las aguas sujetas al Real Patrimonio, pasando a recibir los titulares del dominio útil -de manera automática- el dominio directo y, por el mismo, quedaron liberados del pago del laudemio, la fadiga, entre otras obligaciones impuestas en las escrituras de establecimiento enfitéutico[68]. Por Real Decreto de 3 de marzo de 1819 se declaró ilesos los derechos del Real Patrimonio, quien continuó conservando todos sus derechos[69]. Durante el

---

66 Artículo 4.

67 Artículo 7.

68 MOREU BALLONGA, J. L. *Aguas públicas*..., cit. pp. 125-126. DELGADO PIQUERAS, F. *Derecho de aguas*..., cit. pp.78-19.

69 Años antes, por Real Decreto de 22 de mayo de 1814, se inició el proceso de separación del patrimonio privativo del monarca de la Nación; proceso que culminó con la Ley de 18 de diciembre de 1869 que declaraba extinguido el Real Patrimonio y conforma la anulación de las prestaciones abolidas en el Real Decreto de 19 de julio de 1813 y en la Ley de 26 de agosto de 1837. En esta última disposición, a diferencia de la Ley de 3 de mayo de 1823, sólo se exigía la presentación de títulos de propiedad a los señores jurisdiccionales y no a los solariegos (art. 1). Obligación que tampoco tenían ni los poseedores de heredades y de censos -reservativos y consignativos-ubicados en pueblos y áreas que tuvieron la condición de señorío jurisdiccional y les hubiera pertenecido como propiedad particular hasta 1837 (art. 3), ni aquellos señores, con sentencia firme favorable, afectados por el juicio de incorporación o el de reversión (art. 4). Por otro lado, en un plazo máximo de dos meses, a contar desde promulgación de la norma y bajo pena de expropiación o decomiso de sus heredadas, los antiguos señores jurisdiccionales debían presentar sus respectivos títulos, iniciándose de oficio la correspon-

Trienio Liberal se dictó el Real Decreto de 28 de abril de 1820 -que restablecía el Real Decreto de 1813-, y se aprobó la Ley de 3 de mayo de 1823[70], que confirmaba la supresión de los

---

diente demanda de incorporación (art. 5). En caso de litigio entre el antiguo titular del dominio directo (señor) y sus ex vasallos, los pueblos quedaban obligados a continuar las prestaciones que figuraban en los títulos –siempre que se hayan presentado en tiempo y forma- hasta que se dictara sentencia ejecutoria. Sólo en caso de ser contraria a los intereses de los antiguos señores se retrotraían a la fecha de entrada en vigor de la citada Ley (art. 6). Junto a esta medida que favorecía a los nobles, se podría citar también aquella que preveía la posibilidad de que el "*terratge*" en modo alguno comprendiera la renta o canon concedida por contrato a los colonos o propietarios (art. 12). Asimismo, la norma también preveía algunas medidas –pocas- que favorecían, en este caso, a los titulares del dominio útil (colonos-labriegos). Por ejemplo, se les conservaba en aquella situación -como propiedad particular- a pesar de que el señorío hubiera adquirido la condición de "reversible e incorporable" al Estado (art.10). Para más información sobre estas cuestiones véase los comentarios de MONTAÑÉS PRIMICIA, E.: *Cádiz y la revolución liberal española, 1834-1837*. Servicios de Publicaciones de la Universidad de Cádiz, 2019. RUEDA HERNAZ, G. "La supresión de señoríos y el proceso desvinculador de los bienes nobiliarios", *Aportes. Revista de Historia Contemporánea,* núm. 30. 2015, pp. 41-58. RUIZ TORRES, P. "Reforma agraria y revolución liberal en España", *Reformas y políticas agrarias en la historia de España (de la Ilustración al primer franquismo),* Ministerio de Agricultura, Alimentación y Medio Ambiente, Madrid, 1996, pp. 201-245.

70 Esta Ley declaró que en virtud del Decreto de 6 de agosto de 1811 quedaban abolidas todas las prestaciones -reales y personales-, las regalías y derechos anejos, inherentes que deban su origen a título jurisdiccional o feudal (art. 1). De este modo, la abolición alcanzaba no sólo al elemento jurisdiccional de los señoríos, sino también al territorial, habida cuenta que las prestaciones derivadas de aquél se referían a la tenencia de la tierra por los cultivadores. Empero, entre los contratos exceptuados de la abolición se hallaban los de enfiteusis de señorío (art. 7) y los de enfiteusis alodiales (art. 8). La enfiteusis de señorío subsistirá tan sólo en virtud de declaración ju-

privilegios y derechos señoriales del Real Decreto de 1811[71]. Por Real Decreto de 9 de marzo de 1835 se ponía fin a los Privilegios del Real Patrimonio, al establecerse la exención del pago de toda clase de derechos por el uso del agua y la libre disposición de la misma a todos los habitantes de Cataluña, Valencia y Mallorca. Además, se reconoció de manera expresa la libertad de abrir catas, pozos y zanjas para alumbrar aguas subterráneas y servirse de ellas con arreglo a las normas generales. Esto planteó, lógicamente, problemas de respeto de los derechos adquiridos por los titulares del dominio útil o enfiteutas, pero se solventaron al respetarse los existentes en el momento de la publicación del citado Real Decreto, siempre y cuando se hubieran adquirido por concesión del Real Patrimonio o por prescripción de treinta años, tal y como se dispuso en la Sentencia del Tribunal Supremo de 30 de enero de 1865[72].

En virtud de las Leyes de 29 de enero, de 2 de febrero y de 29 de agosto 1837 se restablecieron los Reales Decretos de 6 de agosto de 1811 y de 19 de julio de 1813 (contra los derechos señoriales y reales)[73]. Por último, la Real Orden de 23 de mayo de 1848 declaró que los ríos que fluían por los antiguos terri-

---

dicial expresa, cuando en virtud de los títulos de adquisición se declarase ante los señoríos solariegos eran de propiedad particular. El legislador de 1820, posiblemente influido por la preocupación de no herir con sus postulados y resoluciones los derechos dominicales de carácter civil, no advirtió que la enfiteusis había sido adaptarla por el feudalismo a sus características para usarla como herramienta de control de los vasallos adscritos a la tierra. Para una gran parte de la doctrina jurídica, resulta a todas luces incomprensible que con la declaración de quedar abolidas todas las prestaciones enumeradas en el artículo 1 de la Ley, la excepción a favor de la enfiteusis (de señorío y alodiales).

71 Artículo 1 de la Ley de 3 de mayo de 1823.

72 Cfr. DEL SAZ CORDERO, S. *Aguas subterráneas…*, cit.,pp. 12-13.

73 MOREU BALLONGA, J. L. *Aguas públicas…*, cit. pp. 125-126.

torios de la Corona de Aragón dejaban de pertenecer al Real Patrimonio privado del monarca y pasaban al Estado, por lo que no se debía dejar a salvo -y a favor del soberano el derecho de conceder mediante canon las aguas de los ríos de estos territorios[74].

La supresión o abolición del régimen señorial no supuso una redistribución de la propiedad de la tierra y del agua, como tanto anheló el campesinado ya que el nexo de unión nobleza/burguesía hizo que las acciones económicas implementadas hasta la fecha no afectaran a la nobleza en su estatus personal y jurídico. Salvo casos muy puntuales, la propiedad señorial acabó transformándose en propiedad privada y las concesiones de los antiguos vasallos en contratos civiles, de modo que la propiedad territorial quedó en las mismas manos, e igual destino tuvieron los derechos privativos sobre el líquido elemento y las prestaciones por su utilidad[75]. La reforma liberal del régimen jurídico de las aguas no se caracterizó sólo por la superación de la división feudal del dominio y la expansión del dominio útil, a costa de la supresión del dominio directo, sino también por la irrupción de la noción de propiedad como un

---

74 Años después, la Ley de 18 de diciembre de 1869 reiteró la supresión de los privilegios, derechos y prestaciones de origen señorial percibidos por el Real Patrimonio, cuyos bienes -tras su extinción- pasaron al Estado, a excepción de los destinados al uso privativo del monarca y los que debieran cederse para las servidumbres y usos comunes de los pueblos. Cfr. DELGADO PIQUERAS, F. *Derecho de aguas…*, cit. pp.79-80.

75 Vid. GALVÁN RODRIGUEZ, E. "La disolución del régimen señorial", *Cortes y Constitución de Cádiz*: 200 años. José Antonio Escudero López (Coord.). Vol. II. España Calpe-España, Madrid, 2011, pp. 204-219. DELGADO PIQUERAS, F. *Derecho de aguas…*, cit., pp. 83-97.

derecho pleno e ilimitado sobre los bienes[76]. En el marco del nuevo Estado Constitucional, los supuestos más habituales de concesión por los antiguos títulos de derechos sobre el mero dominio útil del agua siguió una situación similar al del Antiguo Régimen, entre la titularidad "eminente" del Estado -que pasó a denominarse "dominio público"- y los derechos reales de aprovechamiento o enfiteusis que acabaron transformándose en concesiones administrativas que, con el paso del tiempo, desempeñaron un gran papel en el nuevo orden jurídico liberal de las aguas a través de la ejecución grandes obras públicas[77].

---

76 Ahora bien, como aduce José Luis Moreu, la conversión del dominio útil del agua en plena propiedad se restringió a la de los manantiales, pozos, lagos y lagunas situados dentro de un predio cuyo dominio útil se transformó en dominio pleno. MOREU BALLONGA, J. L. *Aguas públicas...*, cit. pp. 126-127.

77 Véase al respecto los comentarios de GALLEGO ANABITARTE, A. *El Derecho de aguas...*, cit. pp.151-157.MOREU BALLONGA, J. L. *Aguas públicas...*, cit. p. 127.

2.

Problemática de la dispersión normativa en el ramo de las aguas y sus efectos en la seguridad jurídica

Tanto la abolición del régimen señorial como la supresión del dominio patrimonial regio sobre el líquido elemento, en los territorios que conformaban la antigua Corona de Aragón, contribuyeron a ampliar las posibilidades de los aprovechamientos hídricos preexistentes, al tiempo que las nuevas iniciativas para acometer obras hidráulicas carecieron de la seguridad de un reconocimiento normativo. Por tanto, el establecimiento de un sistema de ordenación de los aprovechamientos, de conformidad con el pensamiento del legislador de la época, resultaba vital y urgente:

> "(...) porque a las dificultades que suelen presentarse al establecimiento de nuevos riegos, fábricas y otras empresas agrícolas e industriales en que se trata de aprovechar de diversos modos las aguas de los ríos. En atención a las causas que motivan por lo común la instrucción de expedientes gubernativos y judiciales sobre estos asuntos, a la alarma en que suelen poner tales empresas a los riberiegos y a la poca seguridad con que pueden intentarlas los especuladores, retraídos por el temor de verse envueltos en pleitos dispendiosos (...)"[78].

El régimen liberal, aunque con cierto desorden, como veremos a continuación, hizo frente a esta peculiar situación me-

---

[78] Preámbulo de la Real Orden de 14 de marzo de 1814, por la que se dictaban reglas para el aprovechamiento de las aguas de los ríos en nuevos riegos, artefactos, etc. Cfr. ABELLA, F. *Manual de aguas, explotación...*, cit., p. 214.

diante la promulgación de un amplio cuerpo normativo que sentó las bases para el aprovechamiento y uso de las aguas continentales, a la vez que proporcionó la seguridad necesaria para hacer posible la iniciativa individual. Esta regulación se sustentó en tres grandes reglas: el establecimiento de un orden de prelación entre los diferentes aprovechamientos de aguas públicas, la consolidación y expansión del regadío como "motor" del progreso y la definición del derecho de propiedad sobre las aguas[79]. Así es, a comienzo del siglo XIX, parte de la doctrina jurídica, influida por los postulados de la Revolución Francesa, se pronunciaron a favor de que la Administración pública española reivindicara para sí el dominio de las corrientes hidráulicas más importantes como única fórmula para lograr su distribución ecuánime, amén de conciliar las necesidades de la agricultura, la industria, la navegación y, por supuesto, de los núcleos de población[80] a través de los servicios de suministro

---

79 Sobre esta última cuestión, la Revolución liberal supuso, a todas luces, la supresión del bien patrimonial del monarca o de los señores territoriales -por concesión regia- que poseía el líquido elemento en el Antiguo Régimen. Tal situación, a partir del año 1811, sufrió una profunda transformación con ocasión de la eliminación del dominio directo y la supresión del régimen señorial y de los derechos del Real Patrimonio. Vid., GARCÍA ORMAHECHA, R. *Supervivencia feudales en España. Estudio de legislación y jurisprudencia sobre señoríos.* Reus, Madrid, 1932, pp. 12-20. CALATAYUD, S. "Antes de la política hidráulica: la gestión del agua bajo el Estado liberal en España (1833-1866)", *Revista Agraria*, núm. 68, 2016, pp. 13-40. MATÉS BARCO, J, M. "Revolución liberal y derecho de aguas en España", *Revista de Estudios Jurídicos*, núm. 1998, pp. 257-274.

80 Vid. FRANQUET y BERTRÁN, C. *Ensayo sobre el origen, espíritu y progresos de la legislación de aguas. Seguido de los elementos de hidronimia pública. Del proyecto de la Ley General presentado al Senado, de la legislación general y foral y de la jurisprudencia civil y administrativa,* (Tomo I), Imprenta de José M. Ducazcal. Madrid, 1864, p. 181-ss. GAY DE MONTELLÁ, R. y MASSÓ ESCOFET, C. *Tratado de la legislación…*, cit., pp. 28-29.

de agua potable y de evacuación de las residuales que quedó a cargo de los Ayuntamientos como prueba la vasta normativa versada en el Régimen Local[81]. Se ha de tener en consideración que la propia Constitución de Cádiz de 1812 atribuyó a los municipios numerosas y variadas atribuciones, entre ellas, la "policía sanitaria "para velar por la salubridad de la colectividad y la ejecución de obras públicas[82]. De igual modo, la Instrucción para el Gobierno Económico y Político de las provincias, de 13 de junio de 1813, concedió a los Ayuntamientos la función de la "salubridad y comodidad" con la obligación de dar curso a las aguas estancadas o insalubres como medida de

---

81 Sobre el servicio público de abastecimiento en España a comienzo del siglo XIX véase, entre otros estudios: GARRIDO, J. M. *El servicio público de abastecimiento de agua a poblaciones,* Instituto de Estudios de Administración Local, Madrid, 1973. CALVO MIRANDA, J.L.: "Abastecimiento de agua potable y saneamiento de las aguas residuales urbanas en España", *Revista Aragonesa de Administración Pública,* núm. 36, 2010, pp. 295-311. MATÉS-BARCO, J. M.: "La regulación del suministro de agua en España, siglos XIX y XX". *Revista de Historia Industrial,* núm. 61, 2016, pp. 17-49. MATÉS-BARCO, J. M. "El servicio público de abastecimiento de aguas en España (siglos XIX-XX): El proceso de acumulación de competencias de los ayuntamientos", *Revista Brasileira de História & Ciencias Sociais,* núm. 18, vol.9. 2017, pp. 36-57. MATÉS-BARCO, J. M. y CLAR, E. "Los abastecimientos urbanos y los usos industriales del agua, en V. Pinilla Navarro, (Editor). *Gestión y usos del agua en la cuenca del Ebro en el siglo XX.* Prensas Universitarias de Zaragoza, 2008, p. 563-605. MATÉS-BARCO, J.M. "El suministro de agua (siglos XIX y XX). Una historia discontinúa", *Andalucía en la Historia,* núm. 68, 2020, pp. 14-21.DE MIGUEL, P. y SOSA, F.: *Las competencias de las Corporaciones Locales.* IEAL, Madrid, 1985.

82 Artículo 321 de la Constitución de 1812. [Congreso de los Diputados. "Constituciones españolas (1812-1978)". Disponible en: https://www.congreso.es/es/cem/const1812].

prevención sanitaria[83]. Idéntica redacción se contemplaba en la Ley de 3 de febrero de 1823, que aprobó la nueva Instrucción para el Gobierno Económico y Político de las Provincias, al señalar que los Ayuntamientos también tenían encomendado los trabajos de conservación, mantenimiento y limpieza de todas las fuentes públicas, además de garantizar agua en abundancia para satisfacer las necesidades de toda la población[84].

La vigencia de la normativa fue relativamente efímera habida cuenta de que se derogó tras la restauración del absolutismo por Fernando VII, pero años después se restableció de manera íntegra, gracias a la Ley de 15 de octubre de 1836. Un año antes, el Real Decreto de 23 de julio de 1835 confirió a los Ayuntamientos el deber de "cuidar de la salubridad"[85], de "tomar las precauciones necesarias para facilitar los auxilios necesarios"[86] -cuando se detectara algún brote epidémico-, y "procurar el mejor surtido de agua potable para el servicio del pueblo"[87]. El Real Decreto de 21 de septiembre del mismo año confirmó esta competencia, al disponer que las Diputaciones, a petición del Gobernador Civil, tenían la obligación de informar sobre la actividad de los Ayuntamientos acerca del suministro hídrico a la población y de los expedientes de desagüe de los terrenos pantanosos por motivos higiénico-sanitarios[88]. Más genérica, en cuanto al servicio de suministro hídrico se refiere, la Ley de Organización y Atribuciones de los Ayunta-

---

[83] CALVO CHARRO, M. *Régimen jurídico de los humedales*, Instituto Pascual Madoz, Universidad Carlos III, Imprenta Nacional Boletín Oficial del Estado, Madrid,1995, p. 38.

[84] Artículo 16 de la Ley de 3 de febrero de 1823, que aprobaba la nueva Instrucción para el Gobierno Económico y Político de las provincias.

[85] Artículo 48.4 del Real Decreto de 23 de julio de 1835.

[86] Artículo 48.5.

[87] Artículo 48.6.

[88] Artículo 21.13 de Real Decreto de 21 de septiembre de 1835.

mientos, de 8 de enero de 1845, reconoció a estos entes plena facultad para garantizar, de manera consensual, el mejor disfrute de las aguas[89].

Al margen de las citadas disposiciones, se ha de prestar atención a un ambicioso proyecto legislativo que se elaboró a mediados del siglo XIX por el Ingeniero del Ministerio de Fomento D. Constantino Ardanar, para regular de manera unitaria y sistemática el abastecimiento de agua potable a las poblaciones. Por Real Orden de 11 de julio de 1856 se conformó una Comisión encargada de examinar el texto (de apenas 60 artículos), que constaba de dos partes bien diferenciadas[90]: la primera, se centró en la regulación del dominio hidráulico y

---

89 La norma estuvo vigente hasta el "Sexenio Revolucionario", con el paréntesis lógico del "Bienio Progresista" hasta que fue sustituida por la Ley de 5 de julio de 1856, que encomendaba a los Ayuntamientos los trabajos de limpieza, conservación, reparación y mejora de las fuentes públicas (art. 126.10). Pero será la Ley Municipal de 2 de octubre de 1877 la que con mayor claridad regule las competencias de los Ayuntamientos. Al concederles, de manera exclusiva, todas las cuestiones relativas a la salubridad amén de los servicios de abastecimiento de agua a la población y alcantarillado (arts. 71.3 y 137.2). A pesar de que la tendencia centralizadora continuaba a paso firme, el Decreto-Ley de 8 de marzo de 1929 -por el que se aprobaba el Estatuto Municipal- introdujo una importante novedad; adscribir de manera exclusiva a los Ayuntamientos el suministro de agua potable y el alcantarillado, pero como servicio municipal con carácter de monopolio (arts. 150.9 y 170). Además, el Estatuto, en el ámbito higiénico-sanitario, introdujo la "seguridad hídrica" al obligar a los Ayuntamientos a proteger las aguas potables para preservar su calidad (art. 201.a). CALVO MIRANDA, J. L. "Abastecimiento...", cit. pp. 295-ss. MATÉS BARCO, J. M. "Las empresas de abastecimiento de agua (1850-1950) de la concesión administrativa a la municipalización", *Revista de Estudios Empresariales,* núm. 6,1997, pp. 277-300.

90 Para más información sobre la elaboración y contenido de dicho Proyecto de Ley, véase: MARTÍN RETORTILLO, S.: *La Ley de*

del régimen de aprovechamientos, partiendo del estudio analítico de una amalgama de normas generales y sectoriales relativas a autorizaciones y concesiones[91]. La segunda parte, por el contrario, prestó atención al abastecimiento de agua potable a las poblaciones, incluyendo el conjunto de obras hidráulicas necesarias para la canalización, reparto, desagüe, drenaje y para el correcto aprovechamiento del recurso[92]. El proyecto fue objeto de consulta y sobre el mismo emitieron varios informes redactados por diversos órganos colegiados, entre otros: el Consejo de Administración del Canal de Isabel II, la Sección de Gobernación y Fomento del Consejo Real y la Junta Consultiva de Caminos, Canales y Puertos. Todos coincidieron en la idea de que aquel texto no se ocupaba sólo de regular las derivaciones de agua potable para abastecer a los núcleos de población -y así atender a las necesidades hídricas e higiénico-sanitarias de los habitantes-, sino que también se ocupó de otros aprovechamientos (regadío, navegación e industria)[93], al

---

Aguas1866. Antecedentes y elaboración. Ediciones centro de Estudios Hidrográficos, Madrid, 1963, pp. 23-ss.

91 Respecto a esta última cuestión, que se abordaba en el capítulo segundo, sólo se aludía a cuatro tipos aprovechamientos estableciéndose el siguiente orden de preferencia: abastecimiento a poblaciones, agricultura, navegación e industria (art. 11).

92 Artículo 16 del Proyecto de Ley Abastecimiento de Aguas a Poblaciones.

93 De ahí que la Junta Consultiva de Caminos, Canales y Puertos dictaminara, considerara este proyecto como una "legislación especial" sobre el uso y el aprovechamiento de las aguas sustentada sobre cuatro grandes disposiciones generales: las que tenían por objeto el abastecimiento a poblaciones y las que se aplicaban a la agricultura, navegación e industria. Asimismo, reclamaba la necesidad de poner en valor el derecho consuetudinario (los usos y costumbres inmorales) y la singularidad de los distintos territorios que conformación Nación española en cuanto a la evolución histórica del Derecho de aguas. *Cfr.* MARTÍN RETORTILLO, S.: *La Ley de Aguas...*, cit. pp. 23-28.

tiempo que regulaba el dominio de las aguas, las concesiones y autorizaciones, las servidumbres forzosas, entre otras cuestiones de interés que, de conformidad con los dictámenes remitidos, no debían ser abordadas por una "legislación especial" como la que se pretendía aprobar, sino por una "Ley General de Aguas" que ofreciera mayores garantías a la sociedad. Por este motivo, el "Proyecto de Ardanar" no siguió adelante y, en su lugar, se constituyó, por Real Decreto de 27 de abril de 1859, una nueva Comisión encargada de redactar el primer "Código de Aguas" en España[94].

Junto a este aprovechamiento especial de aguas públicas, se dictaron, a comienzo de la centuria, un ingente número de disposiciones que, con mayor o menor fortuna y con base al Derecho consuetudinario, trataron de cubrir un vacío normativo en el ramo de los usos y aprovechamientos hídricos en España. En esta línea, los Reales Decretos de 11 de agosto y de 19 de julio de 1811 proclamaron, por vez primera, la libre facultad para construir molinos -y otros artefactos de análoga naturaleza, con el fin de aprovechar la fuerza motriz del agua sin sujeción a ningún tipo de gravamen o tributo, requiriéndose

---

94 Mientras tanto se promulgó el Real Decreto de 29 de abril de 1860, por el que se dictaban disposiciones sobre el aprovechamiento de las aguas en general, con el propósito de ofrecer a los particulares "la seguridad del respecto de sus derechos e intereses" y procurar el desarrollo de un buen sistema de aprovechamiento en todos los campos (Preámbulo del Real Decreto de 1860). Esta norma estableció, en el artículo 5, un orden de prelación en la concesión de las aguas públicas, lo que suponía una priorización de los distintos destinos del agua potable, estableciéndose la preferencia absoluta del abastecimiento a poblaciones, hasta entonces ignorado, frente a otros aprovechamientos como el abastecimiento a ferrocarriles, el regadío, la navegación y el movimiento de artefactos por acción de la fuerza del agua.

únicamente la preceptiva autorización[95]. Por aquellas fechas, las Cortes también aprobaron otra importante reforma que afectó al aprovechamiento de las aguas para la pesca que, hasta la fecha, era considerada de dominio exclusivo de los señores. Empero, el Real Decreto de 11 de agosto de 1811, abolió los privilegios señoriales en materia de caza y pesca, haciéndose extensiva la supresión a todos los ríos arrogados al Real Patrimonio, en virtud de lo dispuesto en el Real Decreto de 19 de julio de 1813[96]. Unas semanas antes, el Real Decreto de 8 de junio supuso un punto de inflexión entre la detentación de las aguas públicas por el Real Patrimonio -y la nobleza- y el nuevo régimen de reivindicación de los recursos hídricos en favor de la tierra por la que discurrían. Esta disposición legal proclamaba la libertad de cultivo por los titulares de las heredades rústicas, reconociendo a las aguas públicas como parte integrante de aquéllas[97]. Un paso importante en esta dirección, incluso en el periodo de transición del régimen absolutista al Estado Constitucional fue la política de exención de tributos

---

95 JORDANA DE POZAS, L. "La evolución del Derecho de las aguas en España y en otros países", *Revista de Administración Pública*, núm.37. 1962, pp.18-ss. SALETA y JIMÉNEZ, J.M. *Tratado de aguas…*, cit. pp. 35-36.

96 FRANQUET y BERTRÁN, C. *Ensayo sobre…*, cit. pp. 181-183.

97 Para el prestigioso jurista Cirilo Franquet estas disposiciones legales no eran más que "*el primer eco de libertad que resonó en los campos para la emancipación del agricultor, quebrantando las cadenas que le tenían servil y adherido a la tierra (…) eran el estandarte de guerra levantado contra los abusos y monopolios (…) y fuertes todavía los favorecidos por ellos, así estas como las demás leyes y la Constitución política publicada y sostenido en medio del estruendo de los combates al grito de la independencia y libertad en que se proclamaron los principios de la nueva era para la prosperidad de la Patria, fueron abolidas por la restauración monárquico-teocrática de 1814*". Cfr. FRANQUET y BERTRÁN, C. *Ensayo sobre el origen…*cit. pp. 187-188.

a los nuevos regadíos[98]. En este sentido, el Real Decreto de 19 de mayo de 1816 y la Real Orden de 31 de agosto de 1819 pusieron en valor la importancia de sangrar los ríos caudalosos "para fertilizar las vegas y huertas", además de construir nuevas infraestructuras para tales fines, estableciéndose un régimen de exención de tributos[99]. La Real Orden de 1816 permitió a los Ayuntamientos, Cabildos eclesiásticos y particulares -nacio-

---

98 Con la desarticulación de los vestigios del Antiguo Régimen, el Estado tomó conciencia de la necesidad de obtener el máximo aprovechamiento hidráulico con el propósito de impulsar la actividad agraria e industrial. El regadío, a comienzos del siglo XIX, tuvo un importante papel en el desarrollo socioeconómico del país al favorecer la reconversión de terrenos baldíos -de nulo o escaso valor- en tierras feraces. DELGADO PIQUERAS, F. *Derecho de aguas…*, cit. pp. 83-84.

99 Así es, los Ayuntamientos, Cabildos eclesiásticos y particulares, con el apoyo o respaldo de la Corona, quedaron facultados para fomentar la irrigación a través de la construcción de canales de riego. Y junto a las aguas de los ríos caudalosos y arroyos, los acuíferos adquirieron también un papel importante para nutrir y fertilizar las tierras con ocasión de la aprobación de la Real Orden, de 31 de octubre de 1819. En más, con el fin de estimular esta difícil empresa, se preveía la posibilidad de tomar también las aguas de los manantiales y pozos, quedando los particulares -y corporaciones- exentos del aumento de diezmos y primicias derivados de las cosechas; "gracia" que se hacía extensible a todo aquel que proporcionara tierras para su conversión al regadío. La política de fomento de la irrigación, una vez constitucionalizada la Monarquía, prosiguió durante el reinado de Isabel II a través de la Ley de 24 de junio de 1849 que reconocía la exención de tributos o gravámenes a favor de los nuevos riegos y de establecimientos industriales en que se emplease el líquido elemento como fuerza motriz. Para más información véase los comentarios de: FRANQUET y BERTRÁN, C. *Ensayo sobre el origen…*cit. pp.205-ss. PÉREZ PÉREZ, E. "Disposiciones decimonónicas…", cit. pp. 186-188. DELGADO PIQUERAS, F: *Derecho de aguas…*, cit. pp. 83-84. CALATAYUD, S. "Antes de la política hidráulica: la gestión del agua bajo el Estado liberal en España (1833-1866)", *Revista Agraria,* núm. 68, 2016, pp. 13-40. MATÉS BARCO, J. M. "Revolución liberal y de-

nales y extranjeros-, previa autorización del Gobierno, ejecutar todo tipo de obra necesaria para estimular y expandir el regadío, para lo cual el monarca renunciaba, de manera expresa, a su derecho a percibir el aumento de diezmos y primicias que le correspondía por dicho aprovechamiento. De igual modo, el Real Decreto de 31 de agosto de 1819 preveía exenciones fiscales a favor de aquellas provincias, corporaciones y particulares que se comprometieran a asumir la ejecución de las obras de canalización; incentivo que se extendía también a quienes tomaran las aguas fluviales, de arroyos, de manantiales o de acuíferos y las extraídas de las montañas con destino a acrecentar la superficie de riego[100].

Por Real Decreto de 4 de agosto de 1833 se dictó la primera norma que regulaba el régimen de las concesiones administrativas en los ríos caudalosos navegables de dominio público. Un año después, con motivo de los riegos de Murcia y Orihuela, se dictó la Real Orden de 5 de abril de 1834 que aludía directamente a los aprovechamientos antiguos de las aguas superficiales y subterráneas, estableciéndose medidas para combatir los múltiples abusos cometidos por señores feudales y ribereños. Para ello, se prohibió la "distracción de las aguas" de los ríos y manantiales que, desde tiempos inmemoriales, regaban otros terrenos inferiores. Además se consagró el derecho de los primeros explotadores; medida que, en opinión de Cirilo Franquet, logró calmar la inquietud de los antiguos poseedores que creyeron ver peligrar su dominio sobre las aguas[101]. El Real Decreto de 3 de mayo de 1834 veló por los "antiguos y tradicionales" derechos de los ribereños sobre la pesca fluvial, reconociendo a los dueños de lagunas, estanques y charcas (en

---

recho de aguas en España", *Revista de Estudios Jurídicos*, núm. 1, 1998, pp. 257-274.

100 Artículo 4 del Real Decreto de 31 de agosto de 1819.

101 FRANQUET y BERTRÁN, C. *Ensayo sobre*...cit. p.191.

terreno cercado) el derecho a practicar esta actividad durante todo el año empleando para ello cualquier técnica, instrumento o medio a su alcance[102].

Consecuencia directa de la irrupción de una nueva masa de propietarios de tierras, fruto de las enajenaciones de baldíos -para crear nuevos riegos-, y de las desamortizaciones propias del periodo revolucionario, el Estado liberal intentó poner orden al aprovechamiento de las aguas a través de un sólido cuerpo legislativo conformado por las Reales Ordenes de 22 de noviembre de 1836, de 8 de mayo de 1839 y de 20 de julio de 1839, que conferían a los Jefes Políticos, Alcaldes y Jueces la obligación de velar por el cumplimento de las normas, ordenanzas y reglamentos para el buen gobierno y distribución de las aguas[103]. Para un

---

102 Sin embargo, dicha disposición sufrió una profunda reforma al reconocerse el derecho exclusivo de pesca en los ríos no navegables y la competencia exclusiva de las autoridades gubernativas en todo lo concerniente a esta actividad. Pese a la reforma, la disposición legal quedo en su mayor parte derogada al quedar anulado el principio que la servía de base, pues conforme al Decreto de las Cortes, 13 se septiembre de 1837, se declaró exclusiva de los propietarios de los terrenos tanto la pesca como caza en los mismos, consolidándose de este modo el dominio territorial, al tiempo que se protegía la cría de especies útiles al hombre. FRANQUET y BERTRÁN, C. *Ensayo sobre el origen...*, cit. p. 196.

103 "*(...) Cuidarán de la observancia de las ordenanzas, reglamentos y disposiciones superiores relativas a la conservación de las obras, policía, distribución de aguas para riegos, molinos y otros artefactos: navegación, arbolado y demás adherentes de los canales, caminos*". (Disposición 1° de la Real Orden de 22 de noviembre de 1836). En esta misma línea, en las Ordenanzas de 14 de septiembre de 1842, para la conservación y policía de las carreteras, se dispuso la prohibición de ejecutar obras junto a las fuentes, alcantarillas y márgenes de las carreteras a menos de "treinta varas de distancia", al tiempo que se impedía el libre curso de las aguas que provenían de los caminos públicos con el fin de preservar su calidad (Artículos 1, 2 y 4 de las Ordenanzas de 14 de septiembre de 1842)

mayor aprovechamiento de los caudales de los ríos con destino a "fecundar el suelo y multiplicar los motores industriales"[104] se dictaron, por un lado, el Real Decreto e Instrucción de 10 de octubre de 1845 y, por otro lado, la Real Orden de 14 de marzo de 1846. La primera disposición preveía, en su artículo 4, exenciones para acometer las obras de desecación para nuevos riegos[105]. La autorización del Gobierno era condición indispensable para la formación o instrucción del expediente de ejecución de las obras -o del establecimiento de artefactos que requieran la fuerza motriz del agua para su movimiento-, cuando hubiera indicios de afectar a la navegación fluvial[106]. Los autores del proyecto tenían el deber inexcusable de acudir ante el Jefe Político de la provincia para informar del objeto o naturaleza de las obras (o bien del establecimiento de un artefacto), con expresión de los datos descriptivos del paraje y las dificultades técnicas de su ejecución. Teniendo en cuenta que el objeto del citado expediente no era otro que tratar de conciliar intereses de la industria con el ejercicio de los derechos de propiedad, los Jefes Políticos, tras examinar la instancia y los documentos del expediente, debían publicar el proyecto en el *Boletín Oficial* señalando un plazo -no superior a treinta días-, para que aquellos particulares interesados en el tema pudieran presentar cualquier tipo de alegación, queja, opinión o propuesta ante la Secretaria del Gobierno po-

---

104 FRANQUET y BERTRÁN, C. *Ensayo sobre el origen*...cit. p. 201.

105 A partir de la entrada en vigor de este Real Decreto de 1845, las más importantes actividades vinculadas al líquido elemento, incluidas las obras de desecación de terrenos pantanosos, se consideraron "obras de utilidad pública" (art.1). En esta misma línea, la Ley de Expropiación Forzosa, de 17 de julio de 1836, entendía por "obras de utilidad pública" las que tenían por objeto proporcionar cualquier uso o disfrute de beneficio común al Estado, en general o a una o más provincias, y eran realizadas a cuenta del Estado, las provincias o pueblos (art.2).

106 Artículo 1.

lítico[107]. Vencido el plazo, y tras ser sometido el expediente a examen junto a las alegaciones interpuestas (si las hubiere), el Consejo provincial consignaba su dictamen y lo remitía al Ministerio de la Gobernación para la concesión de la autorización de las obras a cargo del monarca[108].

La Real Orden de 14 de marzo de 1846 también exigió la previa autorización regia para cualquier uso o aprovechamiento de las aguas de los ríos (navegables o no), con vistas a favorecer el establecimiento de nuevos riegos, suprimiéndose el derecho de los ribereños a aprovechar libremente las aguas, dando así un nuevo significado al carácter público de las mismas[109]. Para tal fin, la Ley de 24 de junio de 1849 preveía importantes

---

107 Artículos 3-4

108 Artículo 8.

109 Véase sobre esta cuestión los comentarios de GALLEGO ANABITARTE, A. *El Derecho de aguas*...cit. pp. 256 y 287. MALUQUER DE MOTES, J. *La despatrimonialización*..., cit. pp. 291-292. Por otro lado, se ha de tener en consideración que un gran número de normas de signo intervencionista poco a poco fueron acrecentando, a mediados de la centuria, las potestades de la administración regia sobre la mayoría de las aguas (públicas). En este sentido, la Ley de 2 de abril de 1845, creo la primera jurisdicción contenciosa administrativa española. Al año siguiente, la Real Orden de 14 de marzo de 1846 impuso la preceptiva autorización regia previa para el aprovechamiento de las aguas fluviales, navegables o no, eliminando a su vez el derecho de los ribereños a usar y aprovechar libremente aquellas aguas. Sobre esta última cuestión, Gallego Anabitarte, afirma que la referida norma "supuso una auténtica revolución en el Derecho español de aguas" y que nada tenía que ver con la tradición romanista; opinión muy discutida por algunos autores, como es el caso de Moreu Balloga, quien considera, un tanto exagerada, la aseveración del profesor Gallego habida cuenta que existieron precedentes del Derecho romano de la autorización administrativa previa para determinados usos privativos del agua pública. Vid., GALLEGO ANABITARTE, A. *El Derecho de aguas,* cit. pp. 301-ss. MOREU BALLONGA, J. L. *Aguas públicas*..., cit.pp. 128 (cita 114).

exenciones fiscales a favor de las empresas que se comprometían a invertir en infraestructuras en las que se hicieran uso de aguas públicas para la irrigación de heredades privadas, previa concesión regia, pero también cuando el líquido elemento era empleado como fuerza motriz para cuyo aprovechamiento era necesario inversiones privadas en obras hidráulicas[110]. La Real

---

110 La legislación eximía de contribución el incremento de los rendimientos agrícolas durante los primeros diez años tras la conclusión de las obras (art. 2). Por otro lado, se ha de tener en consideración que las empresas de canales de riegos, en sus concesiones particulares, se les concedió la titularidad de los saltos de aguas para ser utilizados o aprovechados en el movimiento de maquinaria para uso agraria, siempre que no afectara o perjudicara a la irrigación. En este sentido, la Real Orden de 4 de abril de 1849, autorizaba a cualquier particular a abrir por su cuenta un canal de riego en la ribera derecha del río Llobregat para aprovechar sus aguas para el movimiento de artefactos. El Gobierno español, tomado como modelo la citada disposición legal, intentó establecer reglas uniformes para todo el territorio respecto al aprovechamiento de las aguas públicas. Por ello, se dictó la Real Orden de 4 de diciembre de 1859, por la que se establecía la necesidad de contar con la preceptiva autorización regia cuando las aguas eran derivadas de corrientes naturales y quedaban encauzadas para uso común de un pueblo, corporación o particular. Empero, podía darse el caso de que las aguas que conferían movimiento o impulso a un artefacto discurrieran por una acequia o arroyo de uso privado de un pueblo, en tal caso, la autorización no la concedía el monarca sino el Ayuntamiento. En todo caso, dicha determinación quedaba siempre sujeta al arbitrio de los Gobernadores provinciales en virtud de lo dispuesto en la Ley Municipal de 8 de enero de 1845, habida cuenta que en el artículo 80 se establecía que todo acuerdo adoptado por los Ayuntamientos sobre el disfrute de las aguas, entre otros bienes de uso común, tenía carácter ejecutivo. No obstante, los Gobernadores provinciales quedaban facultados para acordar, de oficio o a instancia de parte, la suspensión del mismo en caso de estimar que dicho acuerdo contradecía la legislación vigente, en cuyo caso -oído el Consejo Provincial- podían dictar cuantas providencias consideran necesaria. Cfr. ABELLA, F. *Manual de aguas, expropiación y colo-*

Orden de 5 de abril de 1859 confirmó la obligación de solicitar autorización para la ejecución de obras en los ríos, y la hizo extensible a todas las corrientes naturales. Meses después, otra Real Orden de 28 de junio aprobó una serie de Instrucciones que evidenciaban la necesidad de proyectar nuevos riegos y su preferencia frente a otras obras como, por ejemplo, canales de navegación y flotación[111].

Con ocasión de la redacción del Proyecto de Código Civil de 1851 -más conocido como "Proyecto de García Goyena"- se abordó de manera profusa la cuestión de las aguas (en el Libro II, título V, Capítulo II, sección 2º). El Proyecto, para su informe, se remitió al Presidente de la Comisión de Agricultura y, finalmente, se publicó sobre la labor de la Comisión General de Codificación sin escuchar opinión alguna. Pero no tardaron en llegar algunas voces críticas (en concreto, de la Iglesia y de los políticos "foralistas") que rechazaron el texto de manera categórica[112]. Ante la presión ejercida se logró pa-

---

nias agrícolas, Imprenta Administración, Calle de las Torres, Madrid, 1877, pp. 38-41 y 50-ss.

111 Vid. GALLEGO ANABITARTE, A. *El Derecho de aguas,* cit. pp. 117-ss. DELGADO PIQUERAS, F.: Derecho de aguas…, cit.p.83. PÉREZ PÉREZ, E. "Disposiciones decimonónicas…", cit. pp. 186-188

112 Es más, en virtud del artículo 1851 se derogan todos los fueros, leyes, privilegios, usos y costumbres anteriores a la promulgación del presente Código, en todas las materias, incluidas las aguas, que eran objeto de regulación del mismo. Para más información sobre el proceso de elaboración de este proyecto y su contenido. Vid., BARÓ PAZOS, J. "Los proyectos de código civil de iniciativa particular elaborados hasta el proyecto de García Goyena", *Estudios Jurídicos en memoria de Luis Mateo Rodríguez,* Universidad de Cantabria, vol. II, Cantabria, 1993, pp.32-52. ALVARADO PLANAS, J. "La Codificación II." En Manual de Historia del Derecho y de las Instituciones., Universidad Nacional de Educación a Distancia, Primera Edición. Madrid, 2004, pp. 808-809. SALINAS QUIJADA, F. El Código civil general y el derecho civil de Navarra en sus diferencias fundamenta-

ralizar la tramitación del Proyecto -por una Real Orden de 12 de junio de 1851-, alegándose al respecto que "la existencia de fueros y legislaciones especiales, usos y costumbres varías en los territorios de la Corona acrecientan las diferencias para la aprobación del Código Civil "[113]. En aquel texto, tan cuestionado, se observaba la clásica distinción entre bienes "públicos y privados"[114], de tal manera que se consideraban de propiedad pública aquellos que pertenecían al Estado, los del Real Patrimonio y los destinados a la dotación permanente a una provincia o pueblo de la Monarquía[115]. Por tanto, la "propiedad pública" se equiparaba a la propiedad de un sujeto público (Corona, Estado o Ayuntamiento) como opuesto a la propiedad privada[116]. El legislador español, casi una década antes de la aprobación del Real Decreto 29 de abril de 1860[117], anticipó

---

les, Consejo Superior de Investigaciones Científicas, CSIC, Madrid, 1955.SALINAS QUIJADA, F. "Navarra en el Proyecto isabelino de Código civil de 1851 y en las Concordancias de García Goyena". *Príncipe de Viana,* núm.45. 1984, pp. 655-698.

113 Cfr. ALVARADO PLANAS, J. "La Codificación II." ..., cit. p. 810.

114 Artículo 384 del Anteproyecto de Código Civil de 1851. [Consultado en Web de la Universidad de Murcia, disponible en: https://webs.um.es-jal-leyes-1851-proyecto].

115 Artículo 385.

116 Entre los bienes que pertenecían al Estado se encontraban: "Los puertos, ensenadas y costas del territorio español en la extensión que determinan las leyes especiales. Los caminos, canales y demás obras públicas, construidas y conservadas a expensas del Estado. Los ríos, aunque no sean navegables, su álveo, y toda agua que corre perennemente dentro del territorio español. Las riberas de los ríos navegables, en cuanto al uso que fuere indispensable para la navegación. Los bienes que no tienen dueño, o que no lo tienen conocido, y los de las herencias vacantes. Todos los demás que por leyes especiales estén declarados o se declaren en adelante propiedad del Estado " (art. 386).

117 Con la aprobación de este Real Decreto, el aprovechamiento de las aguas públicas quedó férreamente intervenido por el Estado,

un concepto de propiedad pública de las aguas al señalar que pertenecían al Estado, sin perjuicio de los derechos que hubieran adquirido los particulares o corporaciones -por título o prescripción-, cuyo uso y propiedad sobre las aguas quedaba sujeta a la legislación de expropiación forzosa por causa de utilidad pública[118].

Otra cuestión a destacar del Proyecto son las múltiples restricciones, limites, obligaciones y prohibiciones respecto a las servidumbres de aguas a los titulares de un fundo o heredad. En este sentido, los terrenos inferiores podían recibir el agua que, de manera natural, caía de los superiores -sin ayuda de ningún tipo de infraestructura u obra creadas por el hombre-, pero los dueños de los terrenos inferiores y superiores no podían realizar ningún tipo de obra que impidiera o perjudicara la servidumbre[119]. Es más, aquel que tuviera algún interés en construir o instalar dentro de su propiedad una obra de defensa para contener las aguas, quedaba obligado a sufragar los gastos y a mantener la obra ejecutada en buen estado de conservación, respondiendo en primera persona de los daños y perjuicios que pudiera ocasionar a un tercero[120].De igual modo, se prohibió disponer de las aguas de los ríos si con ello se perjudicaba a la navegación, ejecutar cualquier obra que pudiera afectar al libre tránsito de las embarcaciones e impedir

---

poniendo fin a las teorías liberales más radicales que, de hecho, habían promovido el aprovechamiento intensivo por los particulares de las aguas públicas A partir de entonces, los particulares y las empresas tuvieron un marco jurídico sólido para poder invertir con garantías de seguridad en obras de aprovechamiento en ríos o en corrientes naturales y para usas las aguas públicas, con la única exigencia de la autorización gubernativa. DELGADO PIQUERAS, F. *Derecho de aguas…*, cit. p. 89.

[118] Artículo 495 del Proyecto de Código Civil de García Goyena.

[119] Artículo 484.

[120] Artículos 485-487.

el uso de las aguas para el abastecimiento de la población o para abrevar el ganado, sin posibilidad de desviar su curso natural para impedir el aprovechamiento por un tercero[121]. Por último, en el Proyecto se hacía referencia al otorgamiento de concesiones de aprovechamiento de aguas públicas -a cargo del Gobierno-[122] pero sin establecer unos criterios de prelación o preferencia al respecto[123]. Para ello, hubo que esperar varios años hasta la promulgación del Real Decreto de 29 de abril de 1860[124]. La norma anticipó algunas de las medidas del

---

121 Artículos 490, 491-493.

122 Artículo 504.

123 En opinión de Francisco Delgado resultaba principio fundamental a la hora de conciliar los intereses en juego (públicos y privados) y tatar de armonizar los diferentes aprovechamientos alternativos de aguas públicas. DELGADO PIQUERAS, F. *Derecho de aguas...*, cit. p. 97.

124 Dicha norma se promulgó cuando la Comisión Ministerial -encargada de elaborar el Anteproyecto de *Ley de Aguas*-, ya había iniciado sus trabajos. El legislador español pretendía lograr el máximo aprovechamiento de los recursos hídricos del país (con escrupuloso y absoluto respeto al derecho de propiedad). Se dispuso una prolija y detallada regulación de la distribución, usos y aprovechamientos de aguas de dominio público, a modo de "bases preliminares fundamentales" que pudieran servir de inspiración para el futuro Código General de Aguas y se corrigieron algunas cuestiones de técnicas de la Ley de Aguas de 1866. El Real Decreto, también prestó atención a otras cuestiones de gran interés, como por ejemplo: el régimen de las concesiones de aguas públicas -otorgadas según un orden de prioridades- las servidumbres forzosas de acueducto a favor de tales concesiones para el riego y la creación de las *Juntas Sindicales* para la explotación de estas concesiones cuando afectan a una comarca (art. 5 y 10), las zonas de servidumbres de los terrenos adyacentes a los cauces de un río (art. 21), la desecación y saneamiento de zonas húmedas (art. 26).La norma dispuso que pertenecían al "dominio público de la Nación" las aguas corrientes continuas o discontinuas que discurran por los cauces naturales de ríos, arroyos y ramblas (art. 36), estableciendo de este modo el ámbito y noción de las que habrían de ser corrientes de aguas públicas en las Leyes de Aguas

"Código de Aguas" que, por entonces, se hallaba en plena fase de elaboración. Por ejemplo, estableció un minucioso sistema de ordenación de los usos y aprovechamientos de aguas públicas, priorizando el abastecimiento a poblaciones seguido del abastecimiento de ferrocarriles y del aprovechamiento agrícola (regadío), distinguiéndose, en este último supuesto, entre concesiones a los dueños de la tierra (que eran perpetuas) y a empresas de distribución (que eran temporales)[125]. Sorprende

---

de 1866 y de 1879. Como garantía del interés público, amplió los poderes de control e intervención del Estado en materia hidráulica y priorizó las preferencias públicas sobre las demandas que debían asistirse con las aguas de dominio público, estableciendo el siguiente orden de prelación en la concesión de aguas públicas: "1. Abastecimiento de aguas potables para las poblaciones, 2. Abastecimiento de ferrocarriles. 3. Riegos, 4. Canales de navegación y flote 5. movimientos de artefactos" (art. 5 Real Decreto de 29 de abril de 1860). Para más información sobre el contenido y alcance de esta disposición véase: DELGADO PIQUERAS, F. *Derecho de aguas...*, cit. pp. 84-ss. MOREU BALLONGA, J. L. *Aguas púbicas...*, cit. pp. 128-120. GALLEGO ANABITARTE, A. *El Derecho...*, cit. pp. 117-119.

125 Conforme a lo dispuesto por el Real Decreto de 1860, las concesiones de agua pública para riego, realizadas de manera individual o colectiva a los dueños de las tierras, eran a perpetuidad. En cambio, las realizadas a favor de empresas o particulares para irrigar tierras ajenas eran temporales, habida cuenta que duraban "un número determinado de años", transcurrido el cual desaparecía el gravamen impuesto a dichas tierras con destino al riego, quedando los titulares de éstas obligados al pago de los gastos de conservación de las infraestructuras hidráulicas (art. 6). Los concesionarios de aguas públicas para el riego quedaban plenamente facultados para utilizar la servidumbre de acueducto, pudiendo acometer en terreno ajeno, previa indemnización, todas las obras necesarias para detener las aguas en el punto de la corriente donde hubiere de practicarse la derivación y canalizarlas hasta las tierras para su irrigación (art. 9). Por otro lado, se dispuso que a toda concesión de agua pública con destino a riego que afectara a los intereses de una comarca se debía conformar una "Junta Sindical" -o Comunidad de Regantes- quienes

que la navegación y el aprovechamiento de la fuerza motriz de la corriente del agua para el movimiento de artefactos o máquinas ocuparan el cuarto y quinto lugar respectivamente, pues hasta entonces habían gozado de un tratamiento especial y privilegiado por parte poder público[126].

El legislador pretendió con esta disposición obtener el mayor aprovechamiento posible de los recursos. Para lo cual se estableció la necesidad de la autorización regia para llevar a cabo cualquier "empresa de interés público o privado" que tuviera por objetivo el aprovechamiento de las aguas de los ríos, arroyos, riachuelos, rieras y cualquier clase de corrientes de las aguas de fuentes, estanques, pantanos, lagos, lagunas y albuferas -nacidas o formadas en terreno del Estado o del común-, amén de aquella aguas -superficiales y subterráneas- que no tuvieran dueño conocido y, en el caso de las aguas subterráneas, siempre que para su alumbramiento se precisara hacer "calicatas, minas o investigaciones en terreno del Estado o del común"[127], pasando estas aguas a pertenecer al alumbrador a perpetuidad[128]. Las concedidas para un aprovechamiento concreto no se podían destinar

---

se ocuparan de redactar un Reglamento -para garantizar un óptimo aprovechamiento o uso de las aguas- que sería aprobado por el Gobierno o por sus delegados en las provincias (art. 10).

126 Las concesiones para el movimiento de máquinas o artefactos eran perpetuas y debían realizarse sin perjuicio de los riegos existentes y con la condición de devolver el agua al cauce público si existían aprovechamientos inferiores (art. 12). En relación a la navegación, se dispuso que los titulares de los predios lindantes con el cauce de los ríos navegables y flotables, no podían impedir el uso público de los terrenos a la distancia de cuatro metros para los servicios de navegación, pesca y conducción de maderas. Se prohibía la ejecución de todo tipo de obras, la plantación de árboles y cualquier obstáculo que pudiera dificultar el libre tránsito de personas y mercancías por vía fluvial y los referidos servicios. (art. 21)

127 Artículo 1.1. del Real Decreto de 29 de abril de 1860.

128 Artículo 27.

a otro distinto sin nueva autorización. Empero, "si la variación fuese dentro de la misma clase de aprovechamiento", y sin necesidad de incrementar la cantidad de agua o alterar la derivación, el Gobernador provincial quedaba plenamente facultado para autorizar la concesión[129]. Por todo lo dicho, el Real Decreto de 1860 se convirtió en el "primer intento de intervención sistemática sobre los aprovechamientos de aguas públicas" en orden a procurar un mayor y racional uso del líquido elemento sin intromisión al derecho de propiedad[130].

En suma, la armonización de esta amalgama de disposiciones legales, de distinto rango como se ha podido comprobar, era una cuestión de capital importancia que debía ser aborda con la mayor celeridad posible por el legislador, con el fin de resolver de manera efectiva los problemas planteados en el ramo de las aguas, velar por los intereses de los particulares y garantizar un aprovechamiento eficiente y racional del agua pública sin vulnerar ningún derecho ni tampoco ocasionar perjuicios a terceros. Por tanto, poner fin a la dispersión normativa era una tarea que no se podía postergar por más tiempo. De ahí que se planteara la necesidad de elaborar a una "Ley General de Agua", que en opinión de Franquet, era apremiante por el bien de la Nación y del progreso humano[131].

---

129 Artículo 17.

130 DELGADO PIQUERAS, F. *Derecho de aguas...*, cit., pp. 87-88.

131 Para este jurista era vital *"(...) acabar con la anarquía de Derechos de las aguas que hoy demuestra cuán funesta es la tendencia de aquellos que creen más conveniente y hasta más liberal conservar intacto el respeto sagrado a los antiguos hábitos y leyes (...) Este estado anómalo y arbitrario en el ramo de las aguas solo podía y debía cesar a virtud de una Ley que diera seguridad jurídica y homogeneidad a los principios y facilidad para su aplicación a fin de dar mayor estabilidad posible a la propiedad creada y enriquecida con este precioso elemento. Y el feliz cumplimiento de tan beneficiosa como laboriosa tarea estaba reservada a nuestra patria"*. Cfr. FRANQUET y BERTRÁN, C. *Ensayo sobre el origen...*, cit., pp. 6-7.

3.

Génesis y ocaso del primer código de aguas en Europa: Ley de Aguas 3 de agosto de 1866

1. VICISITUDES Y DIFICULTADES DEL PROCESO DE ELABORACIÓN DEL TEXTO LEGAL

Ante la necesidad de una legislación general que, de manera unitaria, acabara con la caótica dispersión normativa que había ocasionado numerosos problemas de inseguridad jurídica e inconvenientes para los intereses de los particulares y para la eficacia de la tarea administrativa y judicial, en 1842 el ilustrado Conde de Ripalda elaboró una breve Memoria histórico-legal que reflejaba su preocupación por la regulación actual de las aguas en España y la necesidad de un cambio de planteamiento global que "reglase definitivamente los interés de los propietarios de las aguas y el sistema de ordenación de los usos y aprovechamientos"[132]. En 1849, el letrado y Decano del Ilustre Colegio de Abogados de Valencia, D. Francisco Galán, consciente de la falta de unidad y coherencia del sistema jurídico de aguas y de la problemática jurisdiccional en esta materia, redactó su célebre obra *Tratado sobre la legislación y jurisprudencia sobre aguas y de los Tribunales y Autoridades que se susciten acerca de las mismas*[133], cuyos principios, años después,

---

[132] Cfr. FRANQUET Y BERTRÁN, C. *Ensayo sobre el origen…*, cit. p. 238.

[133] GALÁN, F.: *Tratado sobre la legislación y jurisprudencia sobre aguas y de los Tribunales y Autoridades que se susciten acerca de las mismas,* Impren-

sirvieron de inspiración a los autores de los proyectos legislativos que se desarrollaron para dotar al país de una Ley General de Aguas[134].En esta línea, el ilustre Ingeniero de Obras

---

ta José Reus, Valencia, 1849. [Disponible en: https://roderic.uv.es/items/04c8e250-7927-4ef3-b780-927bc4dca5a3].

[134] Esta obra, en opinión de Latour Brotons, constituyó una aportación notable sobre este aspecto jurisdiccional en materia de aguas, cuyos postulados y principios generales se asentaron en numerosos proyectos legislativos y, por supuesto, en la *Ley de Aguas* de 1866. LATOUR BROTONS, J. *Antecedentes*...cit.,pp. 14-23. Ante la urgente necesidad de velar por los intereses del conjunto de la ciudadanía española y, en particular, de los agricultores que se hallaban en una precaria y crítica situación por la inadecuada gestión de los recursos hídricos -por parte de algunos particulares y titulares de grades explotaciones-, la Real Junta de Agricultura de Gerona tomó la iniciativa de elaborar (en sólo 43 artículos) las bases para la redacción de un Proyecto de Ley de Aguas (el texto se elevó a S.M, el 13 de febrero de 1851). Precisamente esta cuestión, de interés general, había calado tiempo atrás en el Gobierno de la Nación, convencido de la necesidad de dotar al país de una Ley General de Aguas acorde a los nuevos tiempos y desprovista de las lagunas, defectos y vicios que adolecían las dispersiones legales vigentes. El 22 de enero de 1852 se constituyó una Comisión especial para que se formulara el proyecto de Ley General de Aguas. El Gobierno, para evitar intromisiones en su elaboración, exigió cooperación entre la Comisión General de Codificación -ocupada en la redacción del proyecto de Código Civil- y la nueva Comisión en todas las cuestiones que afectaban, directa o indirectamente, a las aguas. Por motivos que se desconocen a ciencia exacta, aunque Franquet se aventura a enumerar algunas, el proyecto impulsado por la Junta de Agricultura con el apoyo del Gobierno no llegó a materializarse nunca. Cfr. FRANQUET y BERTRÁN, C. *Ensayo sobre el origen*..., cit. pp. 238-240.Años después, el Ingeniero de Caminos, D. Constantino Ardanaz Undabarrena, en 1857 elaboró un proyecto de ley especial para el abastecimiento de agua a las poblaciones, pero la Junta Consultiva de Obras Públicas de Ministerio de Fomento emitió un informe poniendo en valor la necesidad de elaborar una Ley General de Aguas. MARTÍN-RETORTILLO, S. *La Ley de aguas de 1866*..., cit. pp.

Públicas, D. Toribio de Areitio[135], preocupado por la falta de unidad en el tratamiento legal de las aguas, publicó un *Ensayo sobre la legislación de aguas* en 1858, en cuyo opúsculo sentó las bases para la futura reglamentación de las aguas del país[136]. Un año después, por Real Decreto de 27 de abril 1859[137], se

22-34. MARTÍN-RETORTILLO, S."La elaboración de la Ley de Aguas 1866", *Revista de Administración Pública,* núm. 32, 1960, pp. 11-54.

135 Toribio Areitio había formado parte de las Obras Públicas integradas en el Ministerio de la Gobernación y por sus conocimientos sobre la materia participó en el expediente sobre el río Segura (resuelto por Real Orden de 14 de marzo de 1846). Su dilatada experiencia y sus vastos conocimientos en este campo le llevó a redactar su célebre obra (*Ensayo sobre la legislación de aguas),* que junto a otros trabajos redactados por ilustres personalidades de la época (Ardanar, Franquet, Llauradó, Roca de Togueres, Borrul, etc,.) culminaron en la creación de una Comisión que había de elaborar un Proyecto de *Ley de Aguas.* LATOUR BROTONS, J. *Antecedentes...*cit. p. 19. PÉREZ PÉREZ, E. "Disposiciones decimonónicas...", cit. p.190.

136 La obra se divide en cinco grandes secciones: en la primera - "Del agua considerada en el físico de la naturaleza"- se hace un breve estudio histórico jurídico de los principales usos y aprovechamientos hídricos en España y sus repercusiones en el progreso socioeconómico. Ya en la sección segunda - "Del agua considerada como objeto de la legislación"- se pone de relieve el interés y preocupación del autor por el marco jurídico actual de las aguas y se plantean algunas propuestas para la redacción de la futura Ley General de Aguas. En la sección tercera - "Del estado actual de la legislación de aguas"- se realiza un breve estudio comparativo del marco legal en España y otros países europeos (Francia, Inglaterra, Alemania...etc.) en el ramo de las aguas. Por último, en las secciones cuarta y quinta, nos encontramos con una serie de reflexiones y consideraciones del autor sobre algunas cuestiones de interés, entre otras: el régimen de propiedad y de aprovechamiento del agua, las servidumbres, las concesiones y la policía de las aguas. AREITIO, T. *Ensayo sobre la legislación de aguas.* Imprenta D. José de la Peña, Madrid, 1858.

137 En el citado Real Decreto se desprende el verdadero interés del legislador: procurar un óptimo aprovechamiento hídrico para el fo-

ordenó la constitución de una Comisión ministerial[138] con la misión de elaborar un Proyecto de Ley de Aguas partiendo de "los antecedentes reunidos en el Ministerio de Fomento incluido el Proyecto de Código de Aguas redactado por D. Cirilo Franquet y Bertrán"[139]. Los organismos interesados[140], una vez examinado todos los textos, emitieron sus respectivos informes con lo que se reunió un vasto material que pasó a la Comisión que había de redactar el Proyecto de Ley de Aguas. Pero este

---

mento de la agricultura, industria y el comercio de la Nación, ante la incapacidad de las disposiciones vigentes que, al margen de su excelso número, adolecían de innumerables defectos, lagunas y vicios inaceptables.

138 Artículo 1 del Real Decreto de 27 de abril de 1859. Aquella Comisión estaba integrada por destacadas personalidades que atesoraban amplios conocimientos en materia de aguas y obras públicas, entre otros: D. Cirilo Franquet, D. Toribio de Areito, D. Guillermo Schulz, D. Agustín Pascual, D. Cirilo Álvarez, D. Antonio Rodríguez de Cepeda, Víctor Vergara y el ex ministro de Fomento, D. Manuel Alonso Martínez. El ilustre jurista, ex Director General de la Administración y Diputado a Cortes, D. Cirilo Franquet y Bertrán, se hallaba inmerso en la redacción de un Proyecto de "Código General de Aguas", que por Real Orden de 24 de febrero de 1859 se ordenó imprimir por cuenta del Estado "para dar solución al gran problema hidronómico del país, a saber: la de poderse dictar una ley general, homogénea y armónica sobre el dominio y su deslinde, servidumbres, aprovechamientos y concesiones de las aguas públicas y su policía y jurisdicción". Cfr. FRANQUET y BERTRÁN, C. *Ensayo sobre el origen…*, cit. pp. 239-243.

139 Artículo 3 del Real Decreto de 27 de abril de 1859.

140 Conforme al artículo 4 del Real Decreto de 27 de abril de 1859, "*(…) sobre los trabajos remitidos a la Comisión, emitirán su parecer los Tribunales y funcionarios de orden judicial, las Sociedades económicas, Juntas de Agricultores, Sindicatos de riegos y Tribunales de Aguas, Comisarias de Agricultores y demás Corporaciones oficiales y funcionarios públicos a quienes crea oportuno consultar el Ministro de Fomento que señalará un plazo dentro del que todos los informes deban ser remitidos a la Comisión antes de que ésta formule definitivamente su Proyecto*".

no fue la única dificultad que tuvo que afrontar la Comisión, presidida por el Ministro de Fomento, D. Manuel Alonso Martínez, las reservas formuladas por los interesados a raíz de la rigidez de algunos de sus preceptos, en clara oposición con las situaciones jurídicas creadas, también ocasionaron algunos problemas a la hora de aunar criterios. Por este motivo, la Comisión decidió orientar la redacción del Proyecto de Ley hacia fórmulas mucho más flexibles, sin perjuicio del respeto obligado a los derechos adquiridos[141]. Reunida la Comisión el 4 de enero de 1861, bajo la presidencia del Ministro de Fomento, se planteó la necesidad de formular un nuevo proyecto -distinto al presentado por Franquet-, "que pudiera someterse en su totalidad y en sus partes a la discusión de la Comisión; (...) trabajo que debía ser realizado por un solo Vocal"[142]. Tras una breve discusión se procedió a la votación y se acordó que, para tal fin, la opinión particular de un solo individuo sería suficiente. El nombramiento recayó en el reputado jurista valenciano D. Antonio Rodríguez de Cepeda. En la sesión de 4 de febrero de 1861, Rodríguez de Cepeda presentó su Proyecto de Ley que contó con el agrado y satisfacción general de la Comisión[143]. Por otro lado, en la sesión de 13 de abril del mismo año, se dispuso que el texto se sometiera a todo tipo de observaciones, pudiéndose omitir la discusión sobre la totalidad y, de este modo, evitar la duplicidad de las discusiones que nunca dejarían de repetirse al ponerse en debate cada una de las cuestiones que habían sido objeto de discusión general[144]. Entre los meses de mayo y julio de 1862 se remitieron las últimas observaciones cuyo estudio fue encomendado a una subcomisión que también ultimó las correcciones de estilo del texto antes

---

141 LATOUR BROTONS, J. *Antecedentes de la primitiva...*, cit. pp.19-20.

142 Cfr. MARTÍN RETORTILLO, S. *La Ley de aguas de 1866*, cit. p. 259.

143 *Ibídem.* pp. 260-261.

144 *Ibídem.* pp. 261-262.

de su publicación. El propio Franquet, presente en muchas de las sesiones de la Comisión, manifestó su malestar por las críticas, modificaciones y revisiones de su trabajo, a pesar de servir de base para la redacción de este último Proyecto sometido a los debates de la Comisión:

> "Como individuo de aquella Comisión no me es lícito encomiar la obra terminada, aunque en algunos puntos muy graves haya tenido el sentimiento de no estar acorde con su ilustrada mayoría. Por estas mismas razones no es tampoco permitido el análisis de dicho proyecto, y mucho menos ahora que se halla ya sometido al examen de la ilustrada y competente Comisión nombrada por el Alto Cuerpo Legislador"[145].

La Comisión, el 29 de abril de 1863, se reunió por última vez para redactar la Exposición de Motivos del Proyecto de Ley. El Ministro de Fomento, el 6 de noviembre de ese año, presentó el texto al Senado, nombrándose al día siguiente una nueva Comisión para que dictaminara sobre el mismo. Y aunque este proceso se dilató en el tiempo, la Comisión tuvo a bien en resaltar la utilidad, relevancia e importancia del proyecto legislativo por las "múltiples cuestiones que resuelve, los principios que establece, los derechos que consagra, los deberes que impone y las varias clases de intereses que afecta"[146].Final-

---

145 Cfr. FRANQUET Y BERTRÁN C. *Ensayo sobre el origen...*, cit. p. 243.

146 *Dictamen de la Comisión relativa al Proyecto de Ley de Aguas*, Senado, 6 de junio de 1865. En la discusión en el Senado del Proyecto de Ley, que tuvo lugar el 14 de junio de 1865, el Senador D. Francisco Luxan manifestó su conformidad con el Proyecto presentado, pero no entendía que se aprobara sin discusión en su totalidad: *"un asunto tan grave como es una legislación general de aguas, un código en el cual se acumulan y se reúnen las disposiciones que están especiadas hoy en nuestros códigos y en derechos consuetudinarios; un proyecto en que tratan las aguas en un país, pase sin discusión en su totalidad. (...). Una cuestión de tanta importancia exige que al menos se hable de ella, se den explicaciones acerca de los fundamentos en que está apoyada una media tan trascendental, se tomen en consideración estas mismas disposiciones, se analicen sus bases.*

mente, el Congreso de los Diputados aprobó la Ley de Aguas que fue sancionada el 3 de agosto de 1866[147]. Este texto, como bien se recoge en la Exposición de Motivos, se convirtió en el primer código europeo que regulaba de manera pormenorizada las aguas continentales (superficiales y subterráneas) y marinas, las competencias jurisdiccionales y administrativas en esta materia, la desecación de terrenos pantanosos, el régimen y policía de las aguas, las obras de defensa contra las aguas públicas, entre otras cuestiones de interés. La Ley acabó con el problema de la dispersión normativa que tantos problemas de inseguridad jurídica había acarreado a la sociedad, al tiempo que atendió de manera satisfactoria a las crecientes necesidades que reclamaban la agricultura, la industria y la población en continuo crecimiento[148], para lo cual favoreció el uso del líquido elemento para fines de mayor interés público, estimulando el mejor y mayor aprovechamiento posible de las aguas públicas conforme a un orden de prevalencia en el otorgamiento de las concesiones[149].

En una palabra, se ilustre la opinión pública no sólo de la necesidad de la Ley, sino también de la utilidad que puede llevar a un país asunto tan grave como es el aprovechamiento de las aguas (...). Esto a mi juicio es tanto más importante, cuanto que hasta ahora no hay una Nación en Europa que tenga un Código general de aguas (...). Cfr. MARTÍN RETORTILLO, S. *La Ley de aguas de 1866*, cit. p. 805.

147 LATOUR BROTONS, J. *Antecedentes...*, cit. p. 21.

148 *"(...) el aumento de población y las crecientes exigencias del cultivo hacen ya indispensable un Código General de Aguas, como el que nos ocupa, para precaver los conflictos que con frecuencia ocurren y evitar los abusos que suelen cometerse en el aprovechamiento de las aguas por falta de una legislación precisa, uniforme y completa (...)".* "Dictamen de la Comisión relativa al Proyecto de Ley de Aguas" (Senado, 6 de junio de 1865). Cfr. MARTÍN RETORTILLO, S. *La Ley de Aguas de 1866*, cit. p. 797.

149 A pesar de no ser original, en algunas de sus disipaciones legales, la Ley de Aguas si lo era en su estructura, método y resolución de la problemática jurídica. Con un total de trescientos artículos -distri-

Llegado a este punto creo necesario dedicar unas líneas al estudio comparativo de los principales proyectos legislativos que sirvieron de base para la redacción de nuestro primer Código de Aguas. En concreto, las diferencias al delimitar el ámbito de la propiedad de las aguas (públicas y privadas) y el régimen de los aprovechamientos, por tratarse de dos cuestiones de enorme valor e importancia que las distinguen de las demás reglas del Derecho hidráulico. En primer lugar, debemos comenzar hablando del "Código General de Aguas" presentado por el prestigioso jurista D. Cirilo Franquet en 1858, para resolver el grave problema de la dispersión normativa y sus re-

buidos en dieciséis capítulos y agrupados en siete títulos- la Ley se interesó por los usos y costumbres que se observaban en los aprovechamientos de las aguas en los distintos territorios del mapa de España. De ahí la impronta valenciana cuya influencia quedó patente en la propia Exposición de Motivos, de tal manera que se puede afirmar que, la legislación de aguas, que empezó -en Valencia a mediados del siglo XIII- con los Fueros y Privilegios de Jaime I, culminó en el derecho nacional con la promulgación de la Ley de Aguas fruto del trabajo incesante de notables personalidades como atestigua el arduo proceso de elaboración de la misma. Tal interés en el Derecho consuetudinario y tradicional también quedó patente en la regulación de las servidumbres y en las concesiones, distinguiendo con suma claridad el marco competencial entre la jurisdicción contencioso administrativa y la civil. Reguló en bloque y de manera pormenorizada, tanto las aguas del mar como las continentales, diferenciando entre el dominio público y el privado. Definió y delimitó los aprovechamientos (comunes y especiales) de aguas públicas, la desecación y saneamiento de las "zonas húmedas", las concesiones administrativas, la policía de las aguas, reguló las competencias de importantes y ancestrales instituciones como los Jurados y las Comunidades de riego, entre otras cuestiones de interés público. Vid., DELGADO PIQUERAS, F. *Derecho de aguas*..., cit. pp. 89-92. SALETA y JIMENEZ, J. M. *Tratado de aguas, expropiación forzosa, obras públicas, agricultura y colonias agrícolas*, Imprenta La Viuda e Hijos de J.A, García, Madrid, 1879, pp. 41-44.

percusiones en la seguridad jurídica[150]. Aquel proyecto estaba dividido en cinco libros: el primero hacía referencia al dominio de las aguas del mar, el segundo a las aguas mineromedicinales, el tercero a las aguas dulces en sus cauces naturales, el cuarto a las aguas dulces fuera de sus cauces y el quinto, a la policía de las aguas. En cada uno de estos cinco libros, la principal cuestión a tratar era la referida al dominio de las aguas-y de los terrenos por donde se extienden, fluyen u ocupan-, seguido de sus múltiples usos y aprovechamientos. En relación al dominio, se dispuso como, regla general, que las aguas del mar pertenecían "al dominio público de la Nación"[151], al igual que "todas las obras, bahías, calas y ensenadas formadas por las costas del territorio español y los puertos construidos con fondos del Estado"[152]. Las desembocaduras de los ríos al mar, las riberas y "cuanto alcancen sus inundaciones", tenían condición de terrenos ribereños con los derechos que le recaían anejos[153]. En cambio, las islas en el mar y los terrenos que comprendían las playas, islas y deltas de las desembocaduras de los ríos pertenecían al "dominio público y al Estado"[154].

Respecto al domino de las aguas mineromedicinales, éstas pertenecían al titular de la heredad donde emergían, por tanto, podían ser "del dominio del Estado, de Municipalidades o de particulares"[155].En cambio, las halladas en el subsuelo pertenecían al inventor, con obligación de indemnizar al dueño del

---

150 FRANQUET y BERTRÁN, C. *Ensayo sobre...*, cit. p. 248.

151 Artículo 1 del Proyecto de "Código General de Aguas" redactado por Cirilo Franquet. [Para este estudio se ha utilizado la trascripción del texto que aparece en la obra de MARTÍN RETORTILLO, S. *La Ley de Aguas de1866*...cit. pp.71-153].

152 Artículo 2.

153 Artículo 10.

154 Artículo 14.

155 Artículo 39.

terreno de los posibles daños causados en su búsqueda[156]. Los titulares de manantiales, con destino al establecimiento de baños termales o para bebidas, podían solicitar la servidumbre de acueducto en la forma y en los términos establecidos en el artículo 248 para los riegos[157]. Por otro lado, se ha de señalar que las aguas subterráneas ocuparon un lugar muy destacado en el Libro tercero. Para Franquet, las masas de aguas almacenadas bajo el suelo no pertenecían al titular de la superficie del terreno porque su dominio tan solo alcanzaba hasta la profundidad necesaria para el desarrollo de la industria que explotaba en el exterior. Además, las aguas subterráneas -buscadas y extraídas por medio de pozos (ordinarios o artesianos) o bien por excavaciones y galerías- pertenecían al inventor[158]. Se reconocía, al dueño del suelo, el derecho a efectuar trabajos de prospección y alumbramiento en la superficie, pero con algunas limitaciones, entre otras: guardar la distancia de un metro de las medianerías dentro de los edificios o terrenos cercados y de treinta metros de los pozos en campo abierto[159]. La obtención de la autorización para realizar los trabajos de alumbramiento -a través de pozos artesianos o galerías- estaba condicionado al cumplimiento de una serie de requisitos, entre otros:

- Permiso del titular del terreno. En caso de oposición o negativa, el solicitante debía dirigir la petición al Gobernador de la provincia para que el Alcalde lo notificara al dueño. En caso de insistir en su oposición debía manifestar los motivos y, a continuación, exponer si estaba o no interesado en hacer uso de dichas aguas, en cuyo caso se le concedía un máximo de seis meses para iniciar los trabajos.

---

156 Artículo 40.

157 Artículo 44.

158 Artículo 58.

159 Artículo 79.

- Pago de una indemnización de daños y perjuicios por parte del peticionario.
- Los trabajos debían iniciarse en un plazo de cuatro meses a contar desde la autorización. Si durante un año, a contar desde la concesión, se abandonaban, expiraba la autorización.
- Prohibición de conceder la autorización para realizar calicatas en edificios, terrenos cercados y jardines de recreo[160].

Las aguas dulces (continuas y discontinuas) de los arroyos, ramblas y ríos (navegable o no),al igual que las aguas del mar, pertenecían al dominio público nacional[161]. Por consiguiente, estas aguas -reguladas en el Libro cuarto- quedaban fuera del comercio pudiendo ser utilizadas y aprovechadas por cualquier ciudadano español con sujeción a la legislación y reglamentos dictados por los poderes del Estado, a quien le correspondía su preservación y conservación. Asimismo, Franquet estableció un orden de prelación en el otorgamiento de las concesiones de aprovechamientos especiales de aguas públicas, similar al contenido en el al artículo 5 del Real Decreto de 29 de abril de 1860, donde el abastecimiento para usos domésticos y públicos ocupaba un lugar destacado, por ser un derecho exclusivo de la Municipalidades, "superior a todos los demás usos de las aguas, por ser para la salubridad pública"; derecho que solo podía ponerse en ejercicio de los demás derechos particulares y públicos, previa su indemnización, cuando el caudal que disfrutaba una población no superaba los cincuenta litros por habitante[162]. Por último, (en el Libro quinto) se confería a los Gobernadores Civiles y a los Alcaldes de los pueblos la "vigilan-

---

160 Artículo 80.

161 Artículo 56.

162 Artículos 198 y 199.

cia sobre el curso de las aguas, navegación interior y conservación de los cauces de los ríos, canales, esclusas, embarcaderos y acequias de riego y desagüe"[163].

El Proyecto recibió numerosos elogios, pero también críticas por parte de algunas autoridades y corporaciones oficiales, entre ellas, la Junta Consultiva de Caminos, Canales y Puertos, en cuyo informe llegó a manifestar que su estructura carecía de toda lógica porque no tenía una división en títulos o secciones a la hora de tratar el dominio de las aguas, las concesiones de aprovechamientos hidráulicos y las servidumbres, entre otras cuestiones de interés, sino una simple división en libros según la naturaleza de las aguas y sus condiciones químicas[164]. Además, existía una absoluta falta de coherencia y rigor en el tratamiento de algunas de estas cuestiones, al abordar aspectos que nada tenían que ver con el objeto o el ámbito de estudio de una legislación general de aguas, sino con "leyes o tratados internacionales y por otras

---

163 Artículo 358.

164 Respecto a la cuestión relativa a la estructura interna, la Junta consideraba que para una mayor claridad y coherencia de las cuestiones desarrolladas no era suficiente con la actual división en libros (cinco en total), era necesaria también una subdivisión en títulos o secciones, resolviendo por grupos las cuestiones a que en ellos se hace referencia. Para tal fin, se propuso la siguiente subdivisión: 1°. "Del dominio y propiedad de las aguas", 2°. "De las accesiones y de las servidumbres", 3°. "De la autorización para ejecutar obras de defensa y aprovechamiento de aguas", 4°. "De la policía general de las aguas", 5°. "De las coerciones" y 6°. "De las competencias jurisdiccionales en materia de aguas". Todas estas materias o cuestiones -aclaraba la Junta- debían ser desarrolladas de manera unitaria y no como se observaba en el Proyecto de Franquet donde "estaban desparramadas en diferentes puntos ", como ocurría, por ejemplo, con las cuestiones relativas al dominio, propiedad, servidumbre y concesiones de aprovechamientos. Cfr. MARTÍN RETORTILLO, S. *La Ley de aguas de 1866*, cit. p.157.

disposiciones más o menos generales"[165]. También existían numerosas disposiciones generales que se repetían continuamente -"tantas veces como se trataba los aprovechamientos"- y el orden de preferencia de las concesiones de las aguas dulces[166] y el empleo del vocablo "nacional" al abordar el dominio de las aguas, en opinión de la Junta, no eran los más apropiados[167]. En esta

---

165 A modo de ejemplo; el artículo 6 del Proyecto de Franquet hacía referencia a "las matrículas del mar conforme a lo establecido en las Ordenanzas de la armada y demás dispersiones de la Marina" y los artículos, 17, 18 y 19 a la propiedad de "buques náufragos o abandonados". De igual modo, los artículos 54 y 55 tampoco encajaban en una legislación de esta naturaleza, al abordar el procedimiento para la obtención de la autorización de los establecimientos de baños medicinales y las tarifas que se debían cobrar a los bañistas enfermos.

166 El artículo 194 del Proyecto de Franquet establecía el siguiente orden de prelación: *1º. "Abastecimiento de aguas potables", 2º, "Abastecimiento de ferrocarriles", 3º. "Abastecimiento de riegos", 4º. "Alimentación de canales de navegación" y 5º "Movimiento de artefactos"*. Cfr. MARTÍN RETORTILLO, S. *La Ley de aguas de 1866,* cit. pp.109. La Junta, que tampoco compartía el "principio absoluto de preferencia" defendido por algunos autores tras la aprobación del Real Decreto de 29 de abril de 1860, consideraba que en caso de admitir la necesidad de la citada preferencia no entendía que las concesiones para ferrocarriles se situaran por delante de los riegos, la industria y la navegación. De ahí la pregunta "¿acaso los ferrocarriles satisfacen una necesidad social y física indiscutible como los abastecimientos, o un servicio en punto fijado por naturaleza como los riegos, considerada la aplicación a aquellas de agua como motor? ". Cfr. MARTÍN RETORTILLO, S. *La Ley de aguas de 1866,* cit. pp. 453-463.

167 La Junta adujo al respecto que si existía el "dominio público nacional" debía existir también "un dominio público provincial y municipal". Además, el término "nacional" no debía ser empleado en ningún caso ya que, en opinión de la Junta, podría causar confusión y obstaculizar la idea de dominio público que en modo alguno se debía confundir con la de propiedad, que si admite dicha terminología. La Junta también discrepaba con la opinión de Franquet de considerar que pertenecían "al dominio público nacional" todas las

misma línea se pronunció también la Junta Consultiva de Obras públicas, en cuyo informe manifestó que el texto de Franquet, en ningún caso, debía servir de base para la elaboración de la futura Ley de Aguas, "por los objetos que comprende, su extensión, su estructura y las doctrinas que profesa el autor"[168]. La solución al problema de la dispersión normativa, que proclamaba Franquet, no se solventaría con la "elaboración de un Código General de Aguas como se propone", sino mediante una "legislación general de aguas" que tuviera por objeto regular -de manera global y sistemática-, el dominio de las aguas, su régimen de aprovechamiento y uso, las servidumbres de acueducto, el derecho de accesión, las concesiones administrativas, la com-

---

obras, bahías, rodas, calas y ensenadas formadas por las costas del territorio español y los puertos construidos con fondos del Estado (art.2). Con esta aseveración, en opinión de la Junta, parecería que quisiera sentarse el principio inadmisible de que los puertos que se construían con fondos procedentes de las provincias, municipios o empresas particulares no eran del dominio público. Las islas de la zona marítima, según Franquet, debían ser de dominio público (art. 12 y 14), declaración legal que tampoco era compartida por la Junta, quien señalaba que podrían serlo de la Soberanía, pero no del dominio público ni tampoco de la propiedad del Estado, ya que el dominio y propiedad son dos conceptos distintos. Cfr. MARTÍN RETORTILLO, S. *La Ley de aguas de 1866,* cit. pp. 456-462.

168 La Junta no sólo no compartía la estructura del Proyecto de Franquet, sino también manifestó su divergencia con algunos de los postulados en él planteados. La declaración del dominio público sobre las riberas e islas en los ríos o la reducción de los derechos de los ribereños, suponía un "contraprincipio" y un "alarde de poder invasor que no osaron cometer los señores feudales ni los monarcas absolutos". Para la Junta, estas incongruencias solo se podían deber a un "posible desconocimiento del autor al verdadero carácter del dominio de las aguas en el Derecho romano" que consideraba a las riberas de los ríos como cosas públicas al tiempo que se declaraba que en estas riberas solo podían realizarse determinados actos de disfrute como la pesca o la navegación. Cfr. MARTÍN RETORTILLO, S. *La Ley de aguas de 1866,* cit. pp.456-462.

petencia jurisdiccional y administrativa, el régimen y policía de las aguas, entre otros aspectos susceptibles de generar conflictos sociales y judiciales[169]. Por otro lado, la Real Sociedad Económica Aragonesa de Amigos del País, además de proponer algunos cambios sustanciales a la obra de Franquet[170] remitió un Pro-

---

169 Cfr. MARTÍN RETORTILLO, S. *La Ley de Aguas de 1866*, cit. pp. 469-475.

170 Con estas palabras se refería este organismo público: "*En este informe hemos reformado algunas disposiciones que no están de acuerdo con nuestros principios, pero cuando lo están los hemos dejado íntegros aun cuando pudieran suprimirse algunos y variarse la redacción de muchos proyectos del Sr. Franquet a quien más tratamos de imitar que de corregir (…)*". La servidumbre de acueducto y el aprovechamiento de la fuerza motriz del agua para el movimiento de artefactos eran dos cuestiones cuyo tratamiento, en opinión de este organismo, generaban cierta confusión como se desprende de las siguientes palabras: "*(…) la servidumbre en la conducción de aguas se diferencia de la expropiación forzosa (o con más propiedad enajenación forzosa) en que en ésta se debe pagar previamente el valor del terreno, y en aquella no se paga, pero el terreno ocupado seguía siendo propiedad del fundo sirviente". Por el contrario, en la expropiación forzosa, el fundo dominante era quien adquiría la propiedad con la obligación del pago. Por tanto, en la servidumbre, la propiedad del terreno quedaba en el fundo sirviente y el dominante -que tenía derecho solo al uso-, debía pagar solo por los daños y perjuicios al tiempo de imponer el servicio en caso de quedar inutilizado o sin uso la acequia que conduce el agua, pudiendo el primitivo dueño disponer del terreno que ocupa para cualquier uso. Estos conceptos no quedan claros en el Proyecto del Sr. Franquet, sino que se confunden (…)*". En cuanto al movimiento de artefactos se propuso pequeños cambios en la redacción de algunos artículos como, por ejemplo, la supresión de la expresión "*sino fundado en títulos legítimos de expresa exclusión o cesión de dichos terrenos*" por entender que los titulares de los predios ribereños al aceptar la servidumbre forzosa, no se desprendían de la propiedad del terreno ocupado. Asimismo, se propuso también eliminar tanto la prescripción o el derecho a la indemnización "*después de los cien años de no interrumpida la posesión*" (art. 319), por considerase un plazo excesivamente largo (proponiéndose solo treinta años), como la expresión del artículo 321 "*en los indispensable para la devolución de las aguas al cauce público*", por

yecto de "Código General de Aguas"[171] de elaboración propia dividida en dos partes: una dedicada al dominio público de las aguas y otra al dominio privado. Respecto al primer caso, el nuevo Proyecto dispuso que, según el uso de los recursos hídricos, el dominio público podía clasificase en "dominio público de uso general, dominio público de uso del Estado, dominio público de uso provincial y dominio público de uso municipal"[172]. En el primer supuesto, se hallaban las aguas pluviales, las de manantiales o fuentes -potables, salinas, minerales o mineromedicinales-, las aguas marinas, torrenciales, fluviales y palustres (como las lagunas, ciénagas y terrenos pantanosos)[173]. Se consideraban de dominio público del Estado, tanto las aguas marinas -situadas en la zona marítimo terrestre "al alcance de tiro de cañón", y en zona de vigilancia hasta seis millas de la costa-, como las obras, bahías, calas, ensenadas, puertos, rías, playas, depósitos salinos, sedimentos minerales, las islas formadas en la zona marítimo terrestre y los terrenos ocupados por ellas de manera temporal

---

entender la R.S.E.A.A.P, que la servidumbre de acueducto solo debe concederse para la conducción de las aguas, devolverlas al cauce público o bien para el mejor aprovechamiento de la fuerza motriz. Y con la supresión de la condición de que el artefacto debía ser de "*utilidad pública local reconocida" habida cuenta de que todos los ellos "son en primer término de utilidad del dueño y, en segundo lugar, de interés general artefactos*" .Cfr. MARTÍN RETORTILLO, S. *La Ley de aguas de 1866,* cit. pp. 251-254.

171 *Proyecto de un Código General de Aguas, precedido de un proyecto de módulo o medida legal de aguas corrientes redactado por la Real Sociedad Económica Aragonesa de Amigos del País.* Imprenta y litografía de Agustín Peiro, Zaragoza, 1860. [Biblioteca Virtual de Aragón, disponible en: https://bibliotecavirtual.aragon.es/es/catalogo_imagenes/grupo.do?path=1000331&posicion=5&presentacion=pagina®istrardownload=0].

172 Artículos 1-2.

173 Artículo 3.

o permanente[174]. Por otro lado, se consideraban de dominio público de uso provincial, las aguas que por prescripción, donación y costumbre inmemorial usaban los habitantes de una provincia[175]. Y de dominio público municipal las "aguas de las fuentes públicas naturales, las charcas y abrevaderos naturales, los manantiales y arroyos que en su curso natural sirven para el uso de personas y de animales de toda clase"[176].

Las concesiones del dominio y uso de las aguas se otorgaban a perpetuidad (para servicio privado) o de manera temporal (para servicio público). En este último supuesto, el Gobierno podía conceder la autorización de los estudios -dentro "de un plazo conveniente"-, y el concesionario, tras la preceptiva autorización, podía reclamar la protección y auxilio de las autoridades principales y locales, y entrar -con previo aviso- en una propiedad ajena para verificar los estudios, pagando los posibles daños ocasionados; derechos que también se reconocían en las concesiones perpetuas o de uso particular. Los proyectos realizados con arreglo a la autorización pertenecían al concesionario, pero si después de ser aprobados por el Gobierno desistía en su pretensión de ejecutar las obras, el Gobierno podía hacerlas suyas. De igual modo, si se adjudicaban a otra empresa podía hacerlas suyas "previa tasación por peritos y la subsiguiente indemnización"[177]. Por otro lado, se estableció unos criterios de prevalencia en el otorgamiento de las concesiones muy similares a los del Proyecto de Franquet, en concreto: abastecimiento de aguas potables, abastecimiento de ferrocarriles, establecimiento de riegos, alimentación de canales de navegación y canalización de los ríos y, en último lugar,

174 Artículos 3-4.

175 Artículo 5.

176 Artículo 6.

177 Artículo 6.

movimiento de artefactos y demás usos[178]. El abastecimiento de aguas potables para usos domésticos y generales (plazas, calles, baños, lavaderos y edificios públicos) se configuró, por razones de salud pública, como un derecho exclusivo de las "Municipalidades, superior y preferente a la de todos los demás usos de las aguas"; derecho que solo podía ponerse en ejercicio a expensas de los demás derechos particulares y públicos, previa indemnización, cuando el caudal normal con destino al abastecimiento de poblaciones no excedía de cien litros diarios por habitantes[179]. Toda concesión de aguas públicas de los ríos no navegables ni flotables para este aprovechamiento correspondía de manera exclusiva al Gobierno siempre que la cantidad no superara los "cien litros diarios por habitante y hasta doscientos en los ríos no navegables ni flotables, pasada esta cantidad se hará por una ley"[180]. Por otro lado, el derecho de aprovisionamiento de agua para el ferrocarril pertenecía tanto al Gobierno como a las empresas explotadoras de las mismas. Las sociedades concesionarias, en defecto de aguas públicas y previa indemnización de los daños y perjuicios ocasionados al dueño superficiario, gozaban del derecho a abrir pozos verticales en las heredades y predios limítrofes[181].

Respecto al uso de agua pública con destino al riego, en los manantiales o fuentes naturales de dominio público se podía perder el derecho de prioridad en el uso del agua para este fin a favor de los dueños de los terrenos "si por la prescripción ordinaria de uso continuo por diez años entre presentes y veinte entre ausentes, lo hubiera adquirido los fundos inferiores"[182]. En este supuesto, los fundos superiores solo podían regar des-

---

178 Artículo 10.2.

179 Artículo 11.1 y 2.

180 Artículo 11.3.

181 Artículo 12.

182 Artículo 13.1 y 2.

pués que lo hicieran los inferiores a quienes se les permitía regar con “los excedentes y escurrimbres” de los predios superiores, las aguas sobrantes y las pluviales reunidas en las ramblas[183]. En los ríos no navegables, se permitía al dueño de una o ambas riberas instalar artefactos o máquinas para extraer el agua para uso agrario siempre que el caudal del río no se viera afectado[184]. La extracción de las aguas de los cauces públicos -no navegables ni flotables- fuera de los límites de las propiedades ribereñas eran objeto de una concesión especial por Real Decreto[185]. Por el contrario, en los ríos navegables y flotables se requería una ley *ad hoc* para la concesión de agua con destino a riego de terrenos limítrofes y no limítrofes al río y para la ejecución de las obras necearías[186]. En estos ríos sólo se permitía a los ribereños establecer norias, molinos de viento o instalar bombas para extraer el agua necesaria de sus terrenos limítrofes[187].

Dada la importancia de la obra de construcción de una vía de navegación, el presente Proyecto se limitó a sentar algunos principios (temporalidad de la concesión, reversión de las obras, etc.), amén de las condiciones y auxilios correspondientes[188]. En cuanto al aprovechamiento de la fuerza motriz del agua para uso industrial se precisaba la autorización del Gobernador Civil de la provincia y la concesión era a perpetuidad[189]. La aplicación de motores hidráulicos a la industria se consideraba “de interés general superior al del interés colectivo de los industriales, aunque inferior al de las obras de utili-

---

183 Artículo 13.3 y 4.

184 Artículo 17.

185 Artículo 18.

186 Artículo 20.

187 Artículo 21.

188 Artículos 25-39.

189 Artículo 41.

dad pública"[190]. Con el fin de no ocasionar ningún tipo de perjuicio a los ribereños inferiores -ni a la navegación y flotación en los ríos-, el Gobierno debía señalar el volumen de agua que como máximo podía "distraerse de los cauces públicos" para el movimiento de artefactos y la extensión de terrenos anejos que al mismo tiempo puedan o no regarse. Los dueños de estos artefactos quedaban facultados para aplicar la fuerza motriz de que estuvieran en posesión a la clase de industria que creyeran más conveniente, siempre que no alteraran los niveles superiores e inferiores ni tampoco la calidad de las aguas en perjuicio de tercero[191]. Por último, se observa en el Proyecto algunos principios básicos en torno a la concesión de servicio público o de obra pública (puentes flotantes y barcas de paso en los ríos) con destino al uso público de peaje[192] y reglas para el fomento de la piscicultura[193].

En cuanto al dominio privado de las aguas, se dispuso que tanto las aguas minero-medicinales como las aguas de los manantiales procedentes de alumbramientos artificiales eran de dominio privado y propiedad exclusiva del "inventor o adquiriente y pertenecen al dueño de la heredad que nacen cuando no tienen otro dueño conocido". Igualmente se consideraban de dominio privado las aguas de las fuentes o estanques ubicadas en los terrenos de dominio particular, las aguas pluviales depositadas en estos terrenos, el álveo de las acequias, los canales, charcas y estanques artificiales "siendo de dominio de aquellos cuyos son los lados, taludes u orillas en que contienen sus aguas cuan no ha mediado servidumbre"[194]. Las aguas subterráneas buscadas y alumbradas por medio de pozos

---

190 Artículo 45.

191 Artículos 46 y 49.

192 Artículos 53-63.

193 Artículo 64-68.

194 Artículo 135.

-ordinarios y artesianos-, galerías o excavaciones pertenecían a la persona que las alumbró. De igual modo, las aguas de manantiales halladas por los concesionarios de obras públicas les pertenecían a éstos hasta que espirara el plazo de la concesión, revirtiendo las obras al Estado. Empero, los saltos de agua de la misma procedencia aprovechados para movimiento de artefactos fuera de las obras se consideraban de dominio exclusivo de los concesionarios[195]. Los dueños de estanques, lagunas, charcas y de viveros o criaderos de peces podían pescar en ellos "sin sujeción a las ordenanzas ni a las prescripciones locales", pero era necesaria la autorización previa del dueño[196].

Como podrá comprobarse más adelante, algunos de los principios consagrados en este Proyecto, se aplicaron en el de Rodríguez de Cepeda, una vez descartado el texto de Franquet, quien lejos de arrojar la toalla por las críticas recibidas y firme en su propósito de enmendar los errores estructurales y de contenido, decidió acometer algunos cambios para mejorar y completar su obra con "precisos datos y materiales (...) especialmente con nuevos títulos sobre las aguas subterráneas, servidumbre de acueducto y jurisdicción"[197]. El texto se remitió de nuevo al Gobierno, coincidiendo con la publicación de su nuevo ensayo -*Elementos de hidronimia pública*[198]- viéndose horrado en el Senado con un voto de gracia en su sesión de 29 de abril de 1861. Pero en diciembre de ese año la Comisión concluyó los trabajos de redacción del Proyecto de Ley bajo la dirección de Antonio Rodríguez de Cepeda que, como vocal ponente, asumió el compromiso de revisar el texto y hacer en

---

195 Artículo 136 y 138.

196 Artículo 143.

197 Cfr. FRANQUET y BERTRÁN, C. *Ensayo sobre...*, cit. p. 242.

198 FRANQUET y BERTRÁN, C. *Elementos de hidronimia pública*, Imprenta de J.M. Ducazcal, Madrid, 1981.

él todo tipo de correcciones[199]. El Proyecto -con un total de 433 artículos- estaba dividido en tres libros: el primero se ocupaba de las aguas del mar, el segundo de las aguas terrestres y el tercero de la policía de las aguas y de la competencia de atribución y jurisdicción en relación al líquido elemento. Respecto a las aguas del mar se estableció una regulación pormenorizada que abarcaba tanto el dominio hídrico -y la de los terrenos que ocupaban, bañaban y abandonaban-, como los diversos usos y aprovechamientos, las accesiones, las servidumbres, policía y jurisdicción de estas aguas[200]. La zona marítimo litoral -que se extendía a seis millas de la costa- se consideraba de dominio público del Estado, al igual que las playas, las islas formadas dentro de la zona marítimo litoral y las creadas en las desembocaduras de los ríos, las obras, radas, calas y las ensenadas formadas por las acostas del territorio español[201].

Las aguas dulces -pluviales, de manantiales, las estancadas y subterráneas- recibieron un tratamiento individualizado respecto al régimen de propiedad y aprovechamientos públicos[202]. Las aguas pluviales depositadas en un terreno privado pertenecían a su dueño, en cambio, las que discurrían por terrenos o ramblas cuyos cauces eran de dominio público pertenecían al Estado. Lo mismo ocurría respecto a las aguas de los manantiales que continua o periódicamente discurrían por ramblas, arroyos y ríos (sean o no navegables o flotables)[203]. Pertenecían al Estado, a las provincias y a los pueblos, las aguas que continua o periódicamente nacían en terrenos de su res-

---

199 PEREZ PEREZ, E. "Disposiciones decimonónicas…", cit.p. 191.

200 Artículos 1 a 40. [Para este estudio se ha utilizado la trascripción del texto que aparece en la obra de MARTÍN-RETORTILLO, S. *La Ley de Aguas de1866,* cit. pp.179-184].

201 Artículos 1-5.

202 Artículos 41-102.

203 Artículos 41-43.

pectiva propiedad, las obtenidas al verificarse los trabajos de obras públicas y las adquiridas de sus dueños particulares con arreglo a las leyes[204]. Los dueños de los predios lindantes con cauces públicos de ramblas o barrancos quedaban facultados para usar y aprovechar con destino al riego las aguas pluviales que discurran por ellos, construyendo al efecto -y sin necesidad de autorización previa- malecones de tierra y piedra o bien presas móviles. En caso de que dichas infraestructuras causaran "un perjuicio al público o a tercero", el alcalde del término municipal-por sí o a instancia del interesado- podía ordenar que se destruyera o bien minimizar sus dimensiones[205]. La autorización para construir pantanos destinados a recoger y conservar las aguas publicas pluviales o de manantiales para ser usadas en el regadío solo se concedía por Real Decreto, y si estas obras eran declaradas de utilidad pública se podían expropiar, previa la correspondiente indemnización[206].

La propiedad de las "aguas estancada" (lagos, lagunas, charcas y terrenos pantanosos) dependía de quien fuera el dueño del terreno donde se habían formado o se ubicaban. Por tanto, se regía por el principio de accesión[207], de tal manera que si estos humedales se encontraban en terrenos públicos eran de dominio público, y si se ubicaban en terrenos de un particular, del Estado, de una provincia o de los pueblos les pertenecían a éstos respectivamente[208].

---

204 Artículos 44-45.

205 Artículos 321-322.

206 Artículo 331.

207 Conforme a nuestro Código Civil (arts. 353-374), la accesión puede ser definida como el derecho en virtud del cual el propietario de una cosa hace suyo todo lo que ésta produce o se le une o incorpora natural o artificialmente.

208 Artículos 49-51.

Mención especial merece el tratamiento de las aguas subterráneas, ya que se observa importantes diferencias respecto al proyecto de Franquet, donde tenían la consideración "res nullius" que como cosa sin dueño conocido las hacia suyas el primer ocupante. En cabio, en el Proyecto de Rodríguez de Cepeda se diferenciaba entre las aguas subterráneas extraídas a través de pozos ordinarios y las halladas por medio de pozos artesianos (por excavaciones o galerías). Respecto al primer sistema de extracción, su dominio quedaba reservado de forma exclusiva al titular del terreno[209], mientras que las aguas halladas por medio del segundo sistema pertenecían al descubridor[210]. También se confería a los titulares del terreno la facultad para ejecutar o permitir todo tipo de trabajos -por medio de pozos artesianos o galerías- siempre y cuando el fundo no se encontrara "comprendido en ninguna pertenencia hidroscópica" y se acometieran fuera de una zona de treinta metros contados desde el límite de los terrenos colindantes[211]. Sin duda alguna, la cuestión relativa a la "Sección de las aguas subterráneas" fue la que más debates suscitó, especialmente tras la enmienda presentada por el Vocal D. Guillermo Schutz que permitió consolidar el derecho del titular del terreno al exigirse su autorización expresa para alumbrar aguas subterráneas en su propiedad. De esta manera el dueño de un predio -o un particular, pero con su autorización- podía realizar los trabajos de perforación o alumbramiento de las aguas subterráneas (por medio de pozos ordinarios o verticales), con la limitación de respetar la distancia de las medianerías. Asimismo, quedaba facultado para aprovechar con plena libertad, las aguas que se encontrasen en el subsuelo de su propiedad (a través de pozos artesianos o galerías), siempre que no se causara perjuicio a

---

209 Artículo 52

210 Artículo 55.

211 Artículo 56.

terceros ni se distrajesen aguas públicas de sus corrientes naturales[212].

Por último, el Proyecto también establecía unos criterios de preferencia en el otorgamiento de las concesiones de aprovechamientos de aguas públicas. La única diferencia reseñable respecto al Proyecto de Franquet -y el de la Real Sociedad Económica Aragonesa de Amigos del País-es que introdujo, en último lugar en el orden de preferencia, la desecación de terrenos pantanosos, y suprimió el uso de la fuerza motriz del agua para movimientos de artefactos o maquinaria[213]. Respecto al aprovechamiento de las aguas públicas "para desecación de terrenos pantanosos", el Proyecto concedió a los particulares multitud de facilidades y ventajas para acometer estas obras por motivos de salud pública y productiva, entre otras:

- Los dueños de lagunas o terrenos pantanos que tuvieran interés en desecarlos podían solicitar la servidumbre forzosa de acueducto para dar salida a las aguas, además se les permitía extraer de los terrenos públicos la tierra y piedra necesaria para el terraplén del terreno a desecar.
- Los terrenos desecados y reducidos a cultivo quedaban exentos de toda clase de contribuciones públicas durante los diez primeros años[214].
- Los humedales insalubres o "nocivos para la salud pública" propiedad del Estado o del común de los pueblos podían ser subastados al mejor postor. El adjudicatario se convertía en propietario de los terrenos con la condición de acometer las obras de desecación[215].

---

212 GONZÁLEZ-BERENGUER URRUTIA, J. L. *Comentarios...*, cit. pp. 40 (cita. 10).

213 Artículo 374.

214 Artículo 393.

215 Artículo 391.

A diferencia de los anteriores proyectos legislativos, en este último se observa un interés especial en erradicar los terrenos pantanosos y demás zonas húmedas del país, impulsando y fomentando la ejecución de obras de desecación o saneamiento. Esto explicaría la decisión de la Comisión de incluir la desecación en los criterios de prevalencia en el otorgamiento de las concesiones de aprovechamientos de aguas públicas[216]. Sin embargo, en el último proyecto que se elevó a las Cortes para su discusión, se observa una variación en el orden de preferencias en las concesiones de los aprovechamientos: se eliminó la desecación y en su lugar se incluyeron las barcas de paso, puentes flotantes, artefactos y estanques de piscicultura. Este cambio no alteró la regulación de la desecación y las medidas implementadas para erradicar los humedales de la geografía española debido a su condición de áreas marginales, improductivas e insalubres, habida cuenta que la Comisión era consciente que con estas obras -y los incentivos del Estado- se lograría acrecentar la superficie de cultivo y, con ello, atender a las demandas de la sociedad en este sector[217].

---

216 Conforme al artículo 300 del Proyecto de Ley de Aguas: "*el aprovechamiento de las aguas públicas se observará el siguiente orden de preferencia: 1º. Abastecimiento de poblaciones. 2º. Abastecimiento de ferrocarriles, 3º. Riegos, 4.º Canales de navegación. 5º Desecación de terrenos pantanosos*".

217 En efecto, la desecación de lagunas y terrenos pantanosos recibió un tratamiento especial en el Libro II "De las aguas terrestres", capítulo 4º, título 1º del Proyecto de Ley (arts.106-118). Por otro lado, se dispuso el siguiente orden de preferencia en la concesión de los aprovechamientos especiales de las aguas públicas: "*1º. Abastecimiento de poblaciones, 2º. Abastecimiento de ferrocarriles, 3º. Riegos, 4º. Canales de navegación, 5º. Barcos de paso, puentes flotantes y artefactos, 6º. Estanques para viveros y criaderos de peces*" (art. 214). [Para este estudio se ha utilizado la trascripción del texto que aparece en la obra de MARTÍN-RETORTILLO, S. *La Ley de Aguas de1866,* cit. pp.289-368].

2. CONSIDERACIONES AL RÉGIMEN DE PROPIEDAD Y DE LOS APROVECHAMIENTOS DE AGUAS PÚBLICAS EN LA LEY

La Ley de Aguas de 1866[218], en un ambicioso intento de reducir a un sistema uniforme, coherente y ordenado la multitud

---

[218] El Libro I de la Ley de Aguas, consagrado exclusivamente a las aguas marinas, se dividió en dos títulos; el primero se ocupó del dominio, accesiones y servidumbres, y el segundo del régimen de aprovechamientos de las aguas del mar y de sus playas. El Libro II, dedicado a las aguas terrestres, se dividió también en dos títulos; uno dedicado al dominio de las aguas y otro a regular las diversas clases de aprovechamientos de aguas públicas. Finalmente, el Libro III se ocupó del gobierno y policía de las aguas, sentando también las bases de la organización y atribuciones de los Jurados, Sindicatos y Comunidades de riego, amén de los principios fundamentales de las competencias jurisdiccionales en materia de aguas. Se ha de tener en consideración que las necesidades hídricas de las distintas áreas geográficas de mayor aridez del país, la Ley de Agua favoreció los diferentes usos del agua para los fines de mayor interés público, para lo cual consagró un minucioso sistema jurídico de ordenación de los aprovechamientos que incluía, además un amplio abanico de técnicas -como, por ejemplo, la potestad expropiatoria o las servidumbres forzosas, entre otras. De igual modo, respondía al principio liberal en el amplio campo que dejaba para la actuación de los propios interesados, amén de los múltiples incentivos que preveía -como auxilios, exenciones y beneficios fiscales, entre otros- encaminados a favorecer la ejecución de nuevas obras a cargo de la Administración y procurar un mejor aprovechamiento del líquido elemento. En su afán de armonizar y unificar la multitud de preceptos sobre esta materia -dispersos en diferentes cuerpos legales- y de trasformar en normas de derecho escrito -y de rango de ley-, una ingente cantidad de usos y costumbres ancestrales que, hasta la fecha, solo habían inspirado a Estatutos, Reglamentos u Ordenanzas de carácter local, la Ley confirió a la Administración una amplísima competencia en materia de aguas, al ejercer las atribuciones sobre policía de las aguas, decretar e imponer servidumbres legales, autorizar todos lo tipo de aprovechamientos destinados a empresas de interés público

de disposiciones -dispersas- sobre la materia, reguló por separado y de manera pormenorizada, las aguas marinas (Libro I) y las continentales o terrestres (Libro II), porque en opinión de la Comisión ministerial, que coincidía plenamente con el criterio de Cirilo Franquet, "la naturaleza especial y régimen de aprovechamiento de las aguas del mar y de las aguas territoriales reclamaba un tratamiento separado e independiente"[219].

El dominio de las aguas, en la Exposición de Motivos, se concibió como un poder ilimitado y absoluto sobre la cosa

---

o privado como, por ejemplo, sería el caso de los aprovechamientos de riegos que requerían presas u obras permanentes, o las autorizaciones de los aprovechamientos para molinos u otros artefactos. Además, con ocasión de respetar los derechos adquiridos, amén de establecer garantías eficaces y acciones legales, la Ley repartía la competencia jurisdiccional, según el carácter material de las cuestiones controvertidas, entre los Tribunales ordinarios y los de lo contencioso-administrativo, reservando a los *Jurados* las cuestiones de hecho entre los interesados en el riego. Para más información sobre la Ley -y su origen- véase los comentarios de: LATOUR BROTONS, J. *Antecedentes...*, cit. pp. 9-23. CALATAYUD GINER, S. "El Estado y la sociedad ante la regulación del agua: Ley de 1866", *El estado desde la sociedad: espacios de poder en la España del siglo XIX*, Salvador Calatayud Giner (Coord.). Servicios de Publicaciones de la Universidad de Alicante, Alicante, 2016, pp. 299-327.AGUIRRE PASCUAL, A. "Precedentes de la ley de aguas de 2 de agosto de 1985". *Revista de Derecho UNED*, núm. 27, 2021, pp. 173-216.JORDANA DE POZAS, L. "La evolución del Derecho de las Aguas en España y en otros países" *Revista de la Administración Pública*, núm. 37, pp.9-61.JORDANA DE POZAS, L. "El Derecho español de aguas y la oportunidad de su revisión", (Discurso leído en la inauguración del curso 1961- 62, el día 22 de enero de 1962). *Real Academia de Jurisprudencia y Legislación*, Madrid, 1962, pp.1-61. MARTÍN-RETORTILLO, S. "Sobre la reforma de la Ley de Aguas", *Revista de Administración Pública*, núm. 44, 1964, pp. 25-58. DELGADO PIQUERAS, F. *Derecho de Aguas...* cit. pp.89-91.

[219] Exposición de Motivos de la Ley de Aguas.

"que nos autoriza para hacer libremente de ella el uso que nos plazca, siempre que no lastimemos el derecho de otros". En cambio, el aprovechamiento se definía como un "derecho limitado y sujeto tanto a la vigilancia de la Administración como a las condiciones impuestas por quien lo concede, y que no autoriza para abusar, sino solo para usar en la forma y para el objeto concedido". De este modo, la posición jurídica del titular de la concesión siempre será la de mero usuario sin posibilidad alguna de reputarse como propietario del agua concedida, "ni aún después de separadas de sus cauces naturales"[220].

La importancia de este binomio, ya desde tiempos inmemoriales, quedó patente en el interés del legislador por la delimitación de las aguas (de dominio público y privado) y por el establecimiento de un sistema de ordenación y prelación de los aprovechamientos hidráulicos en pro del desarrollo y fomento de la riqueza nacional.

En cuanto al dominio de las aguas marinas, la Comisión, siguiendo algunos de los postulados de Franquet, consideró la zona marítimo terrestre como parte integrante del dominio nacional[221] -y de uso público- al igual que las obras, bahías calas, ensenadas creadas por las costas del territorio español y los

---

220 Exposición de Motivos de la Ley de Aguas.

221 La Comisión que elaboró la Ley distinguió entre "dominio público nacional" y "dominio particular del Estado". Por el primero se entendía el que "a ésta compete sobre aquellas cosas cuyo uso es común por su propia naturaleza y por el objeto a que se hallan destinada. (ej. playas, ríos caminos, muelles y puertos públicos)". En cambio, por dominio particular del Estado se entendía el que "a éste compete sobre aquellas cosas destinada a su servicio, o sea la satisfacción de sus necesidades colectivas, y no al uso común, cosas de las que dispone como los particulares de las que constituyen su patrimonio. (ej. las minas, los montes, fortalezas y edificios militares)". Cfr. ABELLA, F. *Manual de Aguas, expropiación y colonias agrícolas*. Administración. Calle de las Torres, Madrid, 1877, p. 73.

puertos -naturales o construidos con fondos públicos para el servicio general[222]. En caso de ser creados para el servicio exclusivo del Estado, éstas pertenecían a su dominio particular[223]. De igual modo, "todo lo que no siendo propiedad del mar" y era arrojado por éste a la costa se consideraba propiedad del Estado siempre que no tuviera dueño conocido[224]. Los terrenos unidos a las playas "por accesiones y enterramientos por acción del mar" eran de dominio público[225]; terrenos que, con la debida autorización del Gobierno, podían pasar a manos de los dueños de los fundos colindantes, pero se requería cumplir varias condiciones, entre otras: dejar de estar bañados por las aguas del mar, carecer de utilidad pública y no ser necesarios para la vigilancia o seguridad ni para el "establecimiento de especiales industrias"[226]. Empero, aquellos terrenos ganados al mar tras las obras ejecutadas por el Estado, las provincias, los pueblos o los particulares, pasaban a ser propiedad de quien las acometió[227].

---

222 Artículo. 1°. 1, 2 y 3 de la Ley de Aguas.

223 Asimismo, los establecimientos destinados de manera exclusiva al servicio de la marina de guerra pertenecían al Estado español, al igual que las islas formadas -o que se pudieran formar en el futuro- en la zona marítima, rías y desembocadura de los ríos. Por el contrario, si estas formaciones procedían de unos terrenos particulares -desmembrados por un río- seguían perteneciendo a los titulares de la finca o fundo (art.3).

224 Artículo 6 de la Ley de Aguas.

225 Como aduce Fermín Abella, las islas formadas dentro de la zona marítima terrestre -y en las rías y desembocaduras de los ríos en el mar-, eran consideradas de dominio público. El Gobierno quedaba plenamente facultado para conceder su aprovechamiento para uso agrario o industrial. ABELLA, F. *Manual de Aguas*...cit. p. 73.

226 Artículo 4.

227 Artículo 5.

La navegación, dentro del mar litoral o de la zona litoral marítima, se consideraba común a todas las embarcaciones -nacionales y/o extranjeras-y quedaba sujeta al ordenandito jurídico (leyes y reglamentos especiales) dictadas sobre esta materia[228]. Cualquier particular podía pescar en la playa, conforme a los reglamentos del ramo, en cambio, en la zona litoral marítima, se consideraba un privilegio y derecho exclusivo de los "matriculados o mareantes españoles"[229]. Solo los dueños de las lagunas y charcas de agua marina, creadas de manera natural o artificialmente dentro de una propiedad, podían desarrollar esta actividad sin más restricciones que las relativas a la salubridad pública[230]. Partiendo del uso público de las playas, cualquier particular podía transitar por ellas, "lavarse, bañarse, embarcarse y desembarcar para paseos de recreo", pero en ningún caso se podía construir "obras nuevas de cualquier especie" sin la debida autorización del Gobernador de la provincia[231]. Para levantar chozas o barracas no permanentes o

---

228 Artículo 12.

229 Artículo 14.

230 Artículo 15.

231 Por el contrario, para la construcción de infraestructuras destinadas al servicio de la Marina era preceptivo la autorización previa del Ministerio, especialmente para la construcción de fábricas y salinas artificiales. Los particulares, dentro de su propiedad, quedaban facultados para construir viveros o estanques artificiales de agua marina, pero era necesario la autorización previa del Gobernador provincial, quien podía ordenar, en un plazo máximo de dos meses, la suspensión de la obra si apreciaba algún perjuicio para los intereses públicos una vez leído informe técnico remitido por el ingeniero provincial. Por otro lado, el aprovechamiento de los terrenos de las costas para edificar, de manera permanente, baños, fábricas o cualquier establecimiento industrial requería la realización y cumplimento de una serie de trámites, entre otros: a) elaboración y presentación de los planos de las obras con memoria del proyecto adjunto en el que se indique su destino o uso. b) publicación, en tiempo y forma, de la solicitud en el

bien establecer depósitos temporales de materiales se requería la autorización del Gobernador. Por el contrario, para construir dentro del mar, en las playas o en los terrenos contiguos cualquier tipo de establecimiento para uso particular (muelles, embarcaderos, varaderos, caminos para formar salinas, etc.,) se requería la autorización del Ministerio[232]; permiso que también se precisaba cuando una empresa particular quería establecer "pesqueras en las playas" o viveros de peces y moluscos. Cualquier particular, dentro de su propiedad, se le autorizaba a construir estanques o lagunas artificiales de agua marina para la piscicultura, el baño o cualquier otra actividad lúdica, pero antes debía ponerlo en conocimiento del Gobernador de la provincia, quien podía ordenar la supresión de la obra -en un plazo máximo de dos meses- en caso de irrogarse "conocido perjuicio al público"[233]. Por último, el Gobierno quedaba facultado para autorizar, a cualquier particular, la ejecución de obras de desecación de una marisma -propiedad del Estado o del común de los pueblos-, pero con la condición de no causar ningún perjuicio a la navegación ni daños a los puertos[234].

Boletín Oficial de la provincia. c) Informes técnicos del Ayuntamiento en cuyo término se pretendía construir, junto a los informes de la Junta Provincial de Sanidad, del Gobernador Provincial y del Capitán General del distrito (arts. 17 a 25).

232 Artículo 22.

233 Artículos 23 y 24.

234 En las marismas privadas, sus dueños podían desecarlas para su conversión en tierras de labor, pero para ello era fundamental contar con la autorización del Gobernador provincial quien, en un plazo máximo de dos meses, a contar desde la solicitud, debía pronunciarse al respecto. En caso de verificarse que las obras podían irrogar algún perjuicio a la navegación de los ríos -o a la conservación de los puertos, se procedía, en atención al interés público, a la desestimación de la solicitud formulada (art. 26)

En cuanto al dominio de las aguas continentales o territoriales[235], la Ley distinguió varias clases de agua en función de su naturaleza u origen: "aguas pluviales", "aguas corrientes, vivas y manantiales", "aguas muertas o estancadas" y "aguas subterráneas". Las aguas de lluvia, caídas y depositadas dentro de un terreno particular, pertenecían a su titular mientras discurran por él, quedando facultado para almacenarlas en estanques, aljibes, cisternas, pantanos, etc., y aprovecharlas siempre que no se causara "perjuicio al público ni a tercero". Para la construcción de estas infraestructuras se requería autorización del Ayuntamiento[236].Por el contrario, el agua de lluvia que discu-

---

235 La Ley de Aguas declaró de dominio público a la mayor parte de las aguas terrestres o continentales, con el propósito no sólo de garantizar el uso común de un recurso natural, sino también de compatibilizarlo con los diferentes aprovechamientos privativos, dando de este modo primacía aquellos que ayudaran a impulsar la riqueza de la Nación española, tal y como se puede observar en la Exposición de Motivos:"*(...) Exigen la intervención del Poder Público en el disfrute y aprovechamiento de aquellas cosas que, aunque son de uso común, no bastan para el consumo de todos. La sociedad no puede abandonarlas al interés de la codicia individual sin ocasionar grandes perturbaciones en el orden público, y el fomento de la riqueza exige, por otra parte, que se dé preferencia a aquellos aprovechamientos que más pueden contribuir a ella, distribuyendo esos mismos bienes comunes con la misma economía y acierto con que un prudente padre de familia distribuye los suyos. Con estas razones sostienen los escritores consagrados al estudio de este ramo especial de la Administración Pública, la conveniencia de declarar del dominio público todas las corrientes de aguas como único medio de distribuirla con acierto y de conciliar las necesidades de la navegación, de la agricultura y de la industria (...)*". Estas razones predicables a las aguas superficiales, no fueron suficientes para que se declarasen a las subterráneas también de dominio público y la legislación de aguas las sujetó a un régimen de propiedad privada.

236 En caso de denegarse la solicitud, el peticionario afectado quedaba facultado para acudir al Gobernador, quien, en un plazo máximo de dos meses, debía resolver el expediente (art. 30-32).

rría por torrentes o ramblas pertenecería al dominio público[237].

Las "aguas vivas" que nacían en terrenos de dominio público, la de los ríos y arroyos, amén de las continuas y discontinuas de los manantiales, como en el supuesto anterior, pertenecían al dominio público. Por el contrario, aquellas que nacían y discurrían por terrenos del Estado, de las provincias, de los pueblos y de los particulares pertenecían al "dueño respectico para su uso y aprovechamiento mientras discurran por los mismos predios"[238]. Sin embargo, cuando las aguas -no aprovechadas-escapaban del fundo o heredad donde se habían originado y discurrían por cauces públicos naturales, adquirían la condición de públicas[239].

Las aguas de manantial halladas y alumbradas en un predio pertenecían a su dueño, pudiendo los titulares de los predios inferiores aprovechar las aguas-de manera indefinida- cuando las hubiesen aplicado sin interrupción por espacio de veinte años[240]. Si el dueño del terreno donde se encontraba el manantial natural dejaba trascurrir veinte años sin aprovechar sus

237 Artículo 31.

238 Artículo 33.

239 Es más, de acuerdo con el artículo 34 de la Ley, las aguas no aprovechadas que salían del terreno donde se originaron o nacieron, se consideraban públicas siempre que discurrieran por sus cauces públicos naturales. Pero, si después de salir del terreno -y antes de llegar a los cauces públicos- penetraban en una propiedad privada, su titular quedaba facultado para su aprovechamiento eventual. El dueño del predio, en donde nacieron las aguas, podía interrumpir tal aprovechamiento para uso y disfrute propio, "*aun cuando los predios inferiores la hubiesen usado por mayor tiempo de un año y un día o construido obras para su mejor servicio*".

240 Artículos 38 y 39.

aguas, perdía su derecho a interrumpir los aprovechamientos o usos por particulares de predios inferiores[241].

En cuanto al régimen jurídico de las "aguas muertas o estancadas", vocablo peyorativo empleado por el legislador para referirse a las zonas húmedas o humedales, la Ley[242]dispuso que éstas pertenecían al dueño del terreno en el que se hallaban ubicadas[243].

Para el fomento de la "desecación de lagunas y terrenos pantanosos", se contemplaba una serie de incentivos y beneficios para acometer este tipo de obras en pro de la salubridad pública y del desarrollo de la actividad agrícola[244]. La condición de titular de estos terrenos no conllevaba ningún beneficio,

---

241 Artículos 40 y 41.

242 Algunos de los preceptos que la Ley de Aguas dedicó a las "aguas muertas o estancadas" (arts. 101, 102, párrafo segundo del artículo 106 y 108) se derogaron a la sazón del Decreto-Ley de 14 de noviembre de 1868, por la que se establecía las bases para la legislación de obras públicas, pero más tarde se restablecieron en la Ley de Aguas de 13 de junio de 1879.

243 De tal forma que, si las zonas húmedas, se encontraban en terrenos públicos se consideraban de dominio público. Por el contrario, si se localizaban en terrenos de un particular, del Estado o de una provincia pertenecerían a éstos respectivamente, y si se ubicaban en tierras comunales, recaía su propiedad en "los pueblos respectivos" (art. 44).

244 La Ley de Aguas, en el Capítulo X, completó las medidas necesarias para regularizar el ramo de la Administración, eliminado las dificultades u obstáculos para la ejecución de proyectos de desecación o saneamiento (voluntario o forzoso) en terrenos pantanosos para fines agrarios o industriales. Cuando la desecación obedecía a razones de utilidad agraria y desarrollo económico, ésta era "voluntaria". Por el contrario, era forzosa u obligatoria cuando la desecación tenía por objeto preservar o proteger la salud pública. ABELLÁN CONTRERAS, F. "Exégesis sobre el tratamiento legal de las zonas húmedas en el ordenamiento jurídico español de aguas decimonónico", *Revista*

sino más bien todo lo contrario ya que las zonas húmedas eran consideradas áreas marginales, insalubres e improductivas[245]. Aquellos propietarios de humedales interesados en las obras de desecación contaban con la autorización del Gobernador de la provincia para poder extraer de terrenos de dominio público la tierra y piedra necesaria en su ejecución[246]. Si los terrenos a desecar pertenecían a varios titulares, no siendo posible la desecación parcial, el Gobernador podía entonces obligar a todos los dueños a sufragar los trabajos de manera colectiva, siempre y cuando existiera conformidad de la mayoría[247]. Los humedales declarados "focos de infección para la salud pública"[248], se debían desecar de manera forzosa, haciéndose saber "a los dueños para que dispongan el desagüe o terraplén en un plazo que se les señalará por el Gobierno"[249]. Si pertene-

---

de Derecho de la Universidad Nacional de Educación a Distancia, núm. 28, 2021, pp. 15-42.

245 Debido a su nulo aprovechamiento, escasa rentabilidad y constituir un foco infeccioso (cuna de fiebres palúdicas), numerosos propietarios, por regla general, ejecutaran obras de desecación o saneamiento para trasformar los terrenos en fértiles campos de cultivo, especialmente regadío.

246 Artículo 100.

247 No obstante, el titular que se opusiera a esta solución quedaba facultado para ceder su parte de manera gratuita, en cuyo caso perdía su propiedad, pero evitaba el coste de las obras (art. 101).

248 De acuerdo con la Exposición de Motivos de la Ley de Aguas: *"(...) convertidos los terrenos pantanosos en focos de infección, la salud pública exige su saneamiento, pues hay ya un gran interés social que reclama la intervención del Estado y hasta la expropiación del terreno, previa la correspondiente indemnización (...)".*

249 En los casos de desecaciones forzosas u obligatorias, si la mayoría de propietarios de un humedal se oponían a ello, el Gobierno quedaba facultado para otorgar el humedal a cualquier particular o persona física que se comprometiera a llevar a buen término la empresa, previa real aprobación del proyecto de desecación y sus planos, quedando el terreno saneado en manos quien hubiera acometido las

cían al Estado o al común de vecinos -aun no siendo declarado insalubre-, el Gobierno debía procurar su desecación y saneamiento "para ensanche de terreno laborable en el país"[250]. Aunque no se aludía o mencionaba de manera expresa en la Ley se sobrentendía que tanto el Estado como las provincias y los municipios quedaban plenamente facultados para desecar, por sí mismo, los terrenos situados en su propiedad, habida cuenta que la actividad desecadora tenía la condición de "obra pública"[251]. Así es, en virtud del Real Decreto 10 de octubre de 1845, todas aquellas actividades importantes relacionadas, directa o indirectamente, con el líquido elemento -incluidas las obras de desecación-, adquirieron dicha condición[252]. Para estimular la ejecución masiva de estas obras, la Ley permitió que cualquier persona (física o jurídica)que se comprometiera a ejecutarlas, en tiempo y forma, adquiría la titularidad de los terrenos (aun perteneciendo éstos al Estado)[253], pudiendo reclamar la declaración de "utilidad pública". Es más, si los nuevos titulares destinaban los terrenos a nuevos riego -o a cualquier uso agrario-, podían beneficiarse también de "las ventajas de

---

obras, tras la indemnización a los anteriores dueños (art. 104 y 105). Lo mismo ocurría respecto a los humedales insalubres que pertenecían al Estado, de manera que cualquier persona –física o jurídica- que asumiera la ejecución de la obra adquiría la titularidad de los terrenos una vez abonado el concesionario el rendimiento anual capitalizado (art. 106).

250 Artículo 103 de la Ley de Aguas.

251 GALLEGO ANABITARTE, A. *El Derecho de aguas*..., cit. p. 440.

252 Vid., ABELLÁN CONTRERAS, F. "Exégesis sobre el tratamiento legal de las zonas húmedas en el ordenamiento jurídico español de aguas decimonónico", *Revista de Derecho de la Universidad Nacional de Educación a Distancia,* núm. 28, 2021, pp. 15-42. GALLEGO ANABITARTE, A. *El derecho de aguas*..., cit. pp. 270-271. CALVO CHARRO, M. *El régimen jurídico de los humedales,* Instituto Pascual Madoz, Universidad Carlos III de Madrid, 1995, pp. 39-ss.

253 Artículos 105-107 de la Ley de Aguas.

los terrenos que de nuevo se roturen" en forma de exenciones, auxilios y subvenciones[254].

En cuanto a las aguas subterráneas, el legislador, tras desechar la demanialización[255], quiso establecer un "equilibrio armónico" entre los intereses del dueño del terreno y los del alumbrador a quien había que compensar por el dinero invertido y por el trabajo realizado en la búsqueda y extracción del líquido elemento. En relación a la titularidad de estas aguas, la Ley distinguió, con meridiana claridad, entre el derecho sobre las aguas subterráneas ya alumbradas y la facultad de alumbrarlas. En términos generales, se dispuso que las aguas

---

254 Artículos 110 y 200.

255 Uno de los principales motivos de que las aguas subterráneas quedaran excluidas del dominio público, más allá de la falsa creencia de que no eran óptimas para el consumo humano debido a las altas concentraciones de metales pesados o del elevado coste para la extracción a causa de los primitivos métodos empleados para ello. DE LA CUETARA, J. M. *El nuevo régimen de las aguas subterráneas en España,* Técnos, Madrid, 1989, p. 15. CALVO y PEREIRA, M. *De las aguas tratadas desde el punto de vista legal,* Imprenta y librería de D. Eusebio Aguado, Madrid,1862, pp.168-ss. DEL SAZ CORDERO, S. *Aguas subterráneas...,* cit. pp. 11-16. Para el profesor Nieto García esto se debe, en buena parte, a la ignorancia geológica propia de la época al no aplicarse a estas aguas la distinción generalista entre "aguas corrientes" y "aguas estancadas". Así es, a diferencia de las aguas superficiales corrientes que son siempre de dominio público mientras discurren por sus caunces naturales, aunque atraviesen heredades privadas, la propiedad de las aguas estancadas depende de la propiedad sobre el que se encuentren. Bien al contrario, la condición estática de las aguas subterráneas no se tiene en consideración a la hora de fijar su régimen de propiedad, habida cuenta que lo único que interesa es el momento de su alumbramiento y el terreno en donde afloran o alumbran, a partir de donde su régimen se asemeja al de las aguas superficiales. NIETO GARCÍA, A. "Aguas subterráneas: suelos áridos y suelos hídricos". *Revista de Administración Pública,* núm. 56, 1968, pp. 63-ss.

pertenecían al propietario del fundo donde se alumbraban y le confirió la facultad de perforar pozos, socavones, galerías o bien instalar cualquier artificio para aflorar el líquido elemento a la superficie, aunque ello supusiera una disminución notable del caudal para los terrenos contiguos[256]. Cualquier particular con intención de abrir pozos ordinarios para alumbrar aguas en terrenos de dominio público requería autorización del Ayuntamiento[257]. Por el contrario, para hacer calicatas en "terrenos del Estado o del común de los pueblos" se requería la autorización del Gobernador provincial y, en los terrenos de propiedad privada, era fundamental además contar con el permiso del dueño[258]. Por otro lado, la Ley concedía, con carácter perpetuo, las aguas subterráneas a quien, con ayuda de pozos artesianos o por medio de socavones o galerías las hiciera aflorar a la superficie; derecho que seguiría disfrutando aunque las aguas salieran fuera de la finca donde brotaron o emana-

---

256 Empero, dentro de los núcleos poblacionales se fijó una distancia prudencial de dos metros entre pozo y pozo. En el campo, por el contrario, se amplió a quince metros entre el nuevo pozo y las acequias, estanques y pozos de los vecinos (arts. 45 y 46). Sobre esta cuestión en particular, las *Partidas* (III, XXXII, 19) ya dispuso que todo dueño de un terreno estaba facultado para abrir una fuente o pozo sin que pudiera impedírselo el vecino que disfrutaba de igual beneficio, aunque por ello menguara las aguas de su pozo o fuente, salvo que lo hiciera con manifiesta intención de causar daño al vecino. La Ley de Aguas, como se observa, reproducía esta disposición de las *Partidas* con la única diferencia que estableció una distancia mínima para evitar daños a tercero.

257 Artículo 47 de la Ley de Aguas.

258 Empero, cuando la negativa del dueño "contrariase fundadas esperanzas de hallazgo de aguas según criterio pericial", el Gobernador, tras escuchas al dueño, podía otorgar el permiso, pero limitado a las tierras incultas y de secano (art. 51).

ron[259]. Por último, a través de pozos artesianos, socavones o galerías, el dueño de un terreno se le permitió alumbrar las aguas subterráneas y apropiarse de las mismas siempre que no perturbara o apartara las aguas públicas de su corriente natural. Ahora bien, si "amenazase peligro inminente" la ejecución de las referidas obras para el abastecimiento de una población o para los riegos existentes, quedaban suspendidas, hasta nuevo aviso, por denuncia del Ayuntamiento o de la mayoría de los regantes. Es más, cabía la posibilidad de que el Gobernador anulara la concesión cuando a la luz de los informes remitidos por los peritos nombrados por las partes implicadas se confirmara un peligro real[260].

La cuestión sobre la naturaleza jurídica de las aguas subterráneas no se zanjó con la legislación de aguas, ya que poco tiempo después, en pleno periodo revolucionario, se dictó un Decreto-ley de 29 de diciembre de 1868, por el que se separaba la propiedad del suelo y del subsuelo declarando este último de dominio del Estado[261]. El derecho a alumbrar y aprovechar las aguas, de conformidad con el artículo 9 del Decreto-Ley de

---

259 No obstante, si el dueño no construía, en los predios inferiores, acueductos o canales para recoger y conducir las aguas y éstas entraban en otras heredades, sus dueños podían disfrutar de ellas para su aprovechamiento eventual en las mismas condiciones que ocurría con las aguas de los manantiales (art. 48).

260 Artículo 49.

261 Tal y como se desprende de la Exposición de Motivos: "*(...) Se distinguen terminantemente en todos los casos dos regiones: el suelo o superficie y el subsuelo o masa subterránea. Hasta tal punto, que aun no habiendo diferencias mineralógicas entre el suelo y el subsuelo exigen los sanos principios de derecho distinguirlos y separarlos por el pensamiento; porque si el suelo es propiedad particular, nunca podrá concederlo el Gobierno, ni arrancar a su dueño con motivo de mejor aprovechamiento lo que en buena ley le pertenece; el paso que siempre el subsuelo estará bajo el dominio público y siempre podrá el Estado cederlo para trabajo subterráneos queden intacta y libre la superficie*".

1868, no pertenecía al dueño del terreno sino al Estado. Éste debía otorgarlo en concesión con posibilidad de declarar la expropiación del terreno por motivos de utilidad pública previa indemnización a su titular. De ahí que los expedientes administrativos, para el alumbramiento de las aguas subterráneas, quedaran sujetos a lo dispuesto en la legislación de minas[262].

Respecto los aprovechamientos de aguas públicas, el legislador distinguió dos tipos: comunes y especiales[263]. En los primeros, de acuerdo con el artículo 166 de la Ley, cualquier persona tenía derecho a servirse del agua pública para determinados usos (beber, lavar ropa, bañarse, abrevar o bañar al ganado),sin necesidad de autorización administrativa, pero con sujeción a los reglamentos y bandos de policía municipal,

---

[262] En efecto, la Real Orden de 30 de marzo de 1872, dictada para aclarar las interpretaciones realizadas sobre las disposiciones contendidas en el Decreto-Ley de 1868, remitió a la Ley de Minas el alumbramiento de las aguas subterráneas al tiempo que reservaba a la Ley de Aguas, únicamente, la regulación de sus aprovechamientos. No obstante, tras el cambio político de la Restauración, se dictó una Real Orden de 5 de diciembre de 1876 que dio un nuevo giro a la regulación de las aguas subterráneas, al declarar que las bases para la Ley de Minas no habían alterado el derecho de las aguas subterráneas en cuanto al dueño del suelo y, en consecuencia, declaraba vigente la Ley de Aguas a la que debían atenerse los alumbramientos de las aguas. Finalmente, esta Real Orden, que consideró al líquido elemento como accesorio del terreno y se amparó en la existencia de derechos adquirido, reconoció que la concesión solo debía exigirse para los alumbramientos que se hubieran de efectuar en terrenos de dominio público.

[263] En la Exposición de Motivo de la Ley de Aguas se distinguían entre aprovechamientos comunes *"que por no consumir el agua o consumirla solo en una pequeña cantidad y no impedir otros iguales constituyen propiamente un mero uso y no exigen autorización"*. Y los aprovechamientos especiales *"que por consumir cantidad considerable de agua o impedir otros aprovechamientos idénticos exigen concesiones especiales por parte del poder público"*.

mientras discurriera por sus cauces naturales y públicos[264]. La pesca junto a la navegación fluvial y flotación también se encontraban dentro de los usos o aprovechamientos comunes. Se observa, en relación a la pesca, que la Ley se apartó de la regulación del Real Decreto de 3 de mayo de 1834 que reservaba dicho aprovechamiento, con carácter preferente, a los ribereños[265]. Conforme a la Ley, cualquier persona tenía derecho a pescar y cazar aves acuáticas en los cauces públicos, siempre que no se causara ningún perjuicio a la navegación ni a la flotación[266]. Solo con licencia de los titulares de las riberas se podía construir en ellas "encañizadas" o instalar cualquier

---

264 Es más, cuando las aguas, apartadas de manera artificial de sus cauces naturales y públicos, circulaban por canales descubiertos de un particular, la legislación autorizaba a cualquier persona extraerlas en vasijas; extracción que solo podía hacerse de forma manual (sin posibilidad alguna de utilizar maquinara o artefactos) ni obstaculizar el curso natural le líquido elemento o dañar las canalizaciones (art. 167). Sobre esta última cuestión, el legislador advierte que las autoridades públicas debían limitar el uso de este derecho cuando se ocasionara algún daño o perjuicio al concesionario de las aguas, especialmente si se atiende al hecho de que sin la previa autorización del dueño nadie podía entrar en su heredad para usar el agua. De igual modo, por motivos higiénico-sanitarios, prohibió abrevar y el baño (de personas y animales) en las referidas canalizaciones de aguas públicas, aunque la Ley permitió "*lavar ropa, vajillas u otros objetos domésticos, simple que con ello no se deteriore los márgenes*" ni perjudique la pureza del agua (art. 168).

265 En este caso, el legislador consideró que la norma era "*poco conforme a las antiguas costumbres y tradiciones y nunca se aplicó en toda su extensión*", habida cuenta que los titulares de las tierras con corrientes públicas ignoraron siempre tal derecho o bien renunciaron al mismo en favor de aquellos que "*por afición o por oficio se dedican con aparatos móviles a la pesca, quienes tampoco se han cuidado de obtener tantos permisos cuantos son los dueños de las tierras que confronten con los ríos*". (Exposición de Motivos de la Ley de Aguas).

266 Exposición de Motivos de la Ley de Aguas.

tipo de artefacto (redes o nasas). Empero, en los ríos navegables, aun contando con la licencia de los dueños de las riberas, no estaba permitido su colocación. Para ello, siempre que no se perjudicara a la navegación, se precisaba autorización del Gobernador de la provincia; licencia que no era necesaria en los ríos flotantes, pero los dueños de los artefactos de pesca debían dejar expedito el cauce[267]. Por Decreto, el Gobierno quedaba obligado a declarar los cursos aptos para la navegación y flotación, considerándose la navegación en los ríos libre para todos los buques nacionales y extranjeros con sujeción a las reglas generales de la navegación[268].

En los ríos no declarados navegables o flotables, a los titulares de ambas riberas se les permitió establecer barcas de paso. La flotación y conducción de maderas debía ser verificado en las épocas que autorizara el Gobierno. El Gobernador de la provincia, de igual modo, podía autorizar la flotación en los ríos no declarados flotables "en tiempos de grandes crecidas o con el auxilio de presas movibles" sin perjuicio de los riegos o y artefactos establecidos[269]. Fuera de estos supuestos, cualquier aprovechamiento de aguas públicas quedaba condicionado a la autorización administrativa. La Ley de Aguas, en los mismos términos que la Real Decreto de 29 de abril de 1860, estableció unos criterios de prelación en el otorgamiento de las concesio-

---

267 Por otro lado, se ha de tener en consideración que en los ríos navegables o flotables, los dueños de las "encañizadas" o "pesqueras" no tenían derecho alguno a solicitar una indemnización por los posibles daños causados en ellas por los barcos o por las maderas en su navegación o flotación. Por último, la Ley dispuso que en las aguas de dominio privado -y en las otorgadas para el establecimiento de viveros-, los dueños, los concesionarios y aquellos que tenían permiso del dueño, eran los únicos con derecho a pescar, "*sin más restricciones que las relativas a la salubridad pública*" (art. 172-174).

268 Artículos 175-179.

269 Artículos 183-184.

nes, para tratar de conciliar los intereses (públicos y privados) en jugo[270].

El abastecimiento de poblaciones, como no podía ser de otro modo, ocupó la primera posición en el orden de prelación. En la Exposición de Motivos se justificaba esta posición "porque no había otro que le iguale en importancia. Es tan grande la que el agua tiene en los usos de la vida doméstica, en la higiene, ornato públicos y en el desarrollo de la industrial, que desde la más remota antigüedad se ha procurado surtir de ella abundantemente a las poblaciones, sin reparar en lo costoso de las obras"[271]. A pesar de este razonamiento, se observa una regulación restrictiva en cuanto al uso de agua para este fin, habida cuenta de que se parte de una estimación de necesidades de cincuenta litros por habitante y día (de ellos, veinte de agua potable)[272].La concesión recaía en el Gobernador provincial, siempre que no se superaran los cincuenta litros, ya que, en caso contrario, recaía de manera exclusiva en el Gobierno. Una vez otorgada la concesión, el Ayuntamiento, con sujeción a las disposiciones generales administrativas, fijaba el régimen y distribución de las aguas dentro de la pobla-

---

270 El artículo 207 de la Ley de Aguas, estableció el siguiente orden de preferencia en la concesión de los aprovechamientos de aguas públicas: a) Abastecimiento de agua para poblaciones, b) Abastecimiento de ferrocarriles, c) Riegos, d) Canales de navegación, e) Molinos y otras fábricas, barcas de paso y puentes flotantes, f) estanque para viveros o criaderos de peces.

271 Exposición de Motivos de la Ley de Aguas de 1866.

272 En caso de no cubrirse la dotación mínima de agua, cabía la posibilidad de recibirla de la que se destinaba a otros aprovechamientos. No obstante, en épocas de extraordinaria sequía, el Gobernador Provincial, podía acordar la expropiación temporal del agua necesaria para el abastecimiento de una población, previa la correspondiente indemnización cuando el agua era de dominio privado (art. 211- 215).

ción[273]. Por último, cuando la concesión se otorgaba a favor de una empresa particular se requería una tarifa de precios por el suministro de agua; concesión que tenía carácter temporal al no poder exceder de noventa y nueve años. Vencido el plazo, todas las obras y materiales (tuberías, por ejemplo) pasaban "al común de los vecinos", pero con la obligación del Ayuntamiento de cumplir los contratos celebrados entre la empresa y los particulares para el suministro a domicilio[274].

El abastecimiento de ferrocarriles ocupaba el segundo lugar en el orden de preferencia en el otorgamiento de las concesiones de aprovechamientos especiales de aguas públicas. Como se observa en la Exposición de Motivos se calificó a las locomotoras de vapor como "el más potente y rápido medio de traslación" amén de constituir "el descubrimiento más trascendental de los tiempos modernos (...) y objeto de notoria utilidad común". A diferencia del anterior aprovechamiento, la Ley no limitó la cantidad de agua en pro de la actividad ferroviaria, ni tan siquiera a costa de la expropiación de un aprovechamiento preexistente con autorización del Gobernador provincial[275]; permiso que era requerido para abrir "galerías, pozos verticales o norias, y perforar pozos artesianos en terrenos públicos o comunes". Por el contrario, en los terrenos de propiedad privada se requería siempre la autorización previa del dueño[276]. En último extremo, la Ley contemplaba la posibilidad de la expropiación forzosa de las aguas de dominio privado -no destinadas a uso doméstico- para satisfacer la demanda de agua de las empresas de ferrocarriles[277].

---

273 Artículos 216 y 219.

274 Artículos 217 a 218.

275 Artículo 220.

276 Artículo 221.

277 Artículo 224.

La relevancia del regadío para el desarrollo y crecimiento del país llevó al legislador a destinar un gran número de preceptos a regular, de manera exhaustiva, esta clase de aprovechamiento especial, así como la organización y marco competencial de los *Jurados* y *Comunidades de Regantes;* instituciones ancestrales que velaban por la correcta gestión y distribución de las aguas entre los regantes y usuarios, al tiempo que procuraban resolver, con solvencia, eficacia y ecuanimidad, cualquier conflicto o problema que pudiera afectar a sus intereses. El uso del agua pública con destino al riego requería autorización o concesión administrativa distinguiéndose hasta dos supuestos: concesiones otorgadas con carácter perpetuo a favor de los dueños de las tierras sujetas a riego (individual o colectivamente) y las concesiones a empresas o sociedades para regar tierras ajenas mediante el cobro de un canon, con un plazo máximo de noventa y nueve años y la obligación de revertir las infraestructuras de riego a la *Comunidades de Regantes*[278]. Para construir pantanos destinados a la captación y conservación de las "aguas públicas, pluviales o manantiales" se requería la autorización del Gobierno o del Gobernador provincial, con posibilidad de solicitar la expropiación forzosa, previa la correspondiente indemnización, cuando estas obras eran declaradas de "utilidad pública"[279].Esta autorización también era necesaria para la toma y/o derivación -de más de cien litros de agua por segundo- cuando se empleaban presas, azudes u otras infraestructuras permanentes en ríos, arroyos, rieras y demás corrientes naturales continuas[280]. Las empresas de canales de riego, durante el tiempo que duraba

278 Artículo 236.

279 Artículos 231 y 232.

280 En cualquier caso, se requería la autorización del Gobernador siempre que la cantidad máxima de agua derivada de su corriente natural no superaba los cien litros por segundo; autorización que también era necesaria en la reconstrucción de presas antiguas con

la concesión, estaban obligadas a mantener en buen estado de conservación las obras ejecutadas para evitar que caducara la concesión por incumpliendo de este deber[281]. A través de auxilios, subvenciones y exenciones fiscales se trató de incentivar la ejecución o construcción de grandes obras hidráulicas con destino a riego por todo el país por parte de empresas privadas[282].Por último, se reconoció a las *Comunidades de Regantes* plena libertad, "justa y razonable" para atender al cuidado y fomento de los intereses agrarios[283]. Por último, con el fin de garantizar un uso racional del líquido elemento y un

---

destino a riego, pero en los trabajos u obras de reparación bastaba con la autorización de los alcaldes (art. 235).

281 Artículo 247.

282 A modo de ejemplo, la Ley confería a las empresas de canales de riego la exención de los derechos de hipoteca que devengaran las traslaciones de dominio, amén de la exención de toda contribución a "los capitales que se inviertan en las obras" (art. 245. 2º y 3º). Además, en aquellos terrenos reducidos a riego se computaría, durante los diez primeros años, la misma renta imponible que tenían asignada en el último amillaramiento (art. 246).

283 Se requería que la *Comunidad de Regantes* elaborara unas Ordenanzas que serían aprobada por el Gobierno. Normativa interna que, con arreglo a las bases previstas en la legislación de aguas, velarían por el buen gobierno de las aguas de riego, su gestión, administración y reparto justo entre los comuneros, y además sancionarían cualquier conducta abusiva, acción u omisión de los regantes que supusiera un perjuicio para toda la Comunidad y para el espacio irrigado. En las Ordenanzas debía figurar también el organigrama de cargos, su duración y funciones, competencias o atribuciones institucionales, para mayor transparencia en la administración de las aguas de riego. Una vez redactadas -por cada *Comunidad de Regantes*- se debían remitir al Gobierno para su aprobación definitiva (arts. 279-281). Los gastos derivados de las reparaciones y de los trabajos de limpieza y conservación de las infraestructuras de riego (presas, canales, acequias…etc.) debían ser satisfechos por los propios regantes en proporción al volumen de tierras sujetas a riego (art. 284).

reparto más equitativo entre los regantes, evitando todo tipo de abusos y fraudes en perjuicio de los derechos adquiridos por el resto de comuneros, se atribuyó a los Jurados la facultad de resolver todas las "cuestiones de hecho que se susciten sobre el riego entre los interesados en él"[284].

Después del aprovechamiento de las aguas públicas con destino al riego, la Ley se limitó a asentar algunas reglas o principios para la ejecución de canales de navegación fluvial, remitiendo su concesión a una ley ad hoc en la que se determinara si la empresa o sociedad debía ser o no auxiliada con fondos del Estado, además de las condiciones de la concesión, por ejemplo: que su duración no superara los noventa y nueve años, que se adjudicara en pública subasta y que las empresas encargadas de ejecutar las obras de canalización en una vía de navegación fluvial gozaran de las mismas exenciones y beneficios que las empresas de canales de riego[285]. Los concesionarios, al igual que en el supuesto anterior, quedaban obligados a conservar en buen estado las obras de canalización y si se perjudicaba la navegación, el Gobierno podía fijar un plazo determinado para que se acometieran los trabajos de reparación de las obras. En caso de demora o incumplimiento, el Gobierno podía declarar caducada la concesión y anunciar nueva subasta pública[286].Otro de los niveles que contemplaba la Ley para la concesión de aprovechamientos de aguas públicas era el establecimiento de barcas de paso y puentes flotantes o fijos en los ríos y el aprovechamiento de la fuerza motriz de las aguas para el movimiento de artefactos o maquinaria. En realidad, la Ley abordaba dos tipos distintos de aprovechamientos. En el primero se permitía a los dueños de las riberas de los ríos no navegables ni flotabas, establecer barcas de paso o puen-

---

284 Artículo 292.

285 Exposición de Motivos de la Ley de Aguas.

286 Artículo 258.

tes de madera destinados al servicio público, requiriéndose la preceptiva autorización del alcalde del municipio, quien, estaba plenamente facultado para fijar las tarifas y las condiciones necesarias para garantizar la seguridad en su construcción y servicio público[287].

Por el contrario, en los ríos flotables se requería la autorización del Gobernador provincial, pero condicionado al hecho de no ocasionar ningún perjuicio "al servicio de la flotación". Y en los ríos navegables, solo el Gobierno podía conceder la autorización a particulares para establecer barcas o puentes flotables para uso público[288]. En cuanto al segundo de los aprovechamientos, "establecimientos industriales en los ríos", la Ley permitía a los ribereños establecer libremente en los ríos no navegables ni flotables "cualquier artificio, maquinaria o industria", requiriéndose la autorización de los alcaldes. En cambio, las concesiones para establecer dichos artefactos o mecanismos industriales en los ríos navegables y flotables solo podían ser otorgadas, a perpetuidad, por el Gobernador provincial[289].Además, todos estos mecanismos ubicados en los ríos o en sus riberas para aprovechar la fuerza motriz de la corriente de agua y generar movimiento, quedaban exentos de toda contribución por espacio de diez años[290].

El último de los aprovechamientos especiales que contemplaba la Ley tenía por objeto estimular la piscicultura en el país a través del establecimiento de "viveros o criaderos de peces", tal y como se venía haciendo en otros países. En la propia Exposición de Motivos se aludía, de forma expresa, a este tipo de industria o actividad para "no quedar olvidada", reservando al Gobernador provincial la concesión, a perpetuidad, de

287 Artículo 259.

288 Artículos 260 y 261.

289 Artículos 264 y 269.

290 Artículo 270.

las aguas públicas para establecer lagos o estanques, siempre que no se causara un perjuicio a los aprovechamientos inferiores[291]. Asimismo, los concesionarios de aguas públicas -para riegos, navegación o industria- interesados en establecer en sus canales o terrenos contiguos algún remanso o estanque para construir viveros requerían la autorización del alcalde del municipio[292].

3. COYUNTURA POLÍTICA QUE IMPIDIÓ LA CONSOLIDACIÓN Y APLICACIÓN DE LA LEY

La Ley de Aguas se promulgó en un periodo convulso, no sólo por los cambios constitucionales -de 1869 y 1876-, sino también por las continuas pugnas partidistas e ideológicas de la época, de ahí que no se llegara aprobar su Reglamento ejecutivo[293]. Acabó sufriendo importantes alteraciones en su parte

---

291 Exposición de Motivos de la Ley de Aguas.

292 Artículo 273.

293 La Ley de Aguas, inédita en su género en toda Europa, procuró a España un sistema jurídico de ordenación eficiente del uso y aprovechamiento de las aguas terrestres y del mar. Y aunque honró al derecho histórico español (principios, fuentes e instituciones), acabó sucumbiendo a las agitadas circunstancias políticas de la época. La *Revolución Gloriosa* de 1868 unido a las luchas de poder y a los continuos conflictos ideológicos que propiciaron varios cambios gubernativos, marcaron el destino de la Ley. Con la Revolución "Gloriosa", de septiembre de 1868, se desencadenó un periodo convulso y agitado en España, prueba de ello son los numerosos acontecimientos que se sucedieron y que marcarían el panorama político y social del país, entre otros: el fin de la dinastía borbónica y exilio de la reina Isabel II, la regencia del General Serrano, la promulgación de la Constitución de 1869, la entronización de Amadeo de Saboya pocos meses después del asesinato del general Prim, la proclamación de la I República española y elaboración del proyecto de Constitución Federal de 1873, la rebelión o sublevación cantonal, la

dispositiva por el Decreto-Ley de 14 de noviembre de 1868, que fijaba las bases generales para la nueva legislación de obras públicas, pero también por la Ley de 20 de febrero de 1870, sobre concesión de canales y pantanos de riego, que supuso la derogación de un gran número de preceptos[294]. Ambas dispo-

III Guerra Carlista, golpe de Estado del General Pavía, la Dictadura del General Serrano, el pronunciamiento de Martínez Campos y la Restauración en diciembre de 1874. Vid. LÓPEZ-CORDÓN CORTEZO, M. V. *La Revolución de 1868 y la I República,* Ed. Siglo Veintiuno de España, Madrid, 1976. DE SOLIS ZÚÑIGA, I. "La Revolución Gloriosa: orígenes, desarrollo y efectos. Mención a la posición de sus principales protagonistas". *En la revolución de 1868 en Béjar, Actas de las Jornadas Universitarias celebradas en Béjar. 26-28 de septiembre de 2018,* María del Carmen Cascón Mata y Josefa Montero García (Coord.), Universidad de Salamanca, 2020. COMELLAS GARCÍA-LLERA, J. L. *España a finales del siglo XIX,* Ed. Folio, Barcelona, 2009. MARTÍN-RETORTILLO BAQUER, S. *Aguas públicas y obras hidráulicas.* Tecnos, Madrid, 1966, pp. 21-26.

294 Con arreglo al artículo 22 del Decreto-Ley de 1868, todos los preceptos de la Ley de Aguas sobre concesiones -por un periodo de noventa y nueve años- con reversión al Estado de las obras ejecutadas quedaron derogados; derogación que se hizo extensible a los artículos que establecían restricciones a los particulares y que conferían facultades en beneficio de la Administración. Por su parte, la Ley de 20 de febrero de 1870, consagraba también la "perpetuidad de las concesiones" y la libertad para fijar y modificar el canon o renta a las empresas de canales de riego y pantanos (art. 8), derogando todos los preceptos de la Ley de Aguas contrarios a esta regla o principio general. En concreto, se derogaron los siguientes artículos de la Ley de Aguas: arts. 93, 94, 95, 98, 101, 102, 108, 217, 218, 236, 249, 252, 254, 255, 256, 261, 257. Para más información véase los cometarios de NÚNEZ DE PRADO y FERNÁNDEZ, J. "Consideraciones sobre el Decreto Ley de 14 de noviembre de 1868". *Revista de Obras Públicas,* núm. 3; (Tomo I), 1874, pp. 25-29. ALONSO MOYA, F. "Sobre las aguas de dominio público y de dominio privado". *Revista de la Administración Pública,* núm. 4, 1951.AGUIRRE PASCUAL, A. "Precedentes de la ley de aguas de 2 de agosto de 1985". *Revista de Derecho UNED,* núm. 27, 2021, pp. 173-216.DELGADO PIQUERAS,

siciones partían de unas premisas comunes: el carácter perpetuo de las concesiones de aguas y la reversión al Estado de las obras construidas[295].

El Estado, en virtud del Decreto-Ley de 1868, perdía su posición hegemónica respecto a la ejecución de infraestructuras públicas. A partir de entonces, cualquier particular podía acometerlas sin oposición estatal, otorgándose concesiones con carácter perpetuo[296]. Esta consideración quedó patente en la Exposición de Motivos al disponer que "el monopolio del Estado respecto a las obras era un mal: ya no existe. El Estado constructor era contrario a los sanos principios económicos: ya no construye"[297]. Por otro lado, en relación a las aguas subterráneas, el Decreto-Ley de 29 de diciembre de 1868[298], que sentó las bases para una nueva legislación minera, clasificó las "sustancias útiles minerales" en tres grandes categorías y determinó que las aguas del subsuelo debían quedar comprendidas -dentro de la tercera sección- entre las sustancias que sólo podían ser explotadas en virtud de una concesión otorgada

F. *Derecho de Aguas*...cit.pp. 91-93. GIL OLCINA, A. "Regalías de las aguas…", cit. pp. 17-18.

295 Vid. MARTÍN-RETORTILLO, S. "Dictamen sobre la perpetuidad de las concesiones de canales para riego otorgadas a empresa interpuesta con anterioridad a la *Ley de Aguas* de 1866". *Revista de Administración Pública,* núm. 45, Madrid, 1964, pp. 417-442. NUNEZ DE PRADO y FERNÁNDEZ, J. "Consideraciones sobre el Decreto Ley…". cit, pp. 25-29.

296 Vid., FRAX ROSALES, E. "Las Leyes de Bases de Obras Públicas en el siglo XIX", *Revista de Estudios Políticos,* núm. 93, 1996, pp. 513-528. JORDANA DE POZAS, L "La evolución del Derecho de las Aguas en España y en otros países" *Revista de la Administración Pública* núm. 37, pp.9-61. AGUIRRE PASCUAL, A.: "Precedentes de la ley de aguas de 2 de agosto de 1985". *Revista de Derecho UNED,* núm. 27, 2021, pp. 173-216.

297 Exposición de Motivos del Decreto-Ley de 14 de noviembre de 1868.

298 DEL SAZ CORDERO, S.: *Aguas subterráneas…*, cit.pp. 14-20.

por el Gobierno[299], de tal manera que la propiedad del suelo quedó separada de la del subsuelo al considerar que éste se hallaba bajo el dominio público del Estado[300]. De hecho en la Exposición de Motivos, para despejar cualquier posible duda, se aludía con meridiana claridad a dos "regiones" bien diferenciadas: el suelo (o superficie del terreno) y el subsuelo (o "masa subterránea")[301].

El dueño del terreno quedaba facultado para perforar la superficie en busca de agua, pero no se le recocía el mismo derecho respecto al subsuelo, habida cuenta que solo podía ser explotado mediante concesión otorgada por el Gobierno[302]. Y sin aludir a ninguna legislación en especial, la norma preveía la derogación de las prescripciones de todas las leyes contrarias a lo dispuesto en la misma[303]. Esto explica que varios preceptos de la Ley de Aguas (arts. 45, 46, 49 y 51) relativos al derecho del dueño de un terreno a alumbrar y aprovechar las aguas halladas en el subsuelo quedaran derogados por pugnar o contradecir los postulados de la legislación de minas. El Decreto-Ley de 1868 generó numerosos debates e interpretaciones doctrinales sobre la aplicación o no de la Ley de Aguas en materia de alumbramientos de aguas subterráneas, de manera que para disipar cualquier posible duda al respecto se dictó la Orden de 30 de marzo de 1872 que no solo confirmaba la derogación de los citados artículos de la legislación de aguas, además estableció el procedimiento para la tramitación de los expedientes administrativos de alumbramiento y aprovechamiento de las aguas subterráneas, distinguiendo dos periodos: primero el del alumbramiento que, de manera exclusiva, había de regirse por

---

299 Artículo 4.2 del Decreto-Ley de 29 de diciembre de 1868.

300 Artículos 5 y 6.

301 Exposición de Motivos del Decreto-Ley de 29 de diciembre de 1868.

302 Artículo 9.

303 Artículo 32.

la Ley de Minas y, el segundo, el del aprovechamiento cuando en la superficie, las aguas alumbradas se ponían "en circulación por terrenos de dominio púbico o que no sean de la propiedad del que las alumbró, en cuyo periodo y circunstancia corresponde instruir los expedientes a la Dirección de Obras Públicas por la Ley de Aguas o por la de canales de riego"[304].

La Orden de 1872 no resultó tan clarificadora como se esperaba y para poner fin a la inseguridad jurídica se dictó, pocos años después, una nueva Orden de 5 de diciembre de 1876, que dispuso que las bases para la legislación de minas no alteraba, en ningún caso, el derecho de las aguas del subsuelo en cuanto al dueño del terreno, ya que la cláusula derogatoria comprendida en el artículo 32 del Decreto-ley no aludía a ningún precepto de la Ley de Aguas, siendo notorio que no había querido ponerse en contradicción con ésta. Por tanto, lo expuesto en el referido Decreto-ley de 1868 y en la Orden aclaratoria de 30 de marzo de 1872, solo se refería a las aguas subterráneas en terrenos del Estado, conciliando así el respeto debido a las prescripciones de la ley con el que merecen los derechos legítimamente adquiridos[305].

Con la Restauración, los distintos Gobiernos abogaron por la necesidad de poner fin a las tendencias abstencionistas propias del liberalismo radical y recuperar la actuación intervencionista del Estado en la ejecución de obras públicas tal y

---

304 Artículo 1.

305 Para más información sobre estas derogaciones véase los comentarios de DEL SAZ CORDERO, S.: Aguas subterráneas..., cit. pp. 15-16. DELGADO PIQUERAS, F. *Derecho de aguas...*, cit. pp. 91-92. NIETO GARCÍA, A. "Aguas subterráneas...", cit.pp.24-26. MARTÍN RETORTILLO, S. *Aguas públicas...*, cit. pp. 26-ss. PEREZ PEREZ, E. "Disposiciones decimonónicas...",cit.pp. 191-192. JORDANA DE POZAS, L.: "La evolución del derecho...", cit. pp. 22-24. ÁLVARO AGUIRRE, P. "Precedentes de la Ley...", cit. pp. 173-216.

como se venía haciendo hasta el estallido de la "Revolución Gloriosa"[306]. Esto explica el ingente número de disposiciones legales aprobadas entre los años 1870 y 1878 con el propósito de resolver algunas lagunas legales y adecuar el contenido de Ley de Aguas a las nuevas demandas y exigencia hídricas de la época. A modo de ejemplo cabría citar el Decreto de 20 de diciembre de 1870, por el que se aprobaba el Reglamento para la ejecución de la Ley de canales y pantanoso de 20 de febrero del mismo año; la Real Orden de 6 de junio de 1871, que dispuso que los molinos harineros y demás artefactos industriales -que empleaban la fuerza motriz del agua para su movimiento- quedaban sujetos al impuesto de cequiaje como los regantes. Por otro lado, la Real Orden de 25 de junio de 1871, consideró que los manantiales de agua salada en ningún caso debían ser objeto de concesión especial minera; la Real Orden de 14 de enero de 1872 relativa a la ejecución de obras en terrenos comunes por donde cruzaban las aguas concedidas y necesarias para su aprovechamiento y disfrute; la Real Orden de 9 de abril de 1872 que declaraba aplicable el procedimiento administrativo para hacer efectivos la distribución de agua entre los regantes; la Real Orden de 2 de diciembre de 1872 que dispuso que el conocimiento de las cuestiones entre regantes sobre el uso, disfrute y aprovechamiento de los recursos hídricos era competencia exclusiva de los Gobernadores y no de las Diputaciones provinciales. También se ha de citar la Real Orden de 18 de diciembre de 1872 que declaraba que los Gobernadores civiles no tenían competencia alguna para anular los fallos de los Jurados de aguas que por su naturaleza eran ejecutivas; la Real Orden de 27 de enero de 1874 sobre autorizaciones para calicatas: la Real Orden de 19 de noviembre de 1875 que prorrogaba hasta seis años el primer plazo (de tres años) que señalaba el artículo 7 de la Ley de 20 de febrero de 1870 a las

---

[306] DELGADO PIQUERAS. F. *Derecho de aguas…*, cit, pp. 91-92.

empresas y pantanos de riego para invertir en obras la tercera parte del presupuesto; gracia que no sólo disfrutarían las empresas autorizadas con arreglo a aquella disposición, sino también todas las que tuvieran opción a los auxilios y beneficios en ella reconocidos[307]. Por otro lado, en virtud de la Real Orden de 13 de agosto de 1876 se crearon cinco divisiones hidrológicas (Valladolid, Madrid, Ciudad-Real, Córdoba y Zaragoza): la primera comprendía la cuenca del río Duero, la segunda la del Tajo, la tercer la del Guadiana y las vertientes al mar desde la desembocadura del río hasta la rambla denominada del "Oro", la cuarta la cuenca del Guadalquivir y la quinta la cuenca del Ebro y demás ríos que al norte de éste desaguaban en el Mediterráneo hasta el cabo de Cervera[308].

Mención especial merece la Ley General de Obras Públicas de 13 de abril de 1877, al conceder a los particulares que solicitaban la declaración de "utilidad pública" importantes beneficios y exenciones[309]. Por último, la Real Orden de 28 de mayo de 1877, obligó a los Ayuntamientos y Diputaciones provinciales a nombrar personal técnico para dirigir y supervisar las obras hidráulicas y la Real Orden de 18 de mayo 1878 dispuso que los Gobernadores civiles y Alcaldes, sin quebrantar el derecho de propiedad, tenían el deber de proteger los esta-

---

307 Artículos 1-2 de la Real Orden de 19 de noviembre de 1875.

308 Artículo 1.

309 En virtud del artículo 115 dicha declaración llevaba consigo aparejado, entre otros beneficios: el de "vecindad" para los constructores de las obras hidráulicas y sus dependientes, la aplicación de la Ley de Enajenación Forzosa de propiedades particulares y la exención del impuesto de derechos reales y trasmisión de bienes que devengaren por las traslaciones de dominio que tuviesen lugar por consecuencia de la aplicación de la referida Ley de Expropiación. [«Gaceta de Madrid» núm. 105, de 15 de abril de 1877, páginas 138 a 142 (5 págs.). Disponible en: https://www.boe.es/buscar/doc.php?id=BOE-A-1877-2880].

blecimientos de aguas minero-medicaciones, prohibiendo excavaciones, socavones, desmostes y demás obras que pudieran afectar al subsuelo y comprometer el curso, caudal y calidad de las aguas[310].

En suma, la Ley de Aguas de 1866 a pesar de honrar al derecho histórico español (principios, fuentes e instituciones) acabó sucumbiendo a las agitadas circunstancias políticas de la época, dando paso a la elaboración de un nuevo texto legal con la misión de subsanar las lagunas y defectos advertidos en la anterior Ley, amén de armonizar todas las disposiciones complementarias que se dictaron con posterioridad para desarrollarla y completarla en ciertos aspectos.

---

310 Para más información sobre el contenido de estas dispersiones dictadas con posterioridad a la Ley de Aguas véase: ABELLA, F.: *Manual de aguas, expropiación y colonias agrícolas,* Imprenta Administración, Calle de las Torres, Madrid, 1877. SALETA y JIMENEZ, J. M. *Tratado de aguas, expropiación forzosa, obras públicas, agricultura y colonias agrícolas,* Imprenta La Viuda e Hijos de J.A, García, Madrid, 1879.

4.
Adecuación de la Ley de Aguas de 13 de junio de 1879 a la nueva realidad hidráulica y demandas del siglo XX

1. FUNDAMENTOS DE LA TITULARIDAD DE LAS AGUAS Y DEL SISTEMA DE ORDENACIÓN DE LOS APROVECHAMIENTOS

La aplicación de la Ley de Aguas de 1866, a lo largo del convulso sexenio revolucionario, no estuvo exenta de problemas, dificultades y vicisitudes de toda índole como se ha comentado. No en vano el Gobierno republicano resolvió elaborar un Reglamento ejecutivo para su desarrollo, dictándose al respecto el Real Decreto de 5 de abril de 1873 por el que se autorizaba la conformación de una Comisión encargada de redactar la nueva Ley de Aguas. Por espacio de más seis años se dilataron los trabajos y el encargo primigenio finalmente decayó[311]. La Comisión, en lugar de proporcionar un Reglamento, tal y como se le había encomendado, presentó un texto refundido de la propia norma con la correspondiente corrección técnica para solventar las múltiples lagunas y defectos de la anterior legislación, y tratar de armonizar todas las disposiciones promulgadas desde 1866 en materia de aguas, además de rectificar las derogaciones[312]. El resultado

---

[311] GIL OLCINA, A. "Regalía…", cit., pp. 16-17.

[312] DELGADO PIQUERAS, F. *Derecho de aguas…*, cit., p. 92.

fue la Ley de Aguas de 13 junio de 1879[313]; una versión actualizada de la Ley de 1866[314], a pesar de reproducir numerosos preceptos, incluidos algunos derogados en materia de desecación de terrenos pantanosos, aprovechamiento para riegos, abastecimientos a poblaciones y canales de navegación, entre otras cuestiones[315]. Su principal novedad fue la segregación de las aguas marinas de las terrestres que pasaron a recibir un tratamiento especial e individualizado en la Ley de Puertos

---

313 La Ley de 1879, al igual que la anterior legislación de aguas, abordaba una amplia y variada gama de cuestiones, entre otras: la delimitación del dominio público y privado de las aguas (Caps. I a IV), los álveos o cauces, riberas, márgenes y acciones (Cap. V), las obras de defensa contra las aguas públicas (Cap. VI), la desecación de zonas húmedas (Cap. VII), la servidumbre naturales y legales (Caps. VIII y IX), los aprovechamientos comunes y especiales (Caps. X y XI), la policía de las aguas (Cap. XII), Comunidad de Regantes, Sindicatos y Jurados (Cap. XIII), atribuciones de la Administración (Cap. XIV) y competencia de los Tribunales en materia de aguas (Cap. XV). [Ley de Aguas de 13 de junio de 1879, con comentarios, referencia y notas críticas por Melchor de Palau, Liberia de D. Antonio Sanmartín 1879. Disponible en: https://sirio.ua.es/libros/BGeografia/ley_de_aguas/ima0007.htm].

314 Muchos autores han llegado a afirmar que la nueva legislación era, en realidad, la Ley de 1866 pero armonizada, mejorada y corregida. El profesor Antonio Gil Olcina, afirma que la nueva Ley no era más que un texto refundido de la Ley de 1866. El profesor Delgado Piqueras, considera que la Ley de 1879 "mantiene una identidad sustancial con la de 1866 en su sistemática, en sus principios básicos y en sus técnicas de ordenación". Por último, el profesor Guaita afirma que "la Ley de 1879 era, en líneas generales, la misma Ley de 1866". Vid. GIL OLCINA, A. "Regalía...", cit.pp.18-19. DELGADO PIQUERAS, F. *Derecho de aguas...*, cit., p. 92. GUAITA, A. *Derecho administrativo...*cit., p.100.

315 A modo de ejemplo, los artículos 93, 101, 102, 108, 217, 218, 252 254, 256 y 257, 261 que habían sido derogados en la Ley de 1866 se reprodujeron de en los artículos 55, 61, 169, 170, 206, 207, 208 y 212 de la Ley de 1879.

de 7 de mayo de 1880[316]. El régimen jurídico del agua y sus

---

316 En esta legislación especial, que se compone 61 artículos -distribuidos en 6 capítulos- y 2 disposiciones transitorias, se refundió parte de la primitiva Ley de Aguas de 3 de agosto de 1866 que trataba de las aguas del mar litoral, sus playas, servidumbres, usos y aprovechamientos. El capítulo primero se ocupó del dominio de las aguas del mar litoral y de sus playas, de las accesiones y servidumbres de los terrenos contiguos; el capítulo segundo se centró en el uso y aprovechamiento del mar litoral y de sus playas; el capítulo tercero prestó atención a los puertos, considerados como "parajes de costa más o menos abrigados por la disposición natural del terreno o bien por las obras construidas al efecto" en los cuales exista tráfico marítimo (art. 13). Asimismo, tenían también tal carácter "las rías y desembocaduras de los ríos hasta donde se hacen sensibles las mareas, y en donde no las hay, hasta donde llegue las aguas del mar en lo temporales ordinarios alterando su régimen." (art. 14). Por otro lado, la presente Ley diferenciaba entre "puertos de interés general de primero y segundo orden" y los de "interés local" (provinciales y municipales) sin posibilidad alguna de alterar dicha clasificación sino en virtud de una norma. Los primeros eran aquellos destinados a fondeaderos, depósitos mercantiles, carga y descarga de los buques empleados en la industria y comercio marítimo. Pero también formaban parte de dicha clasificación los "puertos de refugio" debido a sus condiciones especiales de capacidad, seguridad y abrigo en los temporales. Los "puertos locales", por el contrario, eran aquellos que se destinaban fundamentalmente al fondeadero, carga y descarga de buques dedicados a la industria y comercio local (art. 15). El capítulo cuarto se ocupaba de la ejecución y conservación de las obras de los puertos y de la policía en los mismos, mientras que el capítulo quinto se centraba en los "servicios anejos a los puertos", señalando al respecto que el "practicaje en los puertos de dominio español" seguía siendo un servicio a cargo del Ministerio de Marina (art. 36), en cambio, el alumbrado marítimo y el balizamiento eran servicios a cargo del Ministerio de Fomento (art. 37). Finalmente, el capítulo sexto se ocupaba de las obras -permanentes o temporales- ejecutadas por particulares con permiso de los órganos competentes, al tiempo que se limitaba o prohibía la construcción de nuevas obras en determinadas áreas sin la preceptiva autorización, licencia o permiso, por ejemplo, en "cualquier punto de las costas,

aprovechamientos era exactamente el mismo que el regulado en la anterior Ley, pero se observan algunas novedades importantes, especialmente en relación a las aguas subterráneas y estancadas como veremos a continuación.

El legislador de 1879, al igual que en 1866, separó las aguas terrestres de las subterráneas y, desde un punto de vista jurídico reconoció la preeminencia del dominio público hidráulico[317]. Consideró la conveniencia de declarar de dominio público -norma general- todas las corrientes naturales como único medio de favorecer su distribución y aprovechamiento con acierto, limitando el dominio privado a determinados casos[318]. La nueva Ley, con el fin de consolidar y extender el dominio público hi-

---

playas, puertos y desembocaduras de los ríos, ni en las islas formas en la zona marítima" (art. 38). [Consultado en la «Gaceta de Madrid» núm. 129, de 8 de mayo de 1880, páginas 331 a 333 (3 págs.). Disponible en: https://www.boe.es/buscar/doc.php?id=BOE-A-1880-3257].

317 El Código Civil partió de la clásica distinción entre aguas de dominio público (art. 407) y de dominio privado (art. 408) para tratar de subsanar la falta de precisión de Ley de 1879 a la hora de distinguir entre ambos dominios.

318 En opinión José Mª. Quintana la propiedad privada de determinadas aguas terrestres se configuró en la Ley de 1879 como una "propiedad especial", sometidas a límites estrictos en cuanto a las facultades del propietario se refiere. De modo que el derecho del propietario de un terreno sobre los recursos hídricos nacidos en éste, se extendía a su uso y aprovechamiento mientras el líquido elemento discurriera por él (art. 412 Código Civil y art. 5 Ley de Aguas), alcanzando solo a las aguas utilizadas, ya que las no aprovechadas y las sobrantes entraban en la condición de públicas (art. 9 Ley Aguas). En consecuencia, "*el dominio privado sobre determinadas aguas superficiales se limitaba a una facultad de apropiación o de aprovechamiento privado preferente y accesoria a la propiedad del terreno en que nacían las aguas y utilizadas mientras discurrieran por sus cauces naturales. Facultad que cedía ante los derechos consolidados por el tiempo de otros particulares sobre las aguas que el dueño de aquel predio no hubiere aprovechado o cuyo aprovechamiento se interrumpía*". QUINTANA PETRUS, J. M. *Derecho*

dráulico, incluyó en este régimen las aguas de los ríos desde su nacimiento a su desembocadura, las continuas o discontinuas de manantiales y arroyos que discurrían por sus cauces naturales y aquellas que nacían en terreno público. Frente a estas aguas -de dominio público- se reconoció la existencia de aguas de propiedad privada cuya naturaleza jurídica venía determinada exclusivamente por las características de ser accesorias al terreno en que nacían, trascurrían, caían o se hallaban. Por ello se consideró de propiedad privada las aguas vivas (continuas o discontinuas) que nacían en predios de dominio privado mientras transcurrieran por ellos, las aguas estancadas o muertas (lagos o lagunas) formadas por la naturaleza en dichos predios, las aguas subterráneas halladas en estos terrenos y, por último, las pluviales depositadas en los mismos[319].

Mención especial merece el tratamiento de las aguas subterráneas en la nueva Ley, al romper el equilibrio entre los intereses del propietario del terreno y los del alumbrador a favor del primero. Se reconoció al titular del suelo el derecho a abrir, con plena libertad, pozos ordinarios y también a apropiarse de las aguas alumbradas. Al alumbrador, pertenecían a perpetuidad, las aguas extraídas mediante pozos artesianos, garlarías y socavones; dominio que seguía manteniéndose aunque salieran del predio donde emanaron del subsuelo[320]. A diferencia de la Ley de 1866, se suprimió toda alusión directa al permiso o autorización del titular del terreno para alumbrar y se sustituyó por la autorización del Gobernador Civil (en terrenos de secano o incultos). A pesar de esta omisión era evidente que en una propiedad ajena, sin la preceptiva autorización de su dueño,

---

de aguas. La Ley de Aguas de 1985 y sus Reglamentos, Bosch, Barcelona, 1989, pp.53-54.

319 Artículo 5 de la Ley de Aguas y artículo 408.1-4 del Código Civil.

320 Artículo 22 de la Ley de Aguas de 1879.

ningún particular podía realizar esta operación[321]. Junto a este dilema[322], conciliar el interés del propietario del terreno con el del alumbrador, se observa otro bien diferente como el de armonizar la problemática que pudiera surgir por la explotación del recurso entre los titulares de los terrenos[323], ya que todos ellos

---

321 Esta situación jurídica fue confirmada, años después, por las Reales Ordenes de 5 junio de 1881 y de 1 de agosto de 1891 al disponer que el propietario de un fundo tenía derecho a apropiarse de las aguas del subsuelo y, de igual modo, el derecho de alumbramiento dependía de su voluntad que, ni siquiera en baldíos, tierras incultas o de secano, podía ser ignorada por un tercero. En consecuencia, tal derecho se configuraba como una facultad que tenía para poder autorizar a otros para que en su nombre las busquen y alumbren. En opinión del profesor Nieto García, la eliminación sistemática de cualquier referencia expresa a la expropiación del derecho a alumbrar aguas -en tierras de secano o incultas- por parte Gobernador Civil, parece consolidar la posición del titular del terreno, ya que tal expropiación tiene difícil cabida en la legislación general de expropiación forzosa, en el sentido de que solo se establece la posibilidad de expropiar donde se presumía que el líquido elemento existía recayendo en los particulares y no en el Estado los trabajos de perforación o alumbramiento. NIETO GARCÍA, A. "Aguas subterráneas...", cit. pp. 27-28.

322 Sobre esta cuestión véase los comentarios de DELGADO PIQUERAS, F., *Derecho de aguas...*, cit.pp., 94-95. DE LA CUETARA, J. M. *El nuevo régimen...*, cit.pp. 5-30. DEL SAZ CORDERO, S. *Aguas públicas...*, cit. pp.17-20.

323 En la Exposición de Motivos de la Ley de Aguas de 1866 ya se planteó esta problemática: "*(...) dos intereses encontrados era necesario conciliar aquí: el del investigar de las aguas subterráneas, que con su capital y trabajo descubre manantiales escondidos para fecundar campos sedientos, y el del dueño del terreno, cuya superficie o subsuelo hay que perforar, La Comisión ha creído conciliarlos, reservando al dueño del terreno la facultad exclusiva para abrir en pozos ordinarios y norias, y el dominio del agua extraída por estos medios, y concediendo al descubridor el de la hallada por pozos artesianos y por socavones o galerías. Solo el dueño del terreno puede dar licencia para perforar la superficie por cualquiera de estos medios (...)*".

gozaban de plena libertad para abrir pozos ordinarios sin más limitación que guardar la distancia mínima legal respecto a otros pozos (dos metros en poblaciones y quince en el campo)[324]. Por el contrario, la facultad de buscar, alumbrar y aprovechar las aguas subterráneas (mediante pozos artesianos, socavones y galerías)quedó limitada, con el fin de no menoscabar otros aprovechamientos y evitar cualquier posible daño o perjuicio a instalaciones y propiedades ajenas[325]. Junto a la prohibición general de distraer las aguas (públicas y privadas) para uso público o para un aprovechamiento privado preexistente con derechos legítimamente adquiridos, también se fijó una distancia mínima de cien metros respecto de otros alumbramientos, fuentes, ríos, canales, acequias o abrevaderos públicos por debajo de la cual la legislación consideraba que podían resultar afectados los aprovechamientos vecinos. Pero dicha distancia podía verse reducida a cuarenta metros respecto de edificios ajenos, vías férreas o carreteras con posibilidad de ser excusada mediante autorización administrativa[326].

De lo expuesto, se puede concluir que en la explotación de estas aguas primaba el derecho de los titulares de aprovechamientos preexistentes y las distancias legalmente establecidas tenían por objetivo fundamental, prevenir posibles perjuicios de unas extracciones sobre otras[327]. Ninguna de las leyes es-

---

324 La Ley concedió al titular del terreno la facultad de abrir pozos ordinarios con el fin único de "atender al uso doméstico o necesidades ordinarias de la vida" empleado para la extracción del líquido elemento solo la fuerza humana, sin más limitación que la de guardar las distancias mínimas entre pozo de dos metros en poblaciones y de quince en el campo, aunque con ello se perjudicara las aguas de los pozos vecinos (art 20).

325 Artículo 23 de la Ley de Aguas de 13 de junio de 1879.

326 Artículo 24.

327 GARCÍA DE ENTERRÍA, E. *Curso de Derecho administrativo*, Civitas, Madrid, 1986, p. 98.

peciales anteriores al Código Civil, a excepción de la Ley de Minas de 1868, reguló de manera expresa y pormenorizada la propiedad del subsuelo y de todas las aguas subterráneas (alumbradas o no). Bien es cierto que las Leyes de Aguas de 1866 y 1879 confirmaron la titularidad de las aguas alumbradas (mediante pozos artesianos, socavones y galerías) al alumbrador, con independencia de que fuera o no propietario del terreno, pero existía una cuestión pendiente de resolver como era la relativa a la titularidad de las aguas aun no alumbradas cuya existencia podía incluso desconocerse. El Código Civil[328],

---

[328] Ante el silencio de la legislación de aguas a la cuestión del régimen de propiedad de las subterráneas aún no alumbradas, el Código Civil de 1889 intentó, sin mucho éxito, dar una solución al problema, al conceder al dueño de un terreno la titularidad del subsuelo pudiendo hacer en él las obras, plantaciones y excavaciones que considerase oportunas, pero con sujeción a lo dispuesto en la Leyes de Aguas y de Minas y en los reglamentos de policía (art. 350). Por otro lado, reservaba al dueño de un terreno la facultad de buscar o investigar agua en él, además de autorizar a un particular a realizar estos trabajos para la extracción del agua (art. 417). Precisamente, uno de los principales problemas en el estudio del Derecho de las aguas en España era la existencia de dos textos legales (Ley de Aguas y Código Civil) en esta materia que nos ocupa; problemática que solo se plantaba sobre las aguas habida cuenta que el Código Civil -respecto al resto de propiedades especiales- remite a la legislación privativa de cada una. En la Exposición de Motivos de la Ley de Aguas de 1879 se observaban dos reglas básicas: todas las aguas corrientes tenían carácter público y las aguas no tenían un régimen jurídico diferente del que corresponde a la naturaleza del terreno por donde discurrían. Cierto es que, en ocasiones, se observaba cierta falta de concordancia en lo concerniente a ambas reglas generales fruto de las excepciones introducidas por la propia legislación de aguas. QUINTANA PETRUS, J. M. *Derecho de Aguas...*, cit.pp.49-62. PÉREZ PÉREZ, E. *Estudios jurídicos sobre la propiedad, aprovechamientos y gestión del agua.* Ministerio de Obras Públicas, Madrid, 1993. GUAITA, A. *Derecho administrativo...*, cit. pp. 27-34. La Ley de Aguas y el Código Civil coincidían en el crite-

en la misma línea que la Ley de Aguas de 1879, no cuestionó o puso en duda el derecho exclusivo del titular de un terreno a buscar, investigar y aprovechar las aguas halladas en el subsuelo de su propiedad -a través de pozos ordinarios- y a apropiarse de las alumbradas. El problema radicaba en el silencio de ambos textos respecto al dominio de las aguas no alumbradas; circunstancia que promovió numerosas interpretaciones doctrinales a lo largo del último tercio del siglo XX[329].

---

rio del nacimiento de las aguas corrientes, al considerar que eran públicas tanto las que "nacen *continua o discontinuamente en terreno de dominio público*", como las aguas continuas o discontinuas de manantiales o arroyos que discurran por cauces naturales y las aguas de los ríos y sus cauces, entendidos como aquellos terrenos que cubren las aguas en las mayores avenidas. Pero es aquí donde surge, en opinión de José Luis González-Berenguer, los problemas en relación al deslinde de las riberas, bienes y terrenos colindantes, observándose una contradicción entre ambos textos legales. Por otro lado, el artículo 5 de la Ley de Aguas, sin referirse al dominio, atribuía al dueño de un terreno -para su uso o aprovechamiento- "las aguas que en ellos nacen continua o discontinuamente", mientras que el artículo 408.1 del Código Civil, atribuye el dominio de las aguas a los propietarios de los predios privados mientras aquéllas discurran por éstos. GONZÁLEZ-BEREGUER URRUTIA, J. L. *Comentarios a la Ley de Aguas,* Publicaciones "Abella", Madrid, 1985, pp. 29-30.

329 Por un lado, el profesor Martín-Retortillo consideraba a las aguas no alumbradas como *res nullius* y, por tanto, no pertenecían al propietario del terreno hasta que se alumbraran. Por el contrario, Guaita abogaba por la existencia de un verdadero derecho de propiedad superficial compresivo del subsuelo que, en ningún caso, se hallaba consagrado en el Código Civil, ya que se remitía constantemente a la legislación de aguas sin aportar nada nuevo al respecto. El profesor Nieto García consideraba que las aguas subterráneas aún no alumbradas no pertenecían al dueño del terreno porque la legislación de aguas solo reconocía el derecho a perforar el subsuelo y apropiarse de las aguas. Para este autor la solución al problema de la propiedad de las aguas todavía no

En relación a las "aguas muertas o "estancadas", salvo diferencias de matiz, la nueva Ley continuó concediendo idénticas prerrogativas, ventajas y beneficios que la de 1866 con el fin de estimular la ejecución de obras de desecación o saneamiento[330], concediendo la propiedad de los terrenos a quienes se

---

alumbradas, radicaba en lo dispuesto en las legislaciones especiales, habida cuenta el artículo 350 del Código Civil no consagraba un derecho de propiedad ilimitado sobre el subsuelo; confería la propiedad de lo que se encontraba por debajo del suelo al dueño del terreno, pero dejaba a salvo lo dispuesto en los Reglamentos de policía y en la legislación hidráulica y de minas. Para Nieto, la regulación de las aguas en el Código Civil resultaba exigua, inútil y poco resolutiva a la hora de afrontar los problemas de base porque se limitaba a reproducir preceptos de la Ley de Aguas de 1879, amén de introducir nuevos principios que, por desgracia, nada aclaraban. Vid. GUAITA, A. *Derecho administrativo...*, cit.pp.192-ss. NIETO GARCÍA, A. "Aguas subterráneas...". cit, pp. 27-ss. Sobre esta cuestión véase también los comentarios de: PÉREZ PÉREZ, E. *Legislación y administración del agua en España*. Editorial Regional de Murcia, Murcia, 1981. GONZALEZ-BERENGUER URRUTIA, J. L. *Comentarios...*, cit. pp. 25-32. DE LA CUETARA, J, M.: *El nuevo régimen...*, cit.pp. 156-158. DEL SAZ CORDERO, S.: *Aguas subterráneas...*, cit.pp. 33-37. MARTÍNEZ BLANCO, A. "La propiedad de las aguas subterráneas y el abastecimiento a poblaciones", *Revista de Estudios de la Administración Local y Autonómica*, núm. 136, 1964, pp. 481-508. DE MIGUEL GARCÍA, P. Régimen jurídico para la protección de las aguas subterráneas". *Documentación Administrativa*, núm. 187, 1980, pp.5-44.

330 La Ley de 1879 reguló al igual que la de 1866 dos aspectos relacionadas con las aguas estancadas o muertas: el dominio o régimen de propiedad (Capítulo III, Título I, art. 17) y las medidas de fomento de la desecación (Capítulo VII, Título II, arts. 60 a 68). Las aguas estancadas pertenecían al dueño del terreno donde se hallaban, por consiguiente, podían ser del dominio público del Estado, de la provincia, del municipio o de un particular, según se encuentren en terrenos de cualquiera de esta clase (art. 17).

comprometían a acometerlas[331]. Ahora bien, una diferencia un tanto sustancial entre ambas disposiciones legales reside en el hecho de que mientras en la Ley de 1866 era el Estado quien se ocupaba de llevar a cabo las obras con fondos propios, si no existían solicitantes, con la nueva Ley tanto el Estado como la provincia o el municipio pasaban a detentar esta responsabilidad u obligación que debía ser satisfecha con los fondos consignados en sus respectivos presupuestos y, en todo caso, con arreglo a lo dispuesto en la Ley General de Obras públicas de 1877[332]; norma que incluyó la actividad desecadora entre las obras públicas "por razón de su conveniencia general", como un poderoso incentivo para estimular la conversión de vastas superficies de terreno improductivo e insalubre en tierras de regadío. Precisamente, el binomio agua-agricultura llevó a la

---

331 Artículos 63 de la Ley de Aguas.

332 El artículo 67 de la Ley de Aguas de 1879 remitía expresamente a las disposiciones de la Ley General de Obras Publicas a la hora de otorgar concesiones a empresas particulares para la desecación de humedales. Por tanto, se trataba de una concesión semejante a todas las que suponían una autorización de obras y derechos. De conformidad con el artículo 115 de la citada Ley General de Obras públicas, la "declaración de utilidad pública" llevaba aparejado un conjunto de beneficios y ventajas para el peticionario, entre otras: a) la "vecindad" para la empresa constructora, consistente en el aprovechamiento de objeto común en términos análogos en que eran disfrutados por los vecinos de los pueblos en donde se ejecutaban las obras, b) la aplicación de la Ley de Expropiación Forzosa de propiedad particulares -con arreglo a las prescripciones de la misma y reglamentos para su ejecución-, c) la exención del impuesto de derechos reales y la transmisión de bienes devengados por la traslación de dominio como resultado de la aplicación de la Ley de Expropiación y, en último lugar, la exención de otros impuestos –temporales o permanentes- cuando lo determinara una legislación especial para cada caso. [Consultado en «Gaceta de Madrid» núm. 188, de 7 de julio de 1877, páginas 49 a 54 (6 págs.).Disponible en: https://www.boe.es/buscar/doc.php?id=BOE-A-1877-5191].

nueva Ley a consagrar los mismos principios e instituciones (Jurados de Riego, Comunidad de Regantes...etc.,) que en la Ley de 1866, prestando especial atención al uso de agua pública con destino al riego por la importancia de esta actividad para el progreso y desarrollo de la Nación[333], de ahí la regulación minuciosa de este aprovechamiento especial y de los beneficios, exenciones fiscales y auxilios económicos contemplados para incentivar la ejecución de canales de riego por concesión pública o bien por iniciativa privada[334].

Un aspecto de capital importancia en relación al régimen jurídico del agua lo constituye el conjunto de criterios que determinan su utilización, el orden de prevalencia entre los diversos usos y, por supuesto, el procedimiento para acceder a su aprovechamiento. Respecto a las formas de utilización de las aguas públicas, la Ley de 1879 también distinguió dos clases: aquellos inherentes a la naturaleza pública del agua, comunes[335], a todos y no requieren autorización o concesión especial ya que se limitan a usar de las corrientes sin consumirlas ni impedir iguales aprovechamientos por parte de otros. De este modo, cualquier persona podía libremente servirse del líquido elemento para beber, lavar, bañarse y abrevar con sujeción a los reglamentos y bandos de la policía munici-

---

333 En opinión de Ángel Sánchez, la nueva legislación respondía a un modelo socio-económico del sector agropecuario en el que la demanda del líquido elemento por el resto de sectores tenían escasa relevancia. SANCHEZ BLANCO, A. "Usuarios e intereses generales en la Ley de Aguas de 1985. La dinámica entre un modelo de producción agrario y el equilibrio intersectorial y los intereses generales", *Revista Española de Derecho Administrativo*, núm. 45. 1985, pp. 25-44.

334 Artículos 176-204 de la Ley de Aguas.

335 El uso común del agua corresponde a cualquier persona por igual ya que se trata de usos que consumen escasa cantidad de recursos hídricos y, por tanto, no impiden la utilización por los demás.

pal[336]. La segunda clase, por el contrario, suponía la utilización exclusiva o casi excluyente del agua pública en favor de su titular, pudiendo ser adquirida por concesión administrativa o bien por prescripción de veinte años[337]. En las concesiones de aprovechamientos especiales de aguas públicas se mantuvo los mismos criterios de prevalencia para su otorgamiento que en 1866 (prioridad de destino, mayor importancia y utilidad de las aguas y prioridad en el tiempo) con el propósito de armonizar y conciliar los distintos intereses en juego. De ahí que el abastecimiento a poblaciones continuara ocupando el primer lugar en el orden de preferencia[338], se-

---

336 Artículos 126-128 de la Ley de Aguas.

337 Estos dos medios para lograr el derecho de aprovechamientos -concesión y la prescripción- se recogen en el artículo 408 del Código Civil. En cuanto a la prescripción, la Ley de Aguas dispuso que aquel que durante veinte años disfrutara de un aprovechamiento de aguas públicas sin oposición de la autoridad competente o de tercero podía continuar disfrutándolo, aun cuando no pudiera acreditar que obtuvo la correspondiente autorización (art. 149).

338 A pesar de que el abastecimiento a poblaciones ocupaba el primer lugar en el orden de prelación de las concesiones de aprovechamientos especiales de aguas públicas, se aprecia, al igual que en la Ley de 1866, una regulación en sentido restrictiva, al permitir una estimación de necesidades de cincuenta litros de agua potable por habitantes y día; veinte de los cuales se podían conceder de la destinada a otros aprovechamientos y, previa indemnización, la restante cantidad hasta cubrir la dotación (art. 164).El Gobernador, en épocas de extraordinaria sequía quedaba facultado para autorizar la expropiación temporal del agua necesaria para la población previa indemnización al particular afectado. Por último, la concesión podía ser otorgada a los Ayuntamientos o empresas particulares, en cuyo caso su duración no podía exceder de noventa y nueve años. Vencido el plazo legal, tanto las obras como los materiales (por ejemplo, tuberías) revertían a favor del municipio, pero con el deber del Ayuntamiento de respetar los contratos entre la empresa y los particulares para el suministro de agua potable a domicilio (art. 167 y 170).

guido de los aprovechamientos agrícolas (riego) por delante incluso de los industriales[339] y la piscicultura que ocupaba el

339 En los aprovechamientos de las aguas para establecimientos industriales, barcas de paso y puentes, se observa que la Ley de 1879 -al igual que en supuesto anterior- reproduce casi en su totalidad el artículo 261 de la Ley de 1866. El citado artículo señalaba que el Gobierno, en los ríos navegables, podía conceder a particulares la autorización para establecer barcas de paso o puentes flotantes para su uso público. Tras su conexión, se fijarían las tarifas de pasaje amén de las condiciones requeridas por el servicio de la navegación y flotación. En la Ley de 1879, por el contrario, se dispuso que la concesión de dicha autorización le correspondía al Ministerio de Fomento (art. 212). En los ríos no navegables ni flotables, los dueños de ambas márgenes quedaban facultados para establecer barcas, pero para ello se requería la previa autorización del Gobernador provincial, quien además se encargaría de fijar las tarifas y demás condiciones para que, tanto su ejecución como servicio, ofrecieran plena seguridad al público (art. 210). Además, estos dueños podían libremente instalar, en ambos márgenes del río, cualquier maquinaria, artificio o establecimiento industrial, con el único límite de no ocasionar la derivación de las aguas de su curso natural (art. 215). Por última, cabe señalar que autorización para establecer aparatos, maquinaria o mecanismos en los ríos (navegables o flotables) "hayan o no de trasmitir el movimiento a otros fijos en tierra" correspondía solo al Gobernador provincial, previa la instrucción del expediente correspondiente y tras quedar acreditado que el solicitante era el dueño de la margen del río -o bien la obtuvo de quien lo era-, y que la concesión no afectaría, en modo alguno, a la navegación o flotación en el río (art. 215-216). Por último, se reconocía a todas las concesiones de aprovechamiento de aguas públicas para establecimientos industriales un carácter perpetuo. No obstante, si el líquido elemento adquiría propiedades nocivas para la salud pública y la flora "por causa de la industria para que fueron concedidas" se podía declarar la caducidad de dicha concesión (art. 220).

último lugar[340]. Empero, el abastecimiento de ferrocarriles[341] aún se hallaba por delante de los riegos, entre otras razones, porque el transporte de mercancías y personas era vital para el progreso de la Nación, ya que la red ferroviaria se diseñó, a lo largo del primer tercio del siglo XIX, para conectar las ciudades españolas más industrializadas y con más actividad comercial[342]. Por último, junto a estos aprovechamientos es-

---

340 Las autorizaciones para el aprovechamiento de las aguas públicas para viveros o criaderos de peces eran a perpetuidad y su concesión recaía en los Gobernadores de provincia. Así es, para formar "lagos, remansos o estanques" -para tales fines- se requería que el peticionario presentara, en tiempo y forma, un proyecto completo de las obras junto al documento que acreditara ser titular del terreno donde se iba a construir la instalación. El Gobernador, una vez verificado los datos e información remitida, podía instruir el expedienta salvo que observara que la ejecución de la obra podía causar un grave perjuicio a la salud pública o a otros aprovechamientos inferiores con derechos adquiridos con anterioridad, en cuyo caso denegaba la autorización (arts. 222, 223 y 225). El legislador español, siguiendo el ejemplo de otros países, no quiso dejar escapar la oportunidad de continuar regulando esta actividad industrial en pleno apogeo, al permitir a los concesionarios de aguas públicas para riegos, navegación o establecimientos industriales, previo expediente, formar en sus canales o en los terrenos contiguos viveros o criaderos de peces (art. 224).

341 Artículos 172-175 de la Ley de Aguas.

342 Sobre la importancia del ferrocarril en el desarrollo urbano, social y económico de nuestro país en los siglos XIX y XX, véase: CUELLAR VILLAR, D. "El estado y el ferrocarril en España durante el siglo XX", *Revista de Estado Actual*, núm.5. 2007, pp. 29-42. TORTELLA, G. "Los orígenes del capitalismo en España: banca, industria y ferrocarriles en el siglo XIX, Tecnos, Madrid, 1982.MORILLAS TORNÉ, M. "Transformación urbana y desarrollo del ferrocarril en España (1850-2000)", *Nuevos aires en la Geografía Española del siglo XXI. contribución española al 32.° Congreso de la Unión Geográfica Internacional*, Ed. Unión Geográfica Internacional, Comité Español, 2012. GARCÍA PÉREZ, J.: "Régimen jurídico del ferrocarril en España desde sus

peciales de agua pública (industrial, agrícola, piscícola, abastecimiento de poblaciones y ferrocarriles) la Ley reguló los "eventuales" que también suponían derechos excluyentes en beneficio de su titular[343].

A comienzos de la nueva centuria se estableció la obligación de la inscripción de todos los aprovechamientos de aguas públicas en un Registro central (a cargo de la Dirección General de Obras Públicas) o en un Registro provincial (a cargo de la

orígenes hasta el siglo XXI", *Anales de mecánica y electricidad,* núm. 1, vol. 84, 2006, pp. 50-53. COMÍN, F.: "Los efectos económicos del ferrocarril sobre la economía española (1855-1935)" *Siglo y medio del ferrocarril en España, 1848-1998: Economía, industria y sociedad,* Vidal Olivares, J. Muñoz Rubio, M. Sanz Fernández, J. (Coord.). Diputación Provincial de Alicante, Instituto Alicantino de Cultura Juan Gil Albert, Alicante, 1990. pp. 255-272. HERNÁNDEZ MUCHIZ, M. "Cambio espacial en la economía española y cambio en la demanda de transporte de mercancías", *Siglo y medio del ferrocarril en España, 1848-1998: Economía, industria y sociedad,* Vidal Olivares, J. Muñoz Rubio, M. Sanz Fernández, J. (Coord.), Diputación Provincial de Alicante, Instituto Alicantino de Cultura Juan Gil Albert, Alicante, 1990. pp. 355-380.

343 El legislador reconocía un derecho a disfrutar del agua -concedido directamente por la Ley de Aguas- que en ningún caso requería título especial. Uno de estos "aprovechamientos eventuales" permitía al dueño de un predio del que emanaba agua -y a los dueños de los predios inferiores- usar y disfrutar de esas aguas hasta que llegara a los cauces públicos (arts.5-7). También se consideraba un aprovechamiento eventual el uso de las aguas de lluvia depositadas sobre vías y cauces públicos por parte de los titulares de los terrenos contiguos para el riego de sus heredades (art.176-177), o la extracción de las aguas de los ríos navegables por los titulares de los terrenos ribereños para idéntico fin mediante cualquier medio o artefacto -salvo máquina de vapor-, y siempre que no perturbara o perjudicara la navegación fluvial (art. 184). Por último, la Ley permitía a las empresas de ferrocarril aprovechar las aguas que eran inherentes al dominio de la tierra de regadío expropiada (art.174).

Jefatura provincial), donde había que hacer constar el nombre del usuario, el de la corriente de que se derive el agua, el volumen o caudal utilizado, el objeto del aprovechamiento, la fecha de la concesión o el título en la que se funde el derecho al uso privativo de las aguas[344]. Una vez formulados los Registros se consideraba como "abusivo todo aprovechamiento no inscrito"[345]. Vistas las consultas formuladas sobre la inscripción de aprovechamientos de aguas públicas en estos Registros se dispuso, por Real Orden de 12 de marzo de 1902, aprobar una serie de instrucciones para su inscripción definitiva, entre otras, que tanto la concesión administrativa como el título de derecho civil eran válidos para formalizar la inscripción, pero en ningún caso otorgaba al usuario más derecho que los derivados del título en que se fundaba. Por último, en consonancia con el artículo 409 del Código Civil que dispone que se adquiere el derecho de aprovechamiento de las aguas públicas por prescripción de veinte años, sólo se debían inscribir aquéllos utilizados por veinte o más años. Para justificar este periodo, a falta de otros documentos fehacientes, el peticionario debía presentar ante el Registro información posesoria[346].

Antes de concluir con el apartado se ha de tener en consideración que la actividad agraria, hasta muy avanzado el siglo XX, jugó un papel muy importante en la economía española que, con la nueva Ley, sufrió una profunda trasformación ya que el modelo económico industrial poco a poco se fue imponiendo al agrícola gracias a los avances científicos y tecnológicos[347]. Sus repercusiones -al modelo poblacional, social y

---

344 Artículos 1 y 2 del Real Decreto de 12 de abril de 1901.

345 Artículo 7.

346 Preámbulo de la Real Orden de 12 de marzo de 1902.

347 Ya los decía el propio el propio Joaquín Costa; "*(...) Nuestra economía es, hoy por hoy, fundamentalmente agraria, y cuando estalló en Cataluña la crisis industrial no hubo en la copiosa literatura que provocó el fenómeno*

cultural- acabó afectando con el tiempo al sistema de ordenación de los aprovechamientos hídricos y al esquema organizativo e institucional diseñado en la Ley de Aguas que carecía de un Reglamento general de aplicación. De ahí que a partir de 1879 se dictaran numerosas disposiciones complementarias y sectoriales con el propósito de desarrollar parcialmente el contenido de la Ley, además de completar, modificar y actualizar ciertos aspectos de la misma, especialmente, en el marco de los aprovechamientos de aguas públicas con el propósito principal de atender las crecientes exigencias de la época y las nuevas pautas de consumo de la población española como se comentará a contención[348].

---

quine no señalase la causa en la insuficiencia del mercado interior, efecto de la miseria y el atraso de los agricultores, principales consumidores de los productos industriales, quien no fundase el remedio en aumentar la potencia consumidora de los labradores, fomentando activa y directamente la producción agrícola (…)". COSTA MARTÍNEZ. J. *Política hidráulica (misión social de los riegos en España).* Edición de la Gaya Ciencia, S.A. Ilustre Colegio de Ingenieros de Caminos, Canales y Puertos, Madrid, 1975, p. 259.

348 ABELLÁN CONTRERAS, F. J. "El aprovechamiento de las aguas en la Ley de 13 de junio de 1879. Trayectoria de un texto legislativo a la luz de la optimización y eficacia de los recursos hídricos", en *Irrigation, society and land scapetribute to Thomas F. Glick: proceedings [of the] International Conference, Valencia, September 25th, 26th and 27th, 2014.* Carles Sanchis Ibor (Coord.). Universidad Politécnica de Valencia, Valencia, 2014, pp. 686-698. PIQUERAS DELGADO, F. *Derecho de aguas…,* cit., p. 101. SÁNCHEZ BLANCO, A. "Usuarios…", cit. pp. 25-44.

2. REFLEJO NORMATIVO DE LA EVOLUCIÓN DE LOS USOS Y APROVECHAMIENTOS DE LOS RECURSOS HÍDRICOS DURANTE LA VIGENCIA DE LA LEY

2.1. Abastecimiento de agua potable a la población

La población española, a lo largo del siglo XX, experimentó cambios importantes respecto a la anterior centuria. La agricultura, entre los años 1900 y 1950, sufrió una profunda transformación debido, entre otros factores, a la mecanización del sector productivo motivado por las nuevas políticas agrarias[349].

---

[349] El sector agrario, principal motor de la economía española desde la década de 1880, se vio gravemente afectado por la revolución de los transportes y la entrada masiva de cereales procedente del extranjero (especialmente de Estados Unidos y Rusia). La respuesta se saldó con la intervención del Estado y con fuertes medidas arancelarias -subida de las tarifas- para la protección interior. Mientras que, en otros países, la crisis favoreció el abandono de tierras marginales y estimuló el cultivo, en España el proteccionismo neutralizó, sólo de manera temporal, sus efectos, pero a costa de perpetuar sistemas productivos arcaicos y, con ello, ralentizar la modernización efectiva del sector. El giro proteccionista que inauguró la Restauración -la llamada "vía nacionalista- se acentuó con el "Arancel Cánovas" de 1891, se vigorizó con la aprobación de la Ley de Bases de 1906, al elevar la protección en un 20 por 100, y se consolidó en 1922 con el llamado "Arancel Cambó". Esta política arancelaria, con el tiempo, se completó con un conjunto de acciones encaminadas a estimular la producción nacional. Por su parte, la intervención del Estado afectó a la regulación de la producción y comercialización, orientándose a la ordenación general o sectorial hasta alcanzar una estructura corporativa de la producción y del mercado en la dictadura primorriverista. La organización corporativa de la producción junto al proteccionismo arancelarios e intervencionismo administrativo se fueron superponiendo paulatinamente y articulando en el curso de un proceso de afirmación nacionalista, en tres diferentes

A pesar del auge en este sector económico se produjo una gran movilización de la población a las grandes ciudades (Madrid, Barcelona y Vizcaya) debido al creciente desarrollo del sector industrial y el anhelo a una mejor calidad de vida[350]. El abastecimiento regular de agua potable, tras la expansión demográfica que experimentó el país en el primer tercio de siglo, recibió un enorme impulso con el fin de atender de manera satisfactoria las nuevas necesidades higiénico-sanitarias (alcantarillado) y de suministro de agua potable[351]. Este hecho explicaría el aumento paulatino de las dotaciones mínimas de agua por

---

etapas: la primera, arrancaba de la crisis de finales del siglo XIX hasta la primera I Guerra Mundial; la segunda etapa –condicionada por el ciclo económico de la guerra- llegó hasta 1922 y, la tercera y última etapa, arrancaba en tipos de la dictadura de Primo de Rivera. Para más información véase los comentarios de: BARCIELA LÓPEZ, C. MELGAREJO MORENO, J. y LÓPEZ ORTIZ, I. "La intervención del Estado en la agricultura durante el siglo XX", *Ayer* (Asociación de Historia Contemporánea), núm. 21,1996, pp. 51-69. CONSTENLA ACASUSO, F. J. *Evolución del proteccionismo en España y el arancel Cambó de 1922,* Universidad Santiago de Compostela, 1982. SERRANO SANZ, J.M. "La política arancelaria española al término de la primera Guerra Mundial: proteccionismo, arancel Cambó y tratados comerciales". *La crisis de la Restauración. España, entre la primera Guerra Mundial y la Segunda República. II Coloquio de Segovia sobre Historia Contemporánea de España,* Siglo XXI de España, Madrid, 1986, pp. 199-224.,

350 Vid. PIRÉS JIMÉNEZ, L.E.: *Regulación económica en las dictaduras: el condicionamiento industrial en España y Portugal durante el siglo XX,* Universidad Complutense de Madrid, 2003, BELTÁN PÉREZ, C. "Diversificación y desarrollo industrial en España en el primer tercio del siglo X", *Revista de Historia Industrial,* núm. 1, 1992, pp. 203-210. CALATAYUD GINER, S. "Desarrollo agrario e industrialización: crecimiento y crisis en la economía valenciana en el siglo XX", *Historia Contemporánea,* núm. 42, 2011, pp. 105-148.

351 MATÉS BARCO, J. M. "El suministro de agua (siglos XIX y XX): una historia discontinua", *Andalucía en la Historia,* núm. 68, 2020, pp. 14-21.

persona al día, amén de la variación sustancial de lo dispuesto en la Ley de Aguas de 1879 en esta cuestión que nos ocupa[352], que partía de unas estimaciones muy restrictivas[353].

El abastecimiento, declarado servicio público por el Real Decreto de 12 de abril 1924, ocupó un lugar destacado en el Reglamento de Sanidad Municipal de 1925, pues con el propósito de atender las necesidades urbanas se incrementó la cantidad legalmente prevista a 150 litros de agua potable por habitante y día; dotación que se incrementó -en las ciudades de más de quince mil habitantes- hasta alcanzar los 200 litros, lo que suponía un cambio sustancial en comparación con lo dispuesto en la Ley de Aguas de 1879[354]. Con la promulgación del Estatuto Municipal, aprobado por Decreto-Ley de 8 de marzo de 1924, el abastecimiento de agua potable y el servicio de alcantarillado continuó siendo competencia de los Ayuntamientos, pero con la innovación de su configuración como servicios propios del municipio con carácter de monopolio[355]. Esta norma, desde un punto de vista higiénico-sanitario, im-

---

352 El establecimiento legal de una dotación mínima de agua era un tema controvertido y harto complejo, lo que explica que la Comisión ministerial encargada de la redacción de la *Ley de Aguas* de 1866, llegara a manifestar en la Exposición de Motivos, dudas e incertidumbres sobre cuál sería la cantidad mínima de agua idónea para satisfacer las necesidades domésticas, como se puede: *"(…) esta Comisión no desconoce si tal cantidad de agua -50 litros diarios por habitante- podrá tacharse de escasa para satisfacer en las grandes poblaciones todas las exigencias de la comodidad doméstica y del ornato público (…)"*.

353 Artículos 164 a 171 de la Ley de Aguas de 13 de junio de 1879.

354 Véase los comentarios de CARMONA HÉRNANDEZ, A. *Manual de Aguas. Legislación, jurisprudencia y doctrina,* Ed. Bayer Hnos. Barcelona, 1966, pp. 111-114.

355 Artículo 170 del *Estatuto Municipal,* aprobado por Real Decreto-Ley de 8 de marzo de 1924. [«Gaceta de Madrid» núm. 69, de 9 de marzo de 1924, páginas 1218 a 1302 (85 págs.). Disponible en: https://www.boe.es/buscar/doc.php?id=BOE-A-1924-2607].

puso a los Ayuntamientos el deber de preservar y proteger las aguas potables[356]; obligación que se desarrolló más tarde en el Reglamento de Sanidad Municipal de 1925[357].El Estatuto Municipal, con el propósito de atender las necesidades de agua de la población en continua expansión, dio un paso más al fijar una dotación de agua (por habitante/día) de 200 litros para los municipios de más de quince mil habitantes y 150 litros para aquéllos con menos densidad poblacional[358]. De las principales aportaciones de esta normativa a la materia, cabría señalar que confirió a los municipios tanto el abastecimiento de agua y la evacuación de las "aguas sucias" como el dar destino a las "residuales". Con esta atribución, segregada de la propia de alcantarillado[359], se podría afirmar que el legislador, en todo momento, se refería a la depuración de las "aguas residuales", cerrando así el ciclo hidráulico urbano (abastecimiento, saneamiento y depuración).Empero, tal interpretación se aprecia con mayor nitidez cuando, al tratar las obras de ensanche, saneamiento y urbanización[360],se aludía también a aquéllas que tuvieran por misión el tratamiento de

356 Artículo 201.a)

357 Artículos 5 y 10 del *Reglamento de Sanidad Municipal* de 1925. [«Gaceta de Madrid» núm. 48, de 17 de febrero de 1925, páginas 726 a 733 (8 págs.) Disponible en: https://www.boe.es/buscar/doc.php?id=BOE-A-1925-1506.]

358 Artículo 204.c) del Estatuto Municipal de 1924.

359 Artículo 159. 9 y 10.

360 De nada servirían los auxilios del Estado para la ejecución de las referidas obras, si las aguas destinadas al abasto de poblaciones careciesen de la consiguiente pureza sanitaria. El principio legal exigía que las ayudas y auxilios solo se otorgaban cuando eran puras y susceptibles de depuración. De ahí que para conocer el estado sanitario de las aguas se exigieran y practicaran análisis químicos y bacteriológicos. CARMONA HERNÁNDEZ, A. *Manual de aguas...*, cit., pp.163-164.

las "aguas residuales"[361], incluidas las obras de construcción, canalización amén de los depósitos necesarios para depurar las aguas[362]. Por su parte, el Reglamento de Sanidad Municipal dispuso la obligación de depurar las aguas procedentes del sistema de alcantarillado con la prohibición expresa de verter dichas aguas residuales en los cauces fluviales[363]. Otra importante novedad que presentaba el referido Estatuto Municipal era el establecimiento de un conjunto de servicios de prestación necearía como el suministro regular de agua potable y la evacuación de "aguas negras" o "sucias", fijándose al respecto determinadas garantías, entre otras, la consignación presupuestaria[364].

Durante la II República se sometió a debate, nuevamente, la legislación local para adecuarla a los nuevos tiempos y necesidades. De ahí que se promulgara la Ley Municipal de 21 de octubre de 1935, que siguió otorgando a los municipios la competencia de prestar el suministro, control, vigilancia e inspección de las aguas potables, y también el servicio de evacuación de las aguas residuales junto al cierre de pozos y la eliminación de las aguas estancadas por sus connotaciones nocivas para la salud pública[365]. En el ocaso de la Guerra Civil, se planteó la necesidad de dotar al país de una nueva legislación local afín a los postulados políticos del régimen franquista, creándose para ello una Comisión -en mayo de 1938- con el encargo de redactar un "Proyecto legislativo de gobierno y administración local", que, finalmente, se materializó en la Ley

361 Artículo 180.2 del Estatuto Municipal de 1924.

362 Artículo 180. 2d).

363 Artículo 9 del Reglamento de Sanidad Municipal de 1925.

364 Artículos 200 y ss. del Estatuto Municipal de 1924.

365 Artículo 110 a y c).

de Base de Régimen Local de17 de julio de 1945[366] (reformada por la Ley de 3 de diciembre de 1953)[367]. Por otro lado, la Ley de Régimen Local de 16 de diciembre de 1950[368], confirió a la Administración municipal competencias en materia de abasto de agua potable a la población, salubridad e higiene pública, alcantarillado, abrevaderos, piscinas y baños públicos[369], haciendo obligatorio el suministro de agua potable (en domicilios de más de cinco mil habitantes), y el surtido en fuentes públicas, lavaderos y abrevaderos[370].

El país, a mediados de la centuria, experimentó un importante crecimiento demográfico que se reflejó en la rápida expansión de los núcleos poblaciones; fenómeno que se vio fa-

---

366 Ley de 17 de julio de 1945,de Base de Régimen Local, [«Boletín Oficial del Estado» núm. 199, de 18 de julio de 1945, páginas 360 a 384 (25 págs.). Disponible en https://www.boe.es/buscar/doc.php?id=BOE-A-1945-7245].

367 En lo que, respecta al servicio de control, vigilancia e inspección de las aguas potables, la cita Ley de 1945 sentó las bases sobre el "surtido de agua" como una de las competencias propias de los municipios (art 102), y obligó a efectuar un suministro domiciliario de agua potable para los núcleos urbanos de más de cinco mil habitantes (art. 103). En cuanto al saneamiento (alcantarillado) la norma impuso el deber de prestar dicho servicio público a todos los municipios que tuvieran una población superior a cinco mil habitantes (art. 103.b), en lugar de los quince mil que fijó -como límite- el Estatuto Municipal de 1924 (art. 201).

368 En virtud del Decreto de 16 de diciembre de 1945 se aprobó el texto articulado de la Ley de Régimen Local de 17 de julio de 1945. [Boletín Oficial del Estado» BOE. núm. 363, de 29 de diciembre de 1950, páginas 6037 a 6060 (24 págs.). Disponible en https://www.boe.es/buscar/doc.php?id=BOE-A-1950-13571]

369 Artículo 101.1.a) de la Ley de Régimen Local de 17 de julio de 1945. [«Boletín Oficial del Estado» núm. 199, de 18 de julio de 1945, páginas 360 a 384 (25 págs.) Disponible en: https://www.boe.es/buscar/doc.php?id=BOE-A-1945-7245]

370 Artículos 102. b y 103.

vorecido por los múltiples auxilios, ayudas y subvenciones del Estado a favor de los Ayuntamientos para la ejecución de obras de abastecimiento y saneamiento urbano, pero también a la extensión de los servicios municipales de captación y distribución de agua potable a la población, impuesta por la legislación local en función de las dimensiones de los núcleos poblacionales[371]. En relación al capítulo de los auxilios, cabe destacar que el Decreto de 17 de mayo de 1940[372], sobre ejecución de obras de abastecimiento de aguas y saneamiento de poblaciones, dispuso que para acometer las citadas obras -en poblaciones

---

371 Vid. SANCHEZ MARROYO, F. *España en el siglo XX: economía, demografía y sociedad.* Ed. Istmo, Madrid, 2003. MATÉS BARCO, J. M. "El sistema moderno de aguas potable en la España interior (siglos XIX-XX)", *Agua, Estado y Sociedad en América Latina y España,* Julio Contreras Utrera (Coord.), Consejo Superior de Investigaciones Científicas, Madrid, 2015, pp. 301-343. MENACHO MONTES, T. CABRÉ PLÁ, A, M. y DOMINGO I VALLS, A. "Demografía y crecimiento de la población española durante el siglo XX", *Mediterráneo Económico,* núm. 1, 2002, pp. 121-138.ÁLVAREZ LLANO, R.: "Demografía y producción en España y Euskalerría (siglos XVIII-XX)". *Ekonomiaz. Revista Vasca de Economía,* núm. 38, 1997, pp.292-333.

372 Todas las normas contenidas en este Decreto de 1940, en materia de ejecución de obras de abastecimiento y saneamiento en poblaciones de menos de doce mil habitantes, se vieron modificadas con el Decreto de 17 de marzo de 1950, que extendía todas las ventajas y beneficios recogidos en el Decreto de 1940 a las poblaciones cuya dotación de agua por habitante y día era inferior a cincuenta litros, al tiempo que ampliaba el tipo medio de dotación a ciento cincuenta litros por habitante y día, lo que suponía cincuenta litros más al día respecto a la anterior regulación (arts. 1, 4 y 5). Las modificaciones autorizadas por el Decreto de 1950 no tenían efecto retroactivo y, en consecuencia, no eran aplicables a las obras de abastecimiento y saneamiento ya ejecutadas o en curso de ejecución, ni tampoco aquellas otras cuya realización estuviera en trámite con consignaciones anuales ya fijadas, aunque éstas no afectaran al presupuesto anual por haber sido autorizadas con cargo a la aportación de la respectiva entidad beneficiaria (art.2).

menores de doce mil habitantes y recibir los auxilios o subvenciones correspondientes[373]- era preceptivo que los respectivos Ayuntamientos o las Juntas vecinales o parroquiales formularan una solicitud[374]; beneficios económicos que solo podían recaer en las citadas entidades y, en ningún caso, en "sociedades, empresas o entidades particulares"[375]. Estas ventajas tampoco se podían aplicar a las obras ejecutadas por los Ayuntamientos -antes de la petición y concesión- ni a la reconstrucción o reparación de obras ruinosas o abandonadas[376].

Para la concesión del auxilio era, condición indispensable, que los pueblos carecieran de servicios de abastecimiento y saneamiento o bien dispusieran de una dotación de agua inferior de veinticinco litros por habitante al día[377]. Para acordar la ejecución y subvención de las obras por el Estado se requería la previa aprobación del Ministerio de Obras Públicas del proyecto redactado por la División Hidráulica correspondiente o bien por el propio Estado, cuando el Ayuntamiento interesado tenía menos de seis mil habitantes[378]. En el Reglamento para

---

373 El Decreto de 1940 contemplaba distintas fórmulas para subvencionar cada una de las referidas obras, entre otras: a) las obras podían ser construidas por el propio Estado empleando el sistema de contrata con el acuerdo previo del Ministerio de Obras Públicas, b) Las obras de distribución interior de las poblaciones serían sufragadas de manera íntegra por las entidades interesadas, c) Las restantes obras, a excepción de las de distribución interior de las poblaciones, podían ser construidas por las entidades interesadas con el 50 por 100 de su importe total y la aportación gratuita de las aguas -sin no eran públicas- y de todos los terrenos que tuvieran que ocupar a perpetuidad o temporalmente (art. 6).

374 Artículo 1 Decreto de 17 de mayo de 1940.

375 Artículo 2.

376 Artículo 2.

377 Artículo 4.

378 Artículos 6-8.

la aplicación de este Decreto (aprobado por Orden de 30 de agosto de 1940), se dispuso que el Ayuntamiento interesado en la ejecución de las obras para abastecimiento o saneamiento bajo régimen de auxilios, debía formular una instancia al Jefe del Servicio Hidráulico correspondiente, haciéndose constar en la misma -para justificar la necesidad de realizar las obras- de qué agua se abastecía la población, cuál debía ser la forma más idónea para su canalización o conducción (por tuberías, acequias, canales...etc.), qué circunstancias podían influir en la calidad de las aguas o en su potabilidad, porqué medios se debía deshacer la población de sus "aguas negras" (por vertidos en acequias, en pozos, en cauces inferiores o próximos... etc.), entre otras cuestiones de interés[379].

Partiendo de la base que el objetivo de estos auxilios no era otro que tratar de favorecer la higiene pública y el abastecimiento a las poblaciones, en ningún caso enriquecer a las corporaciones municipales a través de los ingresos obtenidos por las tarifas para el consumo de agua y vertido en las alcantarillas[380], se exigía un mayor control para evitar abusos y malas

---

379 Artículo 23 del Reglamento para la aplicación del Decreto de 17 de mayo de 1940, aprobado por Orden de 30 de agosto del mismo año.

380 Los Ayuntamientos -o las Juntas Vecinales/Parroquiales- que contribuían a la ejecución efectiva de las obras quedaban facultados para fijar las tarifas para el consumo de agua y para el vertido en las alcantarillas. Con los ingresos generados se debía satisfacer no sólo los gastos derivados de la ejecución de las obras, sino también los de conservación y explotación. Para el cálculo de las tarifas era necesario tener en consideración la amortización del capital empleado en el auxilio estatal y en la construcción de las obras no subvencionadas -como, por ejemplo, la distribución- suponiendo su amortización en veinte años como mínimo y los gastos de conservación y explotación. En consecuencia, la normativa preveía dos tarifas distintas, una para los primeros veinte años de explotación y otra para los sucesivos (arts. 11 y 12 del Decreto de 17 de mayo de 1940).

prácticas[381]. Por otro lado, las corporaciones concesionarias, en virtud del citado Decreto, tenían la obligación de conservar en buen estado todas las obras ejecutadas sin posibilidad alguna de solicitar nuevos auxilios. El Estado, a través de la División Hidráulica correspondiente, podía inspeccionar las obras y verificar su estado de conservación, imponiendo, en su caso, severas sanciones pecuniarias a las entidades locales contraventoras cuando éstas quedaban total o parcialmente inutilizadas[382].

El Estado, en virtud del Decreto de 27 de julio de 1944, también quedaba facultado para conceder auxilios de hasta un tercio del coste total -con cargo al presupuesto del Ministerio de Obras Públicas-, para la ejecución de las obras de abastecimiento de agua potable y saneamiento (para poblaciones entre doce mil y cincuenta mil habitantes)[383]. Los otros dos tercios del presupuesto corrían a cargo del Ayuntamiento que pretendía construir las obras bajo el régimen de auxilios, pero se le concedía la exención de la décima parte de la contribución en el término municipal, debiendo abonar la parte restante la empresa de abastecimiento de aguas y saneamiento, con el canon y por el servicio de saneamiento que se aprobara al efecto. Conforme a esta disposición, las Diputaciones Provinciales podían sustituir a los Ayuntamientos comprendidos en el Decreto de 17 de mayo de 1940 como en éste, en todo lo rela-

---

381 Esto explicaría la aprobación de la Circular, de 9 de mayo de 1949, para la unificación de tarifas de suministros de agua.

382 En tal caso, el Estado debía informar a los Ayuntamientos afectados que la falta de compromiso en la conservación de las obras llevaba aparejado la pérdida y restitución inmediata al Estado de todas las ayudas recibidas (art. 14 del Decreto de 17 de mayo de 1940).

383 Los otros dos tercios restantes corrían a cargo del propio Ayuntamiento quien, además, debía formular el proyecto de obra y soportar el coste de los materiales para asegurar la calidad y cantidad de agua necesaria al abastecimiento y saneamiento (arts. 1 y 2 del Decreto de 27 de julio de 1944)

cionado con la presentación de los correspondientes proyectos y la ejecución de las respectivas obras por su cuenta, con la obligación del Estado de abonarles el auxilio o subvención que en cada caso corresponda[384]. En esta misma línea se pronunció el Decreto de 27 de mayo de 1949, al señalar que las Diputaciones Provinciales "acordarán sustituir a los Ayuntamientos, Juntas vecinales o parroquiales comprendidos en el Decreto de 17 de mayo de 1940"[385], debiéndose solicitar una instancia al Ministerio de Obras Públicas- acompañada de una serie de documentos[386]. Una vez aprobado el proyecto se fijaba la cuantía del auxilio o subvención y la forma en que debía abonarse (mediante libramientos expedidos a favor de la Diputación, por anualidades iguales)[387]. El Ministerio de Obras Públicas debía informar al de Hacienda la aprobación de cada proyecto junto al importe de los auxilios concedidos dentro del curso de cada

---

384 Artículo 5 del Decreto de 27 de julio de 1944 para el auxilio de obras de abastecimiento y saneamiento.

385 Artículo 1. A) del Decreto de 27 de mayo de 1944, de normas básicas sobre ayudas del Estado en obras de abastecimiento.

386 A la referida instancia se debían acompañar los siguientes documentos: a) certificado expedido por la Diputación Provincial acreditando que, en virtud del convenio establecido con el Ayuntamiento, grupo de Ayuntamientos interesados o Juntas vecinales/parroquiales, se acordó sustituir a éstos con plena facultades en todo lo relativo al estudio, redacción y presentación de los proyectos y también en las diligencias que motivaron los trámites para la aprobación de los mismos. b) Certificado en el que conste el número de habitantes, conforme al último censo oficial del término, términos municipales o parte de los mismos que se proyectaba abastecer o sanear. c) Documentación que acredite el derecho del Ayuntamiento al aprovechamiento a perpetuidad de las aguas que se pretendan utilizar, d) En las obras de abastecimiento se precisaba también certificado parcial sobre la potabilidad y pureza de las aguas, e) Proyecto de las obras redactados con el debido detalle (art. 1. B. del Decreto de 27 de abril de 1949).

387 Artículos 1-3 del Decreto de 27 de mayo de 1949.

año, a los efectos de introducir las correspondientes anualidades en la propuesta del Presupuesto General del Estado para el siguiente ejercicio económico[388].

Por Decreto de 17 de marzo de 1950 se modificaban algunos preceptos del Decreto de 17 de mayo de 1940[389], al ampliar –como límite máximo- hasta los 150 litros por habitantes y día el tipo medio de dotación de 100 litros que preveía la anterior disposición legal[390]. Además, las obras a las que se refería el Decreto de 1940[391], podían ser auxiliadas con cargo al presupuesto del Ministerio de Obras Públicas y su ejecución pasaba a depender de la Dirección General de Obras Hidráulicas "por intermedio de las Confederaciones Hidrográficas o Servicios Hidráulicos de la respectiva cuenca, por el sistema de administración o el de contrata"[392]. Por otro lado, el Decreto-Ley de 27 de julio de 1951, autorizaba al Ministro de Obras Públicas para añadir a las contratas de aprovechamiento de los ríos -con destino a nuevos regadíos o mejora de los ya existentes, a la producción de energía eléctrica o a los abastecimientos de

388 Artículo 6.

389 Las modificaciones introducidas por el Decreto de 17 de marzo de 1950, en ningún caso, tenían efecto retroactivo y, en consecuencia, no se aplicarían a las obras de abastecimiento y saneamiento que se hubieran ejecutado o a las que estuvieran en curso o tramite ejecución.

390 Artículos 1 y 4 Decreto de 17 de marzo de 1950.

391 Entre las obras susceptibles de subvención o auxilio, el citado Decreto de 17 de mayo de 1940, enumeraba las siguientes: a) La toma, captación, conducción, elevación mecánica, depósito regulador o de reserva de aguas (corrientes o manantiales). b) Las de alumbramiento de aguas subterráneas, acopio de las pluviales, trasformación de las insalubres - por procedimientos químicos o mecánicos- y de elevación de unas y otras si fuera necesario, c) La recogida de las aguas negras, su conducción y evacuación a los cauces naturales, e incluso su tratamiento para hacerlas inocuas (art. 3).

392 Artículo 6 del Decreto de 17 de marzo de 1950.

agua potable-, "la ejecución de otras obras que formen parte del mismo sistema hidráulico" para lo cual la Ley de Expropiación forzosa de 7 de octubre de 1939 podía ser aplicada en todas estas obras de aprovechamiento hidráulico[393]. El referido Decreto-Ley, también podía aplicarse a la construcción de cualquier obra de aprovechamiento hidráulico que "se ejecute por contrata o por destajos prorrogados", cuando a propuesta del Ministro de Obras Públicas "fundamentadas en razones de orden económico" se acordara por el Consejo de Ministros[394].

En virtud del Decreto 1 de febrero de 1952, sobre auxilios a Ayuntamientos para obras de abastecimiento y saneamiento[395], se dispuso que, aquellas poblaciones con más de doce mil habitantes y con una dotación media por habitante y día inferior a doscientos litros-, se podían también ver beneficiadas con los auxilios y subvenciones del Estado[396]. Los términos municipales con menos habitantes, siempre que pudieran justificar que carecían de recursos económicos suficientes para suplir el exceso del presupuesto de las obras sobre las novecientas mil pesetas que fijaba el Decreto de 17 de marzo de 1950, podían solicitar exenciones, auxilios y subvenciones al Estado[397], en concreto:

---

393 Artículo 1 y 2 del Decreto-Ley de 27 de julio de 1951.

394 Artículo 6.

395 Los auxilios reconocidos para la ejecución de estas obras no tenían efecto retroactivo y, en consecuencia, no podían ser aplicables a las obras e instalaciones ejecutadas (estuvieran o no prestando servicios) o en fase de ejecución. Tampoco en aquellas otras cuya realización estuviera en periodo de trámite con consignaciones anuales ya autorizadas y sometidas a fiscalización de la Intervención General del Estado (art. 1.d del Decreto 1 de febrero de 1952)

396 Artículo. 1. a) del Decreto 1 de febrero de 1952.

397 Artículo 11.

- Subvención hasta el límite máximo de 50 por 100 del coste de las obras, sin que su importe pudiera exceder de una cantidad igual a la que el Municipio se hubiera comprometido a aportar durante la ejecución de las mismas.
- Exención, a favor del Municipio, de la décima parte de la contribución urbana y rústica en el término municipal cuyo importe sólo podía ser aplicable como garantía de los empréstitos que aquél concertara para su aportación a las obras.
- Imposición, en concepto de canon de mejora, de un recargo fijado por el Ministerio de Obras públicas.
- Aportación por el Estado, en concepto de anticipo, de la cantidad necesaria para completar la parte del importe de la anualidad del empréstito concertado. El importe total de dicho anticipo no podía superar el 25 por 100 del presupuesto y era concedido como máximo, un año después de la aprobación del acta de entrega de las abras[398].

Los Ayuntamientos interesados en disfrutar de estas ventajas o beneficios se debían comprometer, con las debidas garantías, cumplir una serie de obligaciones, entre otras:

- Aportar los correspondientes estudios de potabilidad y pureza de las aguas.
- Solicitar la concesión de las aguas públicas y abonar las indemnizaciones derivadas de la anulación de otros aprovechamientos incompatibles con el abastecimiento.
- Abonar el importe de las expropiaciones necesarias para la ejecución de las obras de abastecimiento y sa-

---

[398] Artículo 3.

neamiento -con arreglo a la Ley de 10 de enero de 1879 y de su Reglamento ejecutivo de 13 de junio del mismo año-, y satisfacer las indemnizaciones no previstas por daños y perjuicios ocasionados a los habitantes.

- Reintegrar los anticipos y préstamos concedidos. En caso de incumplimiento procedía la acción ejecutiva por vía de apremio y, en su caso, el decomiso de las obras[399].

Los Ayuntamientos, o en su caso, las Diputaciones Provinciales, debían ceder de manera gratuita al Ministerio de Obras Públicas todos los "datos, estudios y proyectos que posean con referencia a las obras de abastecimientos o saneamiento para las cuales solicitan el auxilio del Estado"[400]. Aquellas poblaciones con menos de cincuenta mil habitantes que, desde el 1 de abril de 1939, realizaron obras de captación, conducción y depósito para su nuevo abastecimiento, sin los auxilios concedidos por los Decretos de 17 de mayo de 1940 y de 27 de julio de 1944, quedaban facultadas para recibir un "auxilio excepcional" del Estado, además de una subvención y anticipo del 50 por 100 del presupuesto que aprobara el Ministerio de Obras Públicas para la ejecución de obras de red de distribución interior y de alcantarillado, pero con la condición de devolver el importe del anticipo en veinte anualidades, amén de la imposición de un canon igual a la tarifa -previamente aprobada por

---

399 Artículo 4.

400 Artículo 7.a).

el Ministerio de Obras Públicas-[401] que, en su caso, se hubiera autorizado para el suministro de agua potable a domicilio[402].

Los municipios con menos de doce mil habitantes se podían acoger a las ventajas del presente Decreto, siempre y cuando justificaran, de manera fehaciente, no disponer de recursos económicos suficientes para suplir el exceso del presupuesto de las obras sobre las novecientas mil pesetas que fijaba el Decreto de 17 de marzo de 1950[403]. En la década siguiente, el Decreto núm. 2.904 de 31 de octubre de 1963, dispuso que todos los beneficios que se aplicaban a las obras de abastecimiento de aguas potable y de saneamiento a las poblaciones recogidos en el Decreto de 17 de mayo de 1940, se aplicaban también a las obras de distribución de agua en el interior de las poblaciones. Empero, el importe máximo que podía ser objeto de auxilio por el Estado se modificó, al fijarse en dos millones de pesetas para todas las obras pendientes de ejecución y cuyos expedientes respectivos no estuvieran en trámite con consignaciones anuales ya fijadas. Asimismo, los gastos de estudio de los proyectos elaborados por el Ministerio de Obras Públicas para abastecimiento, distribución de agua potable o saneamiento

---

401 El Ministerio de Obras Públicas, para la concesión de los auxilios, tenía que tener en consideración un orden de preferencia caracterizado por las siguientes circunstancias: a) necesidad de mejorar, en el ámbito sanitario, la calidad de las aguas suministradas o los servicios de alcantarillado, b) dotación actual de agua por habitante y día en atención a las circunstancias que concurren en la población, c) los municipios con menor número de población y menor importe del presupuesto en valor absoluto, d) mayor aportación del municipio en relación con el presupuesto de las obras que se solicitaran al respecto y un menor sacrificio para los contribuyentes del munición y para el vecindario -estos últimos respecto a la imposición de canon sobre las tarifas vigentes- (art. 10. a).

402 Artículo 9 a).

403 Artículo 11.

de poblaciones de más de seis mil habitantes, a partir de ahora podían ser atendidas con el mismo régimen de auxilios que estaba regulado para la ejecución de las obras, continuando a cargo del Estado los gastos de los proyectos de poblaciones de menor número de habitantes[404].

En el ocaso del régimen franquista, se dictó la Ley 41/1975, de 19 de noviembre, de Bases del Estatuto Municipal, y en la misma línea que otras disposiciones legales anteriores, se dispuso que los municipios seguían teniendo competencia en materia de abastecimiento y saneamiento[405]. En cuanto a los auxilios, la norma se limitó a señalar y aclarar que la Administración local en ningún caso asumiría el coste de los servicios de la Administración del Estado, salvo que se transfirieran por medio de una Ley. En todo caso, quedaban a salvo los compromisos de auxilios para gastos de primer establecimiento[406]. En plena Democracia, la Ley de Bases de 2 de abril de 1985 universalizó el deber de la Administración local de facilitar el abastecimiento de agua a los domicilios y el servicio de alcantarillado a todos los municipios con independencia del tamaño de los núcleos y del número de habitantes[407], con mención expresa a

---

[404] Artículos 1-3 del Decreto nº. 2.904 de 31 de octubre de 1963, sobre auxilios para obras de distribución de agua en el interior de las poblaciones.

[405] Base 8 de la Ley 41/1975, de 19 de noviembre, de Bases del Estatuto Municipal [«BOE» núm. 280, de 21 de noviembre de 1975, páginas 24342 a 24360 (19 págs.). Disponible en: https://www.boe.es/buscar/doc.php?id=BOE-A-1975-23920].

[406] Base 48 de la Ley 41/1975, de 19 de noviembre, de Bases del Estatuto Municipal.

[407] Artículo 26.1, a) de la Ley 7/1985 de 2 abril, Reguladora de las Bases del Régimen Local [«BOE» núm.80, de 03/04/1985.Disponible en: https://www.boe.es/buscar/act.php?id=BOE-A-1985-5392].

una reserva del servicio de abastecimiento y depuración de las aguas a cargo de los Ayuntamientos[408].

2.2. Establecimiento de nuevos riegos y mejora de los existentes

La relevancia de las aguas -superficiales y subterráneas- en el desarrollo y expansión de la economía agraria nacional justificaba una regulación específica y uniforme de los usos y aprovechamientos de los recursos hídricos con destino al riego, a pesar de la atención prestada por el legislador decimonónico a este capítulo, especialmente cuando el consumo de agua excedía los doscientos litros por segundo[409]. En este supuesto, la Ley de Aguas de 1879 declaraba de dominio público, a efectos expropiatorios, todas las obras hidráulicas construidas para la irrigación de un terreno[410]. Dicho binomio -regadíos y obras hidráulicas- contribuyó a la consolidación de la política agraria nacional seguida en cada periodo histórico, al tiempo que incentivó el desarrollo de un conjunto de leyes especiales creadas con la intención de completar la regulación existente en el marco de los aprovechamientos de las aguas públicas para riegos[411]. El exponente legislativo en esta política fue la Ley

408 Artículo 86.3

409 Los redactores de la Ley de Aguas de 13 de junio de 1879 y de la Exposición de Motivos de la Ley de Aguas de 1866, fueron asaz previsores y amantes del mejor y más justo reparto de las aguas públicas de los ríos con destino al riego, por su importancia social y económica de esta actividad.

410 Artículo 200 de la Ley de Aguas de 13 de junio de 1879.

411 Vid., NADAL REYNAT. "El regadío durante la Restauración. La Política Hidráulica (1875-1902)". *Agricultura y Sociedad*, núm. 19, 1981, pp. 129-163. BLANCO DE LA ROCHA, M. A. "Agricultura y ganadería talaveranas del siglo XX: intentos de modernización, reforma agraria y política de colonización (1900-1970)", *Cuaderna revista de estudios humanísticos de Talavera y su antigua tierras, núm. 21-22, 2015-*

de Grandes Regadíos de 27 de julio de 1883 ("Ley Gamazo"), relativa a auxilios a empresas de canales y pantanos de riego, que confirió al Estado una posición más activa en la ejecución de grandes obras hidráulicas y fomentó la política de auxilios para acometer dichas obras[412]. La posibilidad de un mayor intervencionismo del Estado, más allá de la simple y tradicional concesión de exenciones fiscales que se le atribuía, se plasmó en la facultad de realizar los estudios pertinentes de las obras y, en su caso, convocar una subasta pública o construir el canal o pantano a su cargo[413]. En cuanto a la política de auxilios o subvenciones, como eficaz herramienta para estimular la ejecución de estas obras, la norma contemplaba dos modalidades bien distintas. Por un lado, a empresas que acometan la construcción de pantanos o canales de interés público con caudal superior a doscientos litros por segundo de forma continua[414]. Y a *Comunidades de Regantes* para crear nuevos regadíos o mejorar los ya existentes, con independencia de la cantidad de agua a emplear en la irrigación de un terreno[415].

Para las empresas se concedían auxilios de hasta el 30 por 100 del presupuesto de las obras hidráulicas, además de un premio en metálico que podía ascender a las doscientas cincuenta pesetas por litro de agua por segundo, con un límite máximo del 40 por 100 de los gastos totales de establecimiento

---

*17, pp.*175-202. ORTEGA SANTOS, A. "De aguas, tierras y políticas hidráulicas en la España contemporánea", *Vínculos de Historia*, núm. 1, 2012, pp.73-94.

412 Vid. GONZÁLEZ QUIJANO, P. M. *El problema del agua: breves nociones de hidráulica agrícola con un extracto de la legislación de aguas,* Casa Editorial Bailly-Baillere, Madrid, 1906, pp. 5-48. MARTÍN-RETORTILLO, S.: *Aguas públicas y obras hidráulicas,* Técnos Madrid, 1966, p. 13.

413 Artículo 13 de la Ley de Grandes Regadío de 27 de julio de 1883.

414 Artículo 1.

415 Artículo 12.

del riego[416]. Por su parte, el auxilio a favor de las *Comunidades de Regantes* podía llegar hasta el 50 por 100 del coste de la obra, cuya ejecución era asumida por el Estado. Además, se preveía un anticipo al 3 por 100 de interés de la mitad del presupuesto de las obras para el establecimiento de "brazales, acequias secundarias y para la preparación de la tierra"[417]. A pesar de la importancia de estos auxilios, legalmente reconocidos, la norma quedó casi inédita por la nula o escasa concurrencia de los potenciales beneficiarios a las concesiones[418]. En todo caso, si prestamos atención a lo dispuesto en el Reglamento de 9 de abril de 1885, para la ejecución y desarrollo de la "Ley Gamazo", se observa que estas ventajas o beneficios se aplicaban tanto a las empresas que solicitaban al Gobierno ser auxiliadas-con fondos del Estado para establecer nuevos riegos-, como a las *Comunidades de Regantes* -o asociaciones de propietarios-que se arrogaban a los auxilios para establecer nuevos riegos o bien para mejorar o ampliar los existentes. Ahora bien, cuando el auxilio era requerido por una empresa destinada a la explotación de un canal o pantano se requería solicitar el auxilio "que pueda suministrar para riego" un caudal de agua equivalente a 200 litros/segundo, deducidas las pérdidas por evaporación y filtración[419].

En la solicitud formal, que se debía remitir al Negociado de la Dirección General de Obras Públicas junto al proyecto completo de las obras y al pliego de tarifas o canon máximo a abanar por riegos, se hacía constar el nombre y vecindad del

---

416 Artículo 2.

417 Artículo 12.

418 Para más información sobre el número de hectáreas que, durante la Restauración borbónica y primeros años del siglo XX se reconvirtieron en regadío con ayuda de la "Ley Gamazo", véase el estudio de NADAL REYMAT, E. "El regadío…", cit. pp. 129-163.

419 Artículo 1 del Reglamento, de 9 de abril de 1885, para la ejecución y desarrollo de la Ley de Grandes Regadíos de 27 de julio de 1883.

peticionario, el caudal necesario de agua, el punto de toma, la extensión superficial del terreno destinado a riego, la provincia y los términos municipales por los que se extendía[420]. Una vez presentada la solicitud se iniciaba la comprobación -en un plazo máximo de veinte días- de todos los datos, certificados y documentos aportados cargo de la Sección correspondiente de la Junta consultiva de Caminos, Canales y Puertos. En un plazo de ocho días, se debía dictar resolución motivada sobre la admisión o no de la solicitud, indicando los posibles defectos u omisiones en la documentación aportada por el peticionario[421]. En caso de que la Dirección General de Obras Públicas optara por denegar la admisión del proyecto, el peticionario perdía todos los derechos respecto a la prioridad en la presentación[422]. Si la solicitud, por el contrario, era admitida se iniciaba su publicación en la *Gaceta* de Madrid y en los *Boletines Oficiales* de las provincias a las que pertenecía los terrenos afectados para que -en un plazo improrrogable de treinta días- se pudieran presentar nuevas solicitudes y proyectos de análoga naturaleza. Transcurrido el plazo señalado se abría uno nuevo -no superior a sesenta días ni inferior a treinta- para formular por escrito cualquier tipo de observación, reclamación, queja o sugerencia a favor o encontrar de las concesiones solicitadas por parte de los particulares o corporaciones que tuvieran interés sobre la materia[423].

El Gobernador provincial, en el plazo de información pública, quedaba facultado para solicitar, si lo consideraba oportuno, la opinión del Consejo Provincial de Agricultura, Industria y Comercio. Además, para la construcción de pantanos o cualquier obra hidráulica que pudieran afectar a la salud pú-

---

420 Artículos 3 y 4.

421 Artículo 15.

422 Artículo 16.

423 Artículos 17 a 21.

blica debía conocer de antemano el dictamen de la Junta de Sanidad[424]. Finalizado el periodo de información pública, el Gobernador provincial remitía los expedientes originales -junto a los informes de estos organismos en un plazo máximo de quince días-a la Dirección General de Obras Públicas para su examen. A continuación, se iniciaba la fase de reconocimiento, confrontación y comprobación de los proyectos presentados a cargo del Ingeniero Jefe[425].

La Dirección General de Obras Públicas, tras verificar que se habían cumplido todos los trámites administrativos, procedía a la unificación de todos los proyectos e informes al expediente que, a su vez , se remitía también a la Junta consultiva de Caminos, Canales y Puertos para que emitiera un dictamen acerca de la admisión o no de la petición formulada[426]. De ser estimada, el expediente se enviaba al Consejo Superior de Agricultura, Industria Comercio para que emitirá un informe sobre la importancia y utilidad de la obra[427]. El expediente, junto al informe de este último organismo, pasaba finalmente al Consejo de Ministros para que se pronunciara a favor o en contra de la ejecución de la obra. En caso de ser favorable, el Ministro de Fomento expedía y publicaba el Real Decreto -en el *Gaceta de Madrid*- autorizando la obra y su concesión por su-

---

424 Todos y cada uno de estos organismos, en el plazo de información pública, estaban obligados a remitir un dictamen acerca de la importancia y utilidad de las obras, amén de la probabilidad de los rendimientos calculados y la justificación de las tarifas máximas propuestas, comparando los beneficios de los diversos proyectos presentados (arts. 23 y 24).

425 Éste en base a la viabilidad de los proyectos, las condiciones técnicas de las obras y del presupuesto para su ejecución emitía un infirme que, a su vez, remitía a la Dirección General de Obras Públicas (arts. 32-34).

426 Artículo 36.

427 Artículo 37-38.

basta pública, precedida del pliego de condiciones que debía servir de base para la adjudicación definitiva[428].

En cuanto a las solicitudes formuladas por una *Comunidad de regantes* para establecer nuevos riegos o bien mejorar los existentes con ayuda de los auxilios reconocidos en la legislación, además de cumplir los mismos trámites que las empresas debían aportar una serie de documentos[429], y contar con sus respetivas Ordenanzas (formadas y aprobadas con arreglo a lo establecido en la Ley de Aguas)[430].

El movimiento "regeneracionista", a comienzos del siglo XX, promovió la idea de que la actividad agrícola era el motor que debía impulsar la maltrecha economía española acrecentada con ocasión de la crisis colonial[431]. Para salir de esta

---

428 Artículos 39-41.

429 Entre otros documentos: a) Acta de la Junta General celebrada para el acuerdo de la ejecución de la nueva obra, con mención expresa a la fecha de la convocatoria, nombre de los asistentes, número de votos emitidos a favor y en contra de las obras y la extensión de terreno regable. b) Certificado de los votantes de pertenecer a la comunidad y poseer el terreno asignado. c) Proyecto completo de las obras elaborado por un técnico. d) Pliego de las tarifas máximas aplicables a los regantes. e) Carta de pago que acreditara, de manera fehaciente, el depósito del 5 por 100 del presupuesto. f) Propuesta de reforma de las Ordenanzas con el correspondiente acuerdo de la Junta General (art. 66).

430 Si era necesario introducir alguna reforma al respecto, se debía proponer y llevarla a término antes de solicitar la concesión. Además, en estas Ordenanzas de riego debía quedar perfectamente definido el modo de acordar, distribuir y cobrar los gastos de obras nuevas o de mejora "dentro de las atribuciones que concedan la ley y disposiciones vigentes" (art. 65).

431 Para más información sobre este movimiento y sus postulados, véase: ALSINA CALVÉS, J. "El regeneracionismo español", *El Catoblepas*, núm. 184, 2018. HERMIDA DE BLAS, F. "El regeneracionismo español", *Pensamiento español y latinoamericano contemporáneo*. Edito-

delicada situación, Joaquín Costa, máximo exponente del movimiento, propuso una serie de importes medidas, entre otras: una nueva política agrícola e hidráulica donde el regadío adquiría un mayor protagonismo, armonizar los intereses de la ganadería con los de la agricultura, facilitar el establecimiento de créditos agrícolas, un mayor intervencionismo del Estado en la promoción y ejecución de grandes obras públicas hidráulicas (de canalización y regulación), amén de fomentar y desarrollar los alumbramientos de aguas subterráneas para nuevos riegos o mejorar los ya existentes[432]. El propio Costa reclamaba al Estado un papel más activo en la ejecución de las obras públicas, en lugar de confiarlas a la iniciativa privada, lo que explica la rotundidad de algunas de sus manifestaciones u opiniones al respecto[433]. Como ya hiciera Jovellanos a finales del siglo XVIII, Costa también creyó necesario transformar las tierras incultas y de secano en regadío para lo cual era prioritario buscar otras alternativas a la explotación y aprovechamiento de las aguas superficiales. De ahí que propusiera, como solución alternativa al problema de escasez de recursos hídricos en muchas zonas de la geografía española, potenciar y desarrollar los alumbramientos de aguas subterráneas e impulsar con fondos públicos la construcción de nuevas obras hidráulicas, pero tal empresa,

---

rial Feijoó, 2022, pp. 93-132. MONEGRO, J.L. "El avance del regeneracionismo". *Veintiuno. Revista de Pensamiento y Cultura*, núm. 22, 1994, pp. 105-108.

432 COSTA MARTÍNEZ, J. *Política Hidráulica...*, cit., pp. 5-37.

433 A modo de ejemplo, este prestigioso jurista, historiador y político español llegó a afirmar que "*la construcción de canales, embalses y pantanos es negocio para el Estado, y éste, es el único que puede construirlos (...)*". De igual modo tenía el convencimiento de que el Estado "*debe construir y explotar los canales y pantanos, de ser construidos por empresas o particulares el remedio sería pero que la enfermedad (...)*". Cfr. COSTA MARTÍNEZ, J. *Política Hidráulica...*, cit., pp. 61 y 102.

como se observa en sus palabras, no resultaba tarea fácil sin un compromiso firme del Gobierno de la Nación:

> "(...) es evidente, a mi juicio, que no se desarrollarán en España los alumbramientos, las perforaciones, las canalizaciones y los embalses, mientras el Gobierno no se persuada de cuán apremiante es su necesidad y cuán importante la iniciativa individual para satisfacerla. El pueblo español no se ha repuesto todavía del empobrecimiento espiritual que sufrió en las tres últimas ominosas centurias y sigue necesitando la tutela providente del Estado"[434].

El movimiento de reconstrucción interior del país, que surgió de los escritos y predicas de este ilustre pensador años antes del "Desastre del 98", sirvió para suministrar a España el mínimo de ilusión que necesitaba para no desintegrarse después del hundimiento de su horizonte ultramarino[435]. Las más significativas creaciones normativas desarrolladas, a la luz de esta nueva política impulsada por el movimiento "regeneracionista", fueron entre otras:

1. El Plan Nacional de Obras Hidráulicas de 25 de abril de 1902 -más conocido como "Plan Gasset" por el Ministro don Rafael Gasset que la suscribió-, preveía la ejecución de más de doscientas obras hidráulicas repartidas por toda la geografía española. Aunque se concibió como un ambicioso instrumento de planificación se trataba, más bien, de un catálogo de obras hidráulicas (canales y pantanos) que adolecía de números e importantes defectos como, por ejemplo: ausencia de datos precisos y de información técnica, contradicciones e impreci-

---

434 *Ibídem*, p. 19.

435 GÓMEZ MENDOZA, J. "Regeneracionismo y regadíos", *Hitos históricos de los regadíos españoles*. Antonio Gil Olcina (Coord.), Ministerio de Agricultura, Alimentación y Medio Ambiente, Madrid, 1992, pp.231-262.

siones respecto a algunas de las obras citadas, además de una notable falta de previsiones presupuestarias. En cualquier caso, el "Plan Gasset" supuso un primer intento de racionalización hídrica y sentó las bases de la política hidráulica hasta el plan de Manuel Lorenzo Pardo de 1933[436].

2. Reglamento General de 27 de noviembre de 1903, por el cual se dispuso la organización y régimen de las Juntas de Obras de Canales de Riego y Pantanos, tenía por objetivo administrar e invertir los fondos que las localidades interesadas y el Estado destinaban a la construcción de aquellas obras[437]. Su formación o constitución era obligatoria siempre que el auxilio prestado fuese, al menos, la mitad del importe presupuestado para la ejecución de las obras y solo podía ser acordado por el Gobierno en aquellos casos en que las localidades interesadas se comprometían a acometerlas directamente. Las *Comunidades de Regantes* y *Sindicatos*, una vez concluidas las obras, asumían la explotación y los trabajos de conservación de los canales y pantanos construidos. Solo en caso de no existir dichas corporaciones, el Gobierno determinaba la manera de realizar dichos servicios o actividades esenciales[438]. Cada Junta debía confeccionar un Reglamento, Estatuto u Ordenanza particular para su régimen y buen gobierno, requiriéndose para su aplicación -en cumplimiento de lo dispuesto en la le-

---

436 GIL OLCINA, A. Del Plan General de 1902 a la planificación hidrológica", *Investigaciones Geográficas*. núm. 25, 2001, pp. 5-32. MELGAREJO MORENO, J. "De la política hidráulica a la planificación hidrológica. Un siglo de intervención del estado". *El agua en la historia de España*, Joaquim Melgarejo Moreno (coord.). Servicio de Publicaciones de la Universidad de Alicante, 2000, pp. 275-324.

437 Artículo 1del Reglamento General de 27 de noviembre de 1903.

438 Artículos 2 y 3.

gislación de aguas-el visto bueno del Ministerio de Agricultura, Industria, Comercio y Obras Públicas[439]. Estas Juntas tenían encomendada un importante número de competencias y deberes de obligado cumplimiento, entre otras:

- Desplegar el mayor celo e interés en la administración de los fondos públicos que les eran confiadas para la ejecución de las obras.
- Organizar con diligencia el servicio económico-administrativo y proponer a la Dirección General de Obras Públicas las plantillas, sueldos e indemnizaciones del personal encargado de las obras.
- Nombrar y separar al personal, previa propuesta del Ingeniero Director de las Obras, salvo que la Junta acordara proveer los cargos mediante concurso público.
- Formular, tras la constitución de la Junta, el plan económico anual en el que se debía fijar el presupuesto aprobado para la ejecución de las obras y los gastos que, en su caso, pudieran ocasionar los servicios a su cargo.
- Informar, desde un punto de vista económico-administrativo, los proyectos informados de posibles alteraciones o nuevos proyectos firmados por el Ingeniero Director, así como de los posibles incidentes relativos a las obras o servicios de la Junta.
- Ejercer una vigilancia económico-administrativa en todas las obras y servicios a cargo de las Juntas y denunciar cualquier tipo de irregularidad ante la Dirección General de Obras Públicas.

---

439 Artículo 43.

- Controlar la recepción de maquinaria, materiales y demás elementos adquiridos por concurso o subasta.
- Controlar las recepciones, provisionales y definitivas, de obras nuevas construidas por contratas y las recepciones únicas de las ejercidas por la administración.
- Aprobar las certificaciones mensuales que hayan de servir de base para pagar a las contratas.
- Examinar y, en su caso, aprobar las cuentas mensuales de gastos de las obras y servicios, amén de acordar el pago para su realización.
- Elevar, al órgano superior, la aprobación de las cuentas generales anuales de las Juntas.
- Dar cuenta de la constitución de la Junta a la Dirección General de Obras Públicas y a los Gobernadores provinciales en donde radicaban las obras y las zonas regables[440].

Las Juntas, al margen de las facultades y deberes señalados, podían incurrir en responsabilidad en multitud de supuestos, entre otros: no llevar sus actas en la forma prevenida en el presente Reglamento, desobedecer las indicaciones u órdenes dictadas por órganos superiores jerárquicos, incumplir de manera reiterada algunas de las obligaciones mencionadas anteriormente y por negligencia u omisión de los servicios encomendados[441]. En cualquier caso, dicha responsabilidad sólo se exigía -o afectaba- a aquellos sujetos que hubieran realizado el acto, tomado el acuerdo o incurrido en la omisión que la motivaba[442].

---

[440] Artículo 12.

[441] Artículo 13.

[442] Además, la responsabilidad podía ser corregida con advertencia, suspensión o destitución decretada por el Ministerio de la rama

3. La Ley de 7 de julio de 1905, sobre concesiones de aguas públicas para riegos de terrenos y su Reglamento ejecutivo (aprobado por el Real Decreto de 15 de marzo de 1906). La legislación se dirigía a pequeños regadíos -concesiones que no excedían de doscientos litros continuos de aguas por segundo- y permitía al Estado auxiliar el aprovechamiento de aguas públicas para la irrigación de terrenos siempre que la concesión no superara dicha dotación. En caso de que se solicitara una concesión superior -por los titulares de los terrenos, por el Sindicato agrícola o por un municipio-, el Estado podía auxiliar la construcción de las obras necesarias siempre que aquéllos se comprometieran a ceder de manera gratuita el agua a los regantes[443]. Sobre este punto, el Reglamento ejecutivo señalaba que cuando se tratara de aprovechar las aguas de dominio público para riego y obtener además los auxilios reconocidos en la Ley de 1905, la concesión, que en ningún caso podía exceder de doscientos litros por segundo, se tramitaba y, en su caso, otorgaba con sujeción a las reglas generales establecidas o que se establecieran en un futuro para la concesión de aprovechamientos de aguas públicas[444]. Las concesiones con derecho a auxilio recaían siempre en el Ministerio de Agricultura, Industria, Comercio y Obras públicas, sien-

---

(previa instrucción de expediente justificativo y con audiencia de los interesados). También cabía la posibilidad que las Juntas incurrieran en una posible responsabilidad de malversación de caudales públicos, siempre que empleasen o consintiesen el uso de los fondos que administraban en otro objeto que el especial de su creación (arts. 14-16).

443 Artículo 1 de Ley de 7 de julio de 1905, sobre concesiones de aguas públicas para riegos de terrenos.

444 Artículo 1 del Reglamento ejecutivo aprobado por el Real Decreto de 15 de marzo de 1906

do preceptivo el informe del Ingeniero encargado del servicio agroeconómico oído el Consejo de Obras Públicas[445]. El auxilio podía consistir en el abono a favor del concesionario de las obras hidráulicas de una cantidad de dinero en metálico por el volumen de agua usada en el riego (equivalente a un litro continuo por segundo); el importe en ningún caso podía superar las doscientas pesetas por litro y hectárea regada cuando la concesión se hacía a favor de una empresa que no era titular de la zona regada. Por el contario, si la solicitud se formulaba por los titulares del terreno, el auxilio podía alcanzar las trescientas cincuentas pesetas por litro continuo y hectárea regada[446].Por último, el Estado también podía auxiliar la construcción de pozos artesianos, aun siendo éstos de propiedad privada, siempre que su dueño presentara el proyecto y recibiera la correspondiente autorización[447].

4. Ley de 7 de julio de 1911, sobre construcción de obras hidráulicas y auxilios con destino a riegos. El Gobierno, conforme al artículo 1, se encargaba de la "redacción de los proyectos de pantanos y canales de riego por orden a la mayor utilidad al fomento de la riqueza nacional". Acordada la misma, era necesario un estudio de los modos de repoblación forestal de las cuencas alimentadoras con el fin de reducir, en el caso de ser necesario, los aterramientos de los pantanos y contribuir a la regularidad de las corrientes. Además, la Ley preveía hasta tres procedimientos distintos de ejecución de estas grandes obras:

---

[445] Artículo 5.

[446] Artículo 3.

[447] Artículo 9.

- Por el propio Estado con auxilio de los interesados y de las corporaciones locales, en su caso[448].
- Por los propios interesados, con auxilio del Estado, constituidos en *Comunidades de Regantes*, asociaciones de propietarios o sindicatos agrícolas[449].
- Por cuenta exclusiva del Estado[450].

Para la ejecución de cada obra -autorizada por Real Decreto acordado por el Consejo de Ministros a propuesta del Ministerio de Fomento-[451], el Gobierno podía ejecutar las obras con auxilios de las localidades interesadas en la siguiente forma:

- Para riegos en terrenos de secano. Los titulares de, al menos, la mitad de las tierras se debían comprometer a contribuir con el 50 por 100 de los gastos de ejecución de las obras, debiendo además satisfacer el 10 por 100, en metálico. Empero, cabía la posibilidad de sustituir este pago en metálico mediante la aportación de los terrenos que con la ejecución de las obras eran ocupados. La cantidad restante a cargo de estos propietarios se abonaba "con el aumento del 1.5 por 100 de interés de las obras, en un plazo máximo de veinticinco".
- Para ampliar o mejorar el regadío existente, las *Comunidades de Regantes* y los comuneros interesados en la ejecución de las obras y recibir los auxilios correspondientes, debían garantizar al Gobierno una aportación mínima durante la construcción de las mismas de "un 20 por 100 de su coste, más otro 40 por 100 como míni-

---

448 Artículos 4-9.

449 Artículos 10 y 11.

450 Artículo 12.

451 Artículo 3.

mo aumentado con un interés del 2 por 100 al año en un plazo máximo de veinte"[452].

Estas obras podían pasar a ser propiedad de las titulares de los terrenos o de las *Comunidades de Regantes* -legalmente constituidas- siempre que hubieran confirmado los auxilios. Además, podían participar de la explotación y disfrute de "los productos que las obras puedan rendir", cuando se comprometieran a mantenerlas y conservarlas en buen estado[453]. La ejecución de los grandes pantanos que tuvieran por misión aumentar los caudales disponibles de los riegos ya establecidos -y de los nuevos-, amén de la regularización de las aguas para el mejor aprovechamiento de la energía hidroeléctrica, recaían directamente en el Gobierno con el auxilio de las entidades beneficiadas por las mejoras[454]. Por otro lado, tanto las *Comunidades de Regantes* como las empresas, Compañías o Sociedades quedaban facultadas para ejecutar grandes obras con el auxilio del Estado. En efecto, se podía otorgar la concesión de las obras hidráulicas para el riego de terrenos de secano -sin subasta pública- a favor de cualquier entidad debidamente constituida (Comunidad de Regantes, Sindicato agrícola, asociación de propietarios, etc.,) siempre que formalizarán la solicitud al Gobierno y presentarán un proyecto previamente redactado y aprobado por el Ministerio de Fomento. La subvención que podía conceder el Gobierno, en ningún caso, superaba el 50 por 100 del presupuesto de las obras. Además, se podía conceder un anticipo, en concepto de préstamo, de hasta el 25 por 100 del presupuesto (reintegrable en un plazo máximo de veinticinco años y sujeto a un interés del 2 por 100 anual). En cualquier caso, la suma de la subvención y del anticipo no podía exceder las doscientas setenta y cinco pesetas y las cuatrocientas pesetas por hectárea

---

452 Artículo 4.

453 Artículo 5.

454 Artículo 6.

del área regable, según se tratara, respectivamente, de "riegos estacionales destinados principalmente al cultivo de cereal, o de riegos permanentes en que hayan de predominar los cultivos intensivos"[455]. Por otro lado, la presente Ley contemplaba la posibilidad de ejecutar obras con destino al riego por cuenta exclusiva del Estado y sin auxilios de los propietarios, Asociaciones o empresas interesadas. Para ello era necesario cumplir una serie de requisitos, entre otros:

- Que existiera un proyecto redactado y aprobado con sujeción a las prescripciones de la presente legislación.
- Que la obra afectara una extensa comarca y su ejecución redundara en beneficio de la colectividad.
- Que al menos la mitad de los propietarios de la zona regable se comprometieran al pago de las tarifas que se fijaran al respecto.
- Que por una ley se autorizara al Gobierno a llevar a cabo la ejecución de la obra, para lo cual el proyecto se debía remitir a las Cortes para su aprobación.
- Que la ejecución de pantanos de alimentación y de obras necesarias para trasformar el Canal de Castilla en canal de riego se efectuaran conforme a la Ley de 5 de mayo de 1905.

Por último, se preveía también la explotación de los terrenos por su valor en secano si, tras la conclusión de las obras, sus titulares no cumplían con sus compromisos con el Gobierno o bien rehusaban a abonar las tasas de riego[456].

A pesar de las medidas de fomento contempladas en cada una de estas disposiciones legales que se han comentado, el

---

455 Artículo 10.

456 Artículo 15.

resultado, en ningún caso, fue el esperado y deseado por los poderes públicos[457]. La escasa efectividad de los planes y leyes aprobados en el primer tercio del siglo XX se debió en gran parte a la desidia y falta de interés de muchos titulares de terrenos, quienes ni siquiera acometieron las obras de acondicionamiento a pesar de las múltiples ventajas y beneficios concedidos[458]. Ya durante la Dictadura de Primo de Rivera se dio un nuevo impulso a la política agraria como instrumento esencial para revitalizar la economía nacional. Nuevamente, el regadío ocupó un lugar destacado para alcanzar el objetivo anhelado. Con la aprobación del Decreto-Ley de 28 de julio de 1928 se lograron excelentes resultados al coordinar -en las obras públicas-tanto el abastecimiento hídrico como los proyectos de irrigación y la producción de hidroelectricidad. Asimismo, tras la aprobación del Decreto de 5 de marzo de 1926, se potenció y mejoró el aprovechamiento de los caudales fluviales, agrupando a los usuarios de las aguas bajo las Confederaciones hidrográficas[459], al tiempo que se intentaba expandir el regadío en contra de la libertad de disposición de los propietarios quienes, a la luz del Decreto-Ley de 7 de octubre de 1928, se vieron obligados bajo la amenaza de expropiación, a transformar sus tierras en regadío en un plazo máximo de veinte años[460].

---

457 Según datos del profesor Piqueras Delgado, en veinte años se logró únicamente poner en regadío doscientas mil hectáreas, lo que denota la escasa influencia del conjunto de disposiciones legales aprobadas para ampliar y/o mejorar el regadío en España. DELGADO PIQUERAS, F. *Derecho de aguas...*, cit. p.108.

458 MONCLUS, F. J. y OYON, J. L. "De la colonización interior a la colonización integral (1900-1936). Génesis y destino de una reforma agraria técnica", *Historia agraria de la España contemporánea*, vol. III, Crítica, Barcelona, 1986, pp. 347-380.

459 MARTÍN-RETORTILLO, S. "Trayectoria y significación de las Confederaciones Hidrológicas", *Revista de Administración Pública*, núm. 25, 1958, pp. 85-126.

460 DELGADO PIQUERAS, F. *Derecho de aguas...*, cit.p.108.

Durante la II República se dio un nuevo impulso a la política agraria con ayuda de la Ley de 13 de abril de 1932, donde el Estado se comprometió a ejecutar todos los trabajos necesarios para transformar en regadío algunas zonas de Andalucía, mediante la construcción de diversas obras hidráulicas como pantanos, embalses, canales, acequias, entre otras[461]. Concluidas las mismas, los titulares de las tierras tuvieron dos alterativas posibles: conservar y hacer suyas las obras a cambio de abonar al Estado la inversión realizada y la plusvalía producida en la heredad, o bien cederla al Estado a cambio de percibir una indemnización por el valor de las tierras de secano. Una vez adquiridas por el Estado, pasaban a formar parte del asentamiento de colonos agrícolas, cuya dirección, tutela y vigilancia correría a cargo de los Organismos de explotación de riegos[462]. El objetivo de la presente Ley era estimular el regadío a través de una política de colonización de tierras de secano y de escaso valor, mediante la ejecución de todo tipo de obras (hidráulicas y de acondicionamiento de los terrenos) con el propósito de crear nuevos espacios irrigados en manos de familias de agricultores con el compromiso de conservar en buen estado las obras y explotar las tierras conforme a un plan de regadío diseñado por el Gobierno. Los avances y resultados de la política agraria y de regadío impulsada por el Gobierno republicano se truncaron con el estallido de la Guerra civil. A partir de este momento la recesión económica y la hambruna se apoderaron de España y durante varios años la población se vio abocada a sobrevivir en un entorno hostil y desolador por la carestía de

---

461 Vid. GÓMEZ AYAU, E. "Reforma agraria y revolución campesina en la España del siglo XX", *Revista de Estudios Agrosociales*, núm. 77, 1971, pp. 7-53. VERGARA DONCEL, J. "La Crisis agrícola en España", *Revista de Estudios Agrosociales*, núm. 164. 1993, pp. 113-128. MONCLUS, F. J y OYÓN, J. L: "De la colonización…" cit., pp. 368-ss.

462 Artículos 2-3 de la Ley de 13 de abril de 1932.

alimentos de primera necesidad y de un futuro incierto[463]. El régimen franquista, al tiempo que promovía la capitalización y rápida recuperación del sector industrial, implantó un nuevo modelo de política agraria enmarcada en la autarquía y en el intervencionismo del Estado con el fin de revertir la grave situación económica y financiera que atravesaba el país[464].

El regadío se convirtió en una puesta segura y por este motivo el Estado siguió concediendo auxilios y subvenciones para la ejecución de grandes obras de riego al amparo de la Ley de 30 de junio de 1939. Conforme a la misma, los concesionarios de este tipo de obras -regantes, Sindicatos, *Comunidades de Regantes* y particulares- que por iniciativa propia acometieron alguna obra hidráulica, pero sin poderla concluir por falta de medios económicos, quedaban facultados para solicitar auxilios al Estado con la única condición de que hubieran invertido -o bien se comprometieran a invertir en un futuro próximo- el 20 por 100 del total del importe de las obras de riego a ejecutar[465]. Por

---

463 Para más información los efectos del conflicto bélico en la economía agrícola española, véase: BARCIELA LÓPEZ, C. "Los efectos de la Guerra Civil sobre la agricultura", *Economistas,* núm.21, 1986, pp. 16-19. BARCIELA LÓPEZ, C. "La agricultura española desde la Guerra Civil (1936-1949) a nuestros días", *Historia agraria y políticas agrarias en España y América Latina desde el siglo XIX hasta nuestros días,* Ministerio de Agricultura, Alimentación y Medio Ambiente, Madrid, 2017, pp. 319-378.

464 Vid., GÓMEZ AYAU, E.: "De la reforma agraria a la política de colonización (1933-1957)", *Agricultura y Sociedad,* núm. 7. 1978, pp. 87-121. EGEA BRUNO, P. M. "La coyuntura económica de 1930 en España. Reformar en crisis (I), los factores ", *Anales de Historia Contemporánea,* núm. 18, 2002, pp. 427-450. BARCIELA LÓPEZ, C. "Los costes del franquismo en el sector agrario: la ruptura del proceso de trasformaciones", *Historia Agraria de la España Contemporánea,* Crítica, Barcelona, 1986, pp. 383-454.

465 Artículo 1 de la Ley de 30 de junio de 1939, sobre auxilios para obras de riego.

otro lado, las obras de conservación o reparación de los ríos, si en un plazo máximo de un año no se acometían o mejoraban dejaban de estar comprendidas en los beneficios de la presente legislación, cuya concesión debía ser autorizada por Decreto acordado por el Consejo de Ministros -a propuesta del Ministro de Obras Públicas- en los mismos términos que en la Ley de 7 de julio de 1911[466].

Para un óptimo y mejor aprovechamiento de los caudales hídricos con destino al riego, se aprobó el Decreto de 15 de diciembre de 1939. Para disfrutar de los beneficios de esta norma era necesario la redacción de un proyecto o estudio por el Servicio Hidráulico correspondiente "con cargo a los créditos que en el presupuesto se consignaran para estos fines"[467]. Si las obras no causaban ningún perjuicio al trazado de los canales o al caudal, no se precisaba el trámite de la "información pública" para la aprobación definitiva del proyecto, salvo aquellos casos en que la Administración considera procedente efectuarlas por cualquier circunstancia[468]. Una vez aprobado el proyecto, el Estado se encargaba de la ejecución de las obras, para lo cual era esencial que la *Comunidad de Regantes* -legalmente constituida- se comprometiera a abonar, durante la fase de ejecución, el 20 por 100 de su coste y aportar el 50 por 100 "aumentada con un interés del 20 por 100 al año, a reintegrar al Estado" en un plazo de veinte anualidades[469]. En cumplimento de lo dispuesto en el artículo 20 de la Ley de 7 de julio de 1911, el Decreto dejaba bien claro que las obras solo debían

---

466 Artículos 3 y 4.

467 Artículo 1 del Decreto de 15 de diciembre de 1939, sobre de revestimientos de acequias como obras de mejora en los regadíos existentes.

468 Artículo 4.

469 Artículo 2.

afectar a los terrenos sujetos a riego con una extensión mínima de 200 hectáreas[470].

Una de las principales manifestaciones para impulsar el regadío, en este periodo, fue la creación del Instituto Nacional de Colonización (INC) -por Decreto de 18 de octubre de 1939- y la transformación de grandes comarcas rurales en zonas de regadío gracias a las medidas recogidas en la Ley de 26 de diciembre de 1939, que promovía -con el apoyo financiero, jurídico y técnico del Estado- la colonización de grandes áreas rurales y deprimidas de la geografía española[471]. El Estado, por su parte, se comprometió a solventar el problema de la falta de recursos hídricos del país a través de la construcción de grandes obras (embalses, pantanos, canales, acequias, vías de comunicación…etc.) y la concesión de auxilios y subvenciones para la construcción de viviendas, infraestructuras y demás instalaciones necesarias para que la colonización prosperara. Para la puesta en marcha de este ambicioso proyecto se requería la colaboración urgente de los propietarios de los terrenos, que debían inscribirse en las llamadas "Sociedades de Colonización" y "Asociaciones de Sustitución". Quienes se oponían corrían el riesgo de ser expropiados de su tierra que era repartida en lotes entre los colonos[472].

---

470 Artículo 3.

471 Esta legislación contemplaba hasta tres tipos distintos de actuaciones para estimular la colonización: a) transformación de extensas superficies de tierras yermas en regadíos, b) saneamiento de humedales para su posterior conversión en tierras de labor, c) conversión del sistema productivo en terrenos de secano a través de mejoras territoriales.

472 Vid. BARCIELA LÓPEZ, C. y LÓPEZ ORTIZ, Mª. I. "La política de colonización del franquismo: un complemento de la política de riegos, *El agua en la Historia de España*, Servicio de Publicaciones de la Universidad de Alicante, 2000, pp. 325-363. DEL ARCO BLANCO, M. A. "La colonización en el franquismo: políticas y resultados", *La tierra*

Entre los años 1941 y 1945 se aprobaron nuevos de Decretos con objeto de ampliar las tierras regables a través de la construcción y mejora de las obras públicas. En esta línea, el Decreto de 30 de diciembre de 1941, dispuso que cualquier aumento de tierras regables debía ser solicitada a la *Comunidad de Regantes,* "entidad, persona jurídica o individual, usufrutuaría del derecho primitivo", quien, a su vez, debía solicitar la autorización de la Jefatura de Aguas de la Cuenca correspondiente (hoy Conferencia Hidrográfica) con mención expresa de la superficie a regar, del tipo de cultivo y de la cantidad de agua requerida. Además, se advertía que los aprovechamientos de aguas para riego no se podían extender a más tierras que a aquellas que motivaron la concesión o adquisición de tal aprovechamiento[473]. El Decreto de 27 de julio de 1844,en la misma línea que el Decreto de 1939, definió el procedimiento para la aprobación de los proyectos de obras de mejora de regadíos, entre otras, "las de acrecimiento, reconstrucción y reparación de las presas de embalses y de derivación de los mismos, incluso sus tomas, desagües y mecanismos de unos y otros"[474].Por otro lado, el Decreto de 26 de octubre de 1945 reconoció que, por

prometida. historia y memoria de la colonización franquista en la provincia de Granada, Claudio Hernández Burgos (Coord.), Comares, 2023, pp.28-49. RABASCO POZUELO, P. "La planificación en la construcción de los poblados del Instituto Nacional de Colonización", *Informes de Construcción,* núm. 515, 2009, pp. 23-24. SÁNCHEZ SÁNCHEZ, I. *El Instituto Nacional de Colonización: repercusiones de la política agraria franquista en Talavera y sus tierras.* Ayuntamiento de Talavera de la Reina, 2002. MIGUELEZ CARBALLEIRA, H. "El sujeto rural español y el Instituto Nacional de Colonización (1939-1971). Colonialidad, biopolítica y memoria", *El imperio en casa, género, razón y nación en la España contemporánea,* Silex Ediciones, 2022, pp.195-215.

473 Artículo 1º del Decreto de 30 de diciembre de 1941, sobre tramitación de expedientes de aumento de zonas de riego.

474 Artículo 1º del Decreto de 27 de julio de 1844, sobre obras de mejora de regadíos.

la caducidad de una concesión anterior quedaba facultado el Ministerio de Obras Públicas para otorgar, por licitación y mediante concurso, concesiones de aprovechamientos de tramos de cauce público[475]. No obstante, se exceptuaban del referido tramite aquellas concesiones que, a propuesta del Ministerio de Obras Públicas, se reservaban a las "Autoridades Oficiales o de carácter estatal con destino a servicios públicos o que satisfagan recaudación de carácter mercantil"[476].Para la rehabilitación de las concesiones caducadas era preceptiva la imposición de una fianza al concesionario del 5 por 100 del presupuesto de la totalidad de las obras. Empero, la mitad de esta fianza podía ser devuelta por el concesionario cuando quedaba acreditado que se habían ejecutado obras por valor del importe total de las mismas, quedando la otra mitad a "responder del cumplimiento de las condiciones hasta la total terminación de las obras"[477].

La legislación colonizadora franquista, a lo largo de la década de los cuarenta, siguió priorizando el auxilio estatal para la ejecución de obras o mejoras -de carácter permanente- en núcleos rurales con el fin de mejorar la condición social de los campesinos y potenciar la riqueza del mundo rural[478]. En este sentido, la Ley de 27 de abril de 1946, que modificaba la anterior Ley de 25 de noviembre de 1940 de "Colonización de

---

475 Artículo 1º del Decreto de 26 de octubre de 1945, relativo a concesiones de aprovechamientos hidráulicos por causa de caducidad.

476 Artículo 4.

477 Artículo 5.

478 Vid., DEL ARCO BLANCO, M. A. "La colonización en el franquismo: políticas y resultados", *La tierra prometida. historia y memoria de la colonización franquista en la provincia de Granada,* Claudio Hernández Burgos (Coord.), Comares, 2023, pp.28-49. GÓMEZ BENITO, C. "Una revisión y una reflexión sobre la política de colonización agraria en la España de Franco". *Revista. Historia del Presente,* núm3, 2004, pp. 65-86.

Interés Local"[479], preveía hasta tres tipos diferentes de beneficios: anticipos, auxilios técnicos y subvenciones que el Estado podía conceder con preferencia a aquellas obras o mejoras que con menos presupuesto relativo "lograran una obra social más importante o crear mayor riqueza"[480]. Estos auxilios -a cargo del Estado- se concedían para la ejecución de determinadas obras -o mejoras-, entre otras:

- De captación y conducción del agua con destino a mejorar o ampliar el regadío de una zona.
- De conversión de secano en regadío.
- De adaptación de terrenos para el cultivo.
- Dependencias agropecuarias y foréstateles.
- Instalaciones para la conducción de energía de eléctrica en el área rural.
- Instalaciones para establecimientos industriales de carácter rural.
- Plantaciones arbóreas y arbustiva de carácter agrícola
- Obras de embellecimiento del mundo rural[481].

El Instituto Nacional de Colonización además de decidir sobre la importancia social y la utilidad de la obra a ejecutar, podía conceder anticipos reintegrables sin interés, amén de fijar su importe y los plazos para el abono. No obstante, dichos anticipos podían ser sustituidos, hasta un 30 por 100 del presu-

479 Ley de 27 de abril de 1946 que modifica la de 25 de noviembre de 1940 de "Colonizaciones de interés local". [«Boletín Oficial del Estado» núm. 118, de 28 de abril de 1946, páginas 3091 a 3093 (3 págs.). Disponible en https://www.boe.es/buscar/doc.php?id=BOE-A-1946-4836].

480 Artículo 4.

481 Artículos 2 y 3.

puesto de las obras, por subvenciones cuando los peticionarios eran Hermandades Sindicales, la Diputación provincial, los Ayuntamientos rurales o bien organismos oficiales o sindicales que tuvieran por misión el fomento o mejora de la producción agropecuario o forestal[482]. El reintegro de estos anticipos se debía efectuar en sucesivas anualidades sin superar el límite fijado (veinte años)[483]. Otra de las facultades inherentes del Instituto Nacional de Colonización era suscribir convenios o consorcios con los Sindicatos Verticales, los Servicios oficiales y las Diputaciones provinciales, con el fin de que todas estas entidades pudieran mejorar los auxilios y subvenciones reconocidos en la presente legislación[484]. Además de los incentivos ya mencionados, podían gozar de la exención de los impuestos de Derechos reales y sobre transmisión de bienes[485].

Con en el fin de paliar los malos resultados obtenidos en materia de colonización agraria se promulgó la Ley de 21 de abril de 1949 que confería al Estado un mayor peso en la ejecución de las grandes obras para la colonización de una zona regable, además de una mejora tanto en la redistribución de la tierra, fijando límites máximos y mínimos de extensión de las unidades de explotación en las nuevas áreas sujetas a riego, como en el régimen fiscal, a través de la actualización de los auxilios y exenciones fiscales que preveía la Ley de Aguas para los nuevos riegos. Respecto al tema que nos ocupa, la Ley dispuso que serían sufragados con cargo a los presupuestos respectivos de los organismos encargados de su ejecución, las obras de encauzamiento y protección de márgenes en cauces públicos, las de abastecimiento de agua a poblaciones, las de grandes colectores y las redes de acequias y desagües princi-

---

482 Artículos 5 y 6.

483 Artículo 9.

484 Artículo 13.

485 Artículo 16.

pales. Las obras de interés agrícola ejecutadas por el Instituto Nacional de Colonización serían sufragadas íntegramente por dicho organismo, siempre y cuando se declararan "obras de interés general" para el sector. El importe de los auxilios o subvenciones aplicables podía ascender al 40 por 100 del coste de la obra, y al 30 por 100 del importe del presupuesto para las "obras de interés agrícola privado". Además, aquellas obras e instalaciones que, sin relacionarse directamente con la trasformación agrícola de las zonas, contribuyeron a su desarrollo socio-económico podían también beneficiarse de los auxilios y subvenciones del Instituto Nacional de Colonización, hasta el 30 por 100 de su importe incluyéndose el valor de los solares y de la maquinaria que se precisara para tal fin[486].

Por último, respecto al régimen fiscal aplicable a la colonización de las zonas regables, se dispuso que las tierras que se trasformaran en regadío se les computaba durante los diez años siguientes a la declaración de puesta en riego, "el mismo líquido o riqueza imponible" que en origen tenían asignado en secano. Asimismo, la norma aclaró que la exención del impuesto de Derecho reales -declarada en la Ley de 17 de julio de 1946-"será de aplicación a las transmisiones de bines y derechos que hayan de realizarse por virtud de lo dispuesto en los artículos 16, 18, 29 y 33 de esta Ley"[487].

Con vista a trasformar en regadío zonas yermas de la geografía española se dictó el Decreto de 5 de febrero de 1954, que declaraba de alto interés nacional y de reconocida urgencia los trabajos de investigación y alumbramiento de las aguas subterráneas realizadas por el Instituto Nacional de Colonización. La norma autorizaba a este organismo a ocupar, por el procedimiento de urgencia regulado en la Ley de 7 de octubre de 1939, los terrenos necesarios para acometer las obras de

---

486 Artículo 24 de la Ley de 21 de abril de 1949, de colonización.

487 Artículo 34.

alumbramiento de aguas subterránea con destino exclusivo para la irrigación, además de atribuirle los derechos dominicales de las aguas obtenidas tras las obras[488]. En los últimos años del régimen franquista, se dictó el Decreto 118/1973, de 12 de enero, por el que se aprobaba el texto de la Ley de Reforma y Desarrollo Agrario[489], con los siguientes objetivos:

- Procurar una profunda transformación socioeconómica en las grandes regiones y comarcas del país, además de mejorar el medio rural con el fin de acrecentar el bienestar de la población labriega.
- Crear, mejorar y conservar las explotaciones agrarias, y potenciar el aprovechamiento y conservación de los recursos naturales en aguas y tierras[490].

El Gobierno, para el cumplimento de dichos objetivos, podía encomendar al Instituto Nacional de Reforma y Desarrollo Agrario una serie de actuaciones, entre otras:

- La realización de cuantos estudios e investigaciones resultaran necesarios para cumplir los objetivos.
- Ejecución de obras para mayor y mejor aprovechamiento de la tierra y el agua para fines agrarios.

---

488 Preámbulo del Decreto de 5 de febrero de 1954 por el que se declaran de alto interés nacional y de reconocida urgencia los trabajos de investigación y alumbramiento de aguas subterráneas que realice el Instituto Nacional de Colonización en cumplimiento de sus fines [«Boletín Oficial del Estado» núm. 47, de 16 de febrero de 1954, páginas 891 a 891 (1 pág.). Disponible en: https://www.boe.es/buscar/doc.php?id=BOE-A-1954-1926].

489 Decreto 118/1973, de 12 de enero, por el que se aprobaba el texto de la *Ley de Reforma y Desarrollo Agrario,* [«BOE» núm. 30, de 3 de febrero de 1973, páginas 1990 a 2026 (37 págs.). Disponible en: https://www.boe.es/buscar/doc.php?id=BOE-A-1973-167].

490 Artículo 3.

- Ordenación de las explotaciones agrarias y concentración parcelaria.
- Establecimiento de Planes de Mejora para comarcas deprimidas[491].

El Instituto para estas actuaciones podía conceder auxilios técnicos y económicos con el propósito de estimular la ejecución de las obras, fomentar la capitalización de las empresas, la comercialización de los productos agrarios y, en general, favorecer el desarrollo de la población campesina. En las obras destinadas al establecimiento de nuevos riegos o bien mejorar los existentes, también podía conceder a favor de empresas de canales de riego los mismos derechos y auxilios regulados en el artículo 198 de la Ley de Aguas[492].

La política de expansión y mejora del regadío prosiguió tras el fin del régimen franquista, pero estuvo condicionada a un uso sostenible y racional de los recursos hídricos debido a la grave situación de carestía que, desde mediados de la década de los setenta, veían padeciendo muchas regiones de la geografía española, en particular, las situadas en la cuenca mediterránea. Para tratar de revertir o paliar esta situación tan crítica se aprobó el Real Decreto 1200/1981, de 22 de mayo[493]. Esta norma preveía nuevas medidas para el fomento de la iniciativa privada en la transformación y mejora del regadío nacional, mediante la concesión de auxilios destinados a obras de establecimiento de nuevos regadíos y de mejora de los existentes en las zonas con menor recursos hídricos. Para ello, se autorizó

---

[491] Artículos 4 y 5.

[492] Artículo 95.

[493] Real Decreto 1200/1981, de 22 de mayo, por el que se establecen nuevas medidas destinadas al fomento de la iniciativa privada en las transformaciones y mejora de regadíos [«BOE» núm. 149, de 23 de junio de 1981, páginas 14356 a 14357 (2 págs.) Disponible en: https://www.boe.es/buscar/doc.php?id=BOE-A-1981-14094].

al Instituto Nacional de Reforma y Desarrollo Agrario a firmar convenios con entidades financieras para la concesión de créditos y otorgar subvenciones[494] pero, eso sí, sujetas a determinadas condiciones, entre otras:

- Cuando las transformaciones llevaban aparejado un mayor consumo de agua, los auxilios solo se concederían a favor de aquellas áreas o zonas de la geografía española con recursos hidráulicos suficientes.
- Los auxilios para mejorar el regadío ya existente en aquellas zonas con problemas de carestía, solo se concederían para la realización de las obras e infraestructuras que permitieran una reducción de su consumo. En el resto de zonas, los auxilios se otorgarían cuando con la mejora se pudiera incrementar la producción agraria.
- Las áreas afectadas, por espacio de tres años, debían dedicarse únicamente a los cultivos que determinara el Ministerio de Agricultura y Pesca[495].

Para la concesión de los auxilios se daría prioridad a las trasformaciones o mejora de regadíos que se acometieran en las áreas o zonas más afectadas por la reducción de la actividad agrícola, pero también al establecimiento de sistemas de riego en el Archipiélago Canario para un mayor ahorro hídrico[496]. Con el fin de financiar la realización de estas obras -por iniciativa privada- se autorizaba tanto al Instituto Nacional como al Organismo autónomo del Ministerio de Agricultura y Pesca, a celebrar -de manera directa o a través de entidades oficiales de

---

494 Preámbulo del Real Decreto 1200/1981, de 22 de mayo, por el que se establecen nuevas medidas destinadas al fomento de la iniciativa privada en las transformaciones y mejora de regadíos.

495 Artículo 1.1.

496 Artículo 1.2.

crédito- convenios[497] suscritos con empresas financieras para la concesión de préstamos(amortizados en un plazo máximo de diez años). Su cuantía era anualmente fijada por el Gobierno para cada ejercicio[498], pero sin posibilidad de superar el 70 por 100 de la inversión ni rebasar los diez millones de pesetas en el caso de préstamos individuales o los cuarenta millones cuando se trataba de "Comunidades de Regantes, Cooperativas u otras asociaciones o Agrupaciones de Agricultores legalmente constituidas"[499]. Por otro lado, la norma autorizaba al Instituto Nacional de Reforma y Desarrollo Agrario la concesión de auxilios o subvenciones en la siguiente forma y cuantía: hasta el 30 por 100 del importe de los préstamos destinados a mejorar las condiciones de amortización de los mismos, o bien hasta el 20 por 100 de la inversión que se realizara sin sujeción a los prestamos citados y sin que su cuantía sumada superara "a la que pudiera corresponder acogiéndose a los préstamos máximos autorizados"[500].

En suma, la incentivación para la adopción de sistemas eficientes de riego adquirió notoriedad y relevancia a lo largo de la década de los ochenta, de ahí la aplicación paulatina de políticas selectivas para intentar paliar el problema de carestía y la introducción de nuevas técnicas o sistemas como, por ejemplo, el riego por goteo y el uso de fuentes de abastecimiento como la reutilización de las aguas residuales o la desalinización[501]. La

---

497 Los convenios del Instituto suscritos con las entidades financieras, para una mayor agilidad en la concesión de los auxilios, se podían realizar a nivel provincial con independencia de su cuantía, pero sujetos, en todo caso, a las directrices e indicaciones de la presidencia del Instituto (art. 10)

498 Artículos 2 y 3.

499 Artículo 4.1. y 2.

500 Artículo 6.

501 Para más información sobre métodos y sistema eficientes de ahorro hídrico empleados en el regadío véase: ABADÍA SANCHEZ, R.

creación de un suministro de agua sostenible es, hoy día y desde hace treinta años, una pieza fundamental para el desarrollo de una economía circular en áreas geográficas con riesgo de escasez, habida cuenta que la gestión del líquido elemento adaptada al crecimiento poblacional, al cambio climático y a las nuevas necesidades de la huerta tradicional va más allá de la mera adecuación de las obras e infraestructuras hidráulicas para la mejora de la eficiencia[502].

"Ahorro y eficacia energética en el regadío", *Agrónomos: Órgano Profesional de los Ingenieros Agrónomos,* núm. 43, 2013, pp. 22-28. LÓPEZ, A. "Ahorro de agua en el regadío", *Vida Rural,* núm. 217, 2005, pp. 27-30. ABELLÁN CONTRERAS, F. J. "Directrices jurídicas en la planificación y gestión del agua en la demarcación hidrológica del Segura: evolución en el tiempo (siglos XIII-XIX)". *El Bajo Segura como enclave hidrológico, territorio, economía y paisaje.* Mª. F. Zaragoza Martí (Coord.), Tirant lo Blanch, Valencia, 2023, pp. 195-227. ABELLÁN CONTRERAS, F. "Sostenibilidad y eficiencia hídrica en el «agroecosistema» de la Vega Baja del Segura: estudio histórico-jurídico y ambiental", *Agua, Energía y Medio ambiente,* Joaquín Melgarejo Moreno, Inmaculada López Ortiz y Patricia Fernández Aracil (Coords.), Servicio de Publicación de la Universidad de Alicante, 2022, pp. 1033-1044. MOLINA GIMENEZ, A. "Instrumentos jurídicos para la regulación de la sequía", *Inundaciones y sequias, Análisis multidisciplinar para mitigar el impacto de los fenómenos climáticos extremos.* Joaquín Melgarejo Moreno, Inmaculada López Ortiz y Patricia Fernández Aracil (Coord.), Servicio de Publicación de la Universidad de Alicante, 2021, pp. 1115-1138.

502 MELGAREJO MORENO, J. Mª. I. LÓPEZ ORTIZ y MOLINA GIMÉNEZ, A. *La economía circular y el sector del agua en España: Análisis jurídico-económico.* Tirant lo Blanch, Valencia, 2023, pp. 21-90.

2.3. Alumbramiento de aguas subterráneas con destino al abastecimiento de poblaciones, riego e industria

La relevancia del agua del subsuelo en el conjunto de la economía hídrica nacional era exigua cuando se aprobó la Ley de Aguas de 1879, amén de existir un enorme desconocimiento de las estructuras geológicas e hidrogeológica, lo que favoreció la explotación y aprovechamiento de las aguas superficiales en detrimento de las subterráneas[503]. El aumento de la demanda hídrica y la cada vez mayor escasez de recursos para atender las necesidades agrícolas impulsaron los aprovechamientos de estas aguas a través en una serie de disposiciones legales para tratar de solventar las lagunas y deficiencias de la Ley 1879 en este capítulo. Como hitos más destacados dentro de esta legislación especial, cabría citar: la Real Orden de 5 de junio de 1883, por la que se aprobó la Instrucción para la tramitación de expedientes de las obras de alumbramiento de agua subterránea, estableciéndose el procedimiento a seguir para su ejecución hasta la redacción y aprobación definitiva del Re-

---

503 No obstante, a medida que los avances tecnológicos contribuyeron a un mayor conocimiento de las capas freáticas y de los acuíferos se logró perfeccionar los sistemas y técnicas de extracción de las aguas subterráneas, poniéndose de relieve su importancia en cuanto a reserva en el subsuelo y fuente alternativa para satisfacer las necesidades hídricas en la agricultura, al tiempo que se evidenciaba que las aguas subterráneas y las superficiales se circunscribían a un mismo ciclo hidrológico, de manera que cualquier acción sobre unas acababa inexorablemente repercutiendo sobra las otras véanse: SAHUQUILLO HERRAIZ, A. "Las aguas subterráneas en España", *El campo: Boletín de información agraria,* núm. 96, 1984, pp. 11-13. DEL SAZ CORDERO, S.: *Las aguas subterráneas...*, cit.p.37, PIQUERAS DELGADO, F.: *Derecho de aguas...*, cit., p. 119. GAY DE MONTELLÁ, R. y MASSÓ ESCOFET, C. *Tratado de la legislación...*, cit., pp. 149-ss.

glamento de la Ley Aguas[504]. La Real Orden de 2 de mayo de 1891, sobre aprovechamiento de aguas subterráneas dispuso que mientras no se aprobara una nueva legislación, quedarían comprendidos en los artículos 23 y 24 de la Ley de Aguas "el medio de aprovechamiento de las aguas subterráneas por pozos con máquina elevadora cuyo motor no sea el hombre"[505]. Respecto a la concesión de auxilios y ventajas para la ejecución de las obras de alumbramiento, el Real Decreto de 28 de junio de 1910, aclaró que todos los trabajos de sondeo y de perforación de pozos y galerías -a cargo del Estado-debían realizarse por "contratos o por administración", bajo la estricta supervisión, dirección técnica y vigilancia del personal del Instituto Geológico de España; organismo que también encomendó el estudio de las condiciones hidrológicas subterráneas para la realización de las obras de alumbramiento y el señalamiento de los puntos más adecuados[506].

Estas obras -por cuenta del Estado- en ningún caso se debían ejecutar sin la aprobación previa del proyecto y del presupuesto correspondiente. El Estado, en las obras realizadas en "beneficio general", podía conceder auxilios a los Ayuntamientos, entidades y particulares cuando se comprometieran a ejecutarlas por cuenta y riesgo[507]. El auxilio podía ser bien informativo o económico[508]. El primero solo se concedía en alumbramientos

504 Artículo 2 de la Real Orden de 5 de junio de 1883, por la que se aprobó la Instrucción para la tramitación de expedientes de las obras de alumbramiento de agua subterránea.

505 Artículo 1 del Real Orden de 2 de mayo de 1891, sobre aprovechamiento de aguas subterráneas.

506 Artículos 1 a 4 del Real Decreto de 28 de junio de 1910 sobre auxilios en la ejecución de obras de alumbramiento de aguas subterráneas.

507 Artículos 6-7.

508 Se ha de tener en consideración que el artículo 7 del presente Real Decreto permitía solicitar, a cualquier persona -física o jurídica- con interés en realizar obras de alumbramiento, el auxilio al Estado, a

de aguas subterráneas con un "fin puramente particular", quedando obligado el Instituto Geológico de España a facilitar al interesado cualquier información que pudiera ser de utilidad. Además, cuando la Dirección General de Obras Públicas lo consideraba conveniente, el Instituto podía ordenar a su personal inspeccionar "sobre el terreno los puntos y circunstancias de la investigación dando copia del informe al interesado en todo lo pertinente a su proyecto"[509]. Por el contrario, el auxilio económico o pecuniario se concedía a aquellos Ayuntamientos interesados en alumbrar aguas subterráneas con destino a "aplicaciones de interés general manifiesto". En este supuesto, el Estado podía contribuir hasta con el 50 por 100 del presupuesto total, que era abonado a los interesados en la forma y plazos fijados por el Ministerio de Fomento[510]. Para su concesión, como requisito indispensable, el Instituto Geológico debía dejar constancia, a través de un informe razonado, que la comarca donde se pretendía acometer las obras reunía las condiciones geológicas e hidrológicas necesarias para obtener un resultado satisfactorio. Una vez comprobado la viabilidad del proyecto -y con el visto bueno del Instituto- el Estado procedía a la concesión de los auxilios correspondientes quedando obligado el concesionario

---

través de una instancia al Director General de Agricultura, Industria y Comercio, haciéndose constar tanto las circunstancias del caso como el fundamento de la demanda. No obstante, este punto fue modificado por el Decreto de 23 de agosto de 1934, en el sentido de que, para pueblos de menos de dos mil habitantes, quedaba el Estado facultado para acometer por su cuenta -y dentro de sus posibilidades presupuestarias y con arreglo al proyecto que aprobara la Dirección General de Minas- todas las obras de alumbramiento necesarias, con la obligación de devolver a los Ayuntamientos interesados el importe de las mismas anualidades prefijadas en el proyecto de concesión (art. 9).

509 Artículo 8.1.

510 Artículo 8. 2.

a acometer las obras en tiempo y forma[511], cuyo incumplimiento era motivo de apertura del expediente de caducidad a través de dos vías: por denuncia del propio Instituto o por solicitud del concesionario[512].

Días después de la publicación de este Real Decreto se aprobó otro (en concreto, el Real Decreto de 23 de julio de 1910) que distinguía entre las aguas subterráneas "correspondientes a los cauces de dominio público", es decir, las "aguas subálveas" a las que se refería el artículo 5 de la Instrucción de 5 de junio de 1883, y las "correspondientes a los terrenos de dominio público", refriéndose a las aguas subterráneas cuya concesión y alumbramiento eran autorizadas con arreglo a la legislación de aguas y a la Instrucción sin perjuicio de los alumbramientos que el Estado pudiera realizar en beneficio de la colectividad[513]. El Real Decreto 11 de julio de 1910 se aprobó con el propósito de aclarar que las anteriores disposiciones legales (Reales Decretos de 28 de junio y 23 de julio de 1910), sólo se debían interpretar en el sentido de que sus preceptos dejaban de aplicarse a las aguas subterráneas halladas en terrenos de dominio público, rigiéndose las disposiciones anteriores a la

---

511 Artículos 9 y 10 del Real Decreto de 23 de julio de 1910.

512 En todo caso, los trabajos u obras que se hubieran realizado en estas concesiones caducadas quedaban en propiedad del Estado, al igual que las aguas obtenidas en las obras de alumbramiento, pudiéndolas ceder a quien lo solicitara mediante contrato, pero bajo ciertas condiciones. Por el contrario, las aguas alumbradas por Ayuntamientos y particulares pasaban a ser propiedad de éstos, aun cuando el Estado hubiera contribuido con la concesión de auxilios (informativos o económicos) para la ejecución de las obras (arts. 11-12). Por último, todos los expedientes sobre aguas subterráneas, incluidas las posibles incidencias que se suscitaran al respecto, se tramitaban en una Sección especial del Negociado de Minas de la Dirección General de Agricultura, Industria y Comercio (art. 13).

513 Artículos 1 y 2.

aplicación de las citadas disposiciones[514]. Ya en la década de los años veinte, el Real Decreto de 9 de junio de 1924 introdujo algunos cambios sustanciales que afectaban a las competencias del Instituto Geológico Español que le fueron atribuidas por el Real Decreto de 28 de junio de 1910[515]. Por otro lado, el Decreto de 15 de octubre de 1934 sentó las bases para la tramitación del expediente de alumbramiento para abastecimiento de poblaciones con menos de dos mil habitantes, permitiendo a los Ayuntamientos -y a las Juntas vecinales- que quisieran acogerse a los beneficios recogidos en la norma, pero condicionado al cumplimento de una serie de requisititos:

- Tener una población inferior a dos mil habitantes.
- Quedar acreditado que se carecía de agua suficiente para satisfacer las necesidades o demandas de la población.
- Carecer de medios económicos para ejecutar por su cuenta y riesgo las obras de alumbramiento.
- Formular la solicitud ante la Dirección General de Minas y Combustibles junto a la documentación que acreditara fehacientemente los anteriores requisitos[516].

---

514 Artículo 1 del Real Decreto de 11 de julio de 1910.

515 Así es, el Real Decreto de 1924 atribuyó al personal adscrito a los respectivos distritos mineros -y bajo la inspección del Consejo de Minería- todas las funciones que hasta la fecha despeñaba el Instituto Geológico de España en materia de dirección, inspección y vigilancia de las obras de alumbramiento de aguas subterráneas. No obstante, el estudio y propuesta de los terrenos para acometer las obras de alumbramientos por cuenta del Estado, continuaba siendo competencia del Instituto Geológico al igual que la propuesta del plan de los trabajos de investigación a realizar y su presupuesto. (arts. 1-2).

516 Artículo 1 del Decreto de 15 de octubre de 1934, por el que se establecían reglas para la tramitación del expediente de alumbra-

Si el peticionario era el propio Ayuntamiento se debía ofrecer, como condición previa a la concesión, todos los terrenos necesarios para las obras de manera gratuita, además del compromiso de incluir en sus presupuestos anuales las cantidades fijadas para reintegrar al Estado la suma concedida. Por el contrario, si la Junta vecinal era la peticionaria, se debía presentar "la documentación de la aceptación y cumplimiento por el Ayuntamiento al que pertenece, de todas las condiciones citadas"[517]. Las aguas alumbradas -de las instalaciones y de los terrenos- quedaban bajo titularidad estatal hasta que el Ayuntamiento o la Junta vecinal reintegraba el importe total de los anticipos realizados por el Estado para la realización de los trabajos de sondeo[518].

Por Decreto de 23 de agosto de 1934 se modificó el artículo 8 del Real Decreto de 28 de junio de 1910, en el sentido de que, para los pueblos de menos de dos mil habitantes, el Estado debía ejecutar por su cuenta -y con arreglo al proyecto y presupuesto aprobado- las obras de alumbramiento necesarias para acrecentar la superficie agraria. Pero los Ayuntamientos interesados tenían que devolver el importe en las anualidades prefijadas en el proyecto de concesión[519]. Por último, el Decreto de 23 de octubre de 1941[520], también preveía el mecanismo de los

---

miento para abastecimiento de poblaciones con menos de dos mil habitantes.

517 Artículo 2.

518 Artículos 5 y 6.

519 Artículo 9 del Decreto de 23 de agosto de 1934.

520 Conforme al artículo 1 del presente Decreto de 1941, todos los expedientes de alumbramiento de aguas subterráneas, con destino al abastecimiento de poblaciones y obras de riego auxiliadas por el Estado, se debían tramitar por los *Servicios del Instituto Geológico y Minero,* quedando sin efecto lo dispuesto sobre este capítulo en los Reales Decretos de 10 de julio de 1010, y de 9 de junio de 1925 y en los Decretos de 4 de mayo de 1935 y 17 de mayo de 1940.

auxilios o subvenciones para los alumbramientos de aguas subterráneas con destino al abastecimiento de poblaciones y obras de riego[521]. Como se ha comentado en el apartado anterior, la Ley de 27 de abril de 1946 -que modificaba la Ley de "Colonización Interior" de 1940- continuó con la línea de los auxilios del Estado a las captaciones privadas. Además, los trabajos de alumbramiento de las aguas subterráneas con destino al riego se vieron favorecidos por varias disposiciones legales entre la década de los cincuenta y setenta. En este sentido, el Decreto de 5 de febrero de 1954 declaró de alto interés nacional todos los trabajos, obras e instalaciones realizados por el Instituto Nacional de Colonización para la investigación y alumbramiento de aguas subterráneas para implantar el regadío; obras, todas ellas, declaradas de "utilidad pública" a los efectos de la expropiación forzosa y ocupación urgente de los terrenos[522].

Las aguas alumbradas por este organismo oficial pasaban a ser de su propiedad, pero si no les daba uso cabía la posibilidad de su cesión a favor de particulares o entidades a cambio del pago de un canon, cuya cuantía era fijada atendiendo al caudal y coste del alumbramiento y a los gastos que al Instituto de Colonización le hubiere ocasionado la ejecución de las obras[523]. También se preveía la posibilidad de establecer un perímetro de protección de las aguas subterráneas con el propósito de impedir que los caudales hídricos se derivaran a través de obras realizadas por los particulares de los predios

---

521 Artículo 3.

522 Artículos 1 y 2 del Decreto de 5 de febrero de 1954 por el que se declaran de alto interés nacional y de reconocida urgencia los trabajos de investigación y alumbramiento de aguas subterráneas que realice el Instituto Nacional de Colonización en cumplimiento de sus fines [«Boletín Oficial del Estado» núm. 47, de 16 de febrero de 1954, páginas 891 a 891 (1 pág.). Disponible en: https://www.boe.es/buscar/doc.php?id=BOE-A-1954-1926].

523 Artículo 3.

próximos a la zona donde se habían acometido los trabajos de alumbramiento[524]. Por otro lado, la Ley de Reforma y Desarrollo Agrario de 12 de enero de 1973, consideraba tanto a la investigación como la captación de las aguas subterráneas obras de utilidad general y, por tanto, gozaban de los auxilios del Estado[525]; medida que, a partir de 1976, se contemplaba en otras muchas disposiciones promulgadas para la implantación del regadío con agua subterránea, sin distinción alguna de la procedencia de la misma[526].

Por otro lado, se debe tener en cuenta que la escasez de recursos hídricos en el Archipiélago canario, unido a la insuficiencia o incapacidad de la legislación de aguas decimonónica (Leyes de 1866 y 1879) para atender las nuevas demandas de los Heredamientos y solucionar las viejas pugnas con las empresas privadas, son factores que contribuyeron a allanar el camino hacia el establecimiento de un régimen especial modificatorio del derecho general de aguas, caracterizado por un intenso intervencionismo de la Administración y por la exigencia de autorización para el alumbramiento y aprovechamiento de las aguas del subsuelo. La Real Orden de 27 de noviembre de 1924[527], marcó el inicio de este proceso, que hunde sus raíces en el medievo, al

---

524 Artículo 4.

525 Artículo 62 del Decreto 118/1973, de 12 de enero, por el que se aprobaba el texto de la Ley de Reforma y Desarrollo Agrario, [«BOE» núm. 30, de 3 de febrero de 1973, páginas 1990 a 2026 (37 págs.). Disponible en: https://www.boe.es/buscar/doc.php?id=BOE-A-1973-167].

526 DELGADO PIQUERAS, F. *Derecho de aguas...*, cit. p. 119.

527 La norma se desarrolló con el propósito de favorecer y agilizar las concesiones mineras en el Archipiélago en busca de agua para nuevos riegos. La Administración no actuó con la diligencia debida ya que concedió muchas facilidades a todos los dueños con terrenos idóneos para alumbrar agua, sin considerar los perjuicios a terceros a causa de las nuevas autorizaciones administrativas.

exigir autorización administrativa para la ejecución de cualquier obra destinada a alumbrar las aguas halladas bajo terrenos de propiedad privada en base a la función de policía del Estado. Para la concesión era necesario formular una solicitud -dirigida a la Jefatura de Obras Públicas y Minas- y depositar una fianza para atender los posibles daños o perjuicios ocasionados a las explotaciones afectadas[528]. Ya en la II República se dictó el Decreto de 1 de diciembre de 1933 -por D. Rafael Guerra del Río, Ministro de Obras Públicas-, que dejaba sin efecto para las Islas Canarias, la anterior Real Orden de 1924 amén de los artículos 23.3 y 24 de Ley de Aguas. A partir de este momento, la concesión de las aguas públicas que "discurrieran discontinuamente por barrancos, arroyos o acequias de uso eventual" pasó a ser competencia exclusiva de los Ingenieros Jefes de las Obras Publicas de las provincias, en cumplimiento de lo dispuesto en la Ley de 20 de mayo de 1932, y con arreglo al artículo 181 de la Ley de Aguas[529]. La norma además de favorecer el traspaso de las obras públicas hidráulicas a favor de los Cabildos Insulares, autorizaba el auxilio del Estado para todas las obras que estuvieran en proceso de ejecución[530]. Por otro lado, el Decreto de 19 de enero de 1934, se ocupó de regular la servidumbre de acueducto -prevista en la Ley de Aguas- y, años después, la Orden de 23 de mayo 1938, exigió autorización administrativa para la ejecución de cualquier obra de alumbramiento en pozos distintos a los regulados en el artículo 20 de la Ley de Aguas, quedando el peticionario obligado a depositar una fianza fijada por la Jefatura de Obras Públicas de la provincia, si se apreciaban en los informes técnicos la reducción de los caudales en las explotaciones preexistentes[531].

---

528 Artículos 1 y 2 de la Real Orden de 27 de noviembre de 1924.

529 Artículos 1-3 del Decreto de 1 diciembre de 1933.

530 Artículo 8.

531 Artículos 1 y 3.

En los primeros años de la Dictadura se aprobó la Orden de 21 de julio de 1944 para la legalización de obras abusivas. La autorización quedaba condicionada a los informes emitidos por el Gobernador Civil y las Jefaturas de Obras Públicas y Minas, previo abono de la sanción. Un año después se aprobó la Orden de 15 de mayo de 1945, para tratar de agilizar y dar mayor eficacia a la tramitación de los expedientes administrativos de nuevos alumbramientos cuando el peticionario declaraba ser titular de los terrenos, y en la fase de información pública no se hubiera recibido ninguna queja o reclamación por la ejecución de las obras. Además, si éstas se desarrollaban en terrenos de personas distintas al peticionario, se exigía la previa autorización del titular o dueño[532].

A mediados del siglo XX, la problemática por la defensa de los derechos de propiedad de los Heredamientos ante los Tribunales de Justicia continuó latente. Por este motivo se aprobó Ley de Heredamientos, de 27 de diciembre de 1956, que de manera expresa reconoció personalidad jurídica a las "Heredades, Heredamientos de aguas, Dulas, Acequias, Comunidades u otras análogas agrupaciones constituidas en el Archipiélago"[533]. La Ley supuso un importante avance en orden a la configuración institucional de estas agrupaciones tradicionales e inmemoriales que, como es lógico, fundamentan la especialidad del régimen jurídico de aguas en Canarias. Años después, para evitar nuevos conflictos entre las islas de Santa Cruz de Tenerife y Las Palmas se creó, por Orden de 31 de diciembre de 1956, dos organismos que dependían de la Dirección General de Obras Públicas: el Servicio de Obras Hidráulicas y la Comisaria de Aguas. Este último, además de la concesión de aprovechamientos de aguas públicas -continuas y discontinuas- asumió, por Orden de 16 de enero de 1960, la

[532] Artículo 2.

[533] Artículo 1.

concesión de obras de alumbramiento de aguas en terrenos de dominio privado. Dos años después se aprobó la Ley sobre Alumbramientos y Auxilios, de 24 de diciembre de 1962 -y su Reglamento de 1965-, fijándose las bases de la intervención administrativa, al establecer entre otras medidas:

- La exigencia de la autorización para la ejecución de obras de alumbramiento de las aguas del subsuelo.
- La supresión de la distancia mínima prevista en la Ley de Aguas, de 100 metros entre pozos y otras construcciones. Distancia que, en cualquier caso, estaba condicionada a no afectar al caudal de las aguas de otros aprovechamientos.
- La reserva de todos los acaudales de agua no alumbradas a favor del Estado.

La distancia de 100 metros prevista en el artículo 24 de la Ley de Aguas, con el tiempo resultó insuficiente si se tiene en consideración los avances técnicos del siglo XX que contribuyeron a mejorar los sistemas de prospección y extracción de las aguas del subsuelo, y con ello aumentar el volumen de los caudales aprovechados. Vemos como la Ley, para adaptase a la realidad hidráulica del Archipiélago, optó por sustituir los 100 metros de distancia por otras mucho más flexible, en concreto, "por la que se estimase real influencia del pozo, socavón o galería". También pretendía conferir al Estado mayores facultades para intervenir, en caso de extrema necesidad, y garantizar el abastecimiento a las poblaciones, pues parece ser que este servicio no quedaba cubierto suficientemente con la Ley de 1879, al consentir que el destino del líquido elemento viniera regido por las leyes del mercado[534]. De ahí el interés

---

534 Véase al respecto los comentarios de SARMIENTO ACOSTA, M.J. *El Derecho de aguas…*, cit. pp. 70-ss. GUIMERÁ PERAZA, M. "Auxilios a los aprovechamientos de aguas en Canarias y otras cuestiones",

inicial del legislador por declarar en Canarias el carácter público de las aguas del subsuelo, medida que quedó limitada a la potestad de reserva temporal a favor del Estado; reserva que respetaba los derechos privados existentes sobre las aguas descubiertas y las que aún estaban por alumbrar que solo podían ser expropiadas mediante la correspondiente indemnización a que hubiera lugar de conformidad con lo dispuesto en la Ley de Expropiación Forzosa. Así es, la Ley permitió, al Ministerio de Obras Públicas, reservar caudales de aguas del subsuelo sin alumbrar "en aquellas zonas en que por la escasez de aguas y la importancia de las necesidades a satisfacer lo requiera el interés público o haya razones de utilidad social para ello, respetándose siempre los aprovechamientos, alumbramientos y derechos preexistentes"[535]. Para evitar todo tipo de abusos y malas prácticas en las solicitudes de aprovechamiento de estas aguas, se dispuso que los caudales no destinados a las labores de explotación minera se debían aplicar a reponer las mermas de los aprovechamientos existentes que hubiesen resultado afectados por el alumbramiento realizado en la mina. Las sobrantes, por el contrario, se debían verter en un cauce público o bien ponerlas a disposición de la Comisaria de las Aguas de Canarias, sin posibilidad alguna de alegar derechos sobre el recurso, salvo que se acreditara un derecho adquirido por prescripción o se solicitara concesión de aguas públicas[536].

La Ley también estableció medidas de fomento de la inversión privada basadas en ayudas, auxilios y subvenciones del Estado para la ejecución de obras de alumbramiento, con el propósito de consagrar la total adscripción de las aguas a las tierras -que hubieran de ser regadas-, extendiéndose la propie-

---

Anuario de Derecho Civil, Vol. 16, núm. 2. 1963, pp. 423-464. DEL SAZ, S.: *Aguas subterráneas…*, cit. pp. 24-33.

535 Artículo 2.

536 Artículo 3.

dad del suelo a la del subsuelo y a las aguas en él almacenadas. Conforme a la Ley, todo los incentivos mencionados -que también se recogían en el Decreto de 8 de diciembre de 1933-, se aplicarían de manera exclusiva a los presupuestos de todas las obras que en el futuro se ejecutaran para el alumbramiento, captación y mejora del aprovechamiento[537]. En desarrollo de la Ley se aprobó el Reglamento 43/1965 de 14 de enero, de Aprovechamientos de aguas y auxilios. Para algunos autores, como Martín-Retortillo[538] o García Nieto[539], el Reglamento había incurrido en un grave exceso, ya que superaba con creces las previsiones de la Ley de 1962, no solo por exigir la autorización del titular del terreno para perforar -aunque las obras no afectaran a la superficie-[540], sino también respecto al derecho de indemnización a su favor por la reserva de las aguas no alumbradas. El desarrollo del Reglamento tuvo una importancia relevante en el proceso de definición del régimen especial de aguas en el Archipiélago, al comprender una regulación excelsa de todos los extremos que han contribuido a conformar las especialidades del Derecho de aguas. A través del Reglamento, que constaba solo de cuatro capítulos, se pretendía dar solución a todos los problemas planteados que la práctica puso de manifiesto. El primero de ellos se ocupó del procedimiento para la concesión de autorización de obras de alumbramiento en terrenos particulares a través de los medios definidos en el artículo 23 de la Ley de Aguas (galerías, pozos y socavones), requiriéndose la preceptiva autorización de la Comisaria de Aguas previo informe del Distrito Minero[541]. Junto a este procedimiento se establecieron fórmulas para evitar perjuicios en

537 Artículo 4.

538 MARTÍN-RETORTILLO, S. "Aguas públicas..." cit. p. 115.

539 GARCÍA NIETO, A. "Aguas subterráneas...", cit. p.48.

540 Artículo 2.1. 3 del Reglamento 43/1965 de 14 de enero, de Aprovechamientos de aguas y auxilios

541 Artículos 1 y 2.

las obras de alumbramiento ya existentes. En el capítulo segundo, se determinó el camino que debía seguir la Administración del Estado para proceder a la declaración de reserva de caudales de las aguas subterráneas. Asimismo, en el capítulo tercero se reguló el destino y aplicación que debían recibir las aguas halladas en la explotación minera y, finalmente, en el cuarto capítulo se reguló el régimen de auxilios para la ejecución de obras de alumbramiento.

En relación a esta última cuestión, se diferenciaba hasta tres procedimientos de ejecución de las mismas para establecer nuevos riegos o mejorar los existentes al amparo de las Leyes de 7 de julio de 1911 y de 24 de diciembre de 1962: ejecutados por cuenta exclusiva del Estrado, con auxilios de los propietarios o corporaciones interesados (representados, en su caso, por los Cabildos Insulares) o bien por los interesados con auxilios del Estado[542]. Las ejecutadas por el Estado, sin el auxilio de los propietarios o corporaciones interesadas, requería la concurrencia o convergencia de una serie de circunstancias, entre otras: que se tratara de aguas públicas, que existiera un proyecto previo (aprobado por el Ministerio de Obras Públicas), que en ningún caso se tratara de una obra de regulación, mejora o ampliación de los regadíos ya existentes salvo que quedara probado la imposibilidad de su ejecución con auxilios de las corporaciones o entidades interesadas o la indudable conveniencia de su realización por motivos de utilidad pública, que la obra estuviera comprendida en el Plan General de Obras Públicas y, por último, que figurara en la distribución correspondiente al capítulo de obras de riego de la Ley de Presupuestos. Aquellas obras realizadas por cuenta exclusiva del Estado -con cargo a su presupuesto- se debían proyectar por el Servicio de Obras Hidráulicas de Canarias, asumiendo también la contratación, dirección e inspección de las mismas. Se ha de tener en con-

---

542 Artículo 35. 1.

sideración que hasta la total amortización de las obras por los usuarios, a través del pago de los correspondientes cánones y el anticipo con que se auxilió la construcción, las obras continuaban perteneciendo al Estado[543]. Esta misma situación se daba respecto a las ejecutadas por el Estado con auxilios de los interesados, quedando obligados a presentar sus proyectos junto a las solicitudes de auxilios y la concesión de las aguas públicas en el Servicio de Obras Hidráulicas de Canarias, quien debía formular la correspondiente propuesta de auxilios y remitir el expediente a la Comisaría de Aguas para que, a su vez, formulara la relativa a la concesión del aprovechamiento, elevándose ambas al Ministerio de Obras Públicas para su resolución[544].

Cuando las obras eran ejecutadas por los interesados, con el auxilio del Estado, las ayudas, subvenciones y anticipos sólo se podían aplicar a los presupuestos de las obras (principales o complementarias)de alumbramiento, captación, regulación, embalse, conducción y mejor aprovechamiento de las aguas públicas o privadas[545]. El Estado podía subvencionar hasta el 50 por 100 del total, siempre y cuando la construcción de la obra corriera a cargo de las Mancomunidades Interinsulares, Cabildos Insulares o *Comunidades de Regantes* constituidas de acuerdo con la Ley de Aguas[546]. A este mismo régimen también se podían acoger los Heredamientos y Comunidades de Aguas, regulados en la Ley de 27 de diciembre de 1956, cuando se comprometieran a adscribir el recurso a la tierra y acogerse a las normas que la Ley de Aguas contemplaba para las Comunidades de Regantes de aguas públicas. En el resto de auxilios -que en ningún caso podían superar el 50 por 100 del importe total de las obras aprobadas-, se consideraba como anticipo

---

543 Artículos 37- 39.

544 Artículo 39-42.

545 Artículo 44.1.

546 Artículo 45.1.

reintegrable en veinte anualidades vencidas[547]. En este último supuesto, las obras pasaban a ser propiedad de los interesados con la obligación de contratar por su cuenta la ejecución de las mismas[548].

Los auxilios del Estado, en sus distintas manifestaciones, contribuyeron a acrecentar la ejecución de obras hidráulicas en las Islas. Empero, se acometieron como un seguro para estimular la agricultura y, en particular, los nuevos riegos, a pesar de su escasa rentabilidad[549]. La Ley de 1962 y a su Reglamento de 1965 definieron el régimen especial de aguas del Archipiélago, no obstante, a lo largo de la década de los sesenta se dictaron algunas normas complementarias que, a pesar de no contener innovaciones sustanciales, tuvieron su relevancia en orden a evitar litigios debido a su carácter organizativo. En esta dirección, el Decreto de 24 de febrero de 1966 impuso que determinados expedientes pasaran a informe de la Comisaria de Aguas para que ésta definiera las condiciones y requisitos necesarios que debían figurar en los permisos de investigación minera[550]. Asimismo, el Decreto 2234/1966, de 13 de agosto, modificaba la organización de los servicios Hidráulicos en Ca-

---

547 Artículo 45.3.

548 Artículos 46 y 47. 3.

549 Véase al respecto los comentarios de GUIMERÁ PERAZA, M. "Auxilios a los aprovechamientos de aguas en Canarias y otras cuestiones", *Anuario de Derecho Civil*, Vol. 16, núm. 2. 1963, pp. 423-464. QUINTANA NAVARRO, F. MÁRUEZ QUEVEDO, J. y MAURICIO RODRÍGUEZ, J. *Una mirada crítica a la agricultura canaria: la obra periodística de José Mauricio Rodríguez, 1959-1989*, Cabildo Insular de Gran Canarias, Las Palmas de Gran Canarias, 1996, pp. 80-ss. SARMIENTO ACOSTA, M.J.: *El Derecho de aguas...*, cit. pp. 76-78.

550 Artículo 2.4 del Decreto de 24 de febrero de 1966 "sobre permisos de investigación minera".

narias[551]. A partir de entonces, la Comisaría de Aguas de Canarias pasó a denominarse "Servicio Hidráulico de Las Palmas"[552], y el Servicio de Obras Hidráulicas "Servicio Hidráulico de Santa Cruz de Tenerife", con jurisdicción en cada provincia, evitándose de este modo los problemas originados en la sustanciación de los expedientes[553].

En suma, el aprovechamiento de las aguas subterráneas tanto en el Archipiélago como en la Península durante la segunda mitad del siglo XX, contribuyó a mejorar la situación económica de muchas regiones áridas y sectores económicos. Empero, a mediados de la década de los ochenta, el uso intensivo de estos recursos con destino al riego y al abastecimiento de poblaciones y a la industria, unido a la contaminación y sobreexplotación de los acuíferos, evidenció la falta de instrumentos de protección de los recursos hídricos y la perentoria necesidad de reformar la legislación debido al interés prevalente de los propietarios del suelo para aprovechar las aguas del subsuelo.

2.4. Desecación de zonas húmedas por motivo de orden productivo

El legislador decimonónico, a través de incentivos, beneficios y exenciones fiscales, promovió la ejecución de obras de desecación y saneamiento de zonas húmedas en todo el país, con el propósito de acrecentar la superficie agrícola y, más en

---

[551] Decreto 2234/1966, de 13 de agosto, por el que se modifica la organización de los Servicios Hidráulicos en Canarias [«BOE» núm. 217, de 10 de septiembre de 1966, páginas 11676 a 11676 (1 pág.). Disponible: https://www.boe.es/diario_boe/txt.php?id=BOE-A-1966-15034].

[552] Artículo 1 del Decreto de 24 de febrero de 1966.

[553] Artículos 2 y 3.

concreto, expandir el regadío[554]. La Ley de Aguas de 1879, al igual que la de 1866, no resultó tan eficaz como se esperaba a pesar de las múltiples medidas previstas para erradicar y transformar estos parajes naturales en tierras feraces. De ahí el desarrollo de algunas disposiciones posteriores como, por ejemplo, la Instrucción de 14 de junio de 1883, que sentó las bases

---

554 Las zonas húmedas -a excepción de las albuferas, marismas y salinas que, durante el Antiguo Régimen, se hallaban bajo control de la Corona por su condición de *regalía*-, se consideraron áreas marginales e insalubres. De ahí las numerosas medidas previstas en la *Ley de Aguas* de 1866 -reproducidas y ampliadas, más tarde, en la Ley de 1879- dirigidas a estimular la ejecución de obras de desecación o saneamiento con el propósito de acrecentar la superficie agrícola especialmente, el regadío. Para más información sobre el tratamiento de estos singulares ecosistemas en el ordenamiento jurídico español decimonónico véase: CEBALLOS MORENO, M. "La problemática jurídico-administrativa de las zonas húmedas", *Humedales Mediterráneos, SEHUMED.* núm.1, 2001, pp. 155-162. ABELLÁN CONTRERAS, F, J. "Policía sanitaria y problemática de los arrozales y humedales del litoral valenciano: estudio histórico-jurídico", *Revista Jurídica Valenciana,* núm. 41, 2003, pp. 5-32. ABELLÁN CONTRERAS, F.J. "Problemática jurídica por el control de los sistemas naturales salinos y sus recursos en el sureste del área mediterránea peninsular (ss. XVI-XIX)", *Revista de Derecho de la Universidad Nacional de Educación a Distancia,* núm. 30, 2022, pp. 17-46. ABELLÁN CONTRERAS, F. J. "Exégesis sobre el tratamiento legal de las zonas húmedas en el ordenamiento jurídico español de aguas decimonónico", *Revista de Derecho de la Universidad Nacional de Educación a Distancia,* núm. 28, 2021, pp. 15-42. RIBERA NÚÑEZ, D. "legislación y protección de las zonas húmedas", en *Aspectos legales de la temática ecológica y ambiental,* Universidad de Murcia, Murcia, 1984, pp. 78-ss. DELGADO PIQUERAS, F. *Derecho de aguas…*, cit. pp.249-258. CARDELÚS y MUÑOZ SECA, B.: "legislación española sobre zonas húmedas", *Las zonas húmedas en Andalucía,* Ministerio de Obras Públicas y Urbanismo, 1984, p.8-ss. CALVO CHARRO, M. *El régimen jurídico…*, cit. pp. 48-52. RIBERA NÚÑEZ, D. "legislación y protección de las zonas húmedas", en *Aspectos legales de la temática ecológica y ambiental,* Universidad de Murcia, Murcia, 1984, pp. 78-ss.

para la tramitación de los expedientes de aprovechamiento de aguas públicas y de desecación de terrenos pantanosos[555]. Pero sin duda, la Ley de desecación y saneamiento de lagunas, marismas y terrenos pantanosos, de 24 de julio de 1918(más conocida como "Ley Cambó", por el Ministro de Fomento, D. Francesc Cambó que la suscribió) fue, sin ningún género de dudas, el máximo exponente en la "política desecadora" en España a lo largo de la centuria, gracias a los múltiples auxilios y beneficios económicos estatales que contemplaba[556].

Los aguazales, humedales y, en general, cualquier área pantanosa desde 1879 hasta las primeras décadas del siglo XX, quedaron sometidos a regímenes jurídicos diferentes e independientes. Mientras que los humedales "de agua dulce" se regulaban en la Ley de Aguas de 1879, los costeros o marinos recibieron un tratamiento especial en la Ley de Puertos de 7

---

[555] De acuerdo con la Instrucción, se debía presentar la solicitud correspondiente ante el Gobernador Civil de la Provincia junto al proyecto de obra y la carta de pago del depósito. En caso de no solicitarse la declaración de utilidad pública ni la imposición de servidumbre se requería la remisión de un certificado que acreditara, de manera fehaciente, que el peticionario era el dueño o titular del terreno susceptible de ocupación para acometer las obras de saneamiento, o bien autorización de la persona que ostentaba dicha condición (arts. 1 y 2). En la solicitud, también se debía señalar los términos municipales en los que se enclavaba el terreno junto a sus límites o linderos, amén de expresar, con meridiana claridad, si se trataba de dominio público del Estado, de los pueblos o de particulares. En estos dos últimos casos, si se pretendía adquirir la propiedad de los terrenos (tras el saneamiento) se requería, de igual modo, formular la solicitud y obtener -por separado- de la declaración de utilidad (art. 6).

[556] ABELLÁN CONTRERAS, F.J. "Consideraciones histórico-jurídicas sobre el saneamiento de terrenos pantanosos, lagunas y marismas en España (ss. XIX-XX): exégesis de la «Ley Cambó»", *Revista Jurídica de Castilla y León,* núm. 58, 2022, pp. 7-34.

de mayo de 1880.A partir de 1918, con la "Ley Cambó", ambos humedales pasaron a tener un tratamiento unificado con objeto de estimular al máximo -y por igual- las obras de desecación. El legislador, de manera peyorativa, calificó a estos singulares espacios naturales como "focos de infección o de paludismo" que convenía sanear con urgencia[557].El Estado, para el cumplimiento de estos objetivos, contempló la concesión de auxilios financieros siempre que la superficie del terreno a desecar superara las cien hectáreas. Cualquier particular, corporación o empresa -con domicilio en España- podía gozar de dicho beneficio con la sola presentación de la solicitud de concesión de la obra y de los auxilios correspondientes[558]. Tras la ejecución de la obra -que podía ser declarada de "utilidad pública"-, el concesionario adquiría la propiedad de los terrenos saneados. Si eran de dominio estatal, revertían al Estado pasados 99 años desde que la obra concluyó, pudiendo el concesionario inscribirlos a su nombre en el Registro de la Propiedad[559]. Empero, éste quedaba facultado para cancelar dicha reversión y convertirse en propietario cuando la totalidad de los terrenos hubieran sido cedidos por el Estado y el concesionario se comprometiera a devolver la subvención o ayuda recibida con un interés anual del 3 por 100[560]. El importe del auxilio o subvención se determinaba tras la concesión, pero en ningún caso po-

557 Exposición de Motivos de la Ley de desecación y saneamiento de lagunas, marismas y terrenos pantanosos, de 24 de julio de 1918. [Consultado en «Gaceta de Madrid» núm. 208, de 27 de julio de 1918, páginas 268 a 270 (3 págs.). Disponible en https://www.boe.es/buscar/doc.php?id=BOE-A-1918-3999].

558 Artículo 1. a).

559 Artículo 1. b).

560 Empero, tal reversión jamás se produciría si el concesionario era el Ayuntamiento, la Diputación o una mancomunidad de Ayuntamientos o de Diputaciones (art. 1. b, párrafo segundo).

día exceder del 50 por 100 del presupuesto[561]. Junto al auxilio también se preveía los siguientes beneficios tributarios:

- Exención del impuesto de "Derechos reales y de Timbre" para el otorgamiento de la concesión y para todos los actos que tuvieran relación directa con la constitución y emisión de acciones de la entidad que se formara.
- Exención de la contribución sobre las utilidades en cuanto al capital o presupuesto que se invirtiera en la ejecución de la obra.
- Exención de la contribución territorial correspondiente al aumento de producción de los terrenos saneados o desecados por un máximo de 10 años a contar desde la finalización de la obra[562].

La "Ley Cambó" también contemplaba la posibilidad de que el concesionario pudiera, sin limitación alguna y para fines particulares, usar y aprovechar las calzadas o canales construidas[563]. Las concesiones de desecación reguladas en la legislación de aguas, como ya sabemos, solo afectaban a terrenos de propiedad estatal o que fuesen declarados insalubres[564]. Con la "Ley Cambó", por el contrario, cualquier terreno pantanoso o humedal podían ser objeto de desecación, permitiendo que

561 Artículo 1. c).

562 Artículo 1. d).

563 Empero, si el concesionario tenía intención de aplicar dichos canales o calzadas "al tráfico público retribuido" requería autorización y aprobación previa por el Ministerio de Fomento de las tarifas correspondientes (art. 1. e).

564 Sobre la naturaleza de estas concesiones recogidas en la "Ley Cambó" véase las opiniones y comentarios de: MORELL OCAÑA, L. "La concesión de marismas y el artículo 126 de la Ley del patrimonio del Estado", *Revista de Administración Pública,* núm. 68, 1972, pp. 137-186. DELGADO PIQUERAS, F. *Derecho de aguas...*, cit. pp.261-262. GUATIA, A. *Derecho administrativo...*, cit., pp. 73-74.

cualquier interesado pudiera solicitar la concesión aún en contra de la voluntad de su titular[565].

Durante la dictadura de Primo de Rivera se aprecia una línea continuista en la "política desecadora". Por un lado, el Estatuto Municipal de Calvo Sotelo reconoció la competencia de los Ayuntamientos en materia de desecación, en concreto, proyectar y realizar este tipo de obras cuando los terrenos no pertenecían al Estado o la provincia[566]. En los mismos términos se pronunció también el Reglamento de obras, bienes y servicios, dictado el 14 de junio de 1924, al señalar que era "exclusiva competencia municipal la desecación de lagunas o terrenos pantanosos comprendidos dentro del término", distinguiendo hasta tres atribuciones específicas:

- Desecar todos los humedales que tuvieran carácter comunal, con la facultad de extraer la tierra y las piedras necesarias conforme al artículo 60 de la Ley de Aguas, sin más trámite que la previa notificación al Gobernador civil de la provincia.
- Obligar a los dueños de los humedales a desecarlos con las mismas facultades que la Ley de Aguas concedía al Ministro de Fomento.

---

565 Por tanto, esta legislación especial suponía, a todas luces, una amenaza real y general a estos ecosistemas, ya que no se tenía en consideración su naturaleza y el interés de la salubridad pública, al ser susceptible de desecación cualquier zona húmeda (de agua dulce o salada) en virtud de concesión del Estado. DELGADO PIQUERAS, F.: *Derecho de aguas...*, cit., p. 261.

566 Artículo 180. h) del Estatuto Municipal aprobado por Real Decreto de 8 de marzo de 1924. [«Gaceta de Madrid» núm. 69, de 9 de marzo de 1924, páginas 1218 a 1302 (85 págs.). Disponible en: https://www.boe.es/buscar/doc.php?id=BOE-A-1924-2607].

- Obtener la oportuna concesión para desecar o sanear con arreglo a lo dispuesto en la "Ley Cambó" y con preferencia a cualquier Ayuntamiento o particular[567].

Con ocasión de la aprobación del Real Decreto-Ley de 19 de junio de 1927, la "Ley Cambó" sufrió una importante modificación al extender su ámbito de aplicación a superficies inferiores a 100 hectáreas[568]; medida que, como es lógico, pretendía erradicar el mayor número de superficie de humedal posible para impulsar la política agraria. Los proyectos de desecación alcanzaron su máximo esplendor durante el franquismo, como eje vertebrador de la política agraria del nuevo régimen. Desde 1939 hasta 1975, la desecación se vio auspiciada por la "Ley Cambó", pero también por otras muchas disposiciones de carácter general y local, como por ejemplo: la Ley de Bases de 26 de diciembre de 1939 para la colonización de grandes zonas regables[569], la Ley de 17 de julio de 1965 sobre saneamiento y colonización de los terrenos pantanosos que se extienden inmediatos a las márgenes de los ríos Guadiana, Cigüela, Záncara y afluentes de estos dos últimos en las provincias de Ciudad Real, Toledo y Cuenca[570], la Ley de 27 de diciembre de 1956 sobre saneamiento y colonización de la laguna de Antela, la Ley de Reforma y Desarrollo Agrario (aprobado por Decreto

---

567 Artículo 45 del Reglamento de obras, bienes y servicios, dictado el 14 de junio de 1924. [«Gaceta de Madrid» núm. 198, de 16 de julio de 1924, páginas 363 a 374 (12 págs.). Disponible en: https://www.boe.es/buscar/doc.php?id=BOE-A-1924-7005].

568 Artículo 3 del Real Decreto-Ley de 19 de junio de 1927.

569 Base I. c). [«Boletín Oficial del Estado» núm. 25, de 25 de enero de 1940, páginas 628 a 634 (7 págs.). Disponible en: https://www.boe.es/buscar/doc.php?id=BOE-A-1940-879].

570 Artículos 1-10. [«Boletín Oficial del Estado» núm. 200, de 18 de julio de 1956, páginas 4693 a 4695 (3 págs.). Disponible en: https://www.boe.es/buscar/doc.php?id=BOE-A-1956-9985].

118/1973, 12 de enero)[571]. Todas estas disposiciones tenían en común que declararon de "utilidad pública" las obras de desecación para el fomento de la actividad agropecuaria[572]. A partir de 1985, con la aprobación de la nueva legislación de aguas -y derogación de la "Ley Cambó", entre otros textos legales de análoga naturaleza-, se produjo un cambio significativo en el tratamiento de estos ecosistemas gracias a las medidas que velaban por la protección de la calidad de las aguas para evitar la degradación de la biodiversidad en estos ecosistemas de gran valor ecológico, paisajístico, económico y cultural[573].

---

571 Artículos 92. 2. B y 123-ss. [«BOE» núm. 30, de 3 de febrero de 1973, páginas 1990 a 2026 (37 págs.). Disponible en: https://www.boe.es/buscar/doc.php?id=BOE-A-1973-167].

572 Vid. ABELLÁN CONTRERAS, F. J.: *La desecación de los humedales en el sur del Reino de Valencia (SS. XVII-XX).Estudio histórico jurídico*, Thomson Reuters Aranzadi, Pamplona, 2019. MORENO GALLEGO, I. "El caso de la laguna de la Nava. Como borrar del mapa una zona húmeda", *Quercus*, núm. 34, 1988, pp. 27-ss. ALARIO TRIGUEROS, A. "La desecación de la laguna de la Nava: historia de una ambición", *Tabanques: Revista Pedagógica*, núm.5. 1989, pp. 83-90. BRUFAO CURIEL, P. "La titularidad pública de los humedales: el caso de la laguna de La Janda", Revista Andaluza de Administración Pública, núm. 98, 2017, pp. 357-394. BRUFAO CURIEL, P. "Aprovechamientos históricos de agua y conservación de los humedales: cuestiones jurídicas sobre la restauración de la laguna del Cañizar", *Revista Andaluza de Administración Pública*, núm. 56, 2021, pp. 128-184. CELIS POZUELO, A.: "La desecación de las Tablas de Daimiel (1750-1987): cambios agrarios e impactos medioambientales a partir de la interpretación del registro sedimentario", *Historia Agraria: Revista de Agricultura e Historia Rural*, núm. 71, 2017, pp. 5-35.

573 Vid. MARTIN MATEO, R. "La protección de las zonas húmedas en el ordenamiento español", *Revista de Administración Pública*, núm. 96, 1981, pp. 7-32. DELGADO PIQUERAS, F. "humedales, protección", *Diccionario de Derecho Ambiental*. Enrique Alonso García (Coord.), Iustel, Madrid, 2006, pp. 685-699. DELGADO PIQUERAS, F. "Calidad de la aguas y protección de los humedales", *La calidad de las aguas*, Antonio Embid Irujo (Dir.), Civitas, Madrid, 1994, pp. 73-

2.5. Aprovechamiento de la fuerza motriz del agua para la producción de energía

El auge e impulso industrial que, a lo largo del primer tercio del siglo XX experimentó el país, se debió al cambio en la oferta energética. A partir de este momento, la producción de hidroelectricidad -gracias a la ejecución y desarrollo de grandes obras hidráulicas, como embalses, pantanos y presas- jugó un papel decisivo en el abaratamiento de los costes de producción, pero también en la modernización de los servicios y, por consiguiente, en el bienestar de las personas[574]. Con el

---

114. ABELLÁN CONTRERAS, F.J. "Fundamentos jurídicos sobre la protección de los humedales en España: sostenibilidad hídrica y ambiental en el marco del Sistema de Zonas Húmedas del Sur de Alicante", *Sostenibilidad: Económica, Social y Ambiental,* núm. 4, 2022. ABELLÁN CONTRERAS, F. J. "Los humedales y su eficacia para el correcto control de avenidas y prevención de inundaciones: evolución jurídico-ambiental en el marco territorial valenciano", *Inundaciones y Sequias: Análisis multidisciplinar para mitigar el impacto de los fenómenos climáticos extremos.* Joaquín Melgarejo Moreno, Inmaculada López Ortiz, Patricia Fernández Aracil (Coord.). Servicio de Publicación de la Universidad de Alicante, 2021, pp.1243-1254.

574 Vid., ARANDA PRIETO, J. "La electricidad como causa del exceso de producción (1929-1935). El caso de la España industrial", *Técnica Industrial,* núm.319, 2018, pp. 48-61. OTERO, L.E. y RODRÍGUEZ MARTÍN, N. "La transformación de las infraestructuras en España (1900-1936): la electricidad y el petróleo como motores de la modernidad de la sociedad urbana", *Trasportes, Servicios y Telecomunicaciones,* núm. 42, 2020, pp. 12-41. HERMI ZAAR, M. "Cooperativas de producción, distribución y consumo de electricidad en España en el primer tercio del siglo XX. Un análisis socioeconómico". *Capitalismo e historia de la electrificación, 1890-1930.capital, técnica y organización del negocio eléctrico en España y México.* Horacio Capel Sáez (Coord.). Serbal, 2013, pp. 167-184. AUBANELL, A. "El bienestar industrial en la empresa eléctrica madrileña en el primer tercio del siglo XX", *Mercados y organización del trabajo en España, siglos XIX-XX,* José Ignacio Martínez Ruiz (Coord.), Grupo Editorial Atril, Madrid, 1998,

fin de paliar las múltiples lagunas de la Ley de Aguas en esta materia[575], se desarrolló una legislación especial cuyo punto de partida fue el Real Decreto de 14 de junio de 1921, que suspendió la aplicación de la legislación de aguas en todo lo relativo a concesiones de aprovechamientos hidroeléctricos a perpetuidad[576]. En efecto, se estableció el carácter temporal de las concesiones por un máximo de tiempo de noventa y nueve años-, al cabo del cual todas las instalaciones revertirían, de manera gratuita y libre de cargas, al Estado con la sola excepción de los aprovechamientos inferiros a doscientos caballos de potencia o los destinados a una industria privada; concesiones que solo se podían otorgar a españoles y a sociedades constituidas y domiciliadas en España[577]. En esta misma línea, la Real Orden de 7 de julio de 1921, exigió también la nacionalidad española a los

---

143-160. MARTÍN-RETORTILLO, S. *Aguas públicas y obras hidráulicas,* Tecnos, Madrid, 1966, pp. 226-245. SUNDRIA, C.: "Un factor determinante: la energía", La economía española en el siglo XX, Ariel, Barcelona, 1987, pp. 313-353.

575 A pesar de su importancia en el progreso y desarrollo socioeconómico del país, la Ley de Aguas de 1879 omitió cualquier referencia al empleo del líquido elemento para la producción de electricidad, cuando esta utilidad, como aduce Francisco Delgado, era ya conocida por todos y se tenía el convencimiento de que cambiaría el rumbo de la sociedad y de la económica de España. DELGADO PIQUERAS, F. *Derecho de aguas...*, cit., p. 102. Esto explica que el legislador decimonónico asimilara, de manera errónea, los aprovechamientos hidroeléctricos con los industriales, pero a partir del primer tercio del siglo XX, la hidroelectricidad se acabó convirtiendo en una materia que recibió un tratamiento legal especial. GAY DE MONTEYÁ, R. y MASSÓ ESCOFET, C. *Tratado de la legislación...*, cit., pp. 522-523.

576 No obstante, todas las disposiciones contenidas tanto en la citada *Ley de Aguas,* como en Reales Decreto y Reales Ordenes vigentes para esta clase de aprovechamientos no se derogarían, siempre que no fuesen contrario a lo dispuesto en el presente Real Decreto (art.1).

577 Artículo 2.

ingenieros encargados de las obras y explotaciones hidroeléctricas. Este requisito o condición también se observa en el Real Decreto de 14 de julio de 1921, al señalar que los actuales concesionarios de este tipo de aprovechamientos serían respetados en todos sus derechos, pero para la modificación y ampliación de sus instalaciones se debía emplear solo materiales y maquinaria "de producción y fabricación española"[578]. Por otro lado, la Real Orden de 26 de diciembre de 1924, dispuso que todas las prórrogas que se solicitaran para las concesiones de aprovechamientos hídricos con destino a la producción de energía,

---

578 Sobre esta última cuestión, la Real Orden de 15 de noviembre de 1923, dejó claro que las obras de ampliación de dotación de agua de un molino preexistente, para lo cual era necesario modificar la sección de su caudal -sin altear la toma del río ni el desagüe- estaban comprendidas dentro de las obras de "modificación y ampliación" de un aprovechamiento en los mismos términos que se dispone en el artículo adicional del citado Real Decreto de 1921. De este modo, a los expedientes en fase de tramitación se les aplicaba las disposiciones de esta norma, teniendo los propietarios un plazo máximo de quince días para manifestar si estaban o no conforme con dichas comunicaciones (art.1).Sobre la ampliación y modificación de un aprovechamiento hidroeléctrico, la Real Orden de 26 de diciembre de 1923, sostenía que se trataba de un concepto claro y concluyente, que solo debía aplicarse a aquellas obras "*en que ni se modifique el emplazamiento de la presa ni se introduzcan en ellas esenciales variaciones, ni el de la toma o punto de derivación de la corriente pública, ni el trazado general del canal (...) y que las obras se refieran, ya a modificaciones o variaciones de detalle que no alteren la esencia de las obras, ya a las necesarias para hacer mayor el salto aprovechado o en las precisas para la ampliación del caudal aprovechado; siendo esta la doctrina aplicada hasta el presente*" (artículo adicional). A todo ello, se ha de sumar que esta norma consideraba que al ampliar o modificar un aprovechamiento hidroeléctrico bien por prescripción -con arreglo a los artículos 156 de la Ley de Aguas y al 409 del Código Civil- o por concesión otorgada con anterioridad a la aprobación del Real Decreto de 14 de junio de 1921, el concesionario debía ser respetado en todos sus derechos.

concedidos con anterioridad a la aprobación y publicación en la *Gaceta* de Madrid del citado Real Decreto de 1921, serían denegados en caso de incumplir los concesionarios la condición relativa a la nacionalidad. Además, estas concesiones se otorgaban de manera temporal[579], con una duración nunca superior a los setenta y cinco años contados desde la fecha en la que se autorizó la explotación total o parcial del aprovechamiento[580]. No obstante, cuando sin alterar los fines de la concesión se viera beneficiado el interés general por llevar consigo la ejecución o mejora de una obra comprendida en la planificación hidráulica o por exigencia de la construcción de embalses para anular los efectos de las avenidas, el plazo legal de la concesión, en ningún caso, debía superar los noventa y nueve años. Vencido del plazo, revertía de manera gratuita al Estado todos los elementos vinculados al referido aprovechamiento, incluido la maquinaria para la producción de energía, los terrenos, los edificios destinados al mismo aprovechamiento y las obras construidas sobre terreno de dominio público[581].

---

579 No obstante, la temporalidad de las concesiones, a las que se ha hecho referencia se vio drásticamente modificada tras la publicación del Decreto de 10 de enero de 1947, al conservar el titular la plena propiedad de las obras e instalaciones a cambio del pago de un canon sobre los beneficios estimables de la explotación del aprovechamiento hidroeléctrico a favor del Estado. De este modo, como apunta Francisco Delgado, se retorna al sistema de concesiones perpetuas que se recogía en el artículo 20 de la Ley de Aguas de 1879 para los aprovechamientos industriales. DELGADO PIQUERAS, F. *Derecho de aguas…*, cit., p. 103.

580 Artículo 3 del Real Orden de 26 de diciembre de 1924,

581 Por el contrario, en los aprovechamientos de potencia inferior a doscientos caballos o destinados a una industria privada, la reversión al Estado podía ser sustituida por una prórroga en la concesión por periodos de veinte años mediante el pago del canon o arriendo anual (art. 3, párrafo final). Por otro lado, el Gobierno, al hacer la concesión, quedaba plenamente facultado para exigir que la totali-

El primer intento de coordinación de la producción de energía hidroeléctrica con el abastecimiento a poblaciones -y con los proyectos de regadío-, partió del Decreto-Ley de 28 de julio de 1928, al establecer el auxilio y cooperación de las recién creadas Confederaciones Hidrológicas en la ejecución de obras de regularización y aprovechamiento de las aguas de los ríos. La norma preveía, por un lado, la participación activa de los usuarios industriales en la ejecución de las obras hidráulicas desarrolladas por dichos organismos y, por otro lado, les confería la facultad de auxiliar todas las obras de regularización o modificación del régimen de la corriente de las aguas de los ríos proyectadas por particulares, con objeto de mejorar los aprovechamientos industriales, los riegos o bien proporcionar energía[582]. En ningún caso, se podía solicitar y conceder auxilios para la construcción de obras que no fueran las de "regularización o modificación del régimen de circulación de las aguas", salvo en aquellos casos en que el Estado pretendía usar la conducción para otros fines o disponer por iguales razones de parte de la energía hidroeléctrica. Este tipo de obras, proyectadas por iniciativa particular y que solo afectaban a sus industrias sin relación alguna para los aprovechamientos fluviales, tampoco podían ser auxiliados por las Confederaciones Hidrológicas. No obstante, cabía la posibilidad de autorizar el establecimiento de un canon a favor de

---

dad -o parte de la energía obtenida- se destinara a servicios públicos, quedando el concesionario obligado a llevar la sobrante a la red de energía de distribución de energía eléctrica (art. 4). En los aprovechamientos que excedieran de los mil caballos, podía imponerse a los concesionarios la obligación de conceder hasta un 5 por 100 de la energía que producía a los Municipios en que se hallen sus instalaciones, al Estado o a las Diputaciones, para servicio público, el precio de coste fijado por el Gobierno "abonando un reducido interés industrial" (art. 5).

582 Artículos 1 y 2 del Decreto-Ley de 28 de julio de 1928.

los concesionarios a cargo de los usuarios industriales que se beneficiaban de las obras; tasa que podía ser autorizada por la Administración en la cuantía que fijara directamente o por medio de las Confederaciones, y siempre que hubiera determinado previamente el régimen de uso del pantano, amén de que los usuarios obligados a abonar el canon pudieran intervenir en su manejo[583].

La cooperación mínima que se exigía a los usuarios industriales que manifestaban su interés en disfrutar de los beneficios de las obras de regulación -integrados en los planes generales del Estado o de las Confederaciones Hidrográficas- era del 50 por 100 del coste del embalse para el aprovechamiento de la regularización total del río y salto de cien metros útiles, y del 50 por 100 del mismo coste por cada cien metros de salto. En cambio, en las obras de regulación o modificación del régimen de circulación de las aguas de los ríos proyectadas por particulares para mejorar los aprovechamientos industriales, los auxilios -a cargo del Estado o de las Confederaciones- no podían superar la parte alícuota del coste de las obras e instalaciones[584].En la misma línea, el Decreto-Ley de 19 de abril de 1929, por el cual se establecían bases para la regularización del régimen de las aguas de los ríos, señaló que la cooperación exigida a los usuarios industriales que solicitaran disfrutar de los beneficios de las obras de regularización, en ningún caso superaría el valor del embalse regulador para un salto de doscientos metros de altura[585]. Por otro lado, el Decreto de 18 de junio de 1943, reguló el procedimiento para concurrir a la licitación pública respecto a la concesión de la explotación del aprovechamiento hidroeléctrico en

583 Artículos 3 y 4.

584 Artículos 7 y 9.

585 Artículo 1 del Decreto-Ley de 19 de abril de 1929, por el cual se establecían bases para la regularización del régimen de las corrientes de los ríos.

presas, embalses o canales de conducción de agua construidas total o parcialmente con fondos del Estado[586]. Dicha explotación le correspondía al concesionario, pero con la obligación de respetar el régimen de caudales -determinado por el Ministerio de Obras Públicas-, cumplir la entrega de la energía eléctrica reservada al Estado[587] y conservar en buen estado las obras, instalaciones, líneas de transporte eléctrico, maquinara, entre otros

---

586 El Ministerio de Obras Públicas quedaba obligado a anunciar -en el *Boletín Oficial del Estado*- la convocatoria de los concursos públicos, fijándose un plazo no inferior a noventa días nutuales ni superior a ciento ochenta para la presentación de los "anteproyectos y solicitudes de concesión" por aquellos particulares o usuarios que tuvieran interés en la explotación del citado aprovechamiento (art. 1). Solo podían concurrir las personas -naturales o jurídicas- legalmente constituidas. En ambos casos, se requería contar con la nacionalidad española y hallarse en plenitud de sus derechos (políticos y civiles). En las personas jurídicas, se exigía además un certificado o documento que acreditara su constitución íntegra con capital español, amén de hallarse dirigidas y administradas, en su mayor parte, por personal de nacionalidad española (art. 3). La licitación versaba sobre los siguientes extremos: a) Máximo uso de la energía de posible obtención. b) Número mínimo de kilovatios-hora cuyo canon se compromete a pagar el concesionario. c) Coincidencia de los mercados de concesionario con los del posible empleo por la Administración. d) Precio del canon por kilovatio-hora (art. 6).

587 De la energía hidroeléctrica producida en el aprovechamiento concedido se debía reservar al Estado el tanto por ciento que se fijó en el anuncio de la convocaría pública. La Administración podía emplear la energía eléctrica reservada, en cualquier punto de la red alta tensión del concesionario, y cederla a los servicios públicos industrias de interés nacional en las condiciones que considerara conveniente, sin más compromiso con el concesionario que el aviso -con un año de antelación, al menos- del lugar de la derivación y de la potencia energética que se debía suministrar, cuyo precio del servicio por utilidad de potencia era fijado también en el anuncio de la convocatoria pública (art. 12).

equipamientos. El incumpliendo de estas obligaciones llevaba aparejado la caducidad de la concesión, quedando en poder del Estado todas las obras e instalaciones ejecutadas por el concesionario sin derecho a indemnización alguna[588].

Las nuevas necesidades de electricidad del país se colmaron, a partir de la década de los sesenta, con la construcción de centrales térmicas alimentadas en su gran mayoría con combustibles fósiles, entre otras razones, por agotamiento de las mejores potencialidades hidroeléctricas[589]. A raíz de la crisis del petróleo en la década de los setenta, motivada por la elevada subida de los precios, el Gobierno evidenció la necesidad de diversificar las fuentes energéticas. Por ello, se creyó conveniente dar en los Planes Energéticos Nacionales una nueva oportunidad a la hidroelectricidad con el fin de reducir los costes de producción energética y optimizar los recursos naturales del país. Precisamente este era el objetivo principal del Decreto 175/1975, de febrero, al conceder el Estado pingües beneficios, auxilios y exenciones fiscales a empresas que se comprometieran a construir centrales hidroeléctricas y térmicas[590]. En concreto, la norma contemplaba los siguientes incentivos y beneficios:

- Exención de la cuota de licencia fiscal durante el período de la instalación.
- Aplicación de los beneficios del apoyo fiscal a la inversión[591].

[588] Artículos 14 y 16.

[589] DELGADO PIQUERAS, F. *Derecho de aguas...*, cit. p.101.

[590] Decreto 175/1975, de febrero, sobre régimen de concierto en el sector eléctrico. [«BOE» núm. 40, de 15 de febrero de 1975, páginas 3254 a 3257 (4 págs.). Disponible en: https://www.boe.es/buscar/doc.php?id=BOE-A-1975-3280].

[591] En los términos establecidos en los Decretos-ley 3/ 1974, de 28 de junio y 6/1974, de 27 de noviembre.

- Plena libertad de amortización, durante los primeros cinco años, para las instalaciones.
- Expropiación forzosa de los bienes y derechos necesarios para la ejecución de los planes, amén de la imposición de servidumbres de paso para vías de acceso, líneas de transporte y distribución de energía y canalizaciones de líquidos o gases en los casos que sea preciso.
- Reducción de hasta el 95 por 100 del Impuesto General de Transmisiones Patrimoniales y de Actos Jurídicos Documentados, del Impuesto General sobre Tráfico de las Empresas, Derechos Arancelarios e Impuestos de Compensación de Gravámenes Interiores[592].

Por otro lado, la Administración quedaba facultada para conceder a favor de las empresas del sector eléctrico una serie de beneficios complementarios, entre otros: un rédito oficial de hasta el 40 por 100 del importe de las inversiones a realizar (hasta un máximo de cinco años); crédito que devengaba un interés del 7 por 100 anual, pagadero por trimestres vencidos. Y la expropiación forzosa para aprovechamientos hidroeléctricos[593].

El apoyo al sector hidroeléctrico, durante la democracia, se articuló en torno a una serie de normas que fomentaban la construcción de pequeñas y medianas centrales de producción de energía hidroeléctrica (autóctonas y renovables) mediante la concesión de créditos a la nueva inversión. En este sentido, el Decreto 1217/1981, de 10 de abril de 1981[594], permitió a

---

592 Artículo 4.

593 Artículo 5.

594 Real Decreto 1217/1981, de 10 de abril, para el fomento de la producción hidroeléctrica en pequeñas centrales. [«BOE» núm. 150, de 24 de junio de 1981, páginas 14433 a 14433 (1 pág.). Disponible en: https://www.boe.es/buscar/doc.php?id=BOE-A-1981-14184].

los titulares de centrales hidroeléctricas (con una potencia no superior a 5000 KVA) acogerse, con la preceptiva concesión del Ministerio de Obras Públicas y Urbanismo[595], al régimen de la citada normativa y disfrutar de los beneficios previstos en la Ley 82/1980, de 30 de diciembre, sobre conservación de energía, de conformidad con los siguientes fines:

- Fomentar la adopción de fuentes de energía renovables y minimizar el consumo de hidrocarburos.
- Reducir la dependencia energética exterior a través de las acciones técnica y económicamente justificadas.
- Construir, amplia o adaptar para su utilización instalaciones de producción hidroeléctrica con una potencia de hasta 5000 KVA[596].

Estas empresas se podían también acoger al crédito oficial por un volumen de hasta el 40 por 100 del total de la inversión a realizar (incluidas las de conexión a la red). Además, la energía eléctrica producida por las nuevas centrales hidroeléctricas quedaban fuera del sistema de retribución parcial entre empresas, además de la parte de la tarifa correspondiente a los costes de los combustibles[597]; beneficios que más tarde se reprodujeron en el Real Decreto de 1544/1982, de 25 de junio, sobre fomento de construcción de centrales hidroeléctricas[598].

---

595 Artículo 1.2.

596 Artículo 1. b) y f) y artículo 2.1. j).

597 Artículo 3.

598 Real Decreto 1544/1982, de 25 de junio, sobre fomento de construcción de centrales hidroeléctricas. [«BOE» núm. 169, de 16 de julio de 1982, páginas 19292 a 19292 (1 pág.). Disponible en: https://www.boe.es/diario_boe/txt.php?id=BOE-A-1982-17674].

Por último, cabe destacar que la principal desventaja de este tipo de energía (limpia, sostenible, renovable y segura)[599], es su nula o escasa viabilidad en áreas con prolongados periodos de sequía, de ahí que quedara subordinada a otros aprovechamientos prioritarios (abastecimiento a la población y regadío) y, con el tiempo, tuviera un carácter complementario respecto a otras fuentes eléctricas[600].

2.6. Primeros avances en la protección de la calidad de las aguas

La degradación del medioambiente, hasta bien avanzado el siglo XX, no despertó gran interés ni preocupación en nuestro legislador. A partir de entonces, fenómenos como la explotación intensiva de los recursos naturales, el desarrollo tecnológico, la industrialización y la expansión urbanística ocasionaron el nacimiento de una conciencia ecológica inédita hasta la fecha y, por tanto, la necesidad a adoptar con urgencia medidas y estrategias de protección y conservación del medioambiente[601]. No obstante, en el último tercio del siglo XIX se dictaron

---

599 *Web de la empresa Structuralia.* [https://blog.structuralia.com/ventajas-y-desventajas-de-energia-hidraulica]

600 DELGADO PIQUERAS, F.: *Derecho de aguas…*, cit. p. 104.

601 Sobre la protección del medioambiente y, en particular, la calidad de las aguas, Vid: MARTÍN MATEO, R. *Derecho Ambiental,* Instituto de Estudios de Administración Local, Madrid, 1977. GRAU FERNÁNDEZ, S. "Hacia el Derecho ambiental en España (influencia en el sector agrario)", *Revista de Estudios Agrosociales,* núm.99, 1977, pp. 7-33. LÓPEZ RAMÓN, F.: *Manual de Derecho ambiental y urbanístico,* Universidad de Zaragoza, Zaragoza, 2018-2023. LOZANO CUTANDA, B. *Derecho ambiental administrativo,* Dykinson, Madrid, 2003. MOLINA GIMÉNEZ, A. "El control integrado de la contaminación y el régimen de vertidos al dominio público hidráulico", en *Estudios sobre la Ley de prevención y control integrados de la contaminación,* Aranzadi, Pamplona, 2003, pp. 77-98. MOLINA GIMÉNEZ, A. "Régimen jurídico de los vertidos al dominio público hidráulico", en

las primeras disposiciones legales que, a pesar de no tener entre sus objetivos la protección de los recursos naturales o velar directamente por la calidad de las aguas, incidían, de manera accidental, en estas cuestiones. La Ley de Aguas, cuya pretensión principal no era otra que la de optimizar y racionalizar el aprovechamiento de todos los recursos hídricos para evitar su despilfarro, manifestó su interés por mantener la calidad ante el riesgo de contaminación por vertidos, estableciéndose para ello algunas medidas para evitar la contaminación de las aguas continentales (superficiales y subterráneas). El legislador, sin hacer referencia en ningún momento al régimen sancionador por incumplimiento de la norma, trató de limitar los usos comunes que pudieran gravemente deteriorar la calidad de las aguas y estableció la caducidad de las concesiones -sin derecho a indemnización- de todos aquellos vertidos cuyas sustancias tóxicas o nocivas perturbaran la "salubridad o vegetación", al

---

Legislación ambiental y actividad empresarial, Fernández de Rojas Martínez- Parets (Dir.), Aranzadi, Pamplona, 2008, pp. 153-186.VALENCIA MARTÍN, G.: Jurisprudencia constitucional y medio ambiente. Thomson Reuters Aranzadi, Pamplona, 2017. BELTRÁN CASTELLANOS, J. M. "De la transición ecológica a la responsabilidad medioambiental", *Observatorio de políticas ambientales 2019*, Fernando López Ramón (Coord.), Ed. Centro de Investigaciones Energéticas, Medioambientales y Tecnológicas, CIEMAT, Madrid, 2019, pp. 540-569. ORTÍZ DE TENA, M.C. "La protección de la calidad de las aguas", *Administración de Andalucía. Revista andaluza de administración pública*, núm. 72-73, 2008, pp. 67-102.ABELLÁN CONTRERAS, F.J.: "Fundamentos jurídicos sobre la protección de los humedales en España: sostenibilidad hídrica y ambiental en el marco del Sistema de Zonas Húmedas del Sur de Alicante", *Sostenibilidad: económica, social y ambiental*, núm. 4, 2022, pp. 1-24. FANLO LORAS, A. "Protección de la calidad de las aguas", *Noticias de la Unión Europea*, núm. 153, 1997, pp. 17-36. FANLO LORAS, A.: "La protección del agua y de sus ecosistemas en la Directiva Marco del Agua: una valoración crítica desde España", *Revista Aranzadi de Derecho Ambienta*, núm. 43, 2019, pp. 53-85.

tiempo que obligó a suspender todas las actividades industriales que generaran este tipo de vertidos[602]. En esta misma línea, se pronunció el Real Decreto de 21 de marzo de 1895, "sobre defensa de las aguas contra las contaminaciones" al prohibir, de manera taxativa, el vertido de aguas residuales en los cauces públicos.

El Reglamento de 16 de noviembre de 1900 "sobre entubamiento de aguas públicas y sobre aterramiento y ocupación de sus cauces con los líquidos procedentes del lavado de minerales o con los residuos de las fabricas"[603], también prohibió el vertido de aguas turbias o sucias procedentes del lavado de minerales o de instalaciones industriales al cauce de los ríos, rías y arroyos. Solo se permitió el desagüe de líquidos en los cauces públicos si no contenían, en suspensión o en disolución, materiales que pudieran contaminar el agua de la corriente superficial "con grave perjuicio de los usos generales de la misma, de la pesca, de la navegación o de los aprovechamientos preexistentes legalmente establecidos"[604]. El Ingeniero Jefe de Obras Públicas de la provincia quedaba facultado para establecer el grado de calidad que debía reunir el agua vertida en los cauces públicos y, en su caso, conceder el permiso de evacuarla[605]. Sin la debida autorización del Gobernador Civil de la provincia, no se podía realizar ningún vertido de aguas sucias y materiales

---

602 PALOMAR OLMEDA, A. "La protección del medio ambiente en materia de aguas", *Revista de Administración Pública,* núm. 110, 1986, pp. 107-130.

603 Reglamento de 16 de noviembre de 1900 "sobre entubamiento de aguas públicas y sobre aterramiento y ocupación de sus cauces con los líquidos procedentes del lavado de minerales o con los residuos de las fabricas". [Disponible en Legis-UMH: https://legishca.umh.es/1900/11/16/1900-11-16-reglamento-sobre-enturbiamiento-e-infeccion-de-aguas-publicas/].

604 Artículos 1-2.

605 Artículo 6.

residuales -procedentes de fábricas e industrias- a los cauces públicos[606]. Además de estos vertidos se prohibió arrojar a las márgenes, orillas y álveos de las corrientes públicas, escombros procedentes de las minas y todo tipo de residuos industriales[607]. Empero, el Reglamento permitió ocupar las márgenes de los torrentes y arroyos con estos escombros cuando se daban las siguientes reglas: que la base de la escombrera quedara como mínimo a dos metros de distancia de la orilla del cauce, y que estuviera fuera del alcance de las crecidas[608].

Por otro lado, la norma impuso a aquel que causara daños en las aguas de los ríos y rías -por acción de arrojar materiales procedentes del lavado de minerales-, el deber de extraer los detritos y sedimentos, además de limpiar los cauces[609]. Por último, se consideró como "falta penable" toda acción de enturbiar el agua de cualquier corriente pública por residuos procedentes tanto de la minería como de la industria, pudiendo la Administración imponer multas de hasta 500 pesetas, según la gravedad de la falta cometida[610]. En esta misma línea, el Reglamento de Obras, Servicios y Bienes Municipales -aprobado por el Real Decreto, de 16 de julio de 1924-[611], prohibió el vertido de aguas industriales en el sistema de alcantarillado e impuso a los Ayuntamientos la obligación de instalar estaciones depuradoras[612].

---

606 Artículo 13.

607 Artículo 17.

608 Artículo 18.

609 Artículos 21-22.

610 Artículo 31.

611 Real decreto de 16 de julio de 1924, aprobando el Reglamento de obras, servicios y bienes municipales. [«Gaceta de Madrid» núm. 198, de 16 de julio de 1924, páginas 363 a 374 (12 págs.). Disponible en: https://www.boe.es/buscar/doc.php?id=BOE-A-1924-7005]

612 Artículos 32-49.

Las aguas minerales y termales, por su composición físico-química han sido utilizadas con fines terapéuticos desde tiempos inmemoriales, y gozaron también de una especial protección por parte del legislador mediante la declaración de utilidad pública[613]. A partir del siglo XX, estas aguas quedaron sujetas a un régimen de intervención del poder público, justificado en la necesidad de preservar la salud pública, velar por la calidad de las aguas y autorizar su acceso a cualquier persona que lo necesitara para su bienestar. La Ley de Aguas señaló al respecto que se adquirían "por los mismos medios que el de las aguas superficiales y subterráneas, siendo del dueño del predio en el que nacen si las utiliza o del descubridor, si las diese aplicación"[614]. Empero, tras la aprobación del Estatuto sobre explotación de manantiales de aguas minero-medicinales (por el Real Decreto-Ley 743/1928, de 25 de abril)[615], el régimen

---

613 Para más información sobre el régimen jurídico de las aguas minerales y termales Vid. LÓPEZ GUZMÁN, J.: *Legislación de las aguas minero-medicinales en España. Periodo 1874-1936*, Universidad de Valencia, Valencia, 1988.MELGOSA ARCOS, F. J. "Régimen jurídico administrativos de las aguas minero-medicinales, termales y de los balnearios en Galicia", En *Curso de inspección turística*, Xunta de Galicia, 2001, pp. 254 a 295. GARRIDO FALLA, F. "Naturaleza y régimen de propiedad de las aguas minero-medicinales", *Revista de Administración Pública*, núm. 42, 1963, pp. 155-168. BAEZA RODRÍGUEZ-CARO, J. DURÁN VALSERO, J, J. y CUCHÍ OTERINO, J.A. *Aguas minerales en España*, Institutito Geológico y Minero de España, Madrid, 2001.CORRAL LLEDÓ, Mª. M. ABOLAFÍA DE LLANOS, M. y LÓPEZ GETA, J.A. "Análisis sobre la normativa de las aguas minero-medicinales. Posibles tratamientos", *Revista de Salud Ambiental*, Vol. 6, núm. 1-2, 2006, pp. 69-72.

614 Artículo 16 de la Ley de Aguas.

615 Real Decreto-ley de 25 de abril de 1928, que aprueba el Estatuto sobre la explotación de manantiales de aguas minero-medicinales [«Gaceta de Madrid» núm. 117, de 26 de abril de 1928, páginas 474 a 483 (10 págs.). Disponible en: https://www.boe.es/buscar/doc.php?id=BOE-A-1928-4246].

de servicio público se superpuso a la propiedad privada de estas aguas de "carácter especial"[616] mediante la vigilancia de la Administración, su poder sancionador y, especialmente, la declaración de utilidad pública como eficaz fórmula para velar por la pureza e integridad del recurso[617]. Para tal fin, el titular de las aguas-mineromedicinales, una vez declarado la utilidad pública de la explotación, quedaba plenamente facultado para

---

616 Artículo 1 del Estatuto sobre la explotación de manantiales de aguas minero-medicinales.

617 A los efectos de determinar la titularidad de las aguas minero-medicinales, la norma distinguía dos grupos: los manantiales que surgían de manera espontánea en la superficie de la tierra y los descubiertos en el subsuelo. Estos últimos pertenecían al descubridor mientras que la propiedad de los manantiales del primer grupo le correspondía al dueño del predio donde emanaron las aguas (arts. 2-4). El dueño de las aguas minero-medicinales, una vez declarado la utilidad pública de la explotación, quedaba plenamente facultado para defender la pureza e integridad de las aguas del manantial, estableciendo para ello un permito de protección variables (art. 8). La declaración de utilidad pública de un manantial era condición indispensable para su explotación (art. 27) y para la tramitación del expediente se requería que el manantial o pozo se encontrara, como mínimo, a una distancia de 150 metros de otro pozo o manantial "sobre el que con anterioridad se haya promovido la declaración de utilidad pública, mientras no se resuelva el expediente primeramente incoado" (art. 33). La dedicación de un manantial a usos diferentes de los propios de su explotación, o su abandono y cierre, sin la preceptiva autorización de la Dirección General de Sanidad, se sancionaba con la celebración de una subasta pública. El importe obtenido, deducidos los gastos, se debía repartir al 50 por 100 entre el dueño del manantial y el Estado. De igual modo, los Gobernadores civiles o la Dirección General de Sanidad, con independencia de la responsabilidad judicial, podían imponer multas (de 500 a 1000 pesetas) y ordenar la clausura del establecimiento (balneario) cuando se verificaba que éste funcionaba de manera clandestina o bien se comercializaba agua mineral embotellada sin la debida autorización administrativa (arts. 77 y 81).

fijar un perímetro de protección prohibiéndose, además, cualquier actividad que pudiera afectar a la calidad de las aguas del manantial[618]. Desde entonces, el aprovechamiento de las aguas mineromedicinales, y su calidad, se rigió por la legislación específica establecida en el Estatuto, aplicándose sólo el artículo 16 Ley de Aguas en cuanto a su propiedad[619]. Años después, el Decreto de 23 de agosto de 1936 estableció algunas reglas para tratar de proteger las aguas de los manantiales naturales, entre otras, la inscripción en el Registro General de Manantiales Geológicas o Hidrológicas Agregadas, quedando

---

618 Artículo 8 del Real Decreto-ley de 25 de abril de 1928, que aprueba el Estatuto sobre la explotación de manantiales de aguas mineromedicinales.

619 La Ley de Minas de 1944, de 19 de julio declaró de dominio público todas las sustancias cuya explotación requiriese técnicas mineras, incluyéndose las aguas minero-industriales y las minero-medicinales. Sin embargo, no derogó la *Ley de Aguas*, como si hizo con otras disposiciones anteriores en materia de minas (art. 77) [Ley de 19 de julio de 1944 de Minas. «Boletín Oficial del Estado» núm. 204, de 22 de julio de 1944, páginas 5591 a 5608 (18 págs.). Disponible: https://www.boe.es/buscar/doc.php?id=BOE-A-1944-7077].Esta supuesta "contradicción" fue resulta por la jurisprudencia al señalar que las aguas minero-medicinales se seguirían rigiendo por la Ley de Aguas, y las minero-industriales por la Ley de Minas (Sentencias del Tribunal Supremo de 22 de diciembre de 1970, de 14 de junio de 1972, de 23 de enero de 1975 y de 17 de enero de 1977). *Cfr.* DEL SAZ, S.: *Aguas subterráneas…*, cit. p. 21.
Años después, la Ley 22/1973, de 21 de julio, de Minas, declaró de dominio público los "yacimientos de origen natural y demás recursos geológicos existentes en el territorio nacional, mar territorial y plataforma continental" entre los cuales se encontraban las aguas minerales y termales. No obstante, en lo relativo al dominio de estas aguas aclaró que "estará a lo dispuesto en el Código Civil y en las Leyes especiales, sin perjuicio de lo que establece la presente Ley en orden a su investigación y aprovechamiento" (art.2.2). [Ley 22/1973, de 21 de julio, de Minas. «BOE» núm. 176, de 24/07/1973.Disponible en: https://www.boe.es/buscar/act.php?id=BOE-A-1973-1018].

los propietarios obligados a informar, en un plazo máximo de tres meses, sobre las características del emplazamiento del manantial, volumen y calidad de las aguas, además de los usos, servicios e instalaciones que requerían la previa autorización del Jefatura de Minas[620].

La Ley de 20 de febrero de 1942, de fomento y conservación de la pesca fluvial[621] y su Reglamento de 6 de abril del mismo año[622], también contenían prevenciones importantes sobre la contaminación de las aguas y la conservación de la fauna acuática para evitar su sobrexplotación. En este sentido, se prohibió pescar, vender y consumir ejemplares por debajo de la longitud legalmente establecida. Además, se ordenó eliminar cualquier obstáculo natural para facilitar la libre circulación de los peces a lo largo de las corrientes de agua[623]. La preservación de la calidad del recurso hídrico era una cuestión de capital importancia para el legislador, de ahí la prohibición de arrojar escombros y todo tipo de vertidos contaminantes[624], el empleo de materiales explosivos -dinamita o de sustancias químicas que en contacto con el líquido elemento podían causar una explosión-, cualquier sustancia venenosa para la fauna acuática (cicuta, torvisco, gordolobo, beleño, coca, cloruro de cal, cal

620 Artículos 1-4 del Decreto de 23 de agosto de 1936.

621 Ley de 20 de febrero de 1942 por la que se regula el fomento y conservación de la pesca fluvial [«BOE» núm. 67, de 8 de marzo de 1942, páginas 1681 a 1694 (14 págs.). Disponible en:https://www.boe.es/buscar/doc.php?id=BOE-A-1942-2205].

622 Decreto de 6 de abril de 1943 por el que se aprueba el Reglamento para la ejecución de la Ley de Pesca Fluvial de 20 de febrero de 1942. [«BOE» núm. 122, de 2 de mayo de 1943, páginas 3995 a 4004 (10 págs.). Disponible en: https://www.boe.es/buscar/doc.php?id=BOE-A-1943-4165].

623 Artículo 3 de la Ley de 20 de febrero de 1942.

624 Artículo 7 de la Ley de 20 de febrero de 1942 y el artículo 21 del Reglamento para la ejecución de la Ley de Pesca de 1942.

viva, carburo de calcio, etc.) y reducir el caudal de las aguas de manera arbitraria y con afán de causar un daño[625]. Por su parte, el Reglamento de Pesca Fluvial dispuso que todas las instalaciones industriales que viertan sus residuos a las masas de agua y perjudiquen la biodiversidad acuática -por envenenamiento del medio o desoxigenación del mismo-, quedaban obligadas a adoptar a su costa, un plan de medidas aprobado por las Jefaturas de Servicio Piscícola para anular o aminorar los daños ocasionados[626].

Las concesiones para establecer, en aguas públicas o privadas, viveros o criaderos de peces para la repoblación de ríos por particulares, entidades y corporaciones, se debían otorgar siempre con arreglo a lo dispuesto en la presente legislación especial y en la Ley de Aguas, pero la ejecución de las obras debían estar sujetas a los proyectos aprobados por la Dirección General de Montes Caza y Pesca Fluvial[627]. El ministerio de Agricultura, con el objetivo de fomentar y estimular la inversión privada para el establecimiento de viveros y piscifactorías, podía suscribir convenios con entidades y particulares interesados en el desarrollo de esta actividad, para lo cual se reconocía la concesión de auxilios, exenciones tributarias y la protección arancelaria. Con estas ventajas y beneficios económicos se pretendía: mejorar la organización de la pesca fluvial y la piscicultura en aguas continentales, aumentar la industria para la elaboración y conservación de los productos derivados de la pesca y potenciar, perfeccionar y desarrollar la fabricación nacional de instrumentos y aparejos

---

625 Artículo 26 de la Ley de Pesca de 20 de febrero de 1942.

626 Artículos 15-18 del Reglamento para la ejecución de la Ley de Pesca Fluvial de 1942.

627 Artículo 30 de la Ley de 20 de febrero de 1942.

para esta actividad en los ríos españoles[628]. Ahora bien, con el fin de premiar a aquellas entidades o particulares que ejecutaban las obras para el fomento de la piscicultura o adoptaban medidas en "beneficio de la riqueza piscícola" antes de que finalizara el plazo fijado, podían recibir de la propia Administración una subvención en cuantía proporcional "a la rapidez de la realización e importancia salvaguardada", sin que en ningún caso, superara el 25 por 100 del coste total de ejecución de la obra[629].

No sería hasta la Orden Ministerial de 4 de septiembre de 1959, en desarrollo del Reglamento de policía de aguas y sus cauces de 14 de noviembre de 1958, aprobado por Decreto de 14 de noviembre[630], cuando se produjo el primer intento serio de ordenación sistemática de los vertidos en dominio público hidráulico, estableciéndose numerosas medidas preventivas y sancionadoras. Así es, se prohibieron, como en el Real Decreto de 21 de marzo de 1895 y en el Reglamento de 16 de noviembre de 1900, los vertidos, (directos o indirectos), en los cauces públicos de aguas residuales "cuya composición química o contaminación bacteriológica puedan impurificar las aguas con daño para la salud pública" requiriéndose, en todo caso, la previa autorización administrativa. Ahora bien, sin perjuicio de lo dispuesto en la Ley de 20 de febrero de 1942 -y en su Reglamento ejecutivo- cuando una Confederación o Servicio Hidráulico tenía conocimiento de este tipo de actividades en su jurisdicción debía exigir a la empresa responsable que evita-

[628] Artículo 61 del Reglamento para la ejecución de la Ley de Pesca Fluvial.

[629] Artículo 9.

[630] Decreto de 14 de noviembre de 1958 por la que se aprueba el Reglamento de Policía de Aguas y sus cauces. [«Boletín Oficial del Estado» núm. 288, de 2 de diciembre de 1958, páginas 10481 a 10485 (5 págs.) Disponible en: https://www.boe.es/buscar/doc.php?id=BOE-A-1958-18096].

ra, en la medida de lo posible, el vertido en un cauce público o bien sometiera las aguas residuales -antes del vertido- a un proceso de depuración. Aunque el Reglamento de Policía de Aguas supuso un importante avance a efectos de proteger la calidad de las aguas públicas[631], como aduce la autora Silvia del Saz no fue suficiente, ya que olvidó que la contaminación de las aguas privadas también afectaba, directa o indirectamente, a las públicas al pertenecer al mismo ciclo. Por tanto, el legislador cometió un grave error al limitar la prohibición de vertidos contaminantes en cauces públicos y dejar al margen los realizados en el subsuelo o en pozos privados donde, a la luz del Reglamento, no existía ningún límite al respecto[632].

En los últimos años del franquismo se dictaron numerosas disposiciones referidas a la materia de aguas y a su protección. En este sentido, el Decreto 2495/1966, de 10 de septiembre, sobre ordenación de las zonas limítrofes de los embalses, tenía por objeto estimular las actividades recreativas en estas zonas, pero quedando sometidas a la conservación de la propia obra. De ahí la determinación de zonas de protección y la relación de actividades compatibles con los aprovechamientos principales o prioritarios del embalse. Precisamente, con el propósito de velar por la calidad de las aguas, el Decreto impuso una franja cautelar o perímetro de protección de quinientos metros de anchura para cualquier construcción, instalación o actividad, previa autorización del Ministerio de Obras Públicas y siempre que no fuesen incompatibles con cualquier aprovechamiento prioritario[633]. Por otro lado, las Órdenes de 27 de mayo y de

---

631 Artículo 11.

632 DEL SAZ CORDERO, S. *Aguas subterráneas…*, cit. p. 346.

633 Artículos 1-8. Del Decreto 2495/1966, de 10 de septiembre, sobre ordenación de las zonas limítrofes a los embalses.[«BOE» núm. 242, de 10 de octubre de 1966, páginas 12789 a 12790 (2 págs.). Disponible en: https://www.boe.es/diario_boe/txt.php?id=BOE-A-1966-16714].

21 de agosto de 1967, prohibieron el vertido de productos petroquímicos y de cualquier residuo contaminante de fábricas e industrias al mar, estableciendo para ello medidas de carácter preventivo y de protección para evitar la contaminación de las aguas del mar y la playa. En esta misma línea, el Decreto de 19 de diciembre de 1970 dictó normas muy restrictivas sobre el vertido de aguas residuales al mar, y el Decreto 1375/1972, de 25 de mayo, que modificaba los capítulos IV y V del Reglamento de Policía de Aguas y sus Cauces[634], calificó de graves contravenciones del mismo, tanto a los vertidos -directos o indirectos- que pudieran afectar a la calidad de las aguas[635] como la ejecución de obras clandestinas o abusivas de alumbramiento de aguas subterráneas, sin la correspondiente autorización administrativa[636].

Con estas medidas, el legislador pretendía preservar la calidad de las aguas y evitar la sobreexplotación de los acuíferos. Además, prohibió la ejecución, sin la debida autorización, de cualquier obra que pudieran modificar o alterar gravemente el curso de las aguas públicas con fatales consecuencias para fauna y flora[637]. Ya en la década de los ochenta, la Orden de 14 de abril de 1980 dictó algunas importantes medidas para tratar de frenar la contaminación de las aguas como, por ejemplo, conferir a la Comisaria de Aguas la facultad de exigir la presentación de un programa de actuación a quienes ocasionaran daños al dominio público por vertidos ilegales. Precisamente, el grado de dispersión normativa en la materia puso de relieve

---

634 Decreto 1375/1972, de 25 de mayo, por el que se modifican los capítulos IV y V del Reglamento de Policía de Aguas y sus Cauces de 14 de noviembre de 1958. [«BOE» núm. 135, de 6 de junio de 1972, páginas 9927 a 9931 (5 págs.). Disponible en: https://www.boe.es/buscar/doc.php?id=BOE-A-1972-819].

635 Artículo 30. Once

636 Artículo 30. Doce.

637 Artículo 30. Dos.

la acuciante necesidad de resolver la problemática desde una perspectiva unitaria y bajo un criterio preventivo -y no sólo sancionador-, partiendo de la dimensión ambiental del recurso y del deber de las autoridades públicas de garantizar su tutela[638].

3. MANIFESTACIONES REVISIONISTAS DEL ORDENAMIENTO JURÍDICO DE AGUAS: PRIMEROS PASOS HACIA LA DEMANIALIZACIÓN DE LOS RECURSOS HÍDRICOS

La Ley de Aguas de 1879, a pesar de ser un texto modélico, no pudo evitar los efectos de la obsolescencia. El aumento de la población, las crecientes exigencias de la industria y la agricultura, especialmente el regadío, el declive de algunos aprovechamientos hídricos tradicionales (abastecimiento de ferrocarriles, barcas de pasos…etc.)o la aparición de otros nuevos usos del agua fruto de los avances técnicos y científicos(la hidroelectricidad y uso recreativo) son factores que justificaron, a lo largo del siglo XX, la necesidad de una reforma urgente de la legislación[639].

El aumento exponencial de la población y su concentración en las ciudades supuso un importante cambio en el cuadro de demandas hídricas del país, de ahí que a finales del siglo XIX se planteara la necesidad de modificar varios preceptos de la Ley (en concreto, los artículos 164, 165 y 169) con el fin de declarar de utilidad pública el abastecimiento de agua potable y ampliar la dotación máxima legal y satisfacer las necesidades de la población. En atención a las circunstancias especiales que concurrían en la ciudad de San Sebastián, cuya población había experimento en los últimos cinco años un considerable

---

638 GALLEGO ANABITARTE, A. *El Derecho de aguas…*, cit. pp. 486-487.

639 MARTÍN RETORTILLO, S. "Sobre la reforma…", cit. pp. 25- 29.

aumento fruto del desarrollo industrial en la zona, se planteó aprobar un proyecto de reforma parcial de la Ley de Aguas para que su Ayuntamiento pudiera derivar del río Urumea -o de sus afluentes- hasta 400 litros de agua por día y habitante, además de expropiar el doble de la cantidad permitida por Ley[640]. El Congreso de los Diputados, el 20 de febrero de 1895, remitió al Senado el Proyecto de reforma. El 29 de marzo, el Senador Cuesta y Santiago presentó una enmienda al dictamen de aquel proyecto legislativo. Por un lado, planteó la necesidad de que se permitiera al Ayuntamiento de San Sebastián derivar de los afluentes del río sólo 200 litros por segundo, pero con posibilidad de ampliar la dotación hasta los 250 litros, siempre y cuando la población superara los 40.000 habitantes. Además, propuso que el derecho de expropiar inherente a la declaración de utilidad pública del abastecimiento de agua se concediera solo para "la derivación de 250 L/s, con expresa derogación para este caso del artículo 164 y sus concordantes de la vigente Ley de Aguas". Por otro lado, sostuvo que el derecho a percibir una indemnización se debía limitar a "los dueños de aprovechamientos y demás derechos ya existentes en la fecha de la promulgación de esta ley", quedando prohibido tanto la expropiación de aquellos obtenidos por otros Ayuntamientos para el abastecimiento de los pueblos que administran como la aplicación de las aguas derivadas a usos diferentes[641]. El 3 de abril de 1895, la Comisión mixta nombrada para poner de acuerdo el Proyecto de reforma parcial, acabó aceptando la enmienda, aunque con algunas ligeras modificaciones. En el

---

640 *Diario de las Sesiones de Cortes*, Apéndice 1º. núm. 68. Senado. "Proyecto de ley, remitido por el Congreso de Sres. Diputados, reformando los artículos 164, 165 y 169 de las Ley de Aguas de 13 de junio de 1879". Palacio del Senado, 20 de febrero de 1895.

641 *Diario de las Sesiones de Cortes*, Apéndice 6º. núm. 88. Senado. "Enmienda del Sr. Cuesta y Santiago reformando los artículos 164, 165 y 169 de la Ley de Aguas". Palacio del Senado, 20 de marzo de 1895.

dictamen se declaró de utilidad pública el abastecimiento de la ciudad, permitiéndose al Ayuntamiento derivar hasta 200 L/s del río y expropiar "para la cantidad de agua que derive dentro del límite señalado con expresa derogación para este caso del artículo 164 y concordantes de la vigente Ley de Aguas"[642]. Finalmente, el 6 de abril, las Cortes acordaron la aprobación del Proyecto y dos días después se publicó como Ley en la *Gaceta,* indicándose, al respecto, que su aplicación no se circunscriba sólo a San Sebastián, sino a cualquier ciudad de la geografía española con las mismas "circunstancias especiales en orden al abastecimiento"[643].

Tras el desastre de la guerra hispano-estadounidense de 1898, la tendencia de los gobiernos de nuestro país estuvo marcada por un interés inusitado en aplicar reformas regeneracionistas con el fin de estimular la riqueza nacional, si bien estos intentos se vieron en ocasiones mermados por las continuas disputas de los dos grandes partidos políticos (conservadores y liberales)[644].Pocos meses antes de que Alfonso XIII, hijo póstumo de Alfonso XII, jurara la Constitución de 1876, el Gobierno de Práxedes Mateo Sagasta nombró una Comisión para redactar un Proyecto de reforma parcial de la Ley de Aguas

---

642 *Diario de las Sesiones de Cortes,* Apéndice 3°. núm. 98. "Dictamen de la Comisión mixta declarando de utilidad pública el abastecimiento de aguas de la ciudad de San Sebastián", Palacio del Senado, 3 de abril de 1895.

643 *Diario de las Sesiones de Cortes,* Apéndice 11°. núm. 103. Senado. "Ley sancionada por S.M., declarando de utilidad pública el abastecimiento de aguas de la ciudad de San Sebastián". Palacio del Senado, 8 de abril de 1895.

644 Vid., GÓMEZ MORENO, A. "Sociedad, política y cultura en la España regeneracionista: el legado de Alfonso XIII", *StudiaIberica et Americanajournal of Iberian and Latin American literary and cultural studies,* núm. 12. 2015, pp.655-710.BARÓN FERNÁNDEZ, J. *La guerra hispano-norteamericana de 1898.*Edicions do Castro, Vigo, 1993.

-suscrito por D. Miguel Villanueva y Gómez, Ministro de Agricultura, Industria, Comercio y Obras Públicas -, pero no tuvo el recorrido esperado, pues tras ser presentado a las Cortes -el 21 de febrero de 1902- y meses después dictaminado y discutido por el Senado acabó archivado[645]. Si se profundiza en el contenido del mismo, se observa importantes cuestiones que merecen ser comentadas y analizadas de manera pormenorizada. En opinión de los miembros de la Comisión, la inexorable inadecuación y falta de claridad de algunos de los preceptos de la legislación de aguas, en particular, de aquellos que se ocupaban de las concesiones administrativas de obras hidráulicas requería una revisión improrrogable. En ningún caso se planteó la necesidad de derogar la Ley de 1879, sino solo una reforma parcial para tratar de subsanar algunas deficiencias e introducir nuevos postulados o principios para "la trasformación de algunas industrias, puntualizar la competencia para otorgar concesiones de aprovechamientos, señalar los recursos contra las providencias de la Administración y fijar la tramitación de los expedientes"[646]. La Comisión, partiendo de la base de que las obras hidráulicas precisaban en muchos casos de la correspondiente declaración de utilidad pública, tuvo el convencimiento de que la Ley de Aguas solo la concedía a casos muy concretos, siendo necesario ampliarla, debido a la importancia de tal declaración para muchas "empresas industriales del país", especialmente, aquellas con un mayor peso en el sector[647]. Por otro lado, se consideró trascendental que a la concesión del líquido elemento se acompañara la de los terrenos de dominio público, habida cuenta que la Ley solo la concedía para la construcción de presas, canales y acequias, evitándose

645 MARTÍN-RETORTILLO, S. "Sobre la reforma de la Ley de Agua", *Revista de Administración Pública,* núm. 44, 1964, pp. 30-31.

646 Cfr. Exposición de Motivos del Proyecto de reforma de la Ley de Aguas (*Gaceta de Madrid.* núm. 55, 24 de febrero de 1902).

647 *Ibídem.* p. 820.

de este modo la tramitación de dos expedientes distintos con un mismo objetivo: uno para la concesión de agua y otro para la de terrenos con arreglo a la Ley General de Obras Públicas.

Otra cuestión problemática era la competencia para otorgar dichas concesiones, pues en opinión de los miembros de la Comisión, el artículo 218 de la Ley de Aguas había "dado origen a una multitud de discusiones, interpretaciones y jurisprudencia contradictoria al referirse a aprovechamientos industriales de escasa importancia, y a los que hoy suelen pedirse no tienen en él exigidas, no habiendo por otra parte precepto legal alguno a que atenerse para la concesión de ellos"[648]. De ahí la necesidad de definir con precisión en qué casos el Ministerio o los Gobernadores provinciales podían otorgar las concesiones. De igual modo, la Comisión manifestó su profunda preocupación por otra cuestión de interés como era la de los recursos contra las providencias dictadas por los Gobernadores en materia de concesión de aguas, ya que la legislación no precisaba con meridiana claridad si tales providencias ponían fin o no a la vía administrativa, y si estos Gobernadores estaban o no facultados para otorgar las concesiones. Esta cuestión, tan controvertida para la Comisión, se podía solventar aplicando el artículo 2 del Reglamento de Jurisdicción Contenciosos Administrativa, pero solo se debía considerar con carácter provisional hasta que la Ley de Aguas determinara, de manera clara y precisa, el recurso procedente[649]. Es más, para la Comisión, la Ley fi-

---

648 *Ibídem*. p. 821.

649 Para resolver esta cuestión, tan problemática, la Comisión aludió al principio general de que *"las providencias de los Gobernadores no terminan la vía administrativa, por no haber una razón fundamental que permita considerar como facultad propia lo que sólo es una delegación del poder central, a quien corresponde hoy la concesión de las aguas públicas, vinculada antiguamente a las regalías de la Corona.* (Exposición de Motivos del Proyecto de reforma de la Ley de Aguas. *Gaceta de Madrid*. núm. 55, 24 de febrero de 1902, p. 821).

jaba de "manera caprichosa" los casos en los cabía recurso de alzada contra estas providencias debiéndose admitir en todos los supuestos "por resultar más conveniente para los interesados (...)". Contra las decisiones de la Administración central cabía interponer el recurso contencioso, siempre y cuando el derecho que se suponía lesionado o vulnerado era de carácter administrativo o bien acudir ante los Tribunales si se trataba de derechos civiles. Por último, a raíz del elevado número de quejas formuladas por los peticionarios en relación a la tramitación de los expedientes y el procedimiento a seguir, la Comisión pretendía, sin derogar ni alterar principio alguno de derecho, "acabar con la multitud de disposiciones que hoy complican la tramitación y resolución de las importantes cuestiones que se relacionan con la construcción de obras hidráulicas"[650].

Conforme al Proyecto de Ley elaborado[651]solo podían ser objeto de concesión administrativa para empresas (de interés público o privado), tanto las aguas públicas (aquellas que el Código Civil define como de dominio público), como los terrenos de dominio público necesarios para la toma, canalización y distribución del líquido elemento para la instalación de fábricas o artefactos que requieran la fuerza motriz del agua para funcionar y la construcción de presas, embalses, canales de riego[652].Para los efectos de la expropiación forzosa serían declarados de "utilidad pública" las siguientes obras y concesiones:

---

650 *Ibídem.* p 821.

651 El texto legal se compone de solo 22 artículos distribuidos en tres capítulos. El capítulo primero "De las Concesiones de aguas públicas" (arts. 1 a 4), capítulo segundo "De la competencia para otorgar las concesiones de aguas públicas" (arts. 5 a 8), capítulo tercero "De la tramitación de los expedientes en que se trate de aprovechamientos de aguas públicas" (arts. 9 a 22).

652 Artículos 1. 1º, 2º, 3º y 2.

- Las de abastecimiento de poblaciones cuando lo solicitara las Diputaciones provinciales o los Ayuntamientos tanto para ejecutar obras hidráulicas por sí o por medio de convenio con particulares o empresas.
- Las de abastecimiento de ferrocarriles.
- Las de riego siempre que el caudal derivado exceda de 200 L/s.
- La de uso industrial cuando la fuerza obtenida exceda de 200 caballos de vapor.
- Las de servicios propios del Estado[653].

Las obras hidráulicas, fuera de estos supuestos señalados, solo podían ser declaradas de utilidad pública por medio de una Ley. La inscripción de los aprovechamientos hídricos anteriores al proyecto y las que se concedieran en lo sucesivo en los Registros (central y provincial, en virtud del Real Decreto de 12 de abril de 1901), era obligatoria a todos los efectos, pudiéndose admitir no solo las concesiones administrativas, sino cualquier título de derecho civil. Por otro lado, toda inscripción debía fijar -en título fehaciente- el caudal de agua que correspondiera a cada aprovechamiento. En su defecto, se debía inscribir el caudal necesario que determinara, con audiencia de los interesados, el Ministerio de Agricultura, Industria, Comercio y Obras públicas[654].Los Gobernadores provinciales, dentro de la jurisdicción administrativa, quedaban facultados para otorgar la concesión de aprovechamientos públicos de agua en los siguientes supuestos:

- Para el abastecimiento de ferrocarriles, siempre que el gasto diario no excediera de 50 m^3.

---

[653] Artículo 3.

[654] Artículo 4.

- Para riegos, cuando el volumen diario de agua no excediera de 100L /s.
- Para el establecimiento de barcas de paso o puentes flotantes para uso público en los ríos que sean flotantes -pero no navegables- y para uso privado en todos los ríos.
- Para la instalación de artificios o mecanismos flotantes -en ríos navegables o flotantes-siempre que no se viera alterado el régimen de la corriente.
- Para industrias o fábricas que emplearan el agua como fuerza motriz, pero sin superar la fuerza obtenida los 20 caballos de vapor y siempre que no fuera necesario instalar ningún artefacto en terreno de dominio público.
- Para viveros o criaderos de peces[655].

Al Ministerio de Agricultura, Industria, Comercio y Obras públicas le correspondía otorgar las concesiones de aprovechamientos de aguas públicas en el resto de supuestos no contemplados o cuando se trataba de un servicio del Estado. Contra las providencias dictadas por los Gobernadores provinciales, concediendo o denegando las concesiones, cabía interponer el correspondiente recurso de alzada ante el Ministerio. Por el contrario, el recurso contencioso-administrativo solo debía ser aplicado contra las providencias dictadas por los Gobernadores respecto a la caducidad de una concesión[656]. Por otro lado, aquellos particulares con intención de obtener una concesión quedaban obligados a presentar una solicitud o instancia. Para iniciar el procedimiento administrativo con plenas garantías,

---

655 Artículo 5.

656 Las decisiones de la Administración, sobre esta materia que nos ocupa, ponían fin a la vía administrativa y solo podían ser recurridas ante los Tribunales de la jurisdicción contenciosa u ordinaria, dependiendo si el derecho que se había vulnerado se adquirió por prescripción administrativa o por título de derecho civil (arts. 6-8).

dicha instancia se debía presentar ante el Gobernador de la provincia donde se pretendía ejecutar la obra o bien donde radicaba la mayor extensión de terreno. El peticionario, junto a la solicitud, tenía que informar de manera fehaciente acerca del tipo de aprovechamiento, el volumen de agua requerida, la fuente o corriente de derivación, la extensión total de los terrenos y sus límites. El Gobernador provincial, en un plazo máximo de tres días, a contar desde la presentación de la instancia, podía ordenar su publicación en los *Boletines oficiales*, haciéndose constar que, en un plazo máximo de un mes, el proyecto se debía presentar junto a la memoria, los planos y el presupuesto de las obras para que cualquier persona interesada o afectada pudiera formular alguna queja o alegación al respecto[657].Una vez finalizado el periodo de información pública se iniciaba la tramitación del expediente administrativo[658].

En cuanto al criterio a seguir a la hora de otorgar la concesión, el presente Proyecto de Ley dispuso el siguiente orden de prelación: "sería preferido el de mayor importancia y utilidad de todos los presentados, y en igualdad de condiciones, el del primitivo peticionario. Entre dos proyectos que no sean de éste, pero estén en igualdad de condiciones, será preferido el que antes se hubiera presentado"[659]. Tal prelación jamás

---

657 Artículos 9-11.

658 Iniciado el proceso, ya no se podía realizar ninguna modificación que pudiera afectar a la esencia del proyecto mismo. Como alterar las condiciones de la toma de agua o del desagüe, el trazado de las canalizaciones o el emplazamiento de los edificios destinado a industria. Cada modificación al proyecto debía considerase como una nueva petición y, por tanto, anularse lo actuado respecto al proyecto que se trata de modificar. Por el contrario, las variaciones de trazado que pudieran originar las oposiciones a la imposición de servidumbre de acueducto podían realizarse previo expediente informativo (art. 12-17).

659 Artículo 18.

se aplicaba a las concesiones que tuvieran por objeto servicios del Estado, ya que éstas siempre tendrían carácter preferente "respecto de otras incompatibles con ellas, solicitadas por particulares"[660]. Por último, los expedientes relativos a obras de alumbramientos de aguas públicas, aprovechamientos de aguas privadas -que requieran autorización administrativa-, junto a los aprovechamientos de aguas pluviales en terrenos de dominio público, debían sólo limitarse a las informaciones oficiales y públicas. En todos los expedientes relativos a obras hidráulicas, distintos a los señalados, se requería los informes de los Ingenieros Jefes de Obras Públicas de las Provincias y de las Comisiones provinciales[661].

El Senador por la provincia de Lugo, D. Mariano Belmás Estrada presentó, el 5 de noviembre de 1902, enmiendas a varios artículos del Proyecto de Ley de reforma y ampliación de la Ley de Aguas, pero fueron rechazadas por la Comisión[662].

---

660 Artículo 19.

661 Artículos 20-22.

662 En concreto, las enmiendas se dirigieron a los artículos 3.1. 11. 14, 15 y 22 del Proyecto de Ley. Por un lado, propuso que el artículo 3.1 del Proyecto de Ley quedara redactado de la siguiente manera: "*Las obras de abastecimiento de poblaciones y la concesión de aguas para las mismas hasta la cantidad de500 litros por habitante y día. Cuando las soliciten las Diputaciones provinciales y Ayuntamientos, no para ejecutar las obras por sí, sino por otras personas, la adjudicación de aquellas se hará con arreglo a la Ley de contratación de servicios públicos*". Por otro lado, se solicitó suprimir del artículo 11 el párrafo que decía "*Se acompañará también resguardo de haber depositado como garantía el 1 por 100 del presupuesto*", y del artículo 14 el último párrafo que decía: "*o el Gobernador de la provincia, según exceda o no de 2000 pesetas*". De igual modo, planteó que el artículo 15 quedara redactado de la siguiente forma: "*Los proyectos no excluidos se someterán a una información oficial, en la que deberán ser oídos necesariamente el ingeniero jefe de obras públicas y la Comisión provincial. También será oído el jefe del servicio agronómico si la concesión se refiere a riesgos. Cada uno de los informantes deberá dictaminar*

Los artículos 3 y 4 del Proyecto, relativo al abastecimiento a la población y a la obligación de inscribir los aprovechamientos de las aguas, generaron gran discusión en la sesión de 7 de noviembre[663]. Para los miembros de la Comisión, resultaba a todas luces "exigua, mezquina, miserable la declaración del artículo de la Ley de Aguas en materia de abastecimientos a poblaciones". De ahí que se propusiera con este proyecto someter al Senado una modificación legislativa elevando para los efectos de la declaración de utilidad pública hasta 500 litros al día por habitante. Pero era preciso reconocer que los beneficios de la utilidad pública que lleva consigo, entre otras cosas, la expropiación forzosa se debía conceder con mucho pulso, porque dicha declaración atacaba a lo que es especial y fundamental en las sociedades modernas como es el derecho de propiedad[664].

Por consiguiente, no se podía atacar a este derecho por razones de utilidad pública sino cuando quedara perfectamente justificada la necesidad de obtener dicha declaración. En definitiva, la Comisión sostenía que no se privaba a ningún particular de su derecho a solicitar la ejecución de los trabajos

---

en el término de un mes desde el día en que recibió el expediente respectivo". Por último, propuso una nueva redacción para el artículo 22: "*En todos los expedientes relacionados con obras hidráulicas que no sean de los que tratan los artículos anteriores, serán necesarios los informes de los ingenieros jefes de Obras Públicas. Y cuando se refieran a riegos, también será necesario el informe del ingeniero jefe del servicio agronómico de la provincia*". [*Diario de las Sesiones de Cortes*. Senado, Apéndice 4º, núm. 50. "Enmienda del Sr. Belmás a varios artículos del Proyecto de Ley de reforma y ampliación de la Ley de Aguas", 5 de noviembre de 1902].

663 Cfr. *Diario de las Sesiones de Cortes*. Senado, núm. 52. "Discusión del dictamen de la Comisión sobre el Proyecto de Ley de reforma y ampliación de la Ley de Aguas", 7 de noviembre de 1902.

664 Cfr. *Diario de las Sesiones de Cortes*. Senado, núm. 52. "Discusión del dictamen...", pp. 1003-1005.

necesarios para el abastecimiento a las poblaciones; "lo que hacemos es no darles el privilegio que otorgamos a las corporaciones populares, Municipios y Diputaciones provinciales de que, ipso facto, se declaren sus peticiones de utilidad pública y con las ventajas que esta declaración lleva consigo (...) Si este proyecto pasa a ser ley no necesitarán recurrir a los trámites de la legislación general porque desde el momento en que soliciten la ejecución de esas obras se concederán de utilidad pública(...)"[665]. Tras la negativa del señor Belmás a seguir con el debate se acordó no tomar en consideración su enmienda y continuar con la discusión del artículo 3 del Proyecto. Por su parte, el Senador Rodríguez de San Pedro pidió la palabra para hacer algunas observaciones porque sostenía que el referido artículo lejos de "descentralizar, aumentar y facilitar la vida local y de los municipios en las obras que directamente emprendan y aquellas que puede ser objeto de contratos o concesiones en lo que se refiere a los aprovechamientos de las aguas en su término, se imposibilita casi por completo, habida cuenta que se requiere una Ley para declarar de utilidad pública las obras hidráulicas más pequeñas o de menor importancia que son de concesión provincial o municipal"[666].

La propia Comisión reconoció que, efectivamente, el artículo 3 podía dar lugar a interpretaciones de todo tipo por parte de la Administración Pública, admitiendo además que, si se hubiera presentado, en tiempo y forma, una enmienda para modificar su redacción sobre esta cuestión en particular, habría sido aceptada. No obstante, la Comisión planteó la posibilidad, con la venia del presidente de la Cámara, de "retirar el artículo para redactarlo de nuevo o aquí mismo arreglar-

---

665 Cfr. *Diario de las Sesiones de Cortes*. Senado, núm. 52. "Discusión del dictamen...", p. 1005.

666 Cfr. *Diario de las Sesiones de Cortes*. Senado, núm. 52. "Discusión del dictamen...", pp. 1006-1007.

lo en cuanto a su redacción, que podríamos someter primero a la consideración del Señor Rodríguez de San Pedro y a la del Senado más tarde, redactando la enmienda del siguiente modo: quedan declarados de utilidad pública las obras y concesiones para servicios propios del Estado, de la provincia o del Municipio"[667]. Acto seguido, el señor Rodríguez San Pedro tomó la palabra y afirmó que la solución al problema era bien sencilla, solo había que modificar la redacción del articulado en este punto, proponiendo la siguiente reacción: "Fuera de los casos señalados en este artículo, no podrán declararse de utilidad pública las obras hidráulicas sino de conformidad con la Ley General de Expropiación vigente"[668]. La Comisión, por su parte, declaró que no había inconveniente alguno en acepar la modificación propuesta para el penúltimo párrafo del artículo 3, quedando aprobado[669].

También el artículo 4 generó un importante debate. De nuevo, el señor Rodríguez San Pedro se mostró crítico con el precepto al no entender cómo a los efectos de la inscripción se establecía una completa igualdad entre las concesiones administrativas de las aguas públicas y aquellos otros aprovechamientos que descansaban en títulos de derecho civil[670]. En su opinión, el precepto declaraba prescrito y terminado el derecho sobre las aguas que existían por unos u otros títulos porque era común a unos y otros, trascurrido el periodo -corto- que en él se establecía para la inscripción de ambos aprovechamientos, se declaraba la caducidad de la concesión por el

---

667 Cfr. *Diario de las Sesiones de Cortes*. Senado, núm. 52. "Discusión del dictamen...", p.1007.

668 Cfr. *Diario de las Sesiones de Cortes*. Senado, núm. 52. "Discusión del dictamen...", pp. 1007-1008.

669 Cfr. *Diario de las Sesiones de Cortes*. Senado, núm. 52. "Discusión del dictamen...", p. 1008.

670 Cfr. *Diario de las Sesiones de Cortes*. Senado, núm. 52. "Discusión del dictamen...", p. 1008.

Ministerio de Agricultura y obras Públicas[671]. Es más, sostenía que era necesario modificar el precepto porque con su actual redacción "desaparece uno de los objetivos más importantes del derecho como es el régimen entero de las aguas, no sólo por los fines públicos y administrativos, sino también para los privados de aquellos cuerpos de leyes que tienen su justa medida y su natural colocación"[672]. Para el señor López Parra -ponente de la Comisión- el precepto que se estaba discutiendo no era una innovación del presente Proyecto de reforma de la Ley de Aguas, habida cuenta que el Real Decreto de 14 de abril de 1902 -creado para poner fin a "la anarquía y verdadera confusión que en materia de aprovechamiento de aguas existía", creo un registro donde constatar todos los aprovechamientos preexistentes y concedidos para saber hasta dónde podía llegar la Administración en la concesión de las aguas que le correspondía y negar, en adelante, los que se proyectaran por otros títulos[673]. En su opinión, el temor del Senador Rodríguez San Pedro a que se equipararan para los efectos de la caducidad de las aguas púbicas poseídas a título de concesión administrativa con las adquiridas por título de derecho civil, carecía de toda lógica. Dicha disposición, al tratar la caducidad, establecía que después de dos años se podía solicitar la inscripción de todos aquellos aprovechamientos que por cualquier título -por concesión administrativa o derecho civil- puedan solicitar su inscripción sin perjuicio de los derecho de propiedad declarados por los Tribunales ordinarios. Por las razones expuestas, la Comisión que, con absoluta complacencia había aceptado las observaciones del señor Rodríguez San Pedro respecto al artículo

671 Cfr. *Diario de las Sesiones de Cortes*. Senado, núm. 52. "Discusión del dictamen…", pp. 1008-1009.

672 Cfr. *Diario de las Sesiones de Cortes*. Senado, núm. 52. "Discusión del dictamen…", p. 1009.

673 Cfr. *Diario de las Sesiones de Cortes*. Senado, núm. 52. "Discusión del dictamen…", p. 1010.

anterior, ahora tenía el sentimiento de mantener la redacción del artículo 4 sin atender a ninguna de las aclaraciones o consideraciones expuestas por este Senador ya que no respondían a la realidad jurídica, sino más bien "a un temor personal sin fundamento alguno"[674].

Mención especial merece el Proyecto de reforma de la Ley de Aguas (de solo 13 artículos) que el Gobierno del liberal D. José Canalejas presentó el 22 de octubre de 1910, y que fue suscrito por el entonces Ministro de Fomento D. Fermín Calbetón Blanchón. Al igual que en el fallido proyecto de 1902, se desconoce a ciencia exacta los motivos que impidieron su aprobación definitiva en las Cortes[675]. En cualquier caso, la Comisión encargada de su redacción no quiso dejar escapar la oportunidad de destacar en la Exposición de Motivos las bondades de la Ley de Aguas y su contribución al desarrollo y progreso de la Nación, a pesar de reproducir numerosos preceptos de la anterior Ley de 1866 y compartir los mismos principios fundamentales[676]. Por ello, no se creyó oportuno reclamar una modificación o reforma de gran alcance, sino solo una revisión parcial con el fin de adecuar algunos preceptos de la Ley de 1879 "a las necesidades modernas", habida cuenta que los últimos avances y progresos en la ciencia y en la tecnología, en pocos años, habían repercutido en la industria de los aprovechamientos hidráulicos del país[677]. De ahí la necesidad de elaborar nuevos preceptos para garantizar los intereses del Estado, facilitar el desarrollo de las iniciativas particulares y procurar, en la medida de lo posible, que la constitución de empresas de interés

---

674 Cfr. *Diario de las Sesiones de Cortes*. Senado, núm. 52. "Discusión del dictamen…", pp. 1010-1023.

675 MARTÍN-RETORTILLO, S. "Sobre la reforma…", cit. p. 32.

676 Cfr. Exposición de Motivos del Proyecto de Ley reforma de la Ley de Aguas. [*Gaceta de Madrid*, núm. 296, 25 de octubre de 1910].

677 *Ibídem*. p. 224.

público no se vieran afectadas “por el interés legítimo, pero egoísta de las conveniencias individuales”[678].

Evitar dichos inconvenientes era, por tanto, el objetivo principal que perseguía el presente Proyecto, sin dejar escapar la oportunidad de reclamar una mayor claridad del texto legal a la hora de determinar, en cada caso, el marco competencial de los Gobernadores provinciales y del Ministerio respecto a las concesiones del recurso. La Comisión creyó oportuno imponer una retribución al Estado por el dominio público que otorgaba para aprovechamientos industriales; “principio hoy admitido en las legislaciones extranjeras y que resulta conveniente aplicar con urgencia en España”, pero no con el propósito de obtener pingües ingresos, sino más bien para evitar solicitudes inútiles que, en perjuicio del interés público, pudieran “distraer la atención de las autoridades públicas” y causar molestias innecesarias a los particulares[679]. Por último, la Comisión manifestó su preocupación por el actual sistema de tramitación de los expedientes, admitiendo -en todos los casos por ser materia de utilidad general- recurso de alzada ante el Ministerio y exigiéndose la necesidad de inscribir los aprovechamientos de las aguas públicas para mayor garantía del Estado y de los particulares en los Registros[680]. Respecto a esta última cuestión, se dispuso en el Proyecto que para poder usar el líquido elemento, en aprovechamientos especiales, era condición indispensable la concesión administrativa. Además, el peticionario, una vez otorgado la concesión tenía la obligación de inscribirlos en los Registros (Central y Provinciales)[681]. Con el fin de satisfacer

---

678 *Ibídem.* p. 224.

679 *Ibídem.* p. 224.

680 *Ibídem.* p. 224.

681 Los aprovechamientos anteriores a la aprobación de presente texto legal se debían solicitar en un plazo máximo de un año desde su promulgación (art 1. del Proyecto de Ley).

objetivos de necesidad o conveniencia general, el Proyecto declaró de utilidad pública, para los efectos de la Ley de Expropiación Forzosa, las obras necesarias para el aprovechamiento de aguas públicas en los siguientes supuestos:

- Abastecimiento de poblaciones
- Servicios de ferrocarriles (incluyendo la tracción)
- Riegos cuando el caudal empleado exceda de 200 L/s.
- Uso industrial cuando la energía hidráulica empleada, como fuerza motriz, exceda de los 500 caballos de vapor.
- Otros usos industriales cuando la cantidad de agua empleada no exceda de 1000 L/s[682].

El Ministerio de Fomento, en todos estos supuestos señalados, quedaba facultado para otorgar las concesiones de aguas públicas, pero sujetas a determinadas condiciones. Por ejemplo, cuando el gasto de agua excedía de 100 m^3 y se empleaba energía hidráulica en los servicios de ferrocarriles. En los riegos cuando el caudal derivado excedía de 100 L/s o cuando las obras afectaban a más de una provincia. Para uso industrial cuando era necesario utilizar todo el caudal de un río o arroyo en alguna época del año o bien cuando la energía hidráulica empleada excedía de 250 caballos de vapor y las obras afectaban a más de una provincia. De igual modo, el Ministerio de Fomento, en las concesiones de aprovechamientos de aguas públicas para usos industriales podía otorgarlas siempre que el caudal derivado no superara los 100 L/s[683]. Además de lo señalado, las concesiones para establecer barcas, mecanismos flotantes o puestos fijos -en los ríos y afluentes del Ebro, Duero, Guadalquivir, Guadiana, Miño y Tajo- era competencia exclusiva de este Ministerio. En cambio, en los demás ríos de la geo-

---

[682] Artículo 2 del Proyecto de Ley de reforma de la Ley de Aguas

[683] Artículos 3-7.

grafía española -y en el resto de supuestos no contemplados-, los Gobernadores provinciales podían otorga concesiones y recurrir en alzada ante el Ministerio de Fomento en un plazo máximo de un mes a contar desde la notificación[684].

En cuanto a la tramitación de los expedientes de aprovechamientos de aguas públicas, conforme al presente Proyecto de ley quedaban sujetas a las siguientes bases:

- Presentación de una instancia ante el Gobierno de la provincia donde se realizaba la toma, con referencia expresa a la clase de aprovechamiento y los términos municipales a los que podía afectar las obras hidráulicas.
- Publicación de la petición formal en los *Boletines Oficiales* de las provincias donde se ubicaban las obras.
- Establecimiento de un plazo, no superior a un mes, para presentar los proyectos.
- Información pública durante un mes.
- Información oficial conforme a las Instrucciones y Reglamentos vigentes, comprendiendo en ella la confrontación sobre el terreno de los proyectos presentados.
- Comunicación de las condiciones de la concesión al peticionario para su aceptación en un plazo máximo de un mes: plazos para iniciar y finalizar las obras y el desarrollo de éstas, la fianza para responder del cumplimiento de las condiciones y la obligación de utilizar la concesión bajo pena de caducidad.
- Publicación de la resolución y notificación a los interesados[685].

---

684 Artículos 8-9.

685 Artículos 10 y 11.

Las concesiones de aguas públicas para fuerza motriz a cargo del Ministerio de Fomento solo se otorgaban en subasta pública, fijándose el canon anual que el concesionario debía abonar al Estado en atención al número de caballos de vapor concedido (utilizados o no). Por su parte, el dueño del proyecto tenía derecho de tanteo en la subasta y en caso de otorgarse la concesión a otra persona, el beneficiario quedaba obligado a reintegrar el valor del proyecto al dueño del mismo. Además, se dispuso la obligación de celebrar, cada cincuenta años, una nueva subasta para la renovación del canon, teniendo el concesionario derecho de tanteo. No obstante, anualmente se podía conceder una prórroga de cada uno de los plazos, pero sujeto a una serie de condiciones, entre otras: que el retraso no se imputara al concesionario y que se hubiera ejecutado más del 50 por 100 de la obra en el plazo señalado[686].

Una década después del fallido intento de reforma parcial de la Ley de Aguas promovida por el Gobierno de Canalejas, el conservador D. Manuel Allendesalazar y Muñoz de Salazar, al frente del Consejo de Ministros, publicó un Real Decreto de 14 de junio de 1921 por el que se suspendía la Ley de Aguas en todo lo referente a concesiones a perpetuidad sobre aprovechamientos para fuerza motriz y usos industriales[687]. Con esta

---

686 En cualquier caso, a la hora de establecer los plazos se debía tener en consideración el tiempo necesario para instruir los expedientes de servidumbres y la expropiación forzosa (arts. 12 y 13).

687 Conforme al citado Real Decreto, las concesiones para el aprovechamiento de fuerza hidráulica solo se podían otorgar a favor de españoles o de Sociedades constituidas -y con domicilio fiscal- en el país. Además, era imprescindible que todos los materiales y maquinaria empleados para la obtención de energía eléctrica fuesen de producción o fabricación española (art. 6). Es más, según el artículo adicional del Real Decreto, cualquier modificación o ampliación de las instalaciones construidas por los concesionarios para la obtención de energía por acción de la fuerza del agua, debía incluir “los

norma se reabrió el debate acerca de la perentoria necesidad de una reforma urgente de la citada legislación para adecuar algunos de sus preceptos a las nuevas demandas, necesidades e intereses socioeconómicos del país. Como se desprende de la Exposición de Motivos, la legislación de aguas en ningún momento previó la utilización de las aguas corrientes de los ríos para producir energía hidráulica. Es más, mediante disposiciones de carácter administrativo, muchos de sus preceptos se adaptaron a la especialidad de estos aprovechamientos, pero en la práctica "se advierte la dificultad de que la falta de claridad de los preceptos de la Ley de Aguas y la timidez de los que gubernativamente se han dictado, no permiten regular estos aprovechamientos en forma adecuada a las necesidades presentes y a las que se deben prever para lo futuro"[688].

---

materiales y maquinarias de producción y fabricación española"; en caso contrario, no se daría curso a los expedientes y, por tanto, se denegaría la concesión. Los Gobernadores Civiles quedarían facultados para otorgar las concesiones, pero con la obligación de consultarlo al Ministerio de Fomento (art. 7). Este tipo de concesiones tenían un plazo máximo de sesenta y cinco años -contados desde el comienzo de la explotación-, y vencido el plazo revertían al Estado todas las obras, maquinaria y líneas de transporte, entre otros elementos de explotación propiedades del concesionario (arts. 2 y 3). El Gobierno podía exigir que la totalidad o parte de la energía obtenida se destinara a determinados servicios públicos. El concesionario, por su parte, quedaba obligado a conducir la sobrante hacia la red general de distribución de energía eléctrica mediante las conducciones que rijan para la utilización de la misma. Asimismo, en aquellos aprovechamientos que excedían los 1000 caballos, el concesionario también quedaba obligado a entregar a los municipios, en que se hallaba instalado, al Estado o las Diputaciones –para servicio público- hasta un 5 por 100 de la energía que producía a precio de coste que será fijado por el Gobierno (arts. 4 y 5). [*Gaceta de Madrid*, núm. 166, 15 de junio de 1921].

688 Exposición de Motivos del Real Decreto de 14 de junio de 1921 [*Gaceta de Madrid*, núm. 166, 15 de junio de 1921].

Para solventar esta y otras cuestiones se aprobó un Anteproyecto que se sometió a información pública por Real Orden de 21 de julio de 1921[689]. La "Sección de Aguas" de la Dirección General de Obras Públicas asumió el reto de elaborar el Anteproyecto de reforma de la vigente Ley de Aguas. La propuesta, suscrita por el entonces Ministro Fomento D. Juan de la Cierva y Peñafiel, fue fiel al texto de 1879 ya que la gran mayoría de propuestas se circunscribieron, a excepción de la Base 1° que versaba sobre el dominio hidráulico[690], al régimen de aprovechamientos especiales de aguas, ofreciendo soluciones interesantes y "revolucionarias" para la época como veremos a continuación. Pero al igual que los anteriores intentos de reforma también fracasó y el Anteproyecto no se llegó a tramitar[691]. Como se desprende del mimo, pretendía dejar sin efecto

---

689 El Anteproyecto, que constaba únicamente de quince bases se sometió a información pública con el propósito de: "(...) *las Cámaras de Comercio, Industria y Agricultura, Sociedades Económicas y las entidades concesionarias de aprovechamientos de aguas públicas, especialmente las de producción de energía eléctrica, y cualesquiera otras personas o empresas que lo estimen conveniente, expongan por escrito a este Ministerio, las observaciones que juzguen oportunas sobre la redacción definitiva de este proyecto de ley*" [Exposición de Motivos del Anteproyecto de reforma de la Ley de Aguas. *Gaceta de Madrid*, núm. 205, de 24 de julio 1921].

690 Todas las aguas vivas procedentes de manantiales o corrientes naturales "sin excepción alguna motivada por la naturaleza jurídica de los terrenos donde broten o tengan su origen, desde el momento en que entren a discurrir por sus cauces naturales" pertenecían al dominio público. Los derechos adquiridos al amparo de la Ley de Aguas solo serían reconocidos y respetados por la Administración cuando aparecieran debidamente inscritos en los Registros (central y provincial) creados por el Real Decreto de 12 de abril de 1901. A tal efecto, se declaraba obligatoria la inscripción en un plazo improrrogable de un año -a contar desde la fecha de la entrada en vigor de la presente ley- (Base 1° del Anteproyecto).

691 Véase al respecto los comentarios de MARTÍN-RETORTILLO, S. "Sobre la reforma...", cit. p. 33-35.

el artículo 149 de la Ley de Aguas y, por consiguiente, anular el derecho de aprovechamiento de las aguas por prescripción. De este modo, solo tendría valor el de la concesión administrativa realizada con sujeción a los requisitos legales y la autoridad competente para otorgarla. En cualquier caso, la inscripción en los Registros confería a estos aprovechamientos la misma validez administrativa que si se tratara de una concesión[692]. Siguiendo con el régimen de los aprovechamientos de aguas públicas, en virtud de la Base 2º del Anteproyecto, el derecho reservado en el artículo 14 de la Ley de Aguas a los titulares de terrenos donde nacían y discurrían el agua para uso y disfrute propio, sin merma de caudal ni perjuicio para los usuarios inferiores que las hayan aprovechado con anterioridad, no podía ser objeto de concesión por sus titulares. La Administración quedaba facultada para disponer de ella y otorgar las concesiones que se solicitaran al respecto, pero dejando a salvo los derechos adquiridos.

El abastecimiento de la población seguía ocupando el primer lugar en el orden de preferencias de los aprovechamientos especiales regulados en la Ley de Aguas[693]. El caudal concedido para satisfacer las necesidades elementales de la población era competencia exclusiva del Ministerio de Fomento[694]. Las con-

---

692 Base 2ª del Anteproyecto.

693 En cuanto a la preferencia de las concesiones de aprovechamientos especiales de aguas públicas, la Base 3º del Anteproyecto dispuso el siguiente orden: "*1º-. Abastecimiento de poblaciones, incluyéndose a las colonias agrícolas o industriales, los establecimientos y servicios públicos y los de Beneficencia o Sanidad, 2º-. Abastecimiento de ferrocarriles, 3º-. Aprovechamientos para riegos, 4º-. Aprovechamientos hidroeléctricos (de potencia efectiva superior a 100 caballos), 5º-. Aprovechamientos para fuerza motriz, transformable o no, en energía eléctrica, 6º-. Barcas de paso y puertos flotantes, 7º-. Estanques para viveros y criaderos de peces*".

694 Dicho caudal se fijaría en atención al número de habitantes y estimación de su aumento como consecuencia del desarrollo industrial,

cesiones llevarían aneja la declaración de "utilidad pública" con todos los derechos que de ella se derivaran[695]. En cuanto a los aprovechamientos se dispuso, como condición indispensable para su concesión, la inscripción "del agua a la tierra constituyendo una propiedad común e indisoluble ". Además, se revocaba la facultad de los Gobernadores provinciales para otorgar estas concesiones -en virtud de los artículos 182, 184 y 186 de la Ley de Aguas[696]; facultad que recaía en el Ministerio de Fomento habida cuenta que las aguas para riego requieren obras para

---

a los servicios municipales esenciales que hayan de establecerse fruto del incremento demográfico o poblacional -con ocasión del desarrollo socioeconómico experimentado-, a los usos y costumbres, amén de las condiciones climáticas e hidrológicas del lugar (Base 4ª del Anteproyecto).

695 Por ejemplo, la obtención de subvenciones del Estado en los términos que regulaba el Real Decreto de 27 de marzo de 1914 (Base 4ª del Anteproyecto)

696 Conforme al artículo 142 de la Ley de Aguas de 1879 se precisaba la preceptiva autorización del Ministerio de Fomento o del Gobernador de la Provincia para poder construir pantanos destinados a recoger y conservar aguas pluviales o públicas. Por otro lado, el artículo 184 de la Ley, contemplaba la posibilidad de establecer "bombas o cualquier otro artificio destinado a extraer las aguas necesarias para el riego de sus propiedades limítrofes", en los ríos navegables por parte de los ribereños, pero condicionado el permiso a no causar ningún perjuicio a la navegación. En cambio, en los demás ríos públicos era preceptivo la autorización del Gobernador. Por último, conforme al artículo 186 de la Ley, si el volumen de agua a derivar o distraer de su corriente natural no superaba los 100 litros/s. el Gobernador quedaba facultado para otorgar la concesión -previo al expediente-, pudiendo en este caso recurrir en alzada el peticionario ante el Ministro de Fomento. De igual modo, y en base a este precepto, los Gobernadores de provincia quedaban facultados para autorizar la reconstrucción de presas antiguas para el regadío o para otro distinto uso. No obstante, si las obras a ejecutar en las presas eran de conservación o de reparación, y en ningún caso se alteraba las condiciones del aprovechamiento, se podían acometer sin pre-

"elevarlas, embalsarlas o derivarlas de un modo continuo" con independencia de su volumen[697]. La ejecución de los pantanos reguladores, creados para alimentar a los canales de derivación de agua para riegos, podía recaer directamente en el propio Estado o bien en empresas o particulares que lo solicitaran como "complementarios de aprovechamientos hidroeléctricos cuya potencia efectiva exceda de 1000 caballos"[698].En cuanto a la mejora obtenida en los aprovechamientos situados entre el embalse y el punto de derivación del agua para los riegos gracias a la regulación de la corriente, sus respectivos usuarios tenían el deber de satisfacer al Estado -o al concesionario- el canon anual que se determinara o la cantidad equivalente que resultara de la capitulación. Idéntica obligación tenían los usuarios de aprovechamientos para fuerza motriz y para riegos, siempre que existiera agua abajo o cuando la concesión de un aprovechamiento hidroeléctrico llevara consigo la construcción de un embalse o pantano regulador que favoreciera a los usuarios inferiores en grado considerable a juicio de la propia Administración. En tal caso, era condición indispensable para la imposición del referido gravamen, la formación de una relación de los aprovechamientos existentes -por el Estado o por los peticionarios de la concesión- y la justificación de los beneficios[699]. Las concesiones de aprovechamientos para la producción de fuerza motriz -transformable o no en energía eléctrica- eran temporales y su concesión correspondía al Ministerio de Fomento[700].Para los efectos de la concesión, los

---

via autorización, pero se requería la comunicación de las mismas al Gobernador.

697 Base 5º del Anteproyecto.

698 Base 5º del Anteproyecto.

699 Base 5º del Anteproyecto.

700 El Anteproyecto derogaba el artículo 218 de la Ley de Aguas; precepto que señalaba que, en los ríos navegables o flotables, pero también en los no navegables ni flotables, el Gobernador quedaba fa-

aprovechamientos hídricos se clasificaban en base al siguiente criterio:

- Los aprovechamientos hidroeléctricos con una potencia no superior a 200 caballos. Gozaban, entre otros beneficios, del derecho de imposición de servidumbres y de ocupación gratuita de terrenos de dominio público (junto a las infraestructuras de conducción, derivación y desagüe).
- Los aprovechamientos hidroeléctricos con una potencia efectiva comprendida entre 200 y 1000 caballos, con destino a la producción de energía transportable dentro de la región para su aplicación a usos privados y servicios de carácter público[701].
- Aquellos aprovechamientos con una potencia comprendida entre los 1000 y los 5000 caballos destinados a los mismos fines, y aquellos que excedían de los 5000 caballos siempre que se precisará-para su mejor utilización-pantanos reguladores del caudal de agua aprovechable.

cultado para conceder "*la autorización para el establecimiento de molinos u otros artefactos industriales en edificios situados cerca de la orilla, a los cuales se conduzca por cacera el agua necesaria y que después se reincorpore a la corriente del río*". Ahora se pretendía que el Ministerio de Fomento asumiera tal competencia. De este modo, tanto las solicitudes de prórroga, ampliación o modificación que se intentarán, como la incoación y resolución de los expedientes de caducidad en las concesiones -otorgadas hasta la fecha por los Gobernadores-, sería competencia propias y exclusivas del Ministerio de Fomento (Base 6ª del Anteproyecto).

701 A estos aprovechamientos se les aplicaba los mismos beneficios que el supuesto anterior, obteniendo además el derecho a la servidumbre de embalse o remanso producido por la presa. Asimismo, se permitía ocupar temporalmente los terrenos para estos fines y construir albergues provisionales durante la ejecución de las obras para albergar a los obreros.

En cualquier caso, aquellos aprovechamientos que superaban los 1000 caballos se declaraban de "utilidad pública" durante el tiempo de la construcción y la explotación de las obras[702].

A excepción de los que ocupaban el primer puesto de la clasificación, concedidos indistintamente a nacionales o extranjeros, los restantes aprovechamientos solo podían ser objeto de concesión a favor de nacionales o bien de empresas constituidas y domiciliadas en España. Tanto la maquinaria como los materiales empleados en las obras debían ser de producción y fabricación nacional, salvo que se justificara documentalmente la imposibilidad de obtenerlos. Los concesionarios, en todos los supuestos mencionados quedaban obligados a instalar los "módulos y escalas de aforos" para conocer la cantidad de agua derivada y el caudal de corriente. En caso de que en el aprovechamiento estuviera comprendido algún pantano regulador se requería también la construcción de otra escala de aforo (en la cola del embalse) a fin de determinar el incremento de caudal suministrado en cada momento sobre el que discurriría[703]. Los concesionarios de los aprovechamientos hidroeléctricos estaban obligados a llevar a la red general de transporte de energía, que a tal fin se estableciera, la sobrante una vez cubiertas las necesidades. Además, se reservaba el Estado el derecho a obtener, con carácter preferente y a precio de la tarifa reducida, una parte de la energía (el 5 ó el 10 por 100, según el caso) para destinarla a servicios públicos o municipales[704]. Vencido el plazo de la concesión

---

702 Bases 7º y 9ª del Anteproyecto.

703 Base 8º. a), b) y c) del Anteproyecto.

704 El Estado, durante los cinco últimos años de la concesión, quedaba facultada para retener "la parte de recaudación necearía con el fin de dejar en buen estado los elementos que debía recibir de manera gratuita con la reversión", cuando los concesionarios se demarraban en el cumplimiento de las directrices y órdenes dictadas, a tal efecto,

revertían al Estado todos los elementos de que constaba el aprovechamiento de manera gratuita, en concreto: la presa con sus canales de derivación y desagüe, los receptores hidráulicos y todas las instalaciones que albergaban la maquinaria necesaria para la ejecución de las obras[705].Por último, el plazo de las concesiones, en ningún caso podía superar los sesenta años en los aprovechamientos menores de 200 caballos, ni los sesenta y cinco años en los de mayor potencia[706].

Respecto a los aprovechamientos combinados se dispuso que, si de los estudios realizados a título particular o por la Administración se observaba la ventaja de comprender en los aprovechamientos hidroeléctricos la construcción de pantanos reguladores con destino a regadío, podía concederse ambos aprovechamientos combinados sin pérdida alguna de derechos y beneficios, pero debía cumplir una serie de requisitos, entre otros:

- El volumen de agua embalsada no podía ser inferior al previsto y las condiciones técnico-económicas para la construcción de la presa "no difieran sensiblemente del proyecto oficial".
- No variar "en grado apreciable" las condiciones técnico-económicas para la construcción de la presa y los canales de derivación para los riegos.
- Que el régimen del pantano quedara sometido siempre a las bases y reglas que determinara la propia Administración para combinar las necesidades de los riegos

---

por el personal encargado de la inspección. *Vid.*, Base 8°. e) del Anteproyecto).

705 Base 8°. f) del Anteproyecto.

706 Base 8°. h) del Anteproyecto.

con el funcionamiento normal del aprovechamiento hidroeléctrico[707].

Tanto en estos aprovechamientos combinados, con pantanos reguladores que solo requirieran el pago de canon por los usuarios, como en los aprovechamientos hidroeléctricos de potencia superior a 1000 caballos, la concesión se debía otorgar a través de subasta una vez aprobado el proyecto. La adjudicación debía realizarse siempre por medio de Real Orden a favor de la propuesta que ofrecía mayores ventajas, reservándose el peticionario el derecho de tanteo y en caso de no ser adjudicado, el abono por el adjudicatario del valor del proyecto según tasación aprobada[708]. En el supuesto, de que el Estado tuviera la obligación de contribuir a la ejecución de las obras del pantano con el pago de las expropiaciones, el Ministerio de Fomento podía acordar para la concesión del aprovechamiento el sistema de subasta concurso[709]. A excepción de las concesiones subvencionadas por el Estado, con auxilios o bien mediante el derecho al cobro de canon, en cuyo caso el concesionario quedaba obligado a depositar una fianza del 3 por 100 del presupuesto de las obras que afectaban al dominio público, en el resto de casos comprendidos en el presente Anteproyecto equivaldría al 1 por 100 del mismo presupuesto. Los plazos establecidos para iniciar y finalizar dichas obras solo se podrían

---

707 Base 10º del Anteproyecto.

708 Además, se debía poner dichas causas en conocimiento tanto del personal encargado de la inspección de la obra como del propio Ministerio. En caso de modificaciones del proyecto, dicho personal quedaba obligado a poner en conocimiento del Ministerio, pero sólo en el supuesto de considerar necesario paralizar los trabajos u obras. La prórroga a que darán derecho tal paralización, en modo alguno, podía exceder del tiempo que mediaba entre la autorización de la misma y la aprobación del proyecto por el Ministerio (Base 13º del Anteproyecto).

709 Base 12º del Anteproyecto.

prorrogar por el tiempo que durara la paralización de las mismas por causas sobrevenidas[710]. Por último, se contemplaba una serie de supuestos de caducidad de las concesiones de aprovechamientos de las aguas de toda clase y sus consecuencias[711]; caducidad que llevaba aparejada la pérdida de la fianza en favor del Tesoro Público, siempre que ésta no se hubiese devuelto en tiempo y forma. Si la obra no se llegó a iniciar, los concesionarios tenían derecho a solicitar la devolución del proyecto, "sin que por ello pueda servir de base a nueva concesión". En cambio, si se inició, el Estado podía incautarlo sin posibilidad alguna de acordar nuevas concesiones de la misma.

Algo similar ocurría en las obras con destino a algún servicio público, el Estado igualmente podía incautar la obra y seguir explotándola con arreglo a lo dispuesto en la Ley General de Obras Públicas[712]. En la Disposición transitoria recogida en el Base 15° del Anteproyecto, se dispuso que el Ministerio de Fomento, solo cuando se promulgara el presente texto legal, conformaría una Comisión para revisar el Plan de Obras Hidráulicas para crear un Registro Central de Aprovechamientos de Aguas Públicas y desarrollar un Plan de Aprovechamientos Hidráulicos susceptible de regular, de manera simultánea, las corrientes de agua para regadío proyectados en el plan -o que se convenga incluir en el mismo-, y de ser aplicados a la producción de energía en escala superior a 100 caballos cada uno. El Gobierno, una vez formulado el Plan, disponía de los

---

710 Base 13° del Anteproyecto.

711 En todo caso, las concesiones de aprovechamientos podían caducar en los siguientes supuestos: a) Por renuncia expresa del concesionario. b) Por incumplimiento de las condiciones, los plazos señalados y las disposiciones legales a que esté sometidas. c) Por interrupción injustificada del aprovechamiento cuando exceda de dos años o menor tiempo si de ella resultase algún perjuicio para el Estado o para el interés público. (Base 14° del Anteproyecto).

712 Base 14 del Anteproyecto.

estudios definitivos para la construcción y explotación directa por parte del Estado, en el caso de no existir licitadores una vez anunciada la subasta o el concurso correspondiente[713].

Tras el pronunciamiento del Capitán General Miguel Primo de Rivera, en otoño de 1923, se impulsó por todo el país una política agraria con un marcado carácter intervencionista. Los proyectos de regadío, con gran éxito, coadyuvaron junto a las obras públicas desarrolladas para la producción de energía eléctrica y para el abastecimiento a la población. La racionalización de los recursos hídricos, la conversión forzosa de terrenos de escaso o de nulo valor en regadío, la creación de grandes obras hidráulicas para satisfacer los aprovechamientos especiales anteriormente citados, la explotación coordinada del potencial hidráulico y, sobre todo, la puesta en marcha de las Confederaciones Sindicales Hidrográficas-por el Real Decreto de 5 de marzo de 1926- ayudaron a cambiar la economía del país[714]. Pero la trasformación pasaba por una revisión de la Ley de Aguas, como ya se había planteado sin éxito desde principios de siglo. El Proyecto que se discutió en la Asamblea Nacional el 14 de febrero de 1928, a propuesta del Ministro de Fomento D. Rafael Benjumea Burín (I Conde de Guadalhorce), planteaba cuestiones muy importantes e inéditas hasta la fecha, que afectaban tanto al régimen jurídico hidráulico -en particular a las aguas subterráneas-como a los aprovechamientos[715]. En la Exposición de Motivos quedó patente la preocupación del legislador por la problemática de estas aguas

---

713 Base 15º del Anteproyecto.

714 GONZÁLEZ MARTÍNEZ, C. "La Dictadura de Primo de Rivera: una propuesta de análisis", *Anales de Historia Contemporánea*, núm. 16, 2000, pp. 337-408.

715 Cfr. FLORES MONTOYA. F. J. "Nuevos métodos para aumentar la eficacia en la gestión de sistemas de explotación de recursos hidráulicos integrando los acuíferos. Tesis doctoral dirigida por el Dr. D. Alfonso Álvarez Martínez, Universidad Politécnica de Madrid.,

-con destino a riego o para el abastecimiento de la población- debido al reducido número de manantiales presentes en las distintas regiones del país. Se planteó la necesidad de que el poder público adoptara los medios necesarios para satisfacer las necesidades hídricas, especialmente en las zonas más áridas y con menos recursos hídricos con el propósito de impulsar la economía. Por ello, resultaba primordial una reforma de los preceptos de la Ley referidos a las aguas subterráneas, habida cuenta que "las propiedades de las mismas son antagónicos en algunos casos, y por conferir siempre su propiedad, sin otra limitación que la de no mermar caudales que vinieren utilizándose con anterioridad, hace imposible fijar tarifas para su venta y ordenar debidamente su aprovechamiento en bien del interés público"[716]. En virtud del presente Proyecto, las aguas subterráneas que discurrían por el subsuelo y precisaban para su alumbramiento la ejecución de obras de investigación y captación, pasaban a ser propiedad exclusiva del Estado. No obstante, a modo de excepción, los dueños del terreno conservaban el pleno dominio sobre las aguas freáticas con arreglo a las prescripciones de la vigente Ley de Aguas[717].

El Ministro, en pleno debate, llegó a afirmar que el agua era un bien *res nullius*, pero perdería tal condición en el momento de su alumbramiento, porque el agua "no es de nadie porque es de todos y se le da al primero que lo alumbra, lo cual es completamente distinto que darla al propietario"[718]. También

---

2004, pp. 5-7. [Consultada en Archivo Digital UPM. Disponible en: https://oa.upm.es/194/].

716 Exposición de Motivos del Proyecto de reforma de la *Ley de Aguas* suscrito por el Ministro de Fomento D. Rafael Benjumea Burín, en febrero de 1928.

717 Artículo 1.

718 Cfr. *Diario de Sesiones del Congreso de los Diputados*. Sesión plenaria núm. 187, presidida por el Excmo. Sr. D. Gregorio Peces-Barba Martínez, celebrada el 12 de marzo de 1985, pp. 8631-8632.

consideraba que en el momento en que se promulgó y publicó la legislación de aguas, a dicho concepto jurídico no se le concedió el alcance que tenía por la sencilla razón de que por entonces "ni los procedimientos científicos para el estudio de las grandes capas ni los procedimientos mecánicos para la facilidad y economía de la extracción tenía importancias alguna"[719]. En efecto, la Ley de Aguas confería al alumbrador la propiedad de las aguas alumbradas sin más límite que el derecho de tercero, pero bien es cierto, como recordaba el Conde de Guadalhorce, el conocimiento geológico de estas aguas era muy básico en aquel periodo y las aguas sujetas a aprovechamiento eran, en su gran mayoría, superficiales. De ahí que el legislador decimonónico decidiera fomentar el uso de las aguas del subsuelo para evitar su desperdicio. Empero, con el paso del tiempo y gracias a los avances científicos y técnicos se logró ampliar el conocimiento sobre los acuíferos y masas de aguas subterráneas, amén de perfeccionarse los sistemas y técnicas de extracción. A partir de entonces se evidenció que las aguas del subsuelo y las superficiales pertenecían a un mismo ciclo hidrológico y cualquier actuación sobre unas repercutía sobre las otras[720]. El aumento de la demanda de agua unido a la escasez de los recursos superficiales acrecentó el uso de las aguas subterráneas en las primeras décadas del siglo XX, para cuya regulación la vigente legislación de aguas -como ya reconoció el Conde de Guadalhorce-resultaba a todas luces insuficiente e ineficaz. El consenso sobre la necesidad de reformar el régi-

---

719 Cfr. *Diario de Sesiones del Congreso de los Diputados.* Sesión plenaria núm. 187, presidida por el Excmo. Sr. D. Gregorio Peces-Barba Martínez, celebrada el 12 de marzo de 1985, pp. 8631-8632.

720 Vid. BENJUMEA BURÍN, R. *Proceso evolutivo del aprovechamiento de la riqueza hidráulica de España,* Real Academia de Ciencias Morales y Políticas, Madrid, 1951 [Disponible en: https://dlc.mpg.de/!toc/mpirg_escidoc_104382/19/-/]. DEL SAZ CORDERO, S. *Aguas subterráneas…,* cit. pp. 11-23.

men jurídico para habilitar nuevos títulos de intervención al Estado solo planteaba un problema, decidir entre mantener la propiedad privada de las aguas subterráneas o bien demanializarlas y así acabar con el problema de la sobreexplotación de los acuíferos. Se optó finalmente por esta última alternativa[721].

A partir del año 1928, de una u otra forma, todos los proyectos legislativos de reforma de la Ley de Aguas también reconocieron la necesidad de considerar públicas las aguas subterráneas. En este sentido, a mediados del siglo XX en plena dictadura del General Francisco Franco, el Consejo de Estado, al informar sobre el Reglamento de Policía de Aguas y sus cauces recomendó abordar la revisión de la Ley de Aguas. Este dictamen sentó las bases para la constitución en 1958 de una Comisión encargada de redactar un Anteproyecto de reforma parcial[722]. A pesar de algunas voces críticas que reclamaban una reforma integral en lugar de una reforma de carácter parcial se decidió por esta última, afectando, eso sí, a cuestiones fundamentales o básicas del sistema jurídico de agua[723]. El Proyecto se envió a consulta del Consejo de Estado -por Orden de 11 de julio de 1961- tras la remisión de los informes previos requeridos por el propio Ministerio de Obras Públicas, entre otros, los del Consejo de Obras Públicas y el de la Sección de

[721] Cfr. *Diario de Sesiones del Congreso de los Diputados*. Sesión plenaria núm. 187, presidida por el Excmo. Sr. D. Gregorio Peces-Barba Martínez, celebrada el 12 de marzo de 1985, p. 8632.

[722] MARTÍN RETORTILLO, S. *Derecho de Aguas*, Civitas, Madrid, 1997, pp. 64-65.

[723] Entre otras cuestiones relevantes cabría señalar: la supresión de la fórmula de la prescripción como título de adquirir los aprovechamientos especiales de aguas públicas, el establecimiento de un nuevo orden -más flexible- de prelación de los mismos o el establecimiento de límites a las competencias de los *Sindicatos Centrales*, quienes conforme al artículo 5 de la Ley de Aguas, se arrogaban a todo tipo de aprovechamientos especiales.

Administración Pública del Instituto de Estudios Políticos[724]. El 10 de mayo de 1962 el Consejo de Estado emitió su dictamen (núm. 27.975) sobre los puntos propuestos por la Comisión[725], alcanzando la conformidad de todos los Departamentos ministeriales para su debate en Consejo de Ministros[726]. No obstante, el texto legal no continuó su tramitación parlamentaria, entre otros motivos, por la radicalidad de algunas propuestas y soluciones planteadas como, por ejemplo, la desprivatización

724 Cfr. *Diario de Sesiones del Congreso de los Diputados.* Sesión plenaria núm. 187, presidida por el Excmo. Sr. D. Gregorio Peces-Barba Martínez, celebrada el 12 de marzo de 1985.

725 Dictamen (núm. 27.975) del Consejo de Estado sobre reforma parcial de la Ley de Aguas. [Disponible en:https://www.cepc.gob.es/publicaciones/revistas/revista-de-administracion-publica/numero-44-mayoagosto-1964/dictamen-del-consejo-de-estado-sobre-reforma-parcial-de-la-ley-de-aguas-2].

726 El Consejo de Estado, tras conocer los argumentos fundamentados por la Comisión encargada de la redacción del Proyecto estimó conveniente retocar y modificar sólo algunos de los preceptos de la legislación vigente con el fin de actualizar su técnica y resolver los "problemas más acuciantes que la experiencia administrativa ha venido acusado". Se trataba, por tanto, de un nuevo intento de reforma parcial de una legislación centenaria cuyo texto articulado "respondía todavía a las actuales necesidades", pero que debía adecuarse a las variaciones experimentadas por la Administración y a las exigencias "de la más moderna técnica legislativa". Una de las cuestiones de capital importancia que se propuso con la reforma era volver a la concepción unitaria del Ordenamiento jurídico de las aguas, a través de la desaparición definitiva de la duplicidad que conserva la legislación civil y administrativa, amén de la incorporación sistemática al nuevo texto refundido -o bien a los Reglamentos que se aprueben para su aplicación- de las disposiciones legales posteriores a la Ley que deban reputarse en vigor. MARTÍN-RETORTILLO, S. *Derecho de Aguas,* pp. 66-67. También véase los comentarios de GONZÁLEZ-BERENGUER URRUTIA, J. L. *Comentarios a la Ley de Aguas,* Publicaciones Abella, Medid, 1985, pp.32-37.

de las aguas subterráneas como propuso en su día el Conde de Guadalhorce[727].

Veamos a continuación algunas de las cuestiones más relevantes del proyecto franquista de reforma parcial de la Ley de Aguas, así como las observaciones del Consejo de Estado, para quien el líquido elemento tenía un régimen propio como consecuencia de su función económica. Uno de los principales problemas que planteó la reforma era la de reducir el ámbito del dominio privado de las aguas mientras discurrían por el terreno en donde se originaron, para ello se propuso reformar el artículo 5 de la Ley de Aguas. Conforme al mismo, mientras discurrían por los terrenos donde se originaron o nacieron, continua o discontinuamente, las aguas podían ser usadas, aprovechadas y enajenadas ya que pertenecían al titular del fundo. Pero cuando no se aprovechaban y salían de aquellos terrenos se convertían en públicas, y si al salir de los límites de aquéllos discurrían por otros terrenos intermedios, antes o después de llegar a cauces públicos, los dueños de esos terrenos podían, de manera eventual, disfrutar las aguas[728]. La Comisión ministerial consideró apremiante formular una nueva redacción del precepto para evitar el germen de litigios promovidos por la "única contradicción realmente operante entre la Ley de Aguas y el Código Civil ", ya que para este último texto legal solo pertenecían al dominio privado "las aguas continuas

---

727 Cfr. *Diario de Sesiones del Congreso de los Diputados.* Sesión plenaria núm. 187, presidida por el Excmo. Sr. D. Gregorio Peces-Barba Martínez, celebrada el 12 de marzo de 1985, p. 8620.

728 Se ha de tener en consideración que, como aduce Carmona Hernández, el líquido elemento no es factible de estimarse propiedad privada mientras se prescinda de su fin, de ahí que su carácter o modalidad jurídica varíe según el destino que se confiera o del terreno que atraviese. CARMONA HERNÁNDEZ, A.: *Manual de aguas. Legislación, jurisprudencia y doctrina.* Editorial Bayer Hermanos y Compañía, Barcelona, 1966, p.17.

o discontinuas que nazcan en predios privados, mientras discurran por ellos", amén de las aguas subterráneas, las pluviales -siempre que no traspasaran los linderos del terreno donde caían-, los cauces de aguas corrientes formados por aguas pluviales y los de los arroyos que atraviesen terrenos privados, los lagos, lagunas y sus álveos formados de manera natural en terrenos de dominio privado[729].

La Comisión, para solventar el problema real, propuso que todas las aguas nacidas en un predio se consideraran de dominio privado, pero cuando "escaparan" del mismo o sin salir "discurran más de mil metros por sus cauces naturales desde que nacen o cuando se mezclen con otras que tengan ya el carácter de públicas", perderían tal condición y pasarían a tener carácter público[730]. Para el Consejo de Estado era crucial fijar un límite a la propiedad pública-privada que en numerosas ocasiones condicionaba "de facto" todo el aprovechamiento sucesivo del curso de las aguas; límite que no podía estar solamente constituido por la existencia de un derecho actual "de aprovechamiento jurídicamente perfecto y consolidado, sino que bastan las consideraciones de la conciencia pública de un aprovechamiento integral y racional de cada corriente de agua y la expectativa de los posibles derechos que pudieran

---

729 Artículo 408 del Código Civil. [«Gaceta de Madrid» núm. 206, de 25/07/1889. Disponible en: https://www.boe.es/buscar/act.php?id=BOE-A-1889-4763].

730 La nueva redacción que se propone para el artículo 5 de la Ley de Aguas formulaba hasta tres límites al principio de propiedad privada de las aguas: a) Que las aguas salgan del fundo o heredad en el que nacen. Tal limitación ya se recoge en el actual texto del artículo 5 de la Ley de Aguas y en los artículos 407.8 y 408. 1 del Código Civil. b). Que las aguas se mezclen con otras que tengan el carácter de públicas, c) Que aún sin salir del fundo o heredad que el que nacen, discurran más de mil metros a través de sus cauces naturales (art. 5 del Proyecto de ley).

ser adquiridos por los propietarios de predios sucesivos"[731]. Es más, en la medida en que el líquido elemento se configuraba como un bien vital o esencial para el desarrollo económico del país se acentuaba el grado de publicación de su régimen. Esto explicaría que el Consejo de Estado planteara dos escenarios posibles[732]: declarar públicas todas las aguas corrientes sin que el hecho de su nacimiento determinara la variación de su naturaleza o bien permitir que el dueño de las aguas siguiera disfrutando del derecho de aprovechamiento, pero no la facultad de disposición. En este último supuesto, el mercado de aguas desaparecería, pero al imponerse al titular del predio la prohibición de alterar el régimen jurídico de las aguas se estaría cumpliendo, por tanto, los objetivos de la reforma propuesta en el artículo 5 del Proyecto de ley[733]. Otra cuestión a resaltar es que el mercado privado de las aguas quedó fuera del ámbito de aplicación del Proyecto; omisión deliberada que contó con el visto bueno del Consejo de Estado que, en su dictamen, puso de relieve la necesidad de hacer desaparecer "esa extraña figura que es la concesión de aguas privadas", porque todo aquello que concernía al uso y aprovechamiento hidráulico tenía un marcado carácter administrativo[734].

---

731 Cfr. *Dictamen (núm. 27.975) del Consejo de Estado sobre reforma parcial de la Ley de Aguas*, pp. 338-341.

732 Este organismo reconoció que la problemática de los aprovechamiento era competencia exclusiva a la Ley de Agua, empero el problema de la naturaleza jurídica de las aguas correspondía al Código Civil y teniendo en cuenta que resultaba más afectado con la propuesta de modificación del artículo 5 de la Ley de Aguas, se requería con urgencia fijar la forma de la instrumentación jurídica del derecho de uso, a pesar de la intención del Consejo de Estado de unificar el ordenamiento jurídico de aguas.

733 Véase sobre esta cuestión la opinión y reflexión de GONZÁLEZ-BERENGUER URRUTIA, J. L. *Comentarios…*, cit. pp. 33-37.

734 Cfr. *Dictamen (núm. 27.975) del Consejo de Estado sobre reforma parcial de la Ley de Aguas*, pp. 330-341.

Por otro lado, la Comisión consideró que los criterios de prevalencia en el otorgamiento de las concesiones de aprovechamientos de la Ley de Aguas respondían a unas circunstancias económicas propias de una sociedad fundamentalmente agraria, superada por el modelo industrial y de servicios. Por tanto, razones socio-económicas aconsejaban una variación, sin paliativos, del orden de preferencia recogido en la Ley al quedar obsoleto y no responder a las exigencias y demandas de los nuevos tiempos. Se propuso un sistema flexible cuyo orden de prelación se adecuaba a las características específicas de cada cuenca hidrográfica y con posibilidad de alterarlo en casos particulares cuando hubiera "claros motivos de interés público que lo exijan"[735]. El Consejo de Estado se pronunció a favor de la decisión de la Comisión de establecer un sistema flexible y actualizar los aprovechamientos a los nuevos tiempos y circunstancias, rompiendo así "con el carácter rígido de la Ley"[736]. Por otro lado, se planteó la supresión de la prescripción como medio de adquirir el derecho de aprovechamiento de aguas públicas[737]. Esta medida, como recordaba el Consejo de Estado, en ningún caso sería calificada por la doctrina jurídica como extrema, radical y, mucho menos, innovadora ya que se planteó en el ordenamiento jurídico decimonónico[738]. No obstante, el Consejo de Estado consideró conveniente que el Ministerio se replanteara los términos del artículo 1 del Proyecto, ya que el principio de respeto a los derechos adquiridos debía "agotar su virtualidad con el mantenimiento de los aprovechamientos ya adquiridos por prescripción, sin necesidad de amparar la expectativa de quien ha empezado a usar el agua,

---

735 Artículo 10 del Proyecto de reforma de la Ley de Aguas.

736 Cfr. *Dictamen (núm. 27.975) del Consejo de Estado sobre reforma parcial de la Ley de Aguas*, p. 346

737 Artículo 1 del Proyecto de reforma de la Ley de Aguas.

738 Por ejemplo, en la Real Orden de 23 de mayo de 1848 y el Real Decreto de 29 de abril de 1869.

pero sin que el trascurso de los veinte años haya legitimado todavía su titularidad"[739]. Esta consideración resultaba aún más clarificadora si se tiene en consideración que en el Proyecto se reiteraba el carácter abusivo de los aprovechamientos no inscritos en el Registro[740].Precisamente el carácter constitutivo de la inscripción era otra cuestión de capital importancia para la Comisión, no sólo para tratar de robustecer su valor jurídico, sino también como eficaz medida para facilitar a la Administración el conocimiento de la totalidad de los aprovechamientos existentes y con ello mejorar la planificación de los mismos[741].

Para estimular la inscripción de los aprovechamientos hídricos en el Registro se planteó la posibilidad de conceder auxilios o beneficios fiscales a sus titulares, pudiendo la Administración autorizar la acción directa para poder recuperar la posesión de las aguas públicas no legitimadas por concesión[742]. En efecto, de acuerdo con el artículo 22 del Proyecto de Ley, la Administración podía recuperar de oficio -y por acción directa- la posesión de las aguas públicas cuyo aprovechamiento se había considerado "abusivo" por no haberse inscrito en el Registro. Para el Consejo de Estado era fundamental que dicho Proyecto determinara la consecuencia de tal calificación, si realmente

---

739 Cfr. *Dictamen del Consejo de Estado sobre la reforma parcial de la Ley de Aguas*, p. 344.

740 El Proyecto, además, resaltaba la importancia de este Registro a la inscripción de los aprovechamientos, confiriéndole un carácter consultivo. Estos efectos, como aduce González Berenguer, serían eficaces si se hubiera establecido que la inscripción daba lugar a que la Administración, conservaba en su derecho al aprovechador inscrito. GONZÁLEZ-BERENGUER URRUTIA, J. L. *Comentarios a la Ley…*, cit. p.37.

741 Artículos 18, 19 2 y 21 del Proyecto de reforma parcial de la Ley de Aguas.

742 Artículo 22.

se pretendía dotar de eficacia a estos Registros[743]. Además, se sugirió que el reconocimiento de la facultad de la Administración de usar la vía directa para recuperar la posesión de las aguas públicas era transcendental. Pero debía generalizarse "para garantizar el mantenimiento de la concordancia entre el Registro y la realidad extrarregistral"[744]. Por último, el Consejo de Estado se percató de una laguna importante en el Proyecto de ley, ya que no se hacía referencia alguna a los efectos de la declaración de caducidad, en particular, a la pérdida de la fianza por parte del concesionario. Por el contrario, solo aludía al establecimiento de una garantía cuando se requería ocupar bienes de dominio público[745]. Es más, el Proyecto únicamente reconocía la pérdida de la fianza y la constitución de una nueva -del 5 por 100 de las obras que faltaran por construir- en el supuesto de la rehabilitación de la concesión mediante la sustitución de la sanción de caducidad[746]. De ahí el desconcierto del Consejo de Estado, al no entender por qué en este supuesto sí se contemplaba la posibilidad de perder la fianza y no en caso de caducidad de la concesión, de acuerdo con los principios generales consagrados en la Ley de Obras Públicas[747]. Partiendo de la base de que la rehabilitación de concesiones podía servir a la Administración para evitar casos de caducidad que pudieran considerarse perjudiciales para el interés público, se planteó la posibilidad de que la Administración concediera una prórroga con el mismo efecto de pérdida de la fianza y constitución de una nueva[748].

---

743 Cfr. *Dictamen (núm. 27.975) del Consejo de Estado sobre reforma parcial de la Ley de Aguas*, pp. 347-348.

744 *Ibídem.*, p.348.

745 Artículo 24 del Proyecto de reforma parcial de la Ley de Aguas.

746 Artículo 26.

747 Cfr. *Dictamen del Consejo de Estado sobre la reforma parcial de la Ley de Aguas*, p. 349.

748 *Ibídem.*, p.350.

La reforma propuesta no convenció y, como ya era costumbre en la historia de nuestra Administración, se impidió su tramitación debido a la oposición de un gran número de juristas, formalizada a través de la Secretaria General Técnica del Departamento de Obras Públicas, a la publicación de las aguas[749]. La posibilidad de declarar públicas todas las aguas corrientes y acepar la unidad del ciclo hidrológico seguía siendo un tema muy controvertido. Si bien, en el II y III Plan de Desarrollo Económico y Social se esbozó la necesidad de un aprovechamiento integral, racional, eficiente y unitario de las aguas continentales (superficiales y subterráneas), pero se requería "actualizar con base científica la Ley de Aguas"[750]. En 1970 se constituyó una nueva Comisión ministerial -presidida por el antiguo Director General de Obras Hidráulicas, D. Rafael Couchoud Sebastiá-, para elaborar un nuevo Proyecto de Ley de Aguas que, fiel al modelo institucional de la legislación de aguas decimonónica, diera respuesta al sistema jurídico de ordenación del aprovechamiento de los recursos hídricos conforme a las posibilidades técnicas y científicas de la época. Aquel Proyecto, cuya tramitación tampoco llegó a efectuarse, reconoció el carácter público de todos los recursos hídricos y la necesidad de proteger la calidad de las aguas[751].Además, suprimió la fórmula de la prescripción como título para adquirir el aprovechamiento del agua pública, estableciéndose el principio de unidad de jurisdicción a favor de lo contencioso

---

[749] MARTÍN-RETORTILLO, S. *Derecho de Aguas,* p. 66. (cit. 14).

[750] Ley 1/1969, de 11 de febrero, por la que se aprueba el II plan de Desarrollo Económico y Social. [«BOE» núm. 37, de 12 de febrero de 1969, páginas 2137 a 2142 (6 págs.). Disponible en: https://www.boe.es/buscar/doc.php?id=BOE-A-1969-177].

[751] Cfr. *Diario de Sesiones del Congreso de los Diputados.* Sesión plenaria núm. 187, presidida por el Excmo. Sr. D. Gregorio Peces-Barba Martínez, celebrada el 12 de marzo de 1985, p. 8620.

administrativo (en todo lo relativo a las aguas pública)[752]. A todo ello, se ha de sumar que modificó el orden de prelación de los aprovechamientos especiales de las aguas públicas-estableciendo un sistema flexible- y dispuso que las concesiones para el abastecimiento de las poblaciones y para riegos serían a perpetuidad o por tiempo indefinido. Por último, incorporó el régimen especial de aguas para el Archipiélago de Canarias[753].La elaboración de un nuevo Proyecto de Ley de Aguas durante los Ministerios de Fernández de la Mora (en 1973) y de Garrigues Walker (en 1978)se convirtió en un tema de capital importancia al propugnar la desaparición de la dualidad de regímenes del agua entre públicas y privadas, en especial, el tratamiento diferenciado de las aguas subterráneas[754].

En el Proyecto de Ley de 1973, se sentó las bases para el mantenimiento de la coordinación administrativa -con un alto grado de descentralización o desconcentración de las facultades-, al tiempo que se favorecía el régimen de obras hidráulicas ejecutadas con auxilios públicos y, a diferencia del anterior proyecto redactado por la Comisión presidida por Couchoud Sebastiá, se reguló de manera más clara, precisa y sistemática

---

752 Respecto a esta última cuestión, se ha de tener en consideración que unas de las características de la Ley de Aguas de 1879 era la existencia de una doble competencia compartida entre la jurisdicción contenciosa-administrativa (art. 53) y la civil (art. 254). Pero esta situación planteaba graves problemas de interpretación ya que en algunos casos convertía la jurisdicción contenciosa en una primera instancia de lo civil. El motivo de la doble competencia compartida se debía a la doble naturaleza jurídica de la propiedad de las aguas; problemática que desaparecería en el momento en que se declarara de carácter público todos los recursos hídricos, como preveía el Anteproyecto.

753 MARTÍN-RETORTILLO, S. *Derecho de Aguas*, p. 67. (cit. 16).

754 Cfr. *Diario de Sesiones del Congreso de los Diputados.* Sesión plenaria núm. 187, presidida por el Excmo. Sr. D. Gregorio Peces-Barba Martínez, celebrada el 12 de marzo de 1985, p. 8620.

las causas de caducidad y extensión de las concesiones[755]. En el Proyecto de 1978, con Adolfo Suarez al frente del nuevo Gobierno, el carácter público de todos los recursos hídricos se intensificó al igual que el intervencionismo administrativo en la tutela, explotación, concesión y policía de las aguas. En la Exposición de Motivos se dispuso que el "agua es, en general, siempre la misma y responde a un ciclo constante y eterno que se inicia con la lluvia (…) una vez precipitada sobre la superficie terrestre pasa por diversos estados dentro del ciclo hidrológico hasta volver a evaporarse o precipitarse en el mar. Puede discurrir por la superficie, por los cauces de los ríos, torrentes, canales, puede infiltrarse, puede aforar por un manantial y volver a infiltrarse"[756]. En consecuencia, el régimen jurídico sería único habida cuenta que las aguas continentales se hallan integradas en el ciclo hidrológico. Además, suprimió el sistema de concesión rogada por planes de obras y aprovechamientos. Sobre esta última cuestión se ha de tener en consideración que la planificación era una necesidad evidente para garantizar una administración racional y eficiente de los recursos hídricos disponibles, pero también si se pretendía lograr, como era el caso, que la demanialidad sirviera con eficacia a los fines que la justifican. Y aunque se desconoce el motivo exacto del fraca-

---

755 MARTÍN RETORTILLO, S. *Derecho de aguas*, pp. 66-67. SERVERA GONZÁEZ, J. *Código de Aguas*, Colección de Cuadernos de Documentación núm. 29. Imprenta Alberdi, Madrid, 1980, pp. 11-13.

756 Cfr. SERVERA GONZÁEZ, J. *Código de Aguas*, p. 15.

so de ambos proyectos[757], la falta de responsabilidad política y sentido de Estado pudo influir en este sentido[758].

La contaminación y sobrexplotación de los acuíferos, la afección de la extracción masiva de agua del subsuelo sobre los caudales superficiales, con diminución de aportes a los ríos, la desecación de manantiales y fuentes o el grave problema de la sequía que padeció el país a comienzos de la década de los ochenta -que afectó al abastecimiento de las poblaciones y a la actividad agraria-, son algunos problemas que pusieron de manifiesto la vulnerabilidad de nuestra política hidráulica -sustentada en la ejecución en obras de regulación-, y la necesidad acuciante e improrrogable de una reforma integral de la Ley de Aguas por su inadecuación e insuficiencia. No bastaba con una simple reorganización de las estructuras administrativas, es decir, modernizar y adecuar esquemas pretéritos como se había planteado en todos los regímenes políticos a lo largo del siglo XX, ahora se requería un cambio de planteamiento -glo-

---

757 Es posible que factores como la crisis del petróleo de 1973 o la gran crisis de Gobierno de Adolfo Suarez (en febrero de 1978) que provocó la dimisión de Fuentes Quintana -vicepresidente económico- y la remodelación del Consejo de Ministro tras la salida de otros cuatro ministros -de Industria y Energía, Transportes y Comunicaciones, Agricultura y Trabajo- como consecuencia de la difícil situación económica que atravesaba el país, tuviera algo que ver en el fracaso de ambos proyectos. Vid., LUQUE ARANDA, M. y PELLEJERO MARTÍNEZ, C. "Crisis del petróleo, transición a la democracia y frenazo de la expansión turística en España 1973-1985", *Cuadernos de Historia Contemporánea*, núm. 37. 2015, pp. 115-144. PÉREZ PÉREZ, P. y GONZÁLEZ MARTÍNEZ, C. "La crisis ministerial de 1978: Adolfo Suárez y la formación de un nuevo equipo económico", *Historia Actual Online*, núm. 43, 2017, pp. 7-18.

758 Cfr. *Diario de Sesiones del Congreso de los Diputados*. Sesión plenaria núm. 187, presidida por el Excmo. Sr. D. Gregorio Peces-Barba Martínez, celebrada el 12 de marzo de 1985, p. 8620.

bal- y una reforma de contenidos sustantivos[759]. En esta línea, el nuevo Gobierno socialista, en cumplimiento del compromiso público adquirido en su programa electoral en 1982, nombró una Comisión para redactar un ambicioso proyecto de Ley de Aguas que, a pesar de la crítica pública por ciertos sectores, logró sacar a delante gracias a su mayoría parlamentaria[760].

El Ministro de Obras Públicas y Urbanismo, D. Julián Campo Sainz de Rozas, en la Sesión Plenaria de 12 de marzo de 1985, presentó, para su examen y discusión parlamentaria, un innovador texto legal que tenía por objeto adecuar la gestión y aprovechamiento de los recursos hídricos del país a la nueva configuración del Estado autonómico, en cumplimiento del mandato constitucional que obligaba a los poderes públicos a velar "por la utilización racional de todos los recursos naturales, con el fin de proteger y mejorar la calidad de vida y defender y restaurar el medio ambiente, apoyándose en la indisoluble solidaridad colectiva"[761].Con sentido unitario y de

---

759 MARTÍN-RETORTILLO, S. "Sobre la reforma…", cit. pp. 38-ss.

760 El 5 de febrero de 1985, de conformidad con lo dispuesto en el artículo 109 del Reglamento del Congreso de los Diputados, se publicó en el *Boletín Oficial de las Cortes Generales* el Proyecto de *Ley de Aguas.* Los Grupos parlamentarios y Diputados contaron con un plazo de quince días hábiles para presentar las enmiendas que consideraran oportunas al mismo. El proyecto, constaba de un Preámbulo, 112 artículos, siete Disposiciones transitorias, tres Disposiciones adiciónales tres Disposiciones finales y una derogatoria.

761 Para el cumplimiento de este objetivo plasmado en el artículo 45 de la Constitución Española se requería adaptar la legislación a la realidad hidráulica del momento, pero respectando siempre los derechos legítimamente adquiridos, porque Ley de Aguas decimonónica ya mostraba importantes signos de debilidad, insuficiencia e incapacidad para responder a los nuevos retos y exigencias derivadas de la nueva organización territorial del Estado y procurar un aprovechamiento hídrico eficiente y en armonía con los valores ambientales. Recuerda el señor Campo Sainz de Rozas, la dificultad

conjunto se pretendió abordar una revisión integral de la Ley de Aguas, ante los cambios que se habían producido en el marco de las aguas y sus aplicaciones en el último siglo; revisión y adecuación que coincidió con el cambio de estructura del Estado, ya que con la creación de las Comunidades Autónomas -y sus atribuciones en materia de aguas-, la Comisión ministerial trató de institucionalizar la colaboración estatal y autonómica desde la creación de planes hidrológicos hasta la gestión del recurso, quedando la administración hidráulica estructurada a través de los organismos de cuenca[762]. En efecto, la cuenca hidrográfica[763]se consagró como un elemento indispensable de la unidad de gestión de las aguas ya que resultaba esencial para una administración más efectiva y racional del recurso con ayuda de la planificación; institución central del gobierno de las aguas "a la que debía someterse toda actuación sobre el dominio público hidráulico"[764], que junto a la demanialización de

técnica de elaborar una nueva de esta naturaleza, habida cuenta de los numerosos intentos del legislador de acometer, a lo largo del siglo XX, reformas parciales o totales a la Ley de 1879: "*Somos conscientes de la dificultad que entraña la presentación de un nuevo proyecto de ley, todos conocemos que modificaciones parciales o totales a la Ley de Aguas de 1879 se han intentado introducir en mucho Gobiernos desde principios de siglos, desde Canalejas a Sagasta o de La Cierva, e incluso en años más recientes y que por una razón u otra no han llegado a esta Cámara o no han tenido el éxito que se pretendía. Ello es debido, a las dificultades que todos reconocemos existen para modificar un tema tan delicado y difícil como es la administración, como es la norma jurídica básica sobre el agua*". (Cfr. *Diario de Sesiones del Congreso de los Diputados*. Sesión plenaria núm. 187, presidida por el Excmo. Sr. D. Gregorio Peces-Barba Martínez, celebrada el 12 de marzo de 1985, pp. 8616-ss).

762 Cfr. *Diario de Sesiones del Congreso de los Diputados*, núm. 187, 12 de marzo de 1985, pp. 8620-8621.

763 Artículos 19-23 del Proyecto de Ley de Aguas.

764 Artículo 1.3 del Proyecto de Ley de Aguas.

todas las aguas, constituyó una de las principales innovaciones de la reforma[765].

En orden a determinar la naturaleza de las aguas continentales se consideró necesario sentar las bases del principio de unidad de gestión y fijar un régimen jurídico común, quedando las aguas superficiales y subterráneas integradas en el ciclo hidrológico, pero subordinas al interés general[766].La protección del dominio público hidráulico y la calidad de las aguas continentales también ocupó un lugar destacado en el presente proyecto[767], al incorporar la dimensión ecológica del agua en consonancia con los principios elaborados en el marco del Derecho internacional y con las políticas medioambientales europeas, hecho que explicaría la decisión de la Comisión de incluir a los humedales o zonas húmedas[768]en su esfera de pro-

---

765 Artículos 38-43.

766 Artículo 1.2.

767 El criterio rector que se siguió en el presente Proyecto de Ley fue la de integrar en la gestión del agua el tema de la calidad, extendiendo el concepto al entorno afecto al recurso hídrico, con el fin de asegurar toda la utilidad posible amén de la preservación natural. Ya en el Preámbulo se reconocía al líquido elemento como un recurso natural, escaso irremplazable e irregular, indispensable para la vida y para el ejercicio de la inmensa mayoría de actividades económicas. De ahí que se considerara al agua como un recuso valioso que debía estar disponible no solo en cantidad suficiente sino también en la calidad que demanda la sociedad, pero tal disponibilidad debía alcanzarse sin degradar el medioambiente, reduciendo en la medida de lo posible los costes socioeconómicos a través de una distribución justa y ecuánime de las cargas que originan su uso y aprovechamiento, cumpliendo así el mandato constitucional de conjugar un equilibrio armónico entre el desarrollo socio-económico y la preservación ambiental de los recursos -naturales e hídricos-, con el fin de garantizar a la ciudadanía, en su conjunto, un adecuado nivel de vida (art. 45 CE).

768 Artículo 102 del Proyecto de Ley de Aguas.

tección debido a sus valores hidrológicos, biológicos, económicos, paisajísticos y culturales, pero también por sus múltiples funciones[769].

La demanialización o publicación de todas las aguas (superficiales y subterráneas) fue, sin duda, la medida estrella del presente Proyecto[770], pero también la más polémica o controvertida, no sólo por las críticas generada por un sector de la

---

769 En efecto, estos singulares ecosistemas, además de tener un gran valor ecológico, paisajístico, económico y culturas, desempeñan múltiples funciones, entre otros: contribuyen a la recarga de acuíferos y a prevenir inundaciones, ayudan a filtrar y depurar las aguas, amén de conservar la biodiversidad. Para más información véase: ABELLÁN CONTRERAS, F.J.: "Los humedales y su eficacia para el correcto control de avenidas y prevención de inundaciones: evolución jurídico-ambiental en el marco territorial valenciano", *Inundaciones y sequias. Análisis multidisciplinar para mitigar el impacto de los fenómenos climáticos extremos,* Servicios de Publicaciones de la Universidad de Alicante, Alicante, 2021, pp. 1243-1254. FLORÍN BELTRÁN, M. "Funciones y valores de los humedales manchegos", *Quercus,* núm. 163, 1999, pp. 10-18.

770 La declaración del dominio público de todas las aguas es la innovación de mayor trascendencia. El precepto que la fórmula deja claro, por un lado, que todas las aguas continentales -superficiales y subterráneas- integran el ciclo hidrológico y, por otro lado, que constituyen un recurso unitario que se halla subordinado al interés general (art. 1.2). Como aduce una gran mayoría de autores, carece de toda lógica definir esta declaración legal de "nacionalización" del bien, ya que el precepto se refería a la competencia estatal para regular la explotación del bien en cuestión, permitiendo a los particulares, según la intensidad del uso que se solicita, el acceso a través de concesiones y autorizaciones administrativas. No se ha de olvidad que conforme al artículo 4 de la *Ley de Aguas* de 1879, la práctica totalidad de las aguas corrientes, salvo contadas excepciones, eran de dominio público y la innovación que introdujo el Proyecto era circunscribir bajo este concepto a las aguas subterráneas. MARTÍN-RETORILLO, S.: "aguas públicas...", cit. pp194-ss. DEL SAZ CORDERO, S.: *Aguas subterráneas...*, cit. pp. 56-69.

doctrina jurídica[771], sino también por algunos grupos parla-

---

771 Entre las voces más discordantes cabría citar, por un lado, a Laureano López Rodó, quien afirmó que la demanialización o publicación de la totalidad de las aguas del país traería graves consecuencias socioeconómicas e inseguridad jurídica -especialmente respecto a las aguas subterráneas- al pasar de un sistema basado en la libertad de mercado y en la iniciativa privada a otro en el que se pretende extender la competencia del Estado para regular, con mayor rigor y acierto, la explotación, utilización y el aprovechamiento de los recursos hídricos por los particulares. Vid. LÓPEZ RODÓ, L. "El proyecto de Ley de Aguas", *Anales de la Real Academia de Ciencias Morales y Políticas,* núm. 62, 1985, pp. 169-176. En la misma dirección se pronunció D. Gaspar Ariño, para quien las aguas superficiales y subterráneas, aun perteneciendo a un mismo ciclo hidrográfico, no debían recibir el mismo tratamiento o consideración y tampoco su gestión debía basarse en criterios uniformes. Este autor se opuso a la publicación de todas las aguas, entre otras razones, porque, en el caso particular de las aguas subterráneas, supondría la sustitución de la iniciativa privada y del mercado, por la iniciativa pública y la planificación vinculante en el alumbramiento y explotación del recurso. Además, la gestión pública no sería una buena alternativa porque, en su opinión, "dispara el coste de las tareas que se le encomienda, por la infraestructura burocrática y ordenancista que genera-" y casi siempre acaba desplazando a la iniciativa privada porque "aquélla con frecuencia ve denegadas las competencias económicas suficientes para mantenerse en las tareas". ARIÑO ORTÍZ. G. *El Proyecto de Ley de Aguas.* Instituto de Estudios económicos, Madrid, 1985, pp. 15. 113 y 114. Para algunos sectores de la doctrina jurídica, la conversión de las aguas subterráneas en bienes de dominio público no era un paso obligado, habida cuenta que la existencia de un ciclo físico unitario no conduce, necesariamente, a una misma ritualidad jurídica. El tratamiento unitario de todas las aguas resulta imposible en la práctica como demuestra el hecho de que las aguas minerales hayan quedado excluidas del tratamiento general de la propia ley, o que el agua una vez extraída y almacenada en receptáculos siga siendo objeto de propiedad privada. Es más, ni siquiera la planificación hidrográfica, sobre la que gira el sistema de ordenación de los aprovechamientos exige la previa publicación de

mentarios-en particular, el Partido Popular- que creyeron ver en esta medida un intento del Gobierno de "nacionalizar" todas las aguas[772]. Durante la tramitación del Proyecto se produ-

---

los recursos a los que afecta Vid. DE LA CUETARA, J.M.: *El nuevo régimen de las aguas subterráneas en España,* Técnos, Madrid, 1989, p. 70. DEL SAZ, S.: *Aguas subterráneas*...cit. pp. 56-59. Otros autores, acogiéndose a un concepto amplio de "nacionalización" sostienen que ésta se da cuando se produce trasferencias de bienes y servicios al sector público, con independía de que éste los gestione o no de forma directa. De este modo, la nacionalización sería compatible con el uso de los particulares de los bienes públicos previa autorización o concesión administrativa. Por tanto, la declaración de dominio público solo sería uno de los muchos mecanismos formales de nacionalización que está ligado a la expropiación forzosa (a efectos de valoración de daños) y legitimado a la reserva del artículo 128.2 de la Constitución. Vid., MARTÍN MATEO, R. y SOSA WAGNER, F. *Derecho administrativo económico,* Pirámide, 1977. BAENA, M. Régimen jurídico de la intervención administrativa en la Economía, Tecnos, Madrid, 1966, pp. 109-ss. ARIÑO ORTIZ, G.: "La indemnización en las nacionalizaciones", *Revista de Administración Pública,* núm. 100-102, Vol. 3, pp. 2789- 2815. Por el contrario, para los profesores Martín-Recortillo y Gallego Anabitarte el texto del Gobierno no suponía nacionalización alguna de los recursos, tal mensaje solo obedecía a una "ideologización política" o bien eran producto "de la pasión política" de los debates. GALLEGO ANABITARTE, A. *El Derecho de aguas*..., cit. pp. 398-ss. MARTÍN RETORILLO, S. *Derecho de aguas*..., cit. pp. 75-76.

772 El Diputado del Grupo Parlamentario Popular, D. Hipólito Gómez de las Roces, en la Sesión plenaria de 12 de marzo de 1985, en relación a la propuesta del Gobiernos de declarar de dominio público todas las aguas (superficiales y subterráneas) afirmó que: "*subordinar al interés público la titularidad y la utilización de todas las aguas es posible, pero sin tenerlas que nacionalizar todas. Basta con emplear cuando haga falta los medios previstos en el ordenamiento jurídico, haciendo públicas las aguas que aquel interés general requiere, que siempre será menos que todas las privadas utilizables. Ustedes saben que la expropiación forzosa está para eso, y que ésta permite cualquier forma de privación singular de la propiedad privada, lo que quiere decir que es una expropiación*". (Cfr. *Diario de Sesio-*

jeron múltiples intervenciones contra la ampliación sustancial del dominio público hidráulico. En efecto, se presentaron dos enmiendas a la totalidad (una de devolución y otra con texto alternativo)a cargo del Grupo Parlamentario Popular[773]. Su portavoz, el Diputado Gómez de las Roces, durante el debate llegó a afirmar que lo conveniente para el país era que continuara existiendo aguas de dominio particular o privado porque el Gobierno "habla de suprimir la propiedad privada de pozos y

---

nes del Congreso de los Diputados, núm. 187, 12 de marzo de 1985, pág. 8626).

[773] Dos fueron las enmiendas a la totalidad que se presentaron -una de devolución y otra con texto alternativo- por parte del Grupo Parlamentario Popular- y un total de 878 al articulado en la *Ley de Aguas* por el resto de Grupos Parlamentarios. A la luz del Informe de la Ponencia del Congreso de los Diputados se adoptó como criterio metodológico limitar las mismas a un primer examen y debate, "sin introducir alteraciones en el texto del Proyecto del Gobierno". Se decidió, por mayoría, agrupar y clasificar las enmiendas en dos categorías diferentes: por un lado, aquéllas que la mayoría de la Ponencia consideraba como no asumibles, no debiéndose incorporar al texto del Dictamen. Por otro lado, aquellas enmiendas que por su contenido o coherencia entre sí y con las enmiendas de otros Grupos Parlamentarios, así como por suponer mejoras técnicas de consideración, merecían una mayor consideración para su posible incorporación al texto en la fase de Comisión. Cfr. MARTÍN-RETORTILLO, S. *Derecho de Aguas,* cit. p. 75 (cit. 39). El resultado de la votación sobre las enmiendas a la totalidad presentadas por el Partido Popular fue el siguiente: votos emitidos, 259; a favor 75; en contra 174, abstenciones 10. El señor Vicepresidente de la Cámara (Torres Bousault) rechazó la enmienda de totalidad y de devolución al Gobierno del Grupo Parlamentario Popular. En cuanto a la votación de la enmienda del texto alternativo (enmienda número 374), el resultado fue el siguiente: "*votos emitidos 263; a favor 76; en contra 176; abstenciones 10; nulo 1. Por consiguiente, la enmienda de texto alternativo presentada por el Grupo Parlamentaria Popular también fue rechazada*". (Cfr. *Diario de Sesiones del Congreso de los Diputados,* núm. 187, 12 de marzo de 1985, pág. 8637)

manantiales y nosotros hablamos de restringir esa propiedad privada (...); Nosotros no proponemos un principio distinto al de la demanialidad de las aguas, sino que proponemos alguna salvedad a ese principio general (...) en todo caso, creemos perfectamente compatible la existencia de dos regímenes de dominio (público y privado)"[774]. Así es, en el texto alternativo del Grupo Parlamentario Popular al Proyecto de Ley de Aguas se partía de esta última premisa[775], al someter el ejercicio de ambos regímenes a las previsiones técnicas recogidas en los diferentes Planes de aprovechamiento y utilización de las aguas, porque solo "a través de una democrática y autentica participación de los interesados en los organismos rectores del agua se lograría un mayor control y regulación de todos los recursos hídricos disponibles en el país, sin necesidad de llevar a efecto su nacionalización (...). Es decir, ante la afirmación socialista del agua para el Estado, afirmamos que el agua es de todos y con la participación de todos"[776].

774 Cfr. *Diario de Sesiones del Congreso de los Diputados*, núm. 187, 12 de marzo de 1985, pág. 8626.

775 El texto alternativo del Grupo Parlamentario Popular al Proyecto de Ley de Aguas gubernamental tenía un total de 158 artículos, cuatro Disipaciones transitorias, tres Disposiciones adicionales, una Disposición final y una disposición derogatoria. Conforme al artículo 1. El texto legal tenía por objeto "*establecer el régimen jurídico de las aguas continentales y de las potabilizaciones, así como la regulación del ejercicio de las competencias atribuidas a los poderes generales del Estado por el artículo 149 del Constitución, en materia de recursos hídricos. Las aguas son objeto de esta Ley, sea cual fuere su titularidad, constituyen un recurso renovable a través del ciclo hidrológico, y la Administración pública competente en cada caso, podrá disponer su utilización en el sentido que requiere ese interés general*". Cfr. GONZÁLEZ-BERENGUER URRUTIA, J.L. *Comentarios...*, cit. pp. 379-430.

776 Cfr. *Introducción del texto alternativo del Grupo Parlamentario Popular al Proyecto* de *Ley de Aguas*. Cfr. GONZÁLEZ-BERENGUER URRUTIA, J.L. *Comentarios...*, cit. pp. 379-380.

Para el Grupo Parlamentario Popular la medida del Gobierno de considerar todas las aguas continentales como públicas era desproporcionada, excesiva y arbitraria; argumentando, al respecto, que para garantizar el respeto al interés público hubiera bastado con someter a un mayor intervencionismo la explotación de las aguas privadas, por lo que la Comisión encargada de elaborar el Proyecto de Ley debía haber escogido la fórmula menos gravosa para los intereses particulares y menos restrictiva para la libertad individual. El texto gubernamental, por tanto, promovía la usurpación y nacionalización de las aguas subterráneas, sin derecho alguno a indemnización, amén de sancionar la iniciativa privada que ocupa un lugar muy destacado en el desarrollo y ejecución de obras hidráulicas, especialmente en la conversión de tierras de secano a regadío, de ahí la necesidad de garantizar la pervivencia de la iniciativa privada acomodándola a las previsiones de las distintos Planes Hidrológicos[777].

En esta misma línea, el Diputado Ortiz González -portavoz del Grupo Parlamentario Centrista-, declaró que" la demanialización de todas las aguas no era la forma jurídica más respetuosa con el derecho de propiedad", ya que existían otras técnicas administrativas distintas de la nacionalización o de la expropiación para acomodar la propiedad privada a fines públicos (...) como, por ejemplo, las técnicas de ordenación y de ejercicio inteligente de la potestad de dirección"[778]. Coincidiendo con esta opinión, el Diputado Escuder Croft afirmó que la declaración de demanialidad que proponía el Gobierno constituía una auténtica nacionalización "porque aun admitiendo que sea posible dentro de nuestra actual Constitución, sólo pue-

---

777 Cfr. *Diario de Sesiones del Congreso de los Diputados,* núm. 187, 12 de marzo de 1985, pág. 8625-9630.

778 Cfr. GONZÁLEZ-BERENGUER URRUTIA, J.L. *Comentarios de...*, cit. pp.316-317.

de justificarse mediante la correspondiente indemnización, porque es la Constitución la que reconoce que nadie puede ser privado de su propiedad sin la correspondiente indemnización, y esto es lo que precisamente olvida este Proyecto"[779]. De esta aseveración se deduce que la demanialización era percibida como una especie de sanción expropiatoria no fundada en el incumplimiento de la función social de la propiedad[780].

Para el Gobierno Socialista la declaración de dominio público era el camino más idóneo al tratamiento que debía darse a las aguas superficiales y subterráneas, pues al pertenecer ambas al mismo ciclo, cualquier actuación sobre una u otra influiría decisivamente en las demás. No obstante, para una mejor racionalidad de los recursos hídricos no bastaba con un tratamiento conjunto, además era necesario un aprovechamiento conjunto de todas las aguas continentales; aprovechamiento que sería muy difícil de plantear sin una unificación jurídica en el tratamiento dominical de las aguas. El Grupo Parlamentario Mixto, a través de su portavoz López Raimundo, manifestó su total acuerdo con el criterio del Gobierno, llegando a afirmar que la demanialización propuesta en el Proyecto de Ley era una "exigencia históricamente difícil de discutir y comprensible que ahora se planteara (...)".Empero, tal principio "quedaba excepcionado de entrada" porque no afectaba a todas las aguas por igual, al excluirse las minerales y termales[781].

---

779 Cfr. *Diario de Sesiones del Congreso de los Diputados*, núm. 207, marzo de 1985, p. 9485.

780 DEL SAZ CORDERO, S. *Aguas subterráneas...*, cit. p. 58.

781 El Grupo Parlamentario Mixto propuso que las aguas termales y minerales se rigieran por una legislación especial, pero el Proyecto de Ley "debía alcanzarlas para dejar sentido desde ahora que estas aguas son también un bien público y parte de las aguas continentales". Por otro lado, aunque se reconoció el esfuerzo del Proyecto de ley en preservar el medio ambiente y la calidad de las aguas, el Grupo Mixto consideraba que se estaba legalizando la concepción

La necesidad de establecer un régimen jurídico común, tanto para las aguas superficiales como para las subterráneas -recordaba el portavoz del Grupo Socialista, Sáenz Cosculluela- ya se había tratado en anteriores proyectos de reforma parcial de la Ley de Aguas como un eficaz mecanismo para racionalizar los aprovechamientos de los recursos hídricos y proteger su calidad. Además, la extensión del dominio público a las aguas superficiales, en ningún caso, comportaba una limitación de derechos -como se había manifestado en el debate parlamentario-[782] habida cuenta que el presente Proyecto "no pretende sustraer la propiedad de las aguas a ninguna persona por

---

de que "quien contamina paga", cuando lo que realmente se necesitaba con urgencia, no era otra cosa; limitar "hasta hacer imposible" los vertidos contaminantes y establecer un mayor control. (Cfr. *Diario de Sesiones del Congreso de los Diputados*, núm. 187, 12 de marzo de 1985, pp. 8634-8635).

782 En este sentido, el Diputado señor Gómez de las Roces, afirmó que cuando se pretende limitar a setenta y cinco años el plazo máximo de duración de las concesiones existentes a perpetuidad -tal y como se recoge en la Disposición Transitoria 4° del Proyecto de Ley de Aguas gubernamental-, tal merma de derechos debía ser objeto de una indemnización expropiatoria como se planteaba en el texto alternativo del Proyecto de Ley presentado por su partido: *"Quienes, conforme a la normativa que se deroga, fueran titulares de aprovechamientos de aguas públicas en virtud de concesiones administrativa o prescripción acreditada, así como de autorizaciones de ocupación o utilización del dominio público estatal, seguirán disfrutando de sus derechos de acuerdo con el contenido de sus títulos administrativos y lo que la propia Ley establece, durante el plazo máximo de setenta y cinco años a partir de la entrada en vigor de la misma, de no fijarse en su título otro menor y previa la correspondiente indemnización expropiatoria, en todo caso*". (Deposición Transitoria 1° del Texto alternativo al Proyecto de Ley gubernamental). Cfr. GONZÁLEZ-BERENGUER URRUTIA, J.L. *Comentarios…*, cit. p. 428.

ser exquisitamente respetuoso con los derechos adquiridos (...)"[783].

Este debate, que se sometió políticamente en las cámaras legislativas, prosiguió tras la aprobación de la Ley de Aguas como ha quedado argumentado jurídicamente en los recursos ante el Tribunal Constitucional que admitió, sin paliativos, la constitucionalidad de esta principal innovación de la Ley[784]; medida que fue defendida con vehemencia por los impulsores y, años después, respaldada por el Tribunal Constitucional al declarar que el título de dominio público no suponía, en ningún caso, una forma específica de apropiación

---

783 Cfr. *Diario de Sesiones del Congreso de los Diputados*, núm. 187, 12 de marzo de 1985, p. 8632.

784 Véase los antecedentes de la Sentencia del Tribunal Constitucional 227/1988 de 29 de noviembre, en la que se resuelven los recursos de inconstitucionalidad interpuestos contra la Ley por los gobiernos autonómicos de Baleares, Galicia, Cantabria, País Vasco y 58 senadores. Los dos principales puntos que sustentaron tales recursos fueron, por un lado, la inconveniencia de la "nacionalización" de aguas subterráneas y, por otro lado, la posible inconstitucionalidad de la *Ley de Aguas* por no indemnizar a los alumbradores y explotadores. Respecto a esta última cuestión, el Tribunal Constitucional señaló que "*la infracción del art. 33 de la Constitución se producirá cuando el legislador adopte un criterio, como es la declaración de dominio público, con un grado de intervención máximo si para la tutela del interés, bastase con un grado de intervención suficiente de menor intensidad, distinto de la declaración de dominio público. La intención del legislador en este sentido, sería arbitraria, infringiendo el artículo 9-3 de la Constitución. Resulta por tanto claro, con arreglo a lo expuesto, la inconstitucionalidad de la declaración de dominio público de todas las aguas subterráneas renovables, puesto que existe ya un grado de intervención suficiente, que no hace necesaria la declaración de dominio público por la tutela del interés público que esas aguas exigen. Este interés público no es otro que la consideración, aunque solo sea desde el punto de vista técnico, del agua como recurso unitario. Quedando garantizado en la actualidad la unidad funcional del recurso*". [STC 227/1988 de 29 de noviembre (Fundamento Jurídico 4)].

por los poderes públicos, sino más bien "una técnica dirigida primordialmente a excluir el bien afectado del tráfico jurídico privado, protegiéndolo de esta exclusión mediante una serie de reglas exorbitantes de las que son comunes en dicho tráficos *iure privato*, con la finalidad de garantizar la gestión controlada y equilibrada de un recursos esencial"[785].

En suma, a lo largo del siglo XX, la gran mayoría de Proyectos de Ley de reforma de la Ley de Aguas, plantearon -con mayor o menor intensidad- la demanialización. En efecto, el Anteproyecto de reforma de la Ley, promovido por el Ministro de Fomento -D. Juan de la Cierva-, partía de la premisa de que todas "las aguas dulces" eran públicas. De igual modo, en el Proyecto de reforma presentado por el Conde de Guadalhorce en 1928, se estableció la necesidad de considerar también públicas o de dominio público a las aguas del subsuelo. La idea de la desprivatización y de dar un mismo tratamiento a las aguas continentales, como pertenecientes al mismo ciclo hidrológico, se volvió a propugnar en las últimas décadas del franquismo y en los primeros años de la Democracia como una garantía de protección del recurso frente a la contaminación y a todo tipo de abusos, especialmente en periodos de escasez hídrica. Esta idea axial, explicaría y daría sentido a las palabras pronunciadas por el Ministro de Obras Públicas y Urbanismo, el señor Campo Sainz de Rozas, en la presentación del Proyecto de Ley de Aguas, en la sesión del Congreso de 12 de marzo de 1985, cuando pidió a todos señores parlamentarios solidaridad y responsabilidad pública para "no impedir que se promulgue una nueva Ley de Aguas, que contiene reformas como las que en otros momentos se han propugnado y ahora presentamos, porque la falta de solidaridad se convierte en irresponsabilidad política (...), porque si estas reformas tan necearías se hubieran realizado en su momento, se hubiera

[785] STC 227/1988 de 29 de noviembre (Fundamento Jurídico 14).

impedido el deterioro de nuestros recursos, muy especialmente los de aguas subterráneas, que hoy afectan a una parte muy importante del territorio del país "[786].

---

[786] Cfr. *Diario de Sesiones del Congreso de los Diputados*, núm. 187, 12 de marzo de 1985, p. 8620.

5.

Concepción ambientalista de los recursos hídricos: nuevo reto del legislador del siglo XX

1. LA PROTECCIÓN DE LA CALIDAD DEL AGUA EN LA LEY 29/1985, DE 2 DE AGOSTO, Y EN SU REFORMA

El desarrollo industrial, el aumento y expansión de la población junto al apogeo urbanístico contribuyeron, a partir de la segunda mitad del siglo XX, a la irrupción en España de un pensamiento y conciencia ecológica inédita hasta la fecha[787].

---

787 A lo largo del siglo XX se distaron algunas disposiciones legales parciales que, desde el punto de vista de higiénico sanitario o de salud pública, trataron de velar por cuestiones relacionadas con el medio ambiente, lo que explica el interés, preocupación y compromiso del poder público en su tutela. Pero no será hasta el último cuarto de la centraría cuando nazca, realmente, una filosofía ambientalista emergente cuyos postulados acabaron impregnado el ordenamiento jurídico de las sociedades contemporáneas. En el nuestro, la preservación y conservación de los recursos naturales unido al aprovechamiento racional de las aguas constituye, no sólo un principio rector de la policía socioeconómica, sino también un mandato de acción para los poderes públicos. Vid. VIDAL-ABARCA GUTIERREZ, M. R., SALAT UMBERT, J. y OLLERO OJEDA, A. "La gestión sostenible de ecosistemas acuáticos continentales, aguas costeras y de transición: hábitats, biodiversidad y funciones hidrogeomorfológicas", *El agua: perspectiva ecosistémica y gestión integrada,* Leandro del Moral Ituarte (Coord.), Fundación nueva cultura del agua. Madrid, 2015, pp. 120-184. MAGDALENO MÁS, F.: "La política hídrica en

En el ámbito internacional se celebró en 1972 la Conferencia de Estocolmo de las Naciones Unidad, sobre el medio humano y el medio natural, iniciándose de este modo una nueva concepción medioambientalista sustentada en la perentoria, firme y estricta necesidad de un desarrollo sostenible de los recursos naturales[788]. Lo mismo se podía decir, en el ámbito hidráulico, de la declaración de principios éticos consagrados en la Carta Europea del Agua –redactada el 6 de mayo de 1968 en Estrasburgo-, del Convenio intergubernamental para la protección de las zonas húmedas de importancia internacional, aprobado el 2 de febrero de 1971 en la ciudad iraní de Ramsar o de la

---

España: hacia una integración avanzada de agua, territorio y sociedad", *Documentos de Trabajo (FEDEA),* núm.10, 2020, pp. 1-23. SANCHEZ FABRE, M. y OLLERO OJEDA, A.: "Agua y medio ambiente en España: diagnóstico y perspectivas de algunas líneas de acción". *Investigaciones Geográficas,* núm.51, 2010, pp. 53-79. ARAGÓN V, y ARROJO AGUDO, P.: "La ideología del agua en España: desmontando el discurso". *Revista Iberoamericana de Economía Ecológica,* núm. 28, 2018, pp. 37-51. FORTES MARTÍN, A. "Consideraciones acerca de la nueva significación conceptual e instrumental de la protección ambiental de las aguas", *Derecho de Aguas.* Instituto Euromediterraneo del Agua, Madrid, 2006, pp. 123-146. ABELLÁN CONTRERAS, F.J. "Fundamentos jurídicos sobre la protección de los humedales en España: sostenibilidad hídrica y ambiental en al marco del Sistema de Zonas Húmedas del Sur de Alicante", *Sostenibilidad: Económica, Social y Ambiental,* núm. 4, 2002. pp.1-27.

788 REAL FERRER, G.: "El Gran Fracaso. Reflexiones a los 50 años de la Conferencia de Naciones Unidas sobre Medio Ambiente Humano, Estocolmo 1972". *Revista Aranzadi de Derecho Ambiental,* núm. 53, 2022, pp. 11-18. FERNÁNDEZ PONS, X. y ABEGÓN NOVELLA, M. "Estocolmo, 1972. Cincuenta años de Derecho internacional del medio ambiente". *Revista Catalana de Dret Ambiental,* núm.2, vol. 13, 2022, pp. 1-11. CALVO CHARRO, M. "La regulación ecológica del agua en el siglo XXI. Reflexiones al hilo de la Ley 46/99, de reforma de la Ley 29/1985", *Revista de Administración Pública,* núm. 154, 2001, pp. 409-440.

Conferencia de las Naciones Unidas sobre el agua de 1977[789]. Mención especial merece, en este punto, las disposiciones del Derecho comunitario por su incuestionable papel en la lucha contra la contaminación de los recursos naturales e hídricos[790]. Todos estos hitos, unidos a la promulgación de la Constitución

---

789 Vid., ALFONSO, C. "Los humedales del mundo a examen. octava conferencia de las partes contratantes del Convenio Ramsar". *Ambienta. Revista del Ministerio de Medio Ambiente,* núm. 17.2002, pp 2-12. CARDENAS LLORENS, J.: "La protección del medio ambiente de los cursos de agua internacionales en los trabajos de la Comisión de Derecho Internacional", *Problemas internacionales del medio ambiente,* Universitat Autónoma de Barcelona, 1985, pp. 191-211. MILTRE GUERRA, E. *El derecho al agua: naturaleza jurídica y protección legal en los ámbitos nacionales e internacional,* Iustel, Madrid, 2012.

790 A modo de ejemplo se podría citar: la Directiva 2009/147/CE del Parlamento Europeo y del Consejo, de 30 de noviembre de 2009, relativa a la conservación de las aves silvestres. [Consultado en «DOUE» núm. 20, de 26 de enero de 2010, páginas 7 a 25 (19 págs.). Disponible en: https://www.boe.es/buscar/doc.php?id=DOUE-L-2010-80052]. La Directiva 92/43/CEE del Consejo, de 21 de mayo de 1992, relativa a la conservación de los hábitats naturales y de la fauna y flora silvestres. [Consultado en «DOCE» núm. 206, de 22 de julio de 1992, páginas 7 a 50 (44 págs.). Disponible en: https://www.boe.es/buscar/doc.php?id=DOUE-L-1992-81200]. La Directiva 2000/60/CE del Parlamento Europeo y del Consejo, de 23 de octubre de 2000, por la que se establece un marco comunitario de actuación en el ámbito de la política de aguas. [Consultado en «DOCE» núm. 327, de 22 de diciembre de 2000, páginas 1 a 73 (73 págs.). Disponible en: https://www.boe.es/buscar/doc.php?id=DOUE-L-2000-82524]. La Directiva 2001/42/CE del Parlamento Europeo y del Consejo, de 27 de junio de 2001, relativa a la evaluación de los efectos de determinados planes y programas en el medio ambiente. [Consultado en «DOCE» núm. 197, de 21 de julio de 2001, páginas 30 a 37 (8 págs.). Disponible en: https://www.boe.es/buscar/doc.php?id=DOUE-L-2001-81821. La Directiva (UE) 2020/2184 del Parlamento Europeo y del Consejo de 16 de diciembre de 2020 relativa a la calidad de las aguas destinadas al consumo humano. [Consultado en «DOUE» núm. 435, de 23 de diciembre de 2020, páginas

española en 1978 y a la nueva organización territorial del Estado, obligaron al legislador español a elaborar una nueva Ley de Aguas que previera un uso racional y eficiente del líquido elemento en cumplimiento del mandato del artículo 45.2 de nuestro texto fundamental[791].

Con la Ley de Aguas 29/1985, de 2 de agosto[792], desarrollada al año siguiente por el Reglamento de Dominio público Hi-

---

1 a 62 (62 págs.). Disponible en: https://www.boe.es/buscar/doc.php?id=DOUE-L-2020-81947].

Por otro lado, desde el punto de vista doctrinal, véase entre otros estudios a: FANLO LORAS, A: "La evolución del Derecho comunitario europeo sobre aguas", *El nuevo Derecho de Aguas: las obras hidráulicas y su funcionamiento,* Antonio Embid Irujo (Dir.), Civetas, Madrid, 1998, pp. 171-231. ORDOÑEZ SOLIS, D.: "Aguas, Medio Ambiente y Unión Europea", *Nuevo Derecho de aguas,* Santiago González-Varas Ibáñez (Dir.) Thomson Reuters Aranzadi. 2007, pp. 101-130. ALLENDE ÁLVAREZ, M. "La política ambiental en materia de aguas de la Unión Europea", en *Gestión del agua y medio ambiente*. Antonio Embid Irujo (Dir.), Civitas, Madrid, 1997, pp. 259-278.SARASOLA GORRITI, S.: "Normativa comunitaria en materia de protección del medio ambiente". *IeZ. Ingurugiroa eta zuzenbidea = Ambiente y Derecho,* núm. 5, 2007, pp. 57-79. BRUFAO CURIEL, P. "Normativa internacional y europea aplicable a la conservación de los humedales", en *Conflictos entre el desarrollo de las aguas subterráneas y la conservación de los humedales: aspectos legales, institucionales y económicos,* Fundación Marcelino Botín, Ediciones Mundi-Presa, Madrid, 2003, pp. 3-19.

791 DELGADO PIQUERAS. F. "El proceso de aplicación de la Ley de Aguas de 1985 y las nuevas exigencias de protección del dominio hidráulico que plantea la Directica Marco del Agua" en *Derecho de Aguas.* Instituto Euromediterraneo del Agua, Madrid, 2006. pp. 837-863. PÉREZ PÉREZ. E. "Breve exposición de la Ley de Aguas de 1985". *Derecho de Aguas.* Instituto Euromediterraneo del Agua, Madrid, 2006, pp. 61-68.

792 Ley 29/1985 de Aguas, de 2 de agosto [«BOE» núm. 189, de 8 de agosto de 1985, páginas 25123 a 25135 (13 págs.).Disponibleen:https://www.boe.es/buscar/doc.php?id=BOE-A-1985-16661]. La *Ley de Aguas* entró en vigor el 1 de enero de 1986, con excepción de la

dráulico[793], el líquido elemento se configuró como un recurso necesario, indispensable e irremplazable para el desarrollo de la vida. Es un recurso natural irrenunciable, de disponibilidad prioritaria para las exigencias del confort urbano y domestico de nuestra sociedad del bienestar y para el desarrollo de una gran mayoría de actividades económicas; circunstancia que exigiría en el futuro políticas de vigilancia y de protección de la calidad de las aguas jamás antes planteadas[794]. Con la nueva legislación, este recurso se elevó a la categoría de básico del medio ambiente, con la obligación de estar en calidad precisa y cantidad necearía, de conformidad siempre con las directrices fijadas en la planificación económica y las previsiones de la ordenación territorial. Las únicas condiciones impuestas eran la necesaria planificación hidrológica general, el respeto al medio ambiente y la eficacia aplicada a la gestión[795]. En congruencia con lo establecido en el 45 de la Constitución[796], en la Ley

---

Disposición adicional segunda que se aplicó desde la fecha de su promulgación.

793 Real Decreto 849/1986, de 11 de abril, por el que se aprueba el Reglamento del Dominio Público Hidráulico, que desarrolla los títulos preliminar I, IV, V, VI y VII de la Ley 29/1985, de 2 de agosto, de Aguas. [«BOE» núm. 103, de 30/04/1986.Disponible en: https://www.boe.es/buscar/act.php?id=BOE-A-1986-10638].

794 PALOMAR OLMEDA, A. "La protección del medio ambiente en materia de aguas", *Revista de Administración Pública,* núm. 110, 1986, pp. 107-130.

795 Preámbulo de la Ley 29/1985, de Aguas.

796 En opinión de la profesora María Calvo, con el citado precepto se pretendía contrarrestar el peso del resto del articulado constitucional dedicados al fomento de la economía nacional, impregnándoles de una dimensión ambiental al afirmar que "Todos tienen derecho a disfrutar de un medio ambiente adecuado para el desarrollo de la persona, así como el deber de conservarlo". Y que los poderes públicos "velarán por la utilización racional de todos los recursos naturales con el fin de proteger y mejorar la calidad de vida y defender y restaurar el medio ambiente apoyándose en la indispensable

de 1985 no sólo se valoraba la trascendencia económica del recurso, sino también su valor ecológico y su papel en el medio ambiente, a diferencia de la Ley Aguas de 1879 que procuró impulsar medidas para armonizar los intereses en conflicto y proteger las actividades productivas esenciales, habida cuenta que el líquido elemento era considerado como un bien económico escaso pero esencial para el desarrollo de la Nación[797].

La demanialización de todas las aguas continentales (superficiales y subterráneas)[798], como principal novedad de la Ley,

---

solidaridad colectiva". Por tanto, se precisa buscar un equilibrio armónico entre la conservación y la explotación de la naturaleza, según se desprende del artículo 45 de la Constitución, al exigir que la utilización de los recursos naturales sea racional. CALVO CHARRO. M. *El régimen jurídico*...cit.p. 55.

797 DELGADO PIQUERAS, F. *Derecho de aguas*..., cit. pp. 30-31.

798 Como se desprende del Preámbulo de la Ley de Aguas de 1985, el agua es un recurso unitario renovable al servicio del Estado, en el que no cabe distinción alguna entre aguas superficiales y subterráneas ya que ambas presentan una identidad de naturaleza y función. La demanialización de las aguas puso fin al derecho de apropiación del alumbrador de las aguas del subsuelo que reconocía la Ley de Aguas de 1879. El nuevo régimen jurídico del dominio público hidráulico, a la luz del sistema constitucional de distribución de competencias entre el Estado y las Comunidades Autónomas, supuso -en el caso particular de las aguas subterráneas- una asombrosa simplificación del mismo. No se ha de olvidar que en la legislación de aguas decimonónica (Leyes de 1866 y 1879), se reconoció el carácter público de las aguas superficiales, dejando al margen las aguas del subsuelo que pertenecían a quien las alumbraba bajo su predio; derecho que fue confirmado por el Código Civil (art. 408) al declarar de dominio privado "las aguas subterráneas que se hallasen en predios de dominio privado", de acuerdo con el derecho de accesión (arts. 353-383 Código Civil). No instante, tal simplificación, como aduce Gallego Anabitarte, se debió al hecho de desaparecer la propiedad del alumbrador y el régimen del alumbramiento de las aguas a través de pozos ordinarios y artesianos, galerías o socavones, amén de

se convirtió en una eficaz medida de protección de la calidad de las aguas, habida cuenta que una de las principales consecuencias de dicha declaración es el control por parte de la Administración de este bien tan escaso y necesario, garantizando de este modo su uso y aprovechamiento racional[799]. El Estado, al retener la titularidad del bien lo protege y preserva de cualquier tipo de abuso, de malas prácticas o de una utilización poco eficiente que podría llevar aparejado su destrucción[800]. Ahora bien, para proteger y conservar los recursos naturales no bastaba con un mero título de dominio público, además se

---

la desaparición de la clásica distinción entre aguas subálveas y las propiamente subterráneas. GALLEGO ANABITARTE, A. *El Derecho de aguas,* cit. p. 526. Empero, con la nueva *Ley de Agua,* se reconoció la importancia de las aguas subterráneas y su singular carácter estratégico a través de la denominada "gestión conjunta" y, a partir de entonces, todos los recursos hídricos disponibles en el país, formaron parte del dominio público hidráulico y el Estado asumió su correcta administración. Vid. ALCAIN MARTÍNEZ, E. "Incidencia de la declaración de dominio público hidráulico en el régimen jurídico de las aguas subterráneas en España. Especial referencia al régimen de los derechos adquiridos antes de la Ley de Aguas de 1985", *Derecho de Aguas.* Instituto Euromediterraneo del Agua, Madrid, 2006, pp. 245-267. MOREU BALLONGA, J.L. y MARTÍN-RETORTILLO, S.: *El nuevo régimen jurídico de las aguas subterráneas.* Universidad de Zaragoza, 1990. EMBID IRUJO, A.: "A vueltas con la propiedad de las aguas: la situación de las aguas subterráneas a veinte años de la entrada en vigor de la Ley de Aguas de 1985. Algunas propuestas de modificación normativa", *Justicia Administrativa. Revista de Derecho Administrativo,* núm-1, 2006, pp. 183-206.

799 CALVO CHARRO. M. *El régimen jurídico…,* Cit.p.123.

800 Sobre esta cuestión, el Tribunal Constitucional consideró que el legislador español tenía el deber y la obligación de "*proteger el demanio a fin de asegurar el mantenimiento de su integridad física y jurídica, como su uso público*" [STC 149/1991, de 4 de julio, (F.J 1)].

requerían medidas reglamentarias y de gestión[801]. Al respecto, el uso de la técnica de la planificación de los recursos hídricos resulta clave para cumplir con el objetivo, ya que se trata de un elemento de seguridad jurídica para los administrados e imprescindible para garantizar la correcta gestión y protección de las aguas por medio de la anticipación de la Administración a la iniciativa particular[802]. A su vez, la planificación supone un límite para la actuación administrativa que deberá atenerse, en todo momento, a las directrices que contenga el plan hidro-

---

801 CALVO CHARRO, M. "Zonas húmedas: aguas públicas, aguas privadas", *Conflictos entre el desarrollo de las aguas subterráneas y la conservación de los humedales: aspectos legales, institucionales y económicos*, Pedro Brufao y M. Ramón Llamas (Edit.), Fundación Marcelino Botín. Ediciones Mundi-Presa, Madrid, 2003, pp. 117-140.

802 Para más información sobre la Planificación hidrográfica véase los cometarios de: GONZÁLEZ PÉREZ, J. "El Plan Hidrológico Nacional", núm. 126, *Revista de la Administración Pública*, 1991, pp. 27-72. EMBID IRUJO, A. *El Plan Hidrológico Nacional*, Civitas, Madrid, 1993. MACHADO CARRILLO, A. "Instrumentos y elementos para la planificación de espacios naturales", en *La supervivencia de los espacios naturales*, Coord./ por Casa de Velázquez., Ministerio de Agricultura, Alimentación y Medio Ambiente, Madrid, 1989, pp. 413-422. SARMIENTO ACOSTA, M. J. *El Derecho de aguas de Canarias*, Marcial Pons-Ediciones Jurídicas y Sociales, Madrid, 2002, pp. 175-176. MARTÍN-RETORTILLO, S. *Derecho Administrativo Económico*, Ed. La Ley, Madrid, 1988, pp.335-ss. MELGAREJO MORENO, J. "La planificación y la concreción del PHN en la provincia de Alicante", en *Repercusiones socioeconómicas del Plan Hidrológico Nacional en la provincia de Alicante*, Coord./ Joaquín Melgarejo, Confederación empresarial de la provincia de Alicante. COEPA, Alicante, 2004, pp. 25-64. MOLINA GIMÉNEZ, A. "Consideraciones jurídicas sobre la aplicación del PHN en la provincia de Alicante, con especial referencia a las obras de transferencia entre distintos ámbitos de planificación hidrológica" en *Repercusiones socioeconómicas del Plan Hidrológico Nacional en la provincia de Alicante*, Coord./ Joaquín Melgarejo, Confederación empresarial de la provincia de Alicante. COEPA, Alicante, 2004, pp. 65-100.

lógico[803]. En opinión de Antonio Embid, "no es una técnica o una institución más dentro de la Ley de Aguas, sino, al contrario, la segunda gran decisión de la misma" tras la demanialización de las aguas continentales[804]. Por tanto, la noción de plan para nuestro legislador es consustancial del régimen que intenta establecer; consecuencia natural de otra pretensión de mayor importancia, cual es que la casi totalidad de las aguas del país son de dominio público. De esta manera se puede llegar a entender que la planificación y la demanialización van unidos de la mano en orden a establecer un régimen jurídico en el cual la posesión de la Administración se hace, a todas luces, necesaria. En este marco expuesto, el plan no solo se presenta como un instrumento eficaz para limitar la actuación de los particulares y legitimar la acción del poder público, sino también para limitar la discrecionalidad administrativa[805].

A diferencia de la legislación de aguas decimonónica que no tuvo en consideración una posible planificación integral previa al otorgamiento de las concesiones para el aprovechamiento del agua, quedando la concesión sujeta a un orden de preferencia establecido por la propia Ley[806], el legislador de

---

803 CALVO CHARRO, M. *El régimen jurídico...*, cit. pp.97-98.

804 EMBID IRUJO, A. "Planificación hidrográfica", *Revista de Administración Pública,* núm. 123, 1990, p.122.

805 FERNÁNDEZ RODRIGUEZ, T. R. "La planificación económica, camino de libertad", *Estudios de Derecho y Hacienda. Homenaje a César Albiñana García-Quintana,* Sebastián Martín-Retortillo (Dir.), Antonio Martínez La Fuente (Coord.), Ministerio de Economía, Industria y Competitividad, Madrid, 1987, pp. 43-84.

806 La planificación hidrográfica no fue objeto de mención expresa, a pesar del interés de Cirilo Franquet, en la redacción final de la Ley de Aguas d 1866. Este ilustre jurista llegó considerar en su Proyecto de Ley de Aguas la necesidad de establecer esta medida (la planificación) "*para que pueda conocer el Gobierno la riqueza de que es poseedor y para disponer de la manera más útil y precisa su aprovechamiento (...)*". Cfr. MARTÍN-RETORTILLO BEQUER, S.: "Antecedentes del

1985 concibió la planificación del dominio público hidráulico como un instrumento de vital importancia, al lograr la mejor satisfacción de las demandas hídricas, amén de equilibrar y armonizar el desarrollo sectorial y regional "incrementando las disponibilidades del recurso, protegiendo su calidad, economizando su empleo y racionalizando sus usos en armonía con el medio ambiente y los demás recursos naturales"[807]. En cumplimento de estos objetivos, los Planes Hidráulicos de cuenca han de determinar las características básicas de las aguas[808] y la ordenación de los vertidos de aguas residuales[809]- En este último supuesto, como aduce Martín-Retortillo, el Plan deberá establecer procedimientos a seguir para lograr los niveles de calidad propuestos y fijar programas de actuación para eliminar la contaminación[810].

Junto a estos dos mecanismos de protección de la calidad de las aguas continentales, en la Ley -y el Reglamento de Dominio

---

concepto de Plan y referencia a la legislación de fomento del siglo XIX", *Revista de Administración Pública*, núm. 49, 1966, p. 43.

807 Artículo 38. 1 de la Ley 29/1985 de Aguas.

808 Por características básicas se ha de entender la situación de las aguas al elaborarse el correspondiente Plan y los objetivos de calidad que deben alcanzarse en cada tramo de río en función de los usos previstos que deben adaptarse a las condiciones que se establezcan en la normativa comunitaria. (art. 79 del Reglamento de la Administración y Planificación Hidrológica). [Real Decreto 927/1988, de 29 de julio, por el que se aprueba el Reglamento de la Administración Pública del Agua y de la Planificación Hidrológica, en desarrollo de los títulos II y III de la Ley de Aguas. Consultado en «BOE» núm. 209, de 31 de agosto de 1988, páginas 26412 a 26425 (14 págs.). Disponible en: https://www.boe.es/buscar/doc.php?id=BOE-A-1988-20883].

809 Artículo 40.2 de Ley 29/1985, de Aguas.

810 MARTÍN RETORTILLO, S. "Reflexiones sobre la calidad de las aguas en el Ordenamiento jurídico español", *Revista Española de Derecho Admirativo,* núm. 65. 1990, pp. 5-16.

Público Hidráulico- se recoge un variado y amplio catálogo de técnicas o medidas destinadas a tal fin, entre otras[811]:

- Técnicas preventivas: la fijación de perímetros de protección de acuíferos, la delimitación y catalogación de zonas húmedas.
- Técnicas activas: las concesiones y autorizaciones administrativas, autorizaciones de vertidos y el canon de vertidos.
- Técnicas represivas: la declaración de acuíferos sobreexplotados y el régimen sancionador.

De todas ellas, solo nos centraremos en las técnicas activas porque ocupan un lugar destacado en la lucha contra la contaminación y la defensa de la calidad de las aguas. Es más, las normas sobre vertidos en aguas continentales (recogidas en el Título V de la Ley de Aguas), de conformidad con lo dispuesto en una sentencia del Tribunal Constitucional eran "normas básicas de protección del medio ambiente cuya legitimidad deriva de lo dispuesto en el artículo 149.1. 23. de la Constitución"[812].

La Ley de Aguas, en un contexto de preocupación e inquietud por preservar y conservar los recursos naturales, recogió entre los principios a los que debe someterse el ejercicio de las funciones del Estado y las Comunidades Autónomas, el de compatibilizar la gestión pública del agua con la conservación y protección del medio ambiente y la restauración de la naturaleza[813]. Para ello, se dictaron normas destinadas a

---

811 Para más información sobre esta clasificación véase los comentarios de EMBID IRUJO, A.: "Principios generales sobre el ordenamiento jurídico-administrativo de la calidad de las aguas", *La calidad de las aguas,* Antonio Embid Irujo (Dir.), Civitas, Madrid, 1994, pp. 31-42.

812 STC 227/1988. (Fundamento jurídico 26).

813 Artículos 13. 3 y 16 .1 de la Ley 29/1985, de Aguas.

prevenir y evitar la contaminación, mantener un nivel óptimo de calidad de las aguas continentales y exigir responsabilidad por las conductas perjudiciales. Ahora bien, esta dimensión de protección de la calidad de las aguas quedó recogido en la propia definición legal de contaminación que comprende toda actuación que implique "una alternación perjudicial de su calidad en relación con los usos posteriores o con su función ecológica"[814]. Para garantizar la protección del demanio hidráulico tanto la Ley como el Reglamento de Dominio Público Hidráulico consagraron los principios de prevención y de prohibición. Respecto a este último, bajo reserva de la correspondiente autorización administrativa, responden las prohibiciones de realizar cualquier actividad susceptible de provocar la contaminación o la degradación del dominio público hidráulico dentro de los perímetros de protección fijados en los Planes hidrológicos -cuando supongan peligro de contaminación o degradación del dominio público-, el vertido de aguas y de productos residuales contaminantes, la acumulación de residuos que puedan suponer la contaminación de las aguas continentales y toda acción sobre el medio físico o biológico afecto al líquido elemento que provoque su degradación[815].

El principio de prevención, por su parte, tiene un mayor peso específico como se observa de los objetivos enumerados por Ley: lograr y mantener un adecuado nivel de calidad de las aguas, impedir la concentración de compuestos tóxicos o peligrosos en el subsuelo susceptibles de contaminar las aguas subterráneas y evitar cualquier otra actuación que pueda ser causa de su degradación[816]. Dicho principio también se manifestó a través de las autorizaciones administrativas exigidas para el es-

---

814 Artículo 85.

815 Artículos 89 y 92.

816 Artículo 84.

tablecimiento, modificación y traslado de instalaciones industriales que originen o puedan originar vertidos[817]. En tal caso, la Ley requería la previa autorización de vertido, facultándose al Gobierno -o a las Comunidades Autónomas- para que, en áreas o zonas concretas, prohíba las actividades industriales cuyos efluentes, a pesar del tratamiento practicado, comporten un grave riesgo de contaminación ya sea como consecuencia directa de su normal funcionamiento o bien de situaciones excepcionales previsibles[818]. De este modo, se puede afirmar que la autorización se presenta como un eficaz instrumento jurídico para que la Administración controle el vertido de aguas residuales y demás sustancias peligrosas que puedan ocasionar un riesgo de contaminación de las aguas, ya que se deberá especificar, en todo momento, las medidas de depuración necesarias, los elementos de control de funcionamiento de las instalaciones de depuración, los límites a la composición del efluente y el importe del canon de vertido que será destinado a la mejora y protección del dominio público hidráulico y, en particular, a la mejora del medio receptor de cada cuenca hidrológica[819], cuyo importe se debía calcular tomando como base la carga contamínate del vertido[820]. El titular de una autorización de vertido, en aplicación del principio "quien contamina paga"[821],

---

817 A los efectos de la presente Ley se consideran vertidos los que se realicen "directa o indirectamente en los cauces, cualquiera que sea la naturaleza de éstos, así como los que se lleven a cabo en el subsuelo o sobre el terreno, balsas o excavaciones, mediante evacuación, inyección o depósito" (art. 92).

818 Artículo 95.

819 Artículo 93.

820 Artículo 105. 1 y 2.

821 En base a este principio, cualquier empresa que ocasione daños medioambientales es responsable de los mismos, quedando obligada a tomar las medidas preventivas o reparadoras necesarias, amén de sufragar todos los costes económicos. Para más información sobre el principio "quien contamina paga", Vid. TOLEDO JÁUDENE,

quedaba obligado a abonar dicha tasa, que era independiente del resto de cánones que puedan establecerse por parte de las Comunidades Autónomas o Corporaciones locales para financiar las obras de saneamiento y depuración[822].

Por otro lado, responde también al principio de prevención la exigencia de la presentación de un estudio de evaluación de los efectos que sobre el medio ambiente pueda tener las concesiones y autorizaciones administrativas cuando conlleve o suponga riesgos para el mismo, así como la necesidad de un estudio hidrogeológico previo en la tramitación de las autorizaciones de vertidos de sustancias susceptibles de contaminar los acuíferos o las aguas subterráneas[823].

La Ley de Aguas, en el ámbito de la represión administrativa de las actividades contaminantes, adoptó un sistema de sanciones administrativas combinada con un conjunto de medidas de respuesta de la Administración frente al incumplimiento de las condiciones estipuladas en las autorizaciones de vertido por un particular. Estas medidas son la revocación de la referida autorización y la caducidad de la concesión. Así es, la Ley permitía revocar las autorizaciones de vertido cuando los daños ocasionados al demanio eran especialmente graves; revocación que también llevaba aparejado la caducidad de la concesión

---

J. "El principio de «quien contamina paga» y el canon de vertidos", *Revista de Administración Pública,* núm. 112, 1987, pp. 289-336. ARTOLA GONZÁLEZ, M. "Europa aplica el principio de quien contamina paga". *Meda. Medio ambiente, biodiversidad y desarrollo sostenible,* núm. 14, 2003, pp.88-89. GONZALO ALONSO, F. "Ley de Responsabilidad Medioambiental: «quien contamina paga»", *Anales de mecánica y electricidad,* núm.85. 2008, pp. 36-41. NIETO MARTÍN, F. "Quien contamina paga": el caso prestige", *La Ley. Revista jurídica española de doctrina, jurisprudencia y bibliografía,* núm.1, 2003, pp. 1600-1607.

822 Artículo 105. 4. Ley 29/1985, de Aguas.

823 Artículo 95.

sin derecho alguno a indemnización[824].En los vertidos no autorizados, el Gobierno, en el marco de sus competencias, podía optar entre suspender las actividades que daban origen a tales vertidos o adoptar cualquier medida para su corrección, sin perjuicio, como es obvio, de la responsabilidad administrativa o penal correspondiente[825]. El Organismo de cuenca, por razones de interés general y con carácter temporal, podía hacerse cargo -directa o indirectamente- de la explotación de las instalaciones de depuración de aguas residuales, "cuando no fuera procedente la paralización de las actividades que producen el vertido y se derivasen graves inconvenientes del incumplimiento de las condiciones autorizadas". Ahora bien, en este supuesto podía reclamar, incluso por vía de apremio, al titular de la explotación todos los gastos derivados de la explotación, mantenimiento y conservación de las instalaciones junto a las cantidades necesarias para modificar o acondicionar las instalaciones en los términos previstos en la autorización[826].

A las puertas del siglo XXI, la Ley 29/1985, a pesar de sus notables y elogiables avances tanto en la gestión como en la protección medioambiental de los recursos hídricos, también dio muestra de su insuficiencia e inadecuación para afrontar los nuevos retos y resolver con eficacia los problemas planteados[827]. Tras la victoria del Partido Popular, en las Elecciones Generales celebradas el 3 de marzo de 1996, el nuevo Gobierno asumió el reto de reformar, de manera parcial, la Ley 29/1985 para perfeccionar e introducir nuevos instrumentos con objeto de acrecentar la producción de agua con ayuda de los más

---

[824] Artículo 97.

[825] Artículo 98.

[826] Artículo 99.

[827] ALCAÍN MARTÍNEZ, E. "La reforma de la Ley de 1985", en *Homenaje al profesor Bernardo Moreno Quesada*, Ramón Herrera Campos (Coord.). Universidad de Granada. Vol. I. 2000, pp. 53-65.

recientes avances tecnológicos y científicos en el campo de la desalinización o reutilización de las aguas depuradas, amén de maximizar la utilización y aprovechamiento de todos los recursos disponibles para dar respuesta al incipiente problema de la sequía que, en los últimos años, había causado graves desabastecimientos y una profunda crisis socio-económica que afectó a una gran parte de la geografía española[828].

Para atender a estas necesidades y exigencias, se aprobó la Ley 46/1999, de 13 de diciembre, de modificación de la Ley 29/1985, de 2 de agosto, de Aguas[829]. En la Exposición de Motivos, se observa el interés del legislador por la reutilización y optimización racional de todas las aguas continentales a través de la flexibilización del actual régimen de autorizaciones o concesiones administrativas. A lo que se ha de sumar también la necesidad de garantizar un buen estado ecológico de los bienes que conforman el dominio público hidráulico y favorecer la participación activa de los interesados en su gestión[830]. Para tal fin, la Ley concedió un mayor protagonismo a las Comunidades de usuarios y a las Confederaciones Hidrográficas[831].

---

828 DELGADO PIQUERAS, F. *Derecho de aguas…*, cit. pp. 124-128.

829 Ley 46/1999, de 13 de diciembre dio una nueva redacción a cuarenta y tres de los ciento trece artículos de la *Ley de Aguas* de 1985, al tiempo que se incluyeron nuevos artículos (una veintena), algunos de los cuales fueron objeto de recurso de inconstitucionalidad, pero finalmente desestimados por Sentencia del Tribunal Constitucional 149/2011, de 28 de septiembre.

830 Exposición de Motivos de la Ley 46/1999, de 13 de diciembre, de modificación de la Ley 29/1985, de 2 de agosto, de Aguas. [«BOE» núm. 298, de 14 de diciembre de 1999, páginas 43100 a 43113 (14 págs.), Disponible en: https://www.boe.es/buscar/doc.php?id=BOE-A-1999-23751].

831 Para más información sobre este organismo, *Vid.* PALLARÉS SERRANO, A. *La planificación hidrológica de cuenca como instrumento de ordenación ambiental sobre el territorio,* Tirant lo Blanch, Valencia, 2007. FANLO LORAS, A. *Las Confederaciones hidrológicas y otras Ad-*

Estas últimas vieron ampliado considerablemente su ámbito de acción para mejorar la gestión del agua; ahora podían asesorar y celebrar convenios de colaboración con otras Administraciones públicas[832]. Por otro lado, la reforma legal también quiso estimular la política de ahorro hídrico[833] y reforzar los niveles de protección de las aguas con medidas mucho más rígidas y restrictivas para cumplir los objetivos ambientales[834].

Con esta finalidad se estableció una regulación más estricta de las autorizaciones de vertidos[835] para que pudieran "consti-

---

ministraciones Públicas, Civitas, Madrid, 1996. GIL OLCINA, A. "Del Plan General de 1902 a la planificación hidrológica" *Investigaciones Geográficas*, núm. 25, 2001, pp. 5-32.

832 Artículo 23. 2 de la Ley 46/1999, de 13 de diciembre.

833 Para lo cual la Ley 46/1999 propuso medir el consumo a través de sistemas homologados, similares a los empleados en el ámbito doméstico, o por la fijación de consumos de referencia para riegos.

834 La Ley, aunque de manera un tanto dispersa, contenía numerosas referencias medioambientales. A modo de ejemplo: exigía el respeto a la normativa ambiental en las charcas (art. 10), derecho a la información en materia medioambiental (art. 13 bis), o el establecimiento de un criterio de preferencia a la hora de otorgar las concesiones (art. 58.4)

835 Este mayor nivel de exigencia en el régimen de los vertidos que se observa en la Ley 46/99, de 13 de diciembre), no era más quela constatación de la ineficacia de la Ley de Aguas de 1985 para solucionar, de manera efectiva, el grave problema de los vertidos en el país. Ya en 1998, el *Libro Blanco de Aguas* constató -con datos fidedignos- que tanto los vertidos industriales como los urbanos en España tenían una influencia más negativa sobre la calidad de las aguas que en otros países, de ahí la necesidad de una reforma que exigiera mayor rigor en el régimen de los vertidos para velar por la calidad de las aguas. *Vid.* SÁNCHEZ MORON, M.: "Aspectos ambientales de la modificación de la Ley Aguas", en *La reforma de la Ley de Aguas (Ley 46/99, de 13 de diciembre)",* Antonio Embid Irujo (Coord.), Civitas, Madrid, 2000, pp. 87-111. FORTES MARTÍN, A.: *Vertidos y calidad ambiental de las aguas. Regulación jurídico-administrativa,* Atelier-Libros

tuir verdaderamente un instrumento eficaz en la lucha contra la contaminación de las aguas continentales"[836]. Esta intención se manifestó además en el hecho de que el objeto de autorización de los vertidos era "la consecución del buen estado ecológico de las aguas"[837]. Este nuevo concepto que introdujo la Ley, claramente inspirado en la Directiva 2000/60/CE[838], debía ser objetivo tanto de la planificación hidrológica[839] como de la protección del dominio público hidráulico[840].En este contexto, la Ley 46/1999 introdujo una serie de importantes modificaciones destinadas a luchar contra la contaminación y asegurar la calidad de las aguas, entre otras:

- La exigencia de programas de control de calidad en cada cuenca hidrográfica[841].

Jurídicos. Barcelona, 2005, pp. 50-51. LÓPEZ-VIVIÉ PALENCIA. A. "El canon del control de vertidos en la reforma de la Ley de Aguas", en *La reforma de la Ley de Aguas (Ley 46/99, de 13 de diciembre)"*, Antonio Embid Irujo, (Coord.), Civitas, Madrid, 2000, pp. 385-398. CASADO CASADO, L. "Novedades en la regulación de los vertidos en aguas continentales", *Revista Mensual de Gestión Ambiental*, núm. 14, 2000, pp. 27-38. ROMÁN BARREIRO, E. "La nueva regulación en materia de vertidos" *La reforma de la Ley de Aguas (Ley 46/99, de 13 de diciembre)"*, Antonio Embid Irujo (Coord.), Civitas, Madrid, 2000, pp. 399-406.

836 Exposición de Motivos de la Ley 46/1999, de 13 de diciembre.

837 Artículo 92.2 de la Ley 46/1999, de 13 de diciembre.

838 Directiva 2000/60/CE del Parlamento Europeo y del Consejo, de 23 de octubre de 2000, por la que se establece un marco comunitario de actuación en el ámbito de la política de aguas[«DOCE» núm. 327, de 22 de diciembre de 2000, páginas 1 a 73 (73 págs.). Disponible en: https://www.boe.es/buscar/doc.php?id=DOUE-L-2000-82524]

839 Artículo 38.1 de la Ley 46/1999, de 13 de diciembre.

840 Artículo 84. a)

841 Artículo 84 b).

- La necesidad de fijar en las concesiones y autorizaciones otorgadas por los Organismos de cuenca todo tipo de medidas encaminadas a compatibilizar el aprovechamiento hidráulico con el respeto al medio ambiente y garantizar las demandas ambientales previstas en la planificación hidrológica[842].
- La necesidad de acreditar, por los solicitantes de la autorización, la adecuación de sus instalaciones de depuración y los elementos de control de su funcionamiento. Se deberá hacer constar los límites cuantitativos y cualitativos que se impongan a la composición del efluente y el importe del correspondiente canon de control del vertido[843].
- La exigencia de que las Entidades locales presenten un plan de saneamiento y control de vertidos. Quedando éstas obligadas a informar a la Administración hidráulica "sobre la existencia de vertidos en los colectores locales de sustancias tóxicas y peligrosas reguladas por la normativa sobre calidad de las aguas"[844].
- La exigencia de la concesión administrativa -como norma general- para la reutilización de las aguas procedentes de un aprovechamiento. Empero, en el caso de que la reutilización se solicitara por el titular de una autori-

---

842 Artículo 90.

843 De acuerdo con la Ley 46/1999, su importe "será el producto del volumen de vertido autorizado por el precio unitario de control de vertido. Este precio unitario se calculará multiplicando el precio básico por metro cúbico por un coeficiente de "mayoración o minoración", que se establecerá reglamentariamente en función de la naturaleza, características y grado de contaminación del vertido, así como por la mayor calidad ambiental del medio físico en que se vierte" (art. 105.3).

844 Artículo 93.4.

zación de vertido de aguas ya depuradas, sería suficiente con la autorización administrativa[845].

Años después[846], esta impronta ambiental quedaría nuevamente evidenciada en el Texto Refundido de la Ley de Aguas (aprobado por el Real Decreto legislativo 1/2001, de 20 de julio), viéndose acentuada, aún más, tras las modificaciones operadas en 2003, que supusieron la consolidación de la regulación jurídico administrativa de los vertidos en España[847].

---

845 Artículo 101.

846 Ley 46/1999 -en su Disposición final segunda- dispuso que el Gobierno, en un plazo máximo de un año a contar desde su entrada en vigor, debía dictar un Real Decreto legislativo para fundar y adecuar la normativa legal existente. En cumplimiento de dicho mandato se sancionó el Real Decreto legislativo 1/2001, de 20 de julio, por el que se aprueba el *Texto Refundido de la Ley de Aguas*, incorporándose al mismo las modificaciones introducidas por la Ley 46/1999 -y otras disposiciones más-, a la Ley 29/1985, de 2 de agosto.

847 Destacar en primer lugar, el Real Decreto 606/2003, de 23 de mayo, por el que se modifica el Reglamento de Dominio Público hidráulico, que modifica, de manera sustancial, el capítulo II del Título III relatico a los vertidos [«BOE» núm. 135, de 6 de junio de 2003, páginas 22071 a 22096 (26 págs.).Disponible en: https://www.boe.es/buscar/doc.php?id=BOE-A-2003-11384]. Y, en segundo lugar, la modificación que introdujo el artículo 129 de la Ley 62/2003, de 30 de diciembre, de medidas fiscales, administrativas y de orden social al Texto Refundido de la Ley de Aguas, incorporando de este modo al Derecho español a la Directiva 2000/60 [«BOE» núm. 313, de 31/12/2003. Disponible en: https://www.boe.es/buscar/act.php?id=BOE-A-2003-23936].

2. LA PROTECCIÓN DE LA CALIDAD DEL AGUA EN LA LEGISLACIÓN CANARIA

El agua en Canarias tiene un valor añadido, todavía mayor que en la Península, ya que se trata de un territorio con una orografía muy singular y desigual, donde no existen ríos y su índice de lluvias es muy exiguo, al igual que los recursos hídricos disponibles, que en su mayoría son aguas subterráneas y de producción industrial (aguas desalinizadas y depuradas)[848]. De ahí que el legislador canario en 1987, llegara a calificar al agua como un "recurso esencial que condiciona la vida y el desarrollo económico y social definitivamente"[849] y se planteara la necesidad de proteger su calidad[850].

---

848 Vid. SARMIENTO ACOSTA, M.J.: "los retos del Derecho especial de aguas de canarias en el Estado autonómico", *Vector plusmiscelánea científico – cultural*, núm.19. 2002, pp. 68-74. SEGURA CLAVELL, J. "agua en canarias", *Boletín de la Real Sociedad Económica de Amigos del País de Tenerife (Nautis et incolis)*, núm.1, 2011, pp. 17-40. PRESA GUZMÁN. "Bases para una regulación de las aguas subterráneas", *Revista de Derecho Administrativo*, núm. 187, 1980, pp. 233-248, NIETO GARCÍA, A.: "La legislación de aguas en Canarias", *La legislación de aguas en la Comunidad de Canarias*, Antonio Embid Irujo (Coord.), Tecnos, 1993, pp. 101-119. DEL ROSARIO HERNÁNDEZ, V "Las aguas subterráneas en las Islas Canarias", *Tecno ambiente. Revista profesional de tecnología y equipamiento de ingeniería ambiental*, núm. 88, 2000, pp. 51-57.

849 Preámbulo de la Ley 10/1987, de 5 de mayo, de aguas. [«BOE» núm. 126, de 27 de mayo de 1987, páginas 15624 a 15633 (10 págs.). Disponible en: https://www.boe.es/buscar/doc.php?id=BOE-A-1987-12643

850 El legislador canario con la protección de la calidad de las aguas pretendía luchar contra la contaminación y la sobreexplotación de los acuíferos a través de diversos mecanismos, entre otros, de la demanialización de los recursos hídricos, la autorización administrativa de vertidos y la planificación hidrológica. Para más información sobre estos mecanismos de protección *Vid.* EMBID IRUJO,

El Parlamento de la Comunidad Canaria, de conformidad con la Disposición adicional tercera de la Ley 29/1985, de 2 de agosto -que sentó las bases del régimen especial de aguas de las Islas-, los artículos 29. 1, 34 y 35 de su Estatuto de Autonomía, y la Ley Orgánica 11/ 1982, de 10 de agosto, de transferencias de competencias a Canarias[851], aprobó la Ley 10/1987, de 5

A. "La planificación hidrológica", *Revista de Administración Pública,* núm. 123, 1990, pp. 115-152. FAJARDO SPÍNOLA, L. "Articulación de planes hidrológicos en Canarias", *Revista de Administración Pública,* núm. 136, 1995, pp. 421- 450. VILLAR ROJAS, F.J.: "El Derecho transitorio de la Ley de aguas de Canarias: el inevitable equilibrio entre el dominio público hidráulicos y los derechos preexistentes", *Revista Española de Derecho Administrativo,* núm. 83, 1994, pp. 425-454. MOREU BALLONGA, J. L. *Aguas públicas...,* cit., pp. 448-450. MARTÍN RETORTILLO, S. *Derecho de Aguas...,* cit., pp. 253-260.

851 Conforme a la Disposición adicional tercera de la Ley de Aguas de 1985, "Serán de aplicación, en todo caso, en dicha Comunidad Autónoma, a partir de la entrada en vigor de su nueva legislación, los artículos de esta Ley que definen el dominio público hidráulico estatal y aquellos que supongan una modificación o derogación de las disposiciones contenidas en el Código Civil". Por otro lado, en el artículo 29 del Estatuto de Autonomía canario, aprobado por Ley Orgánica de 10/1982, de 10 de agosto, dispone que la Comunidad Autónoma de Canarias tiene competencia exclusiva sobre aprovechamientos hidráulicos, canales, regadíos, aguas minerales y termales. Asimismo, el artículo 34 le reconoce competencias ejecutivas y legislativas en materia de aguas "superficiales y subterráneas, nacientes y recursos geotérmicos, captación, alumbramiento, explotación, transformación y fabricación, distribución y consumo de aguas para fines agrícolas, urbanos e industriales". En último término, el artículo 35 señala que el ejercicio de tales funciones se realizará, bien empleando la técnica de las leyes marco o de transferencia de competencias, bien por el procedimiento de reforma del Estatuto Autonómico. [Ley Orgánica 10/1982, de 10 de agosto, de Estatuto de Autonomía de Canarias. «BOE» núm. 195, de 16 de agosto de 1982, páginas 22047 a 22053 (7 págs.) Disponible en: https://www.boe.es/buscar/doc.php?id=BOE-A-1982-20821]. El artículo 152. 1 y 2 de la

de mayo, de Aguas[852], que en sintonía y coherencia con la Ley estatal 1985 declaró de dominio público todas las aguas; condición que se hizo extensible a todos los servicios y actividades relacionadas con el recurso. La unidad de gestión se plasmó en la concepción de la Isla como marco administrativo básico para controlar, planificar y ordenar, de manera eficiente y racional, la gestión hidráulica a cargo de una entidad con personalidad jurídica proponía -y autonomía funcional- como el Consejo Insular de Aguas, a quien también le correspondía la elaboración del Plan Hidrológico Insular, la ejecución de las obras hidráulicas y la inspección de los aprovechamientos[853]. La planificación hidrológica se consagró como un instrumento jurídico indispensable para la ordenación del dominio público hidráulico, la protección de la calidad de las aguas y racionali-

---

Ley Orgánica 1/2018, de 5 de noviembre, de Reforma del Estatuto de Autonomía de Canarias le atribuye nuevamente a la Comunidad Autónoma de Canarias competencia exclusiva en materia de aguas y obras públicas [«BOE» núm. 268, de 06/11/2018. Disponible en:https://www.boe.es/buscar/act.php?id=BOE-A-2018-15138]. De acuerdo con la Ley Orgánica 11/1982, de 10 de agosto, de trasferencias complementarias a Canarias, señala en el artículo 1 que se transfieren "las facultades sobre las materias de titularidad estatal contenidas en el Estatuto de Autonomía que por su naturaleza e imperativo constitucional así lo exijan". Consecuencia de ello, la Comunidad Autónoma de Canarias, queda plenamente facultada para ejercer, conforme al artículo 150 de la Constitución española, las competencias ejecutivas y legislativas relativas a "aguas superficiales y subterráneas". [Ley Orgánica 11/1982, de 10 de agosto, de transferencias complementarias a Canarias. «BOE» núm. 195, de 16 de agosto de 1982, páginas 22053 a 22053 (1 pág.) Disponible en: https://www.boe.es/buscar/doc.php?id=BOE-A-1982-20822].

852 Ley 10/1987, de 5 de mayo, de aguas. [«BOE» núm. 126, de 27 de mayo de 1987, páginas 15624 a 15633 (10 págs.). Disponible en: https://www.boe.es/buscar/doc.php?id=BOE-A-1987-12643].

853 SARMIENTO ACOSTA, M. J. *El derecho de aguas…*, cit. p. 109.

zar u optimizar sus usos en armonía con el medio ambiente[854]. La legislación autonómica canaria, al igual que la Ley de Aguas estatal, parte de la base de que la planificación es de capital importancia para el correcto desenvolvimiento del modelo que sobre el sector pretenden implantar[855]. De los cuatro tipos de planes que contemplaba la Ley 10/1987[856], a diferencia de la Ley estatal, que aludía únicamente al Plan Hidrológico Nacional y a los Planes Hidrológicos de Cuenca, los Planes Insulares debían -como mínimo- contener los acuíferos no explotados y las zonas de protección especial, además de una descripción

---

854 Preámbulo de la Ley 10/1987, de 5 de mayo, de aguas.

855 EMBID IRUJO, A. "La planificación…", cit., pp. 119-112.

856 A diferencia de la *Ley Aguas* estatal, la Ley 10/1987 contemplaba cuatro posibles tipos de planes: Planes Hidrológicos de Canarias, los Planes insulares, los Planes hidrológicos parciales y los Planes hidrológicos especiales. La elaboración del primero de ellos -del Plan Hidrológico de Canarias- le correspondía al Gobierno de Canarias y era aprobado por Ley Autonómica, para lo cual debía tenerse en cuenta las directrices del Plan Hidrológico Nacional (art. 29.1). Como mínimo debía definir tanto las obras de interés regional como las directrices generales para la recarga artificial de acuíferos y para la coordinación de los planes insulares (art. 25). Los Planes Insulares, por el contrario, eran elaborados por los Consejos Insulares del Agua y aprobados por el Gobierno autonómico (art. 29). Como mínimo debían contener un inventario completo de los recursos hídricos en explotación, el orden de prelación de los consumos (abastecimiento de poblaciones, regadíos y usos agrícolas, usos recreativos, otros usos), las zonas de protección especial, las medidas técnicas y legales sobre la ordenación de servidumbres, usos comunes, conservación y recarga de los acuíferos y protección del medio ambiente (arts. 26-27). Los Planes Parciales, aunque contenían las mismas especificaciones que los Planes Insulares, se referían a zonas más reducidas. En cambio, los Planes Especiales, que solo contenían algunas especificaciones de los Planes Insulares, abarcaban todo o parte del Archipiélago. La aprobación de uno u otro se regirá por lo dispuesto para los Planes Insulares, aunque el Gobierno antinómico podía acordar su entrada en vigor por razones de urgencia (art. 30).

detallada de la calidad de las aguas y las medidas legales y técnicas para la conservación y recarga de acuíferos, y para la protección del medio ambiente en general[857].

La protección de la calidad de las aguas disponibles en las Islas se abordó desde la perspectiva de la preservación o conservación del medio ambiente y de la exigencia de calidad que viene determinado por el uso a que posteriormente vayan a ser destinadas las aguas[858]. Para una adecuada protección del dominio público hidráulico y evitar su deterioro, la Ley de 1987 preveía una serie de medidas preventivas y represivas, aunque las primeras tenían un mayor peso como se desprende de la enumeración de los objetivos recogidos en la misma: logar un nivel óptimo de calidad de las aguas, impedir la concentración de elementos peligrosos o tóxicos en el subsuelo, así como un exceso de salinidad o cualquier actuación que pudiera ser causa de su degradación[859]. A estas medidas preventivas también pertenecía la prohibición de cualquier actividad susceptible de degradar o contaminar el dominio público hidráulico, en particular, el vertido directo o indirecto de sustancias contaminantes a las aguas[860]. El principio de prevención se vislumbraba en las autorizaciones administrativas exigidas para el establecimiento, modificación o traslado de instalaciones o industriales que originen o puedan originar vertidos[861]. La autorización,

---

857 Artículo 27.

858 Para más información sobre protección de las aguas subterráneas véase, DE MIGUEL GARCÍA, P. "Régimen jurídico para la protección de las aguas subterráneas". *Revista de Derecho Administrativo,* núm. 187, 1980, pp. 5-44.

859 Artículo 55.

860 Artículo 56.

861 El Gobierno de Canarias, previa audiencia del Consejo Insular, quedaba plenamente facultado para prohibir, en determinadas áreas, cualquier actividad o proceso cuyos efluentes pudieran constituir un grave riesgo de contaminación (art. 59)

junto a la planificación y la declaración de demanialidad de todas las aguas, también se configuró, como en la Ley de Aguas de 1985, como un eficaz instrumento para proteger la calidad de las aguas a través del cual el Consejo Insular controlaba el vertido de aguas residuales y otras sustancias que pudieran suponer una grave amenaza para la calidad del recurso[862].

La Ley 10/1987, que nació con la pretensión de modificar el régimen de explotación tradicional de los recursos hídricos en las Islas, mediante la declaración de demanialidad de las aguas subterráneas y la "nacionalización" de sus conducciones, planteó un cambio radical del sistema, lo que provocó cierta conmoción social y la caída del Gobierno socialista tras las elecciones autonómicas. La Ley, que debía entrar en vigor el 1 de julio de 1987 -de conformidad con su Disposición final tercera-, se acabó aplazando con carácter retroactivo hasta el 1 de julio de 1989, tras la aprobación por el nuevo Parlamento canario de la Ley 14/1987, de 29 de diciembre. Además, se exigió la audiencia previa de los Cabildos Insulares para la elaboración por el Gobierno canario de cualquier Proyecto de Ley de Aguas. Por un Auto de 12 de julio de 1988 del Tribunal Constitucional se levantó, de manera provisional, la suspensión de la Ley, entrado de nuevo en vigor el aplazamiento de la Ley 10/1987. Años después se promulgó la Ley 6/1989, de 22 de mayo, que volvió a retrasar su entrada en vigor hasta el 1 de abril de 1990; disposición que al igual que la Ley 14/1987, fue impugnada por el Presidente del Gobierno de la Nación tras invocar el artículo 162.1.a) de la Constitución. A pesar de estas estrategias legales, dirigidas a dilatar la entrada en vigor de la Ley 10/1987, y del recurso de inconstitucional (núm. 1077/1987) promovido por el Grupo Parlamentario Popular para evitar su aplicación, varias sentencias del Tribunal Constitucional (17/1990, de 7 de febrero y 46/1990, de 15 de marzo)

---

862 Artículos 56-57.

consideraron que era plenamente ajustada a la Constitución, al contrario de las dos Leyes de aplazamiento citadas[863].

A comienzos de la década de los noventa, con el fin de "cerrar en Canarias un periodo polémico y difícil en materia hidrológica"[864], por el conflicto social, político y jurídico que durante años se desencadenó con ocasión del primer intento de regular el líquido elemento en el seno del Estado autonómico, el Parlamento canario aprobó la Ley 12/1990, de 26 de julio, de Aguas. La nueva legislación, a pesar de partir de las mismas premisas sobre el dominio público hidráulico recogidas en la Ley 29/1985, trató de encontrar un equilibrio armónico entre la iniciativa privada y la pública para evitar las críticas que generó en su día la Ley 10/1987 por el temor al

---

863 Vid. NAVARRO CABALLERO, T. M. "El derecho de aguas...", cit.,pp.404-408. DEL SAZ, S.: *Agua subterráneas...*, cit. pp. 39-41. SARMIENTO ACOSTA, M. J. *Derecho de aguas...*, cit.pp. 114-125.

864 Preámbulo de la Ley 12/1990, de 26 de julio, de Aguas. [Consulta en «BOC» núm. 94, de 27/07/1990, «BOE» núm. 224, de 18/09/1990. Disponible en: https://www.boe.es/buscar/act.php?id=BOE-A-1990-23087]. El desarrollo reglamentario de esta disposición lo constituye el Decreto 86/2002, de 2 de julio, por el que se aprueba el Reglamento de Dominio Público Hidráulico (B.O.C. núm. 108 de 12 de agosto de 2020). [disponible en: https://www.gobiernodecanarias.org/boc/2002/108/001.html], el Decreto 174/1994, de 29 de julio, por el que se aprueba el Reglamento de Control de Vertidos para la protección del dominio público hidráulico (B.O.C. núm. 104 de 24 de agosto de 1994) y el Decreto 276/1993, de 8 de octubre, Reglamento sancionador en materia de aguas (B.O. C. núm. 157 de 13 de diciembre de 1993).[Consultado en la página oficial del Consejo Insular de Aguas de Gran Canarias. Disponible en: http://www.aguasgrancanaria.com/servicios/legislacion.php]. Por último, señalar que la Ley 12/1990, de 26 de julio, de Aguas ha sido modificada por la Ley 10/2010, de 27 de diciembre [Consultado en «BOE» núm. 20, de 24 de enero de 2011, páginas 7284 a 7293 (10 págs.). Disponible en: https://www.boe.es/diario_boe/txt.php?id=BOE-A-2011-1232].

desabastecimiento en todo el Archipiélago[865]. La Ley procuró dicha convivencia entre ambas iniciativas[866] al preservar los derechos consolidados y garantizar las potestades necesarias para controlar un recurso escaso pero, de primera necesidad como el agua[867]. Se sometió las aguas públicas -y la planificación hidrológica- a un riguroso control de la Administración hidráulica, estableciéndose, al respecto, que todo aprovechamiento quedaría sujeto a lo previsto en Ley 12/1990, de 26 de julio, y en lo que sea de aplicación de la legislación de aguas estatal[868]. Para usar las aguas públicas de manera privativa se estableció la necesidad de título administrativo[869] concedido por el Consejo

865 En opinión de Nieto García, el referido desabastecimiento podía originarse por dos circunstancias: si los empresarios dejaban de invertir en unas explotaciones que, con la declaración de demanialidad, ya no les pertenecían. Y por la imposibilidad de la Administración hidráulica de la Comunidad de asumir, por falta de medios económicos, materiales y personales, buena parte de competencias que la Ley le confirió. NIETO GARCÍA, A.: "Legislación de aguas...", cit., pp. 107-108.

866 En efecto, la Ley 12/1990, de 26 de julio, a diferencia del anterior texto legal, procuró una transición "pacifica" del régimen tradicional donde la intervención privada ha tenido un enorme protagonismo desde tiempos inmemoriales-al sistema de dominio público integrando los derechos preexistentes al nuevo sistema. Véase los comentarios de SARMIENTO ACOSTA, M. J. *El Derecho de aguas...*, cit. pp. 131-132. NAVARRO CABALLERO, T. M. "El derecho de aguas...", cit., pp.405-ss.

867 FERNÁNDEZ VALVERDE, R. "Aguas en Canarias: régimen especial", en *Dominio público: aguas y costas*, Consejo General del Poder Judicial, Madrid, 1993, pp. 93-94.

868 Artículo 52. Ley 12/1990, de 26 de julio, de Aguas de Canarias.

869 En la disposición Transitoria segunda de la Ley 12/1990, de 26 de julio, se dispone que, a la entrada en vigor de la misma, los derechos adquiridos sobre las aguas y cauces públicos se conservaran por espacio de setenta y cinco años, de no fijarse en el título administrativos correspondiente otro plazo menor. En caso de que tal

Insular de Aguas en los términos previstos por la legislación de aguas canaria[870].Precisamente, para evitar su despilfarro y el deterioro de su calidad, la Ley impone a quienes intervengan en la "capitación, producción, transporte, almacenamiento, distribución, consumo y depuración" el deber de hacer buen uso del recurso, no tanto por su importancia socioeconómica, sino por su escasez. De ahí que se disponga que todas las aguas -superficiales y subterráneas- quedaban subordinadas al interés general, sin posibilidad alguna de verse amparado por la presente Ley tanto el abuso del derecho en su utilización y aprovechamiento como el mal uso[871]. Con este fin, la Ley consagra una serie de principios generales a los que se ha de ajustar el Archipiélago en el ejercicio de sus competencias para velar por la correcta preservación de las aguas:

- Unidad de gestión, tratamiento integral, descentralización, coordinación y eficacia hidráulica.
- Máximo respecto del ciclo y sistemas hidráulicos.
- Optimización del rendimiento de los recursos mediante la movilidad de los caudales en el seno de los sistemas hidráulicos insulares.

---

título no existiera, el derecho se podía acreditar a través de acta de notoriedad y legalizarse con la inscripción en el Registro de Aguas (en el plazo estipulado por la Ley de Aguas estatal). *Vid.* VILLAR ROJAS, F, J. "El Derecho transitorio de la Ley de Aguas de Canarias: el inevitable equilibrio entre dominio público hidráulico y los derechos prexistentes", *Revista Española de Derecho Administrativo*, núm. 83, 1994, pp. 425-454. MOREU BALLONGA, J. L. *Aguas públicas...*, cit., pp. 56-57. SARMIENTO ACOSTA, M. J. *Derecho de aguas...*, cit. pp. 196-198.

870 Artículo 10. e) y 78-ss de la Ley 12/1990, de 26 de julio, de Aguas de Canarias

871 Artículo 3.1 y 2 de la Ley 12/1990, de 26 de julio, de Aguas de Canarias.

- Planificación integral capaz de compatibilizar la gestión pública y privada del agua con la ordenación del territorio y la preservación ambiental[872].

Las normas dirigidas a proteger el medio ambiente y, en particular, la calidad de las aguas en el Archipiélago, en opinión de Sarmiento Acosta, eran muy deficientes hasta la entrada en vigor de la Ley 12/1990[873]. A partir de entonces, medidas represivas, de carácter preventivo y de restablecimiento del ambiente acuático han supuesto un notable avance en la tutela efectiva de las aguas, cuyo volumen y calidad se vio afectada, en las últimas décadas, por la sobreexplotación, salinización y contaminación de los acuíferos, entre otras causas[874]. En este contexto, las concesiones, autorizaciones administrativas y el canon de vertidos se configuran, al igual que en la legislación estatal, como "técnicas activas" que velan por la calidad de las

---

872 Artículo 4.2.

873 SARMIENTO ACOSTA, M. J. *Derecho de aguas…*, cit.p, 227.

874 Para más información sobre la problemática de la contaminación de las aguas, en las últimas décadas, en territorio insular, véase: GARCÍA BRAUN, J.A.: "Estudios de contaminación en aguas de las Islas Canarias: estado actual y problemas de futuro". En Pesca en Canarias: II Jornadas de Estudios Económicos Canarios, Instituto de Desarrollo regional-Universidad de la Laguna. 1982, pp. 319-336. GARCÍA MELÓN, E, HARDISSON DE LA TORRE, A, BASTIDA TIRADO, J. "Zonas de peligro y zonas de seguridad en la contaminación marina del Archipiélago Canario" Revista de Toxicología, núm.3, vol. 7, 1990. 329-336. BRIER BRAVO DE LAGUNA, C. "El sector del agua en Canarias: propuestas para una actuación administrativa en la materia", *El agua en Canarias, factor polémico,* Aspectos históricos, técnicos, económicos, tributarios, Gabinete Económico de la Delegación del Ministerio de Industria, Santa Cruz de Tenerife, 1981, pp. 103-ss. FERRER RODRIGUEZ, L. "Evaluación del impacto medioambiental sobre zonas costeras en condiciones de oleaje y contaminación extremales", *Vector Plus: miscelánea científico-cultural,* núm. 22, 2003, pp. 54-60.

aguas[875]. Así es, la Ley de Aguas de Canarias impone la correspondiente concesión administrativa para realizar cualquier obra de captación de aguas superficiales o de alumbramiento de las subterráneas[876], cuya duración no podrá superar los setenta y cinco años, aunque podrá ser renovada una vez venza el

---

875 Para una mayor tutela y protección de las aguas, la Ley 12/1900, de Aguas regula tanto el vertido como la acumulación de productos o sustancias tóxicos y peligrosas susceptibles de contaminación de las aguas (superficies y subterráneas) y de los recursos naturales. Por otro lado, en orden a proteger el ciclo hidrológico, las captaciones de agua en zonas sensibles y, en general, el dominio público hidráulico, la Ley prevé el establecimiento de perímetros de protección de agua (art. 43.1) y la servidumbre legal de acueducto que se imponen a los predios colindantes con los cauces públicos en favor de los usuarios del líquido elemento. (arts. 110 y 111).

876 Para la ejecución de las obras de alumbramiento de aguas del subsuelo no solo se impone la concesión administrativa sino también los permisos de investigación "previstos en la legislación general con las particularidades que se establezcan en la presente Ley" (art. 75 LAC). Dichos permisos de investigados, otorgados por un plazo máximo de dos años, llevan aparejado el libre acceso al subsuelo, pero el titular del suelo tendrá derecho a una indemnización cuando no sea beneficiario del mismo (art. 76 LAC). Aunque éste carece de título para evitar el alumbramiento de las aguas que se hallan en el subsuelo, ostenta las preferencias establecidas en la legislación autonómica de aguas (art. 77 LAC). *Vid,* al respecto los comentarios de DEL SAZ CORDERO, S. *Aguas subterráneas...*, cit., 249-ss. SARMIENTO ACOSTA, M. J.: *Derecho de aguas...*, cit.p, 240. NIETO GARCÍA, A. "Aguas subterráneas...", cit.pp. 9-92. TOMÁS-RAMÓN FERNÁNDEZ. "Las competencias administrativas en materia de aguas subterráneas", *Revista de Administración Pública,* núm. 72. 1973, pp. 9-25. ECHEVARRÍA HERNÁNDEZ, J. M. "La suspensión por la Administración de obras para alumbrar aguas subterráneas", Revista de Administración Pública, núm. 43, 1964, 195-235. MARTÍN-RETORTILLO, S. "Suspensión de alumbramiento de aguas subterráneas y orden público", *Revista de Administración Pública,* núm. 76, 1975, pp. 197-234.

plazo[877]. A fin de evitar perjuicios en los acuíferos sobrexplotados[878] y racionalizar la explotación de una determinada zona, las concesiones podrán revocarse y modificarse. Pero solo se podrá efectuar dicha modificación por resolución motivada y mediante expediente contradictorio con audiencia de los propios interesados[879]. El organismo competente para otorgar las concesiones y las autorizaciones para el uso y destino del agua -con sujeción a lo dispuesto en los Planes Hidrológicos aplicables- es el Consejo Insular de Aguas[880], a quien le corresponde también dictar, suspender, modificar y, en su caso, revocar las condiciones de la autorización administrativa -cuando las circunstancias que motivaron su otorgamiento se vieran alteradas-[881], amén de suspender de manera inmediata todas las actividades que originen vertidos no autorizados[882]. Respecto a esta cuestión última, la suspensión inmediata, vendrá acompañada de las medidas correctoras que han de adoptar, de manera obligatoria, el interesado o bien el mismo Consejo por sustitución. En todo caso, el coste de las referidas medidas serán imputables a quien ocasiona el vertido[883]. El Gobier-

---

877 Artículos 73.2, 79.2 y 83.1 de la de la Ley 12/1990, de 26 de julio, de Aguas de Canarias.

878 El Consejo Insular de Aguas es el ente a quien le corresponde declarar un acuífero sobrexplotado, y dicha declaración tiene entre sus efectos, la denegación de nuevas concesiones o autorizaciones, amén de la suspensión de los expedientes que se estén tramitando a tal efecto. Por otro lado, tal declaración lleva aparejado, conforme a la Ley 12/1900, de Aguas, una vigilancia especial, con controles periódicos de las extracciones y requerimiento inmediato de la evolución del equilibrio hidrológico de la zona (art. 48).

879 Artículos 83.2, 83 y 84.

880 Artículos 10.c y 78.

881 Artículo 66.

882 Artículo 67.

883 Artículo 28.2 del Decreto 174/1994, de 29 de julio, por el que se aprueba el Reglamento de Control de Vertidos para la protección

no de Canarias se halla plenamente facultado para clausurar las instalaciones siempre que el vertido sea contaminante[884], para lo cual el Consejo de Aguas dará vista del expediente al titular de la actividad afectada con el fin de que, en un plazo máximo de quince días, aduzca, en defensa de sus derechos, lo que considere oportuno. Acto seguido, se remite al Gobierno de Canarias el expediente -para su resolución- acompañado del pertinente informe del Consejo Insular sobre las medidas adoptadas y de las alegaciones del interesado. En caso de que el Gobierno resuelva a partir de los datos del expediente ya no sería necesario proseguir con ulteriores tramites. Empero, si considera preciso la realización de nuevos actos de instrucción será necesario conferir el trámite de vista y audiencia al interesado nuevamente, y la resolución pondrá fin a la vía administrativa, siendo sólo impugnable ante la jurisdicción contencioso-administrativa[885].

El canon de vertidos, es decir, el tributo que paga el titular de una autorización de vertido, se configura en la legislación autonómica como una técnica de mejora y protección -de naturaleza fiscal- del acuífero[886], que ha de estar presente en todas las autorizaciones de este tipo junto a los elementos de control del funcionamiento de las instalaciones depuradoras y los límites que se impongan a la composición del efluente[887], cuyo importe será el resultado de multiplicar la carga contaminante

---

del dominio público hidráulico.

884 Artículo 68. 2 de la Ley 12/1990, de 26 de julio, de Aguas de Canarias.

885 Artículos 30 del Decreto 174/1994, de 29 de julio, por el que se aprueba el Reglamento de Control de Vertidos para la protección del dominio público hidráulico.

886 EMBID IRUJO, A. "Principios generales sobre el ordenamiento jurídico-administrativo de la calidad de las aguas", *La calidad de las aguas,* Civitas, Antonio Embid Irujo (Dir.) Madrid, 1994, p. 40.

887 Artículo 63 de la Ley 12/1990, de 26 de julio, de Aguas de Canarias.

del vertido -expresada en unidades de contaminación- por el valor que se le asigne a la unidad[888].

Por otro lado, la legislación de aguas autonómica contempla la posibilidad de constituir empresas de vertidos para "conducir, tratar y verter aguas residuales de terceros"[889]. La Consejería, competente en materia de aguas, establecerá las condiciones especiales para que estas empresas puedan ser autorizadas para tales servicios o activadas[890]: autorización que puede ser revocada por incumplimiento de las condiciones, requiriéndose para ello la apertura del oportuno expediente[891]. Dicha revocación lleva aparejada no sólo la suspensión del vertido -cuando no fuera posible la subrogación de otra empresa-, sino también la pérdida de la fianza[892]. Si bien es posible que el Consejo Insular, de manera directa o indirecta, pueda asumir la explotación de las instalaciones y promover la constitución "de una Comunidad de usuarios que integre a los causantes de los vertidos, que será la titular de la autorización inicialmente adjudicada a la empresa de vertidos cesante en su actividad"[893]. Asimismo, es posible constituir empresas colaboradoras siempre que éstas reúnan los requisitos requeridos, obtengan el título de idoneidad y se inscriban en el Registro de Empresas Colaboradoras. En estas condiciones, cualquiera de los Consejos Insulares o Ayuntamientos y entidades producto-

---

888 Artículo 115.2.

889 Artículo 71 de la Ley 12/1990, de 26 de julio, de Aguas de Canarias.

890 Artículo 34 del Decreto 174/1994, de 29 de julio, por el que se aprueba el Reglamento de Control de Vertidos para la protección del dominio público hidráulico.

891 Artículo 37.

892 Artículo 37.5.

893 Artículo 37.3.

ras de aguas residuales pueden, si así lo desean, suscribir contratos con estas empresas[894].

La prohibición de actividades junto a la depuración de las aguas son otras dos eficaces medidas que contempla la legislación autonómica para preservar la calidad de las aguas en el Archipiélago. Respecto a la primera, el Gobierno canario, previa audiencia del Consejo Insular respectivo, se encuentra facultado para prohibir en determinadas zonas, "todas aquellas actividades y procesos cuyos efluentes, a pesar del tratamiento a que sean sometidos, puedan constituir un riesgo de contaminación grave de las aguas"[895]. La Consejería sería el organismo encargado de tramitar el expediente junto al informe redactado por los servicios técnicos de la Conserjería o contratado con empresas colaboradoras. Por espacio de veinte días se somete el referido expediente a información pública, dándole audiencia obligada a los afectados por la medida (tanto a los Ayuntamientos como a los Concejos Insulares). Concluida la instrucción, el expediente es elevado al Gobierno para que resuelva con comunicación a los interesados y a los Consejos Insulares para su ejecución[896]. En cuanto a la segunda medida, se prohíbe de manera expresa introducir y verter en la red de alcantarillado sustancias y productos "que dificulten la depuración o reutilización de las aguas". El Consejo Insular tiene el deber de supervisar el cumplimiento de esta prohibición pudiendo dictar normas técnicas, y en caso de incumplimiento se procede a la suspensión de los vertidos[897]. De igual

---

894 Artículo 32. 2, 3 y 4.

895 Artículo 65.2 de la Ley 12/1990, de 26 de julio, de Aguas de Canarias.

896 Artículo 31 del Decreto 174/1994, de 29 de julio, por el que se aprueba el Reglamento de Control de Vertidos para la protección del dominio público hidráulico.

897 Artículos 68.3 de la Ley 12/1990, de 26 de julio, de Aguas de Canarias y 41.1 del Decreto 174/1994, de 29 de julio, por el que se

modo, se prevé la subrogación en instalaciones depuradoras de aguas residuales de este tipo, pudiendo el Consejo Insular -por razones de interés general y de manera temporal- asumir su explotación siempre que no fuese procedente la paralización de las actividades que producen el vertido y se derivasen graves inconvenientes del incumplimiento de las condiciones autorizadas. El Consejo Insular puede reclamar del titular de la autorización administrativa, incluso por vías de apremio, tanto las cantidades necearías para modificar o acondicionar las instalaciones en los términos previstos en la autorización, como los gastos de explotación, mantenimiento y conservaciones de las mismas[898]. La depuración y reutilización de las aguas ocupa un papel de capital importancia en el control y mantenimiento de la calidad del recurso, de ahí que la Ley disponga que el Gobierno canario fijará las condiciones básicas que han de tener en consideración los Planes Insulares para la reutilización hídrica en función de los procedimientos de depuración, su calidad y los usos previstos[899].

En orden a preservar el dominio público hidráulico, defender el ciclo hidrológico y las captaciones de agua en zonas sensibles del Archipiélago, la Ley prevé otros dos importantes mecanismos: el establecimiento de perímetros individualizados de protección de las aguas y la potestad sancionadora a cargo de la Administración hidráulica. Respecto al primero, se impone la preceptiva autorización del Consejo Insular de Aguas para ejecutar obras de todo tipo: para vertidos, extracción de áridos y cualquier otra actividad -agrícola, industrial o recreativa- que pudiera afectar a la calidad de las aguas super-

---

aprueba el Reglamento de Control de Vertidos para la protección del dominio público hidráulico.

898 Artículos 69 y 70 de la Ley 12/1990, de 26 de julio, de Aguas de Canarias.

899 Artículo 72.

ficiales o subterráneas[900]. En cuanto al segundo mecanismo, la legislación autonómica, de manera similar a como lo hace la estatal, contempla un conjunto de infracciones administrativas y de sanciones en orden a proteger el bien en cuestión[901].

---

900 Artículos 44.1 y 2.

901 La Ley 12/1990 determina que las infracciones administrativas pueden ser leves, menos graves, graves y muy graves- y prevé las correspondientes sanciones. Para el artículo 124 son infracciones administrativas: a) todas las acciones que ocasionen un daño efectivo a los bines de dominio público hidráulico, b) tanto la derivación del líquido elemento de sus cauces como la investigación y alumbramiento de agua subterráneas sin la preceptiva licencia o concesión en los casos en que fuere necesaria, c) la contravención de las condiciones fijadas en las autorizaciones o concesiones administrativas reguladas por la Ley, e) el incumpliendo de las obligaciones de colaboración con la Administración por imperativo legal. d) la construcción de obras o ejecución de siembras y plantaciones en terrenos de dominio hidráulico sin la preceptiva autorización, e) todo vertido que, sin la correspondiente autorización, afecte negativamente a la calidad de las aguas (superficiales o subterráneas) o bien a las condiciones de desagüe del cauce receptor, f) cualquier otro incumplimiento de las prohibiciones establecidas en la presente legislación u omisión de los actos a que obliga. En todos estos supuestos señalados la sanción consiste en una multa (pena pecuniaria) que, dependiendo del daño causado y de las circunstancias agravantes, podía alcanzar cantidades muy elevadas de dinero cuya actualización, mediante Decreto, recaía en el Gobierno canario (art. 152. 2 y 4). Empero, también era posible obligar a los contraventores a restituir a su estado primigenio el dominio público hidráulico, recayendo este deber en la Administración sólo cuando el infractor se negaba a hacerlo (art. 126.1). En cualquier caso, la Administración, en los supuestos de conductas tipificadas como infracciones que puedan constituir un delito, pasará el tanto de culpa al órgano jurisdiccional penal competente, con la obligación de abstenerse de seguir con el proceso sancionador hasta que finalice la actuación jurisdiccional. De manera que la Administración, solo en el caso de que el órgano jurisdiccional no considerara la existencia de un delito, podrá continuar con el procedentito sancionador conforme a los hechos que

se hayan estimado probados por los Tribunales de Justicia (art. 123). De esta forma, al igual que ocurre en la actual *Ley de Aguas* estatal, se estaría cumpliendo con el principio de *non bis in ídem,* habida cuenta de que una misma conducta solo puede ser sancionada una vez. Para más información sobre estas cuestiones véase lo comentario de NIETO GARCÍA, A. *Derecho administrativo sancionador,* (3º edición), Técnos, Madrid, 2002, LOZANO CUTANDA, B. "La actividad sancionadora de la Administración en defensa del medio ambiente", *Revista de Derecho Ambiental,* núm. 4, 1989, pp. 11-26. SARMIENTO ACOSTA, M. J. *Derecho de aguas...*, cit., pp. 267-275.

Conclusiones

El origen y desarrollo de todas las formas de vida se encuentra en el agua. Precisamente, por su legado histórico, sus múltiples prestaciones al ser humano, su papel en la organización social y en la vida económica y su innegable valor ecológico, en nada puede ser comparada a ningún otro recurso natural. Esto explica que, desde tiempos inmemoriales, la autoridad pública haya asumido el compromiso de su tutela con el propósito de preservar su calidad, amén de garantizar un mayor aprovechamiento y eficiente uso, por sus repercusiones en la salud pública, la economía y en el medio ambiente.

Este recurso tan necesario como escaso es considerado, en término generales, un bien público de uso privado. No sólo se protege el acceso común al líquido elemento, sino también el derecho de la sociedad en su conjunto a servirse del mismo para satisfacer sus necesidades más elementales o básicas, a la vez que se privatiza su uso a favor de aquellas personas (el soberano y los señores territoriales) o comunidades (Concejo) con facultad suficiente para disfrutar y controlar el recurso en su beneficio. Pero este derecho a disponer del agua podía ser compatible con el derecho de terceros, coexistiendo de este modo el dominio directo o eminente con la propiedad útil. Si bien, la regulación de este recurso natural durante el Antiguo Régimen mostró diferencias significativas en cada territorio. En la Corona Castilla, el dominio eminente, al menos sobre las aguas de los ríos navegables, perteneció inicialmente a los monarcas, y los dueños de los predios de la ribera gozaron del privilegio de disfrutar del agua pública siempre que no perjudicaran el uso común ni los caminos fluviales para el transporte de personas y mercancías. En cambio, en la Corona de Aragón y, en particular, en el Reino de Valencia, el poder público tuvo un mayor control sobre todas las aguas públicas, habida cuenta que el Real Patrimonio tenía atribuido el dominio pleno o eminente. Tras la Reconquista, todo aquello que no era susceptible de propiedad privada, autorizada o, al menos, permitida por el soberano se consideraba que le pertenecía en concepto de "regalía", de manera que cualquier particular que quisiera usar o aprovechar el agua requería la preceptiva autorización regia, además del pago de un tributo o renta a favor del Real Patrimonio. En los contratos de enfiteusis, tan comunes en este periodo, la división del dominio (directo y útil) se fundamentó, desde un punto de vista estrictamente jurídico, en la obligación del enfiteuta o titular del dominio útil de abonar un canon acordado para el aprovechamiento hídrico. Cuando las relaciones patrimoniales dejaron de estar sujetas por el severo marco del censo enfitéutico, ya no fue necesario concebir la relación entre la Corona y el concesionario como un contrato enfitéutico, sino que la relación jurídica se conformaba a través de una concesión a un particular para que hiciera uso de un bien con la obligación de pagar por ese bien porque obtenía un beneficio patrimonial por su aprovechamiento.

A partir del siglo XIX, tras la despatrimonialización de las aguas, como efecto principal de la reforma liberal, se logró desarticular los vestigios feudales y liberalizar el acceso de las aguas públicas para diversos usos. Dicha reforma, por influencia de la tradición jurídica romana, mantuvo las aguas de los ríos como públicas al tiempo que fortaleció los poderes de la Administración estatal sobre estas aguas para garantizar un mayor y mejor aprovechamiento; de ahí las numerosas ventajas, beneficios e incentivos que el Estado concedió para estimular la construcción de grandes obras hidráulicas por todo el país, a cargo de compañías privadas a las que se les otorgaba la concesión y explotación de las mismas. Es en este período cuando afloró la necesidad de dar solución a la fragmentaria e intrincada amalgama de textos legales dictados para dar salida a situaciones de conflicto en el ramo de las aguas, además de atender las necesidades de la agricultura, la industria y, por supuesto, las demandas de una población en continuo crecimiento y expansión. Estas normas, que consideraban públicas todas las aguas no privadas y tenían un marcado signo intervencionista, ampliaron considerablemente las facultades de la Administración del monarca sobre la mayoría de las aguas del país. Empero, su considerado grado de dispersión lejos de contribuir al progreso, acrecentó la inseguridad jurídica al afectar tanto a los intereses de los particulares como a la eficacia de la tarea judicial y administrativa. En este contexto, la Ley de Aguas de 1866, que reguló en bloque las aguas continentales (superficiales y subterráneas) y las del mar, nació como una manifestación del proceso codificador, no solo con el fin de armonizar y unificar la multitud de preceptos existentes, sino también de convertir en normas de derecho escrito, los usos y costumbres vigentes en cada territorio de nuestra geografía. Si bien, muchos de los principios consagrados en la Ley, ya se habían asentado décadas antes y, por consiguiente, más que una innovación o ruptura de la política hidráulica decimonónica, se pude afirmar que este primer "Código de Aguas" en Europa no era más que la culminación de un proceso que, paulatinamente, se había ido desarrollando con el tiempo y de manera paralela a las nuevas estructuras estatales. En efecto, la proclamación del carácter público de la inmensa mayoría de recursos hídricos, el reconocimiento del Estado como pilar en la gestión del agua pública, el establecimiento de un orden de preferencia de los aprovechamientos y usos de las aguas públicas, los trámites procedimentales y las condiciones para el otorgamiento de las concesiones administrativas, son algunas de las múltiples cuestiones que se abordaron en multitud de textos legales (de diverso rango) aunque sin un criterio uniforme, global y sistemático como en la Ley de Aguas, para cuya redacción se conformó una Comisión ministerial, por Real Decreto de 27 de abril de 1859, en el que participaron juristas de reconocido prestigio e ideología liberal, que tomaron en consideración muchos de los postulados y principios recogidos en el "Proyecto de Código General de Aguas" redactado por Cirilo Franquet.

Se ha de prestar atención al hecho de que "la impronta valenciana" quedó reflejada en la Exposición de Motivos de la Ley. La Comisión no dejó pasar la oportunidad de aludir a uno de sus símbolos más característicos y emblemáticos como es el regadío tradicional, como ejemplo palmario de un sistema que generaba riqueza de la tierra, gracias a la optimización y buen uso de los recursos hídricos de la zona. Pero también a la encomiable labor de las *Comunidades de Regantes* que, en todo momento, velan por la adecuada gestión y distribución del agua. De ahí la alusión directa a la labor de Jaime I por perpetuar el sistema de ordenación del espacio irrigado, amén de las instituciones andalusíes. Sin duda, el elemento que más inspiró a la Comisión fue el sistema "regaliano" del Reino de Valencia que suponía que todas las aguas corrientes quedaban sometidas al control previo del Estado; sistema que se consolidó, tiempo después, en las Ley de Aguas de 13 de junio de 1879. Un texto que, en términos generales, reproducía los principios básicos de la anterior Ley, salvo por las modificaciones resultantes de la Ley de Obras Públicas de 13 de abril de 1877 y la segregación de las aguas continentales y las marinas, al pasar estas últimas a ser reguladas por la Ley de Puertos de 7 de mayo de 1880.

Tanto la Ley de 1866 como la de 1879 unificaron los preceptos sobre las aguas contenidos en múltiples disposiciones dictadas a nivel local y para todo el Reino, y se inspiraron en las instituciones, en el derecho consuetudinario y en las necesidades de los territorios de mayor aridez, especialmente en los del sureste peninsular, lo que acabó influyendo en la clasificación de las aguas (en públicas y privadas). De igual modo, ambas legislaciones precisaron los aprovechamientos comunes en aguas públicas y el régimen jurídico de los aprovechamientos especiales sobre ellas, al tiempo que consolidaron una intensa intervención administrativa sobre dichas aguas, al conferir a la Administración amplias competencias en este ramo.

A diferencia de la Ley de 1866, que desde su promulgación no logró consolidarse debido a las convulsas circunstancias políticas tras la Revolución Gloriosa, la nueva Ley de 1879, que también carecía de Reglamento para su desarrollo, logró afianzarse por más de cien años. Empero, conforme avanzaba el siglo XX empezó a dar muestras de su obsolescencia, insuficiencia e inadecuación para la resolución efectiva de los problemas planteados. Esto explica las numerosas disposiciones complementarias que se dictaron para desarrollar y completar ciertos aspectos de la misma, especialmente para favorecer el suministro de agua potable a las poblaciones, acrecentar el especio irrigado, potenciar las obras de desecación de zonas húmedas y los alumbramientos de aguas subterráneas con destino a nuevos riegos. Sin olvidar, los incentivos y auxilios estatales para generar energía hidroeléctrica y así abaratar los costes de producción, modernizar los servicios públicos y, en definitiva, mejorar la calidad de vida de las personas. Pero esta amalgama de disposiciones no bastaba para adecuar la Ley de Aguas a la nueva realidad hidráulica y a las demandas de la sociedad del siglo XX. Se requería, por tanto, una revisión o reforma parcial. A lo largo de la centuria, prácticamente en todos los regímenes políticos, se planteó esta medida urgente por motivos de interés general. En efecto, el Gobierno de Sagasta, en octubre de 1902, presentó un Proyecto de Ley de reforma y ampliación de la ley de Aguas a las Cortes, con el fin de subsanar algunas deficiencias e introducir nuevos principios para agilizar el procedimiento administrativo de las concesiones de aprovechamiento de aguas públicas y así favorecer al sector de la industria. Mayor importancia que el anterior ofrece el Proyecto de Ley que el Gobierno de Canalejas presentó siete años después, ya que trató de acoger los impactos que la ciencia y la tecnología de la época habían causado en la forma de llevar a cabo los aprovechamientos.

En 1921, se volvió a repetir la propuesta de reforma, pero esta vez se partió de la consideración de que todas las aguas vivas, procedentes de corrientes naturales o manantiales, eran públicas. En esta misma línea, en plena dictadura del General Primo de Rivera, el Proyecto de Ley de reforma de la Ley de Aguas -a cargo de D. Rafael Benjumea (I Conde de Guadalhorce)-, consideró a las aguas subterráneas de dominio público. Es más, otros proyectos de análoga naturaleza elaborados entre los años 1958 y 1978, que tampoco prosperaron, entre otras razones, por la óptica insolidaria, la falta de responsabilidad de la clase política y de sentido de estado, plantearon nuevamente la desprivatización de las aguas subterráneas y la declaración de la demanialidad de todos los recursos, sin excepción, con el propósito de impedir su deterioro.

Como bien decía el ilustre jurista Sebastián Martín-Retortillo "a exigencias nuevas, nuevos imperativos". No bastaba con meros retoques y reformas parciales, ahora se requería un nuevo texto legal que satisfaga las necesidades del momento presente, porque el contexto socioeconómico en el que se desarrolló la Ley de Aguas había cambiado considerablemente, al igual que las pautas de consumo de la sociedad, la presión de la demanda, las técnicas de investigación y de los aprovechamientos hidráulicos. La Legislación decimonónica de aguas era, a todas luces, incapaz de dar respuesta a los requerimientos derivados de la nueva organización territorial -emanada de la Constitución de 1978- y de procurar una adecuada protección de la calidad de todos los recursos en consonancia con los principios y políticas medioambientales europeas. Por ello, a mediados de la década de los ochenta, con el fin de revertir la situación hídrica del país y las malas prácticas, se presentó a las Cortes un Proyecto de Ley, que consagró la demanialización de las aguas continentales principal caballo de batalla política y jurídica, y estableció la perentoria necesidad de racionalizar la explotación de los acuíferos, además de introducir la planificación hidrológica como herramienta para garantizar una administración eficiente y racional de los recursos, fomentando la participación de los usuarios de las aguas en los Planes y en la gestión de los organismos de cuenca (como elemento indivisible de la unidad de gestión). De igual modo, sentó las bases de la concepción ambientalista en el marco de las aguas, fijando mecanismos de protección de la calidad para evitar riesgos para la salud de los consumidores y para la economía en general. Aquel ambicioso e innovador proyecto se materializó en la nueva Ley de 1985, (que, con el tiempo, también fue reformada) y cuyos principios sirvieron de inspiración al legislador canario a la hora de dotar al Archipiélago de una normativa propia sobre la materia y, de este modo, armonizar el entramado de disposiciones específicas dictadas que, con el tiempo, permitieron constituir y conformar la especialidad del Derecho de Aguas de Canarias. Así es, la Ley de Aguas de 1879 fue, a todas luces, ineficaz e insuficiente para resolver la problemática hídrica en el territorio insular, lo que dio origen a la redacción y aprobación de un conjunto de normas específicas, encaminadas a ordenar el sector, al propiciar y favorecer la intervención de la Administración, amén de regular la posición jurídica de los Heredamientos y la actividad de los particulares. A lo largo de los años, se fue delimitando el régimen especial de las aguas del Archipiélago sobre la base de que los recursos existentes son, en su gran mayoría, de dominio privado y procedentes del subsuelo. Con la creación del Estado autonómico el panorama cambió de manera significativa, habida cuenta que la Ley de Aguas de 1985 impuso que las determinaciones sobre el dominio público debían ser respetadas por el Parlamento autónomo. La Ley 10/1987, de 5 de mayo, de Aguas de Canarias trató de transformar el régimen hídrico en el Archipiélago, pero al contener un régimen mucho más severo para los titulares de aprovechamientos privados respecto a la legislación estatal, se desencadenaron numerosos conflictos sociales y judiciales. Para revertir la situación, se decidió elaborar y aprobar la Ley de 1990, mucho menos radical que la anterior y, además, facilitaba la transición hacia la demanialización de todas las aguas. Esta disposición confirió una gran importancia tanto a los Consejos Insulares como a la planificación a la hora de velar por la protección de la calidad de las aguas subterráneas, el correcto aprovechamiento del recurso y, por supuesto, evitar todo tipo de abusos en su gestión, uso y reparto.

Bibliografía

ABADÍA SANCHEZ, R. "Ahorro y eficacia energética en el regadío", *Agrónomos: Órgano Profesional de los Ingenieros Agrónomos,* núm. 43, 2013, pp. 22-28.

ABELLA, F. *Manual de Aguas, expropiación y colonias agrícolas.* Administración. Calle de las Torres, Madrid, 1877.

ABELLÁN CONTRERAS, F. J. "El aprovechamiento de las aguas en la Ley de 13 de junio de 1879. Trayectoria de un texto legislativo a la luz de la optimización y eficacia de los recursos hídricos", en *Irrigation, society and landscapetribute to Thomas F. Glick: proceedings [of the] International Conference.* Carles Sanchis Ibor (Coord.). Universidad Politécnica de Valencia, Valencia, 2014, pp. 686-698.

- *La desecación de los humedales en el sur del Reino de Valencia (SS. XVII-XX). Estudio histórico jurídico,* Thomson Reuters Aranzadi, Pamplona, 2019.
- "Régimen de explotación de la tierra y condición jurídica de los campesinos en el Principado de Cataluña y en el Reino de Valencia en la Baja Edad Media", *e-Legal History Review,* núm. 30, 2019, pp. 1-41.
- "Los efectos de la enfiteusis en los reinos peninsulares durante la Baja Edad Media: reflexiones sobre los derechos y obligaciones de las partes contratantes ", *Revista da Faculdade de Direito da Universidade de Lisboa,* núm. 49, vol. 2. 2020, pp. 257-288.
- "Exégesis sobre el tratamiento legal de las zonas húmedas en el ordenamiento jurídico español de aguas decimonónico", *Revista de Derecho de la Universidad Nacional de Educación a Distancia,* núm. 28, 2021, pp. 15-42.
- "Malos usos del agua en el sureste peninsular (ss. XVI-XX). Medios procesales para su corrección", *e-Legal HistoryReview,* núm. 33, 2022, núm. 35, 2022.
- "Sostenibilidad y eficiencia hídrica en el «agroecosistema» de la Vega Baja del Segura: estudio histórico-jurídico y ambiental", Agua, Energía y Medio ambiente, Joaquín Melgarejo Moreno, Inmaculada López Ortiz y Patricia Fernández Aracil (Coords.), Servicio de Publicación de la Universidad de Alicante, 2022, pp. 1033-1044.

- "Problemática jurídica por el control de los sistemas naturales salinos y sus recursos en el sureste del área mediterránea peninsular (ss. XVI-XIX)", *Revista de Derecho de la Universidad Nacional de Educación a Distancia,* núm. 30, 2022, pp. 17-46.
- "Fundamentos jurídicos sobre la protección de los humedales en España: sostenibilidad hídrica y ambiental en el marco del Sistema de Zonas Húmedas del Sur de Alicante", *Sostenibilidad: Económica, Social Ambiental,* núm. 4, 2022, pp. 1-27.
- "Consideraciones histórico-jurídicas sobre el saneamiento de terrenos pantanosos, lagunas y marismas en España (ss. XIX-XX): exégesis de la «Ley Cambó»", *Revista Jurídica de Castilla y León,* núm. 58, 2022, pp. 7-34.
- "Directrices jurídicas en la planificación y gestión del agua en la demarcación hidrológica del Segura: evolución en el tiempo (siglos XIII-XIX)". *El Bajo Segura como enclave hidrológico, territorio, economía y paisaje.* Mª. F. Zaragoza Martí (Coord.), Tirant lo Blanch, Valencia, 2023, pp. 195-227.

AGUIRRE PASCUAL, A. "Precedentes de la ley de aguas de 2 de agosto de 1985". *Revista de Derecho UNED,* núm. 27, 2021, pp. 173-216.

ALCAÍN MARTÍNEZ, E. "La reforma de la Ley de 1985", en *Homenaje al profesor Bernardo Moreno Quesada,* Ramón Herrera Campos (Coord.). Universidad de Granada. Vol. I. 2000, pp. 53-65.

ALONSO MOYA, F. "Sobre las aguas de dominio público y de dominio privado". *Revista de la Administración Pública,* núm. 4, 1951.

ALVARADO PLANAS, J. "La Codificación II." En Manual de Historia del Derecho y de las Instituciones., Universidad Nacional de Educación a Distancia, Primera Edición. Madrid, 2004, pp. 808-809.

ÁLVAREZ LLANO, R. "Demografía y producción en España y Euskalerría (siglos XVIII-XX)". *Ekonomiaz. Revista Vasca de Economía,* núm. 38, 1997, pp.292-333.

AREITIO, T. *Ensayo sobre la legislación de aguas.* Imprenta D. José de la Peña, Madrid, 1858,

ARIÑO ORTÍZ. G. *El Proyecto de Ley de Aguas.* Instituto de Estudios económicos, Madrid, 1985.

ARTOLA GONZÁLEZ, M. "Europa aplica el principio de quien contamina paga". *Meda. Medio ambiente, biodiversidad y desarrollo sostenible,* núm. 14, 2003, pp.88-89.

AZNAR VALLEJO, E. *La integración de las Islas Canarias en la Corona de Castilla (1478-1520)*, Universidad de La Laguna, Santa Cruz de Tenerife, 1983.

BAENA, M. Régimen jurídico de la intervención administrativa en la Economía, Tecnos, Madrid, 1966.

BAEZA RODRÍGUEZ-CARO, J. DURÁN VALSERO, J, J. y CUCHÍ OTERINO, J. A. *Aguas minerales en España,* Institutito Geológico y Minero de España, Madrid, 2001.

BARCIELA LÓPEZ, C. "Los costes del franquismo en el sector agrario: la ruptura del proceso de trasformaciones", *Historia Agraria de la España Contemporánea,* Crítica, Barcelona, 1986, pp. 383-454.

- "Los efectos de la Guerra Civil sobre la agricultura", *Economistas,* núm.21, 1986, pp. 16-19.
- "La agricultura española desde la Guerra Civil (1936-1949) a nuestros días", *Historia agraria y políticas agrarias en España y América Latina desde el siglo XIX hasta nuestros días,* Ministerio de Agricultura, Alimentación y Medio Ambiente, Madrid, 2017, pp. 319-378.

BARCIELA LÓPEZ, C. y LÓPEZ ORTIZ, Mª. I. "La política de colonización del franquismo: un complemento de la política de riegos, *El agua en la Historia de España,* Servicio de Publicaciones de la Universidad de Alicante, 2000, pp. 325-363.

BARCIELA LÓPEZ, C. MELGAREJO MORENO, J. y LÓPEZ ORTIZ, I.: "La intervención del Estado en la agricultura durante el siglo XX", *Ayer* (Asociación de Historia Contemporánea), núm. 21,1996, pp. 51-69.

BARÓ PAZOS, J. "Los proyectos de código civil de iniciativa particular elaborados hasta el proyecto de García Goyena", *Estudios Jurídicos en memoria de Luis Mateo Rodríguez,* Universidad de Cantabria, vol. II, Cantabria, 1993, pp.32-52.

BELLO LEÓN, J. "El reparto de tierras de riego en el valle de La Orotava (1501-1504)", *Revista Mueso Canario,* núm. 48 1988-1991, pp. 71-105.

- "Repoblación y repartimiento de Gran Canaria", *Strenae Emmanuel Marrero Oblatae,* Universidad de La Laguna, 1993, pp. 134-135.

BELTRÁN CASTELLANOS, J.M. "De la transición ecológica a la responsabilidad medioambiental", *Observatorio de políticas ambientales 2019,* Fernando López Ramón (Coord.), Ed. Centro de Investigaciones Energéticas, Medioambientales y Tecnológicas, CIEMAT, Madrid, 2019, pp. 540-569.

BELTÁN PÉREZ, C. "Diversificación y desarrollo industrial en España en el primer tercio del siglo X", *Revista de Historia Industrial*, núm. 1, 1992, pp. 203-210.

BENÍTEZ INGLOTT, L. "Personalidad de los Heredamientos de Aguas", *Revista del Foro Canario*, núm. 1, 1952.

BENJUMEA BURÍN, R. *Proceso evolutivo del aprovechamiento de la riqueza hidráulica de España*, Real Academia de Ciencias Morales y Políticas, Madrid, 1951

BLANCO DE LA ROCHA, M. A. "Agricultura y ganadería talaveranas del siglo XX: intentos de modernización, reforma agraria y política de colonización (1900-1970)", *Cuaderna revista de estudios humanísticos de Talavera y su antigua tierras*, núm. 21-22, 2015-17, pp.175-202.

BRUFAO CURIEL, P. "Normativa internacional y europea aplicable a la conservación de los humedales", en *Conflictos entre el desarrollo de las aguas subterráneas y la conservación de los humedales: aspectos legales, institucionales y económicos*, Fundación Marcelino Botín, Ediciones Mundi-Presa, Madrid, 2003, pp. 3-19.

- "La titularidad pública de los humedales: el caso de la laguna de La Janda", Revista Andaluza de Administración Pública, núm. 98, 2017, pp. 357-394.
- "Aprovechamientos históricos de agua y conservación de los humedales: cuestiones jurídicas sobre la restauración de la laguna del Cañizar", *Revista Andaluza de Administración Pública*, núm. 56, 2021, pp. 128-184.

BONACHÍA HERNÁNDO, J. A. "El agua en las Partidas" en *Aguas y Sociedad en la Edad Media hispana*, Isabel del Val Valdivieso (Coord.), Universidad de Granada, Granada, 2012, pp.13-64.

CARDELÚS y MUÑOZ SECA, B. "legislación española sobre zonas húmedas", *Las zonas húmedas en Andalucía*, Ministerio de Obras Públicas y Urbanismo, 1984.

CALATAYUD GINER, S. "Desarrollo agrario e industrialización: crecimiento y crisis en la economía valenciana en el siglo XX", *Historia Contemporánea*, núm. 42, 2011, pp. 105-148

- "El Estado y la sociedad ante la regulación del agua: Ley de 1866", *El estado desde la sociedad: espacios de poder en la España del siglo XIX*, Salvador Calatayud Giner (Coord.). Servicios de Publicaciones de la Universidad de Alicante, Alicante, 2016, pp. 299-327.

- "Antes de la política hidráulica: la gestión del agua bajo el Estado liberal en España (1833-1866)", *Revista Agraria*, núm. 68, 2016, pp. 13-40.

CALVO CHARRO, M. *Régimen jurídico de los humedales*, Instituto Pascual Madoz, Universidad Carlos III, Imprenta Nacional Boletín Oficial del Estado, Madrid,1995.

- "Zonas húmedas: aguas públicas, aguas privadas", *Conflictos entre el desarrollo de las aguas subterráneas y la conservación de los humedales: aspectos legales, institucionales y económicos*, Pedro Brufao y M. Ramón Llamas (Edit.), Fundación Marcelino Botín. Ediciones Mundi-Presa, Madrid, 2003, pp. 117-140.
- "La regulación ecológica del agua en el siglo XXI. Reflexiones al hilo de la Ley 46/99, de reforma de la Ley 29/1985", *Revista de Administración Pública*, núm. 154, 2001, pp. 409-440.

CALVO MIRANDA, J. L. "Abastecimiento de agua potable y saneamiento de las aguas residuales urbanas en España", *Revista Aragonesa de Administración Pública*, núm. 36, 2010, pp. 295-311.

CALVO y PEREIRA, M. *De las aguas tratadas desde el punto de vista legal*, Imprenta y librería de D. Eusebio Aguado, Madrid,1862.

CARMONA HÉRNANDEZ, A. *Manual de Aguas. Legislación, jurisprudencia y doctrina*, Ed. Bayer Hnos. Barcelona, 1966, pp. 111-114.

CASADO CASADO, L.: "Novedades en la regulación de los vertidos en aguas continentales", *Revista Mensual de Gestión Ambiental*, núm. 14, 2000, pp. 27-38.

CASTELLÓ TÁRREGA, J. Mª. "Los Heredamientos y Comunidades en su Ley reguladora", *Estudios de Derecho Administrativo Especial Canario (Heredamientos y Comunidades de Aguas)*, Cabildo Insular de Tenerife, 1969.

CASTILLO RUIZ, J. "El sistema histórico de riegos de la Vega de Granada. Reconocimiento y protección desde la perspectiva del Patrimonio Agrario " *Irrigation, society and lands cape tribute to Thomas F. Glick: proceedings International Conference*, Universidad Politécnica de Valencia. Valencia, 2014, pp. 763-789.

CEBALLOS MORENO, M. "La problemática jurídico-administrativa de las zonas húmedas", *Humedales Mediterráneos, SEHUMED*. núm.1, 2001, pp. 155-162.

COMELLAS GARCÍA-LLERA, J. L. *España a finales del siglo XIX*, Ed. Folio, Barcelona, 2009.

COMÍN, F. "Los efectos económicos del ferrocarril sobre la economía española (1855-1935)", *Siglo y medio del ferrocarril en España, 1848-1998: Economía, industria y sociedad,* Vidal Olivares, J. Muñoz Rubio, M. Sanz Fernández, J. (Coord.). Diputación Provincial de Alicante, Instituto Alicantino de Cultura Juan Gil Albert, Alicante, 1990. pp. 255-272.

CONGOST i COLOMER, R. "Enfiteusis y pequeña explotación campesina en Cataluña, siglos XVIII-XIX", *Señores y campesinos en la Península Ibérica, siglos XVIII-XX,* Pegerto Saavedra (Coord.), Vol. II. Crítica, 1991, Barcelona, pp. 63-87.

CORBELLA, A. *Historia jurídica de las diferentes especies de censos.* Imprenta y Litografía de los Huérfanos, Madrid, 1892.

CORRAL LLEDÓ, Mª. ABOLAFÍA DE LLANOS, M. y LÓPEZ GETA, J. A. "Análisis sobre la normativa de las aguas mineromedicinales. Posibles tratamientos", *Revista de Salud Ambiental,* Vol. 6, núm. 1-2, 2006, pp. 69-72.

COSTA MARTÍNEZ. J. *Política hidráulica (misión social de los riegos en España).* Edición de la Gaya Ciencia, S.A. Ilustre Colegio de Ingenieros de Caminos, Canales y Puertos, Madrid, 1975, p. 259.

CUELLAR VILLAR, D. "El estado y el ferrocarril en España durante el siglo XX", *Revista de Estado Actual,* núm.5. 2007, pp. 29-42.

DELGADO PIQUERAS, F. *Derecho de Aguas y medioambiente. El paradigma de la protección de los humedales,* Tecnos, Madrid, 1992.

- "Calidad de la aguas y protección de los humedales", *La calidad de las aguas,* Antonio Embid Irujo (Dir.), Civitas, Madrid, 1994, pp. 73-114.
- "Humedales, protección", *Diccionario de Derecho Ambiental.* Enrique Alonso García (Coord.), Iustel, Madrid, 2006, pp. 685-699.
- "El proceso de aplicación de la Ley de Aguas de 1985 y las nuevas exigencias de protección del dominio hidráulico que plantea la Directica Marco del Agua" en *Derecho de Aguas.* Instituto Euromediterraneo del Agua, Madrid, 2006. pp. 837-863

DE MIGUEL GARCÍA, P. Régimen jurídico para la protección de las aguas subterráneas". *Documentación Administrativa,* núm. 187, 1980, pp.5-44.

DE SOLIS ZÚÑIGA, I. "La Revolución Gloriosa: orígenes, desarrollo y efectos. Mención a la posición de sus principales protagonistas". *En la revolución de 1868 en Béjar, Actas de las Jornadas Universitarias celebradas en Béjar. 26-28 de septiembre de 2018,* María del Carmen Cascón Mata y Josefa Montero García (Coord.), Universidad de Salamanca, 2020.

DE LA CUETARA, J. M. *El nuevo régimen de las aguas subterráneas en España,* Técnos, Madrid, 1989.

DE LA ROSA OLIVERA, L. "Antecedentes históricos de los Heredamientos y Comunidades de Aguas en Canarias, en *Estudios de Derecho Administrativo Especial Canarios (Heredamientos y Comunidades de Aguas),* Cabildo Insular de Tenerife, Aula de Cultura, Tenerife, 1968, pp. 23-38.

- *El agua en Canarias factor polémico,* Cuadernos de Economía Canaria, Ministerio de Industria y Energía, Delegación de Santa Cruz de Tenerife, 1981, pp.16-30.
- "Los repartimientos de aguas en Canarias", *Estudios Canarios: Anuario del Instituto de Estudios Canarios,* núm. 27, 1982, pp. 60-61.

DEL ROSARIO HERNÁNDEZ, V. "Las aguas subterráneas en las Islas Canarias", *Tecno ambiente. Revista profesional de tecnología y equipamiento de ingeniería ambiental,* núm. 88, 2000, pp. 51-57.

DEL SAZ CORDERO, S. *Aguas subterráneas, aguas públicas.* Marcial Pons, Madrid, 1990.

DEL VAL VALDIVIESO, I. "Agua y paisaje en las crónicas castellanas de la Baja Edad Media" en *Wasse-Wege-Wisseauf der Iberischen Halbinsel,* Nomos, Berlín, 2018, pp. 285-304.

DÍAZ CRUZ, P. L. "El agua en Canarias: una aproximación historiográfica", *Vegueta: Anuario de la Facultad de Geografía e Historia,* núm. 13, 2023, pp. 43-54.

EMBID IRUJO, A. "La planificación hidrológica", *Revista de Administración Pública,* núm. 123, 1990, pp. 115-152.

- "Planificación hidrográfica", *Revista de Administración Pública,* núm. 123, 1990.
- "Principios generales sobre el ordenamiento jurídico-administrativo de la calidad de las aguas", en *La calidad de las aguas,* Antonio Embid Irujo (Dir.*),* Civitas, Madrid, 1994, pp. 31-42.
- "A vueltas con la propiedad de las aguas: la situación de las aguas subterráneas a veinte años de la entrada en vigor de la Ley de Aguas de 1985. Algunas propuestas de modificación normativa", *Justicia Administrativa. Revista de Derecho Administrativo,* núm-1, 2006, pp. 183-206.

ESPINAR MORENO, M. "Consideraciones sobre el regadío de la Vega de Granada: Repartimientos musulmanes (XII-XVI)", *Crhonica nova.*

Revista de Historia Moderna de la Universidad de Granada, núm. 18, 1990, pp.121-154.

FAJARDO SPÍNOLA, L. "Articulación de planes hidrológicos en Canarias", *Revista de Administración Pública,* núm. 136, 1995, pp. 421- 450.

FANLO LORAS, A. "Protección de la calidad de las aguas", *Noticias de la Unión Europea,* núm. 153, 1997, pp. 17-36.

- "La protección del agua y de sus ecosistemas en la Directiva Marco del Agua: una valoración crítica desde España", *Revista Aranzadi de Derecho Ambienta,* núm. 43, 2019, pp. 53-85.

FEBRER ROMAGUERA, M.V. *Dominio y explotación territorial en la Valencia foral,* Universidad de Valencia, Valencia, 2000.

FERNÁNDEZ NAVARRO, E. y GARCÍA PORRAS, A. "Arquitectura del agua en al-Ándalus", en *Wasser-Weger-Wissenauf der Iberichen Halbinsel,* Ignacio Czeghun, Yolanda Quesada Morillas y José Antonio Pérez Juan (coord.) Nomos, Berlín, 2018.

FERNÁNDEZ VALVERDE, R. "Aguas en Canarias: régimen especial", en *Dominio público: aguas y costas,* Consejo General del Poder Judicial, Madrid, 1993, pp. 93-94.

FERRER NAVARRO, R. *Conquista y repoblación del Reino de Valencia,* ed. Del Senia al Segura, Valencia, 1999.

FLORES MONTOYA. F. J. "Nuevos métodos para aumentar la eficacia en la gestión de sistemas de explotación de recursos hidráulicos integrando los acuíferos. Tesis doctoral dirigida por el Dr. D. Alfonso Álvarez Martínez, Universidad Politécnica de Madrid., 2004.

FORTES MARTÍN, A. *Vertidos y calidad ambiental de las aguas. Regulación jurídico-administrativa,* Atelier-Libros Jurídicos. Barcelona, 2005, pp. 50-51.

FRANQUET y BERTRÁN, C. *Ensayo sobre el origen, espíritu y progresos de la legislación de aguas. Seguido de los elementos de hidronimia pública. Del proyecto de la Ley General presentado al Senado, de la legislación general y foral y de la jurisprudencia civil y administrativa,* (Tomo I), Imprenta de José M. Ducazcal. Madrid, 1864.

FRAX ROSALES, E. "Las Leyes de Bases de Obras Públicas en el siglo XIX", *Revista de Estudios Políticos,* núm. 93, 1996, pp. 513-528.

GALÁN, F. *Tratado sobre la legislación y jurisprudencia sobre aguas y de los Tribunales y Autoridades que se susciten acerca de las mismas,* Imprenta José Reus, Valencia, 1849.

GALLEGO ANABITARTE, A. *El Derecho de aguas en España*, Ministerio de Obras Públicas y Urbanismo, Madrid, 1986.

GALVÁN RODRIGUEZ, E. "La disolución del régimen señorial", *Cortes y Constitución de Cádiz*: 200 años. José Antonio Escudero López (Coord.). Vol. II. España Calpe-España, Madrid, 2011, pp. 204-219.

GARCÍA DE ENTERRÍA, E. *Curso de Derecho administrativo*, Civitas, Madrid, 1986.

GARCÍA CAÑÓN, P. "La pesca en los Concejos de Luna de Yuso y de Suso (León) durante el siglo X: lucha e intereses entre señores y pescadores", en *Vivir del agua en las ciudades medievales*, Isabel Del Val Valdivieso (Coord.), Universidad de Valladolid, Valladolid, 2006, pp. 181-202.

GARCÍA ORMAECHEA, R. *Supervivencia feudales en España. Estudio de legislación y jurisprudencia sobre señoríos*, Edición de Pedro Ruiz Torres, Urgoiti Editores S.L. Mutilva Baja (Navarra), 2002.

GARCÍA PÉREZ, J. "Régimen jurídico del ferrocarril en España desde sus orígenes hasta el siglo XXI", *Anales de mecánica y electricidad*, núm. 1, vol. 84, 2006, pp. 50-53.

GARRIDO, J. M. *El servicio público de abastecimiento de agua a poblaciones*, Instituto de Estudios de Administración Local, Madrid, 1973.

GARRIDO ATIENZA, M. *Las aguas del Albaicín y Alcazaba*, Imprenta Moderna, Granada, 1902.

GAY DE MONTELLÁ, R. y MASSÓ ESCOFET, C. *Tratado de la legislación de aguas públicas y privadas.* (Tomo I), Edición 3º, Bosch, Barcelona, 1956.

GIL OLCINA, A. "Del Plan General de 1902 a la planificación hidrológica", *Investigaciones Geográficas*, núm. 25, 2001, pp. 5-32.

- "Regalías de aguas públicas y dominio público hidráulico", *Investigaciones Geográficas*, núm. 53, 2010, pp. 7-23.
- *Singularidad del régimen señorial valenciano. Expansión, declive y extinción de la señoría directa.* Servicios de publicaciones de la Universidad de Alicante, 2012.

GÓMEZ AYAU, E. "Reforma agraria y revolución campesina en la España del siglo XX" *Revista de Estudios Agrosociales*, núm. 77, 1971, pp. 7-53.

- "De la reforma agraria a la política de colonización (1933-1957)", *Agricultura y Sociedad*, núm. 7. 1978, pp. 87-121.

GÓMEZ MENDOZA, J. "Regeneracionismo y regadíos", *Hitos históricos de los regadíos españoles*. Antonio Gil Olcina (Coord.), Ministerio de Agricultura, Alimentación y Medio Ambiente, Madrid, 1992, pp.231-262.

GONZÁLEZ-BEREGUER URRUTIA, J. L.: *Comentarios a la Ley de Aguas*, Publicaciones "Abella", Madrid, 1985, pp. 29-30.

GONZÁLEZ QUIJANO, P. M. *El problema del agua: breves nociones de hidráulica agrícola con un extracto de la legislación de aguas*, Casa Editorial Bailly-Baillere, Madrid, 1906.

GUAITA, A. *Derecho administrativo: Aguas, Montes, Minas*. Civitas, Madrid, 1982.

GUIMERÁ PERAZA, M. *Heredamientos y Comunidades de Aguas en Canarias. Notas para un estudio de sus diversos problemas jurídico-prácticos*, Reus, Madrid, 1953, pp. 120-195.

- *Régimen jurídico de las aguas en Canarias*, Instituto de Estudios Canarios, La Laguna, 1960.
- "Auxilios a los aprovechamientos de aguas en Canarias y otras cuestiones", *Anuario de Derecho Civil*, Vol. 16, núm. 2. 1963, pp. 423-464.
- *Tres estudios obren aguas canarias*, Aula de Cultura, Santa Cruz de Tenerife, 1970, pp. 90-103.

GUINOT RODRÍGUEZ, E. *La Batlía general se Valencia: gestors i beneficiaris*, en Institut d´Estudis Llerdenecs, Lleida, 1997

GONZALEZ MARTINEZ, J. A. "La enfiteusis aspectos básicos de la institución", *Revista Facultad de Ciencias Sociales y Jurídicas de Elche*, núm. 4, vol. 1, 2009, pp. 255-265.

HERMIDA DE BLAS, F. "El regeneracionismo español", *Pensamiento español y latinoamericano contemporáneo*. Editorial Feijoó, 2022, pp. 93-132.

HERNÁNDEZ MUCHIZ, M. "Cambio espacial en la economía española y cambio en la demanda de transporte de mercancías", *Siglo y medio del ferrocarril en España, 1848-1998: Economía, industria y sociedad,* Vidal Olivares, J. Muñoz Rubio, M. Sanz Fernández, J. (Coord.), Diputación Provincial de Alicante, Instituto Alicantino de Cultura Juan Gil Albert, Alicante, 1990. pp. 355-380.

HERNÁNDEZ RAMOS, J. *Las Heredades de Aguas de Gran Canarias*, Imprenta. Sáez-Buen Suceso, Madrid, 1954, pp. 47-60.

JORDANA DE POZAS, L. "El Derecho español de aguas y la oportunidad de su revisión", (Discurso leído en la inauguración del curso 1961-62, el día 22 de enero de 1962). *Real Academia de Jurisprudencia y Legislación,* Madrid, 1962, pp.1-61

- "La evolución del Derecho de las Aguas en España y en otros países" *Revista de la Administración Pública,* núm. 37, 1962 pp.9-61.

LA PARRA LÓPEZ, E. y SÁNCHEZ RECIO, G. "La revolución burguesa", *Historia de la provincia de Alicante,* José Uroz Sáez (Coord.), vol. V. Ed. Murcia-Mediterráneo, Murcia, 1985, pp. 17-104.

LALINDE ABADÍA, J. "La consideración jurídica de las aguas en el Derecho Medieval Hispánico", *Anales de la Facultad de Derecho (Universidad de La Laguna),* núm. 1968, pp. 43-59.

LATOUR BROTONS, J. *Antecedentes de la primitiva Ley de Aguas.* Imprenta de F. Domenech, Madrid, 1955.

LÓPEZ-CORDÓN CORTEZO, M. V. *La Revolución de 1868 y la I República,* Ed. Siglo Veintiuno de España, Madrid, 1976.

LÓPEZ-VIVIÉ PALENCIA. A. "El canon del control de vertidos en la reforma de la Ley de Aguas", en *La reforma de la Ley de Aguas (Ley 46/99, de 13 de diciembre)",* Antonio Embid Irujo, (Coord.), Civitas, Madrid, 2000, pp. 385-398.

LÓPEZ RODÓ, L. "El proyecto de Ley de Aguas", *Anales de la Real Academia de Ciencias Morales y Políticas,* núm. 62, 1985, pp. 169-176.

LOZANO CUTANDA, B. "La actividad sancionadora de la Administración en defensa del medio ambiente", *Revista de Derecho Ambiental,* núm. 4, 1989, pp. 11-26.

MACÍAS HERNÁNDEZ, A. M. "Los heredamientos de aguas de Canarias y la cuestión señorial", *Constitución, Estado de las Autonomías y justicia constitucional,* Tirant lo Blanch, Valencia, 2005, pp. 1327-1340.

- "Aproximación al proceso de privatización del agua en Canarias, (1500-1879), *Agua y Modo de Producción,* Mª. Teresa Pérez Picazo y Guy Lemeunier (Coord.) Crítica, Madrid, 1990, pp. 121-149.
- "Expansión ultramarina y economía vitivinícola. El ejemplo de Canarias (1500-1550)", *Investigaciones de Historia Económica,* núm. 8, 2007, pp. 13-44.

MALUQUER DE MOTES, J. "La despatrimonialización del agua: movilización de un recurso natural fundamental", *Revista de Historia Económica,* núm.1, 1983, pp. 79-96.

MARTÍN MATEO, R. *Derecho Ambiental,* Instituto de Estudios de Administración Local, Madrid, 1977.

- "La protección de las zonas húmedas en el ordenamiento español", *Revista de Administración Pública,* núm. 96, 1981, pp. 7-32.

MARTÍN MATEO, R. y SOSA WAGNER, F. *Derecho administrativo económico*, Pirámide, 1977.

MARTÍN-RETORTILLO, S. "Trayectoria y significación de las Confederaciones Hidrológicas", *Revista de Administración Pública*, núm. 25, 1958, pp. 85-126.

- "Elaboración de la Ley de Aguas de 1966", *Revista de Administración Pública*, núm. 32, 1960, pp. 11-54.
- *La Ley de Aguas 1866. Antecedentes y elaboración*. Ediciones centro de Estudios Hidrográficos, Madrid, 1963.
- "Sobre la reforma de la Ley de Aguas", *Revista de Administración Pública*, núm. 44, 1964, pp. 25-58.
- "Dictamen sobre la perpetuidad de las concesiones de canales para riego otorgadas a empresa interpuesta con anterioridad a la *Ley de Aguas* de 1866". *Revista de Administración Pública*, núm. 45, Madrid, 1964, pp. 417-442.
- *Aguas públicas y obras hidráulicas*, Técnos Madrid, 1966.
- "Antecedentes del concepto de Plan y referencia a la legislación de fomento del siglo XIX", *Revista de Administración Pública*, núm. 49, 1966, p. 43.
- "Suspensión de alumbramiento de aguas subterráneas y orden público", *Revista de Administración Pública*, núm. 76, 1975, pp. 197-234.
- "Reflexiones sobre la calidad de las aguas en el Ordenamiento jurídico español", *Revista Española de Derecho Admirativo*, núm. 65. 1990, pp. 5-16.

MÁRTINEZ ALMIRA, M. "Derecho de aguas: malos usos y contaminación en el Derecho andalusí", *Anuario de Historia del Derecho Español*, núm. 76. 2006, pp.323-410.

- "Agua, derecho de uso y utilidad en el regadío de tradición andalusí del Reino de Valencia", *Glossae. European Journal of Legal History*, núm. 12, 2015, pp. 483-520.
- "Derecho sobre el agua en el ordenamiento jurídico andalusí", *Waser, Wege, Wissenauf der Iberischen Halbinsel* Ignacio, Czeguhn (Coord.), Nomos, Berlín, 2016, pp. 227-272.
- "El heredamiento en el marco de las comunidades de regantes del río Segura: Entre tradición y modernidad", *El Bajo Segura como enclave hidrológico: territorio, economía y paisaje*. María Zaragoza Martí (Coord.), Tirant lo Blanch, Valencia, 2023, pp. 121-159.

MARTÍNEZ ALMIRA, M., ABELLÁN CONTRERAS, F. J., y PAYÁ SELLÉS, J. "Cultura jurídica y patrimonio hidráulico", *Canelobre. Revista del Instituto Alicantino de Cultura, Juan Gil-Albert,* núm. 70, 2019, pp. 130-147.

MARTÍNEZ BLANCO, A. "La propiedad de las aguas subterráneas y el abastecimiento a poblaciones", *Revista de Estudios de la Administración Local y Autonómica,* núm. 136, 1964, pp. 481-508.

MARTÍNEZ MARTÍNEZ, M. *Unas ordenanzas inéditas de la Huerta de Murcia durante el reinado de los Reyes Católicos,* Consejería de Cultura y Festejos de Murcia, Murcia, 2006.

MARTÍNEZ MARTÍNEZ, M. y HERNÁNDEZ MARTÍNEZ, P. "Las leyes del regadío murciano conflictividad social y codificación (1479-1503)", *Medievalismo. Revista de la Sociedad Española de Estudios Medievales,* núm. 25, 2015, pp. 315-355.

MATÉS BARCO, J, M. "Las empresas de abastecimiento de agua (1850-1950) de la concesión administrativa a la municipalización", *Revista de Estudios Empresariales,* núm. 6,1997, pp. 277-300.

- "Revolución liberal y derecho de aguas en España", *Revista de Estudios Jurídicos,* núm. 1998, pp. 257-274.
- "El sistema moderno de aguas potable en la España interior (siglos XIX-XX)", *Agua, Estado y Sociedad en América Latina y España,* Julio Contreras Utrera (Coord.), Consejo Superior de Investigaciones Científicas, Madrid, 2015, pp. 301-343.
- "La regulación del suministro de agua en España, siglos XIX y XX". *Revista de Historia Industrial,* núm. 61, 2016, pp. 17-49.
- "El servicio público de abastecimiento de aguas en España (siglos XIX-XX): El proceso de acumulación de competencias de los ayuntamientos", *Revista Brasileira de História & Ciencias Sociais,* núm. 18, vol.9. 2017, pp. 36-57.
- "El suministro de agua (siglos XIX y XX). Una historia discontinúa", *Andalucía en la Historia,* núm. 68, 2020, pp. 14-21

MATÉS-BARCO, J. M. y CLAR, E. "Los abastecimientos urbanos y los usos industriales del agua, en V. Pinilla Navarro, (Editor). *Gestión y usos del agua en la cuenca del Ebro en el siglo XX.* Prensas Universitarias de Zaragoza, 2008, p. 563-605.

MELGAREJO MORENO, J. Mª. I. LÓPEZ ORTIZ y MOLINA GIMÉNEZ, A. *La economía circular y el sector del agua en España: Análisis jurídico-económico.* Tirant lo Blanch, Valencia, 2023.

MELGAREJO MORENO, J. "De la política hidráulica a la planificación hidrológica. Un siglo de intervención del estado". *El agua en la historia de España,* Joaquim Melgarejo Moreno (coord.). Servicio de Publicaciones de la Universidad de Alicante, 2000, pp. 275-324.

- "La planificación y la concreción del PHN en la provincia de Alicante", en *Repercusiones socioeconómicas del Plan Hidrológico Nacional en la provincia de Alicante,* Coord./ Joaquín Melgarejo, Confederación empresarial de la provincia de Alicante. COEPA, Alicante, 2004, pp. 25-64.

MOLINA GIMENEZ, A. "El control integrado de la contaminación y el régimen de vertidos al dominio público hidráulico", en *Estudios sobre la Ley de prevención y control integrados de la contaminación,* Aranzadi, Pamplona, 2003, pp. 77-98.

- "Consideraciones jurídicas sobre la aplicación del PHN en la provincia de Alicante, con especial referencia a las obras de transferencia entre distintos ámbitos de planificación hidrológica" en *Repercusiones socioeconómicas del Plan Hidrológico Nacional en la provincia de Alicante,* Coord./ Joaquín Melgarejo, Confederación empresarial de la provincia de Alicante. COEPA, Alicante, 2004, pp. 65-100.
- "Régimen jurídico de los vertidos al dominio público hidráulico", en *Legislación ambiental y actividad empresarial,* Fernández de Rojas Martínez- Parets (Dir.), Aranzadi, Pamplona, 2008, pp. 153-186.

MONTAÑÉS PRIMICIA, E. *Cádiz y la revolución liberal española, 1834-1837.* Servicios de Publicaciones de la Universidad de Cádiz, 2019.

MORELL OCAÑA, L. "La concesión de marismas y el artículo 126 de la Ley del patrimonio del Estado", *Revista de Administración Pública,* núm. 68, 1972, pp. 137-186.

MOREU BALLONGA, J.L.: *Aguas públicas y aguas privadas,* Bosch, Barcelona, 1996.

MOREU BALLONGA, J.L. y MARTÍN-RETORTILLO BAQUER, L. *El nuevo régimen jurídico de las aguas subterráneas.* Universidad de Zaragoza, 1990.

NAVARRO CABALLERO, T. M. "EL Derecho de aguas en Canarias. Especial consideración de los Heredamientos y de las Comunidades de aguas insulares", *Revista de Administración Pública,* núm. 175, 2008, pp. 399-424.

NIETO GARCÍA, A. "Aguas subterráneas: suelos áridos y suelos hídricos". *Revista de Administración Pública,* núm. 56, 1968, pp. 9-92.

- "Heredamientos y Comunidades de Aguas en el siglo XIX", En *Estudios de Derecho Administrativo Especial Canario (Heredamientos y Comunidades de Aguas)*, Cabildo Insular de Tenerife, 1969, pp. 95-177.
- "La legislación de aguas en Canarias", *La legislación de aguas en la Comunidad de Canarias*, Antonio Embid Irujo (Coord.), Tecnos, 1993, pp. 101-119.
- *Derecho administrativo sancionador*, (3º edición), Técnos, Madrid, 2002.

NÚNEZ DE PRADO y FERNÁNDEZ, J. "Consideraciones sobre el Decreto Ley de 14 de noviembre de 1868". *Revista de Obras Públicas*, núm. 3; (Tomo I), 1874, pp. 25-29.

ORTUÑO SÁNCHEZ PEDREO, J. M. "Origen romano de la enfiteusis", *Revista Anales de la Universidad de Alicante, Facultad de Derecho.* Núm. 8, 1993, pp. 63-74.

PERAZA DE AYALA, J. "El Heredamiento de Aguas de La Orotava (notas y documentos para un estudio histórico-jurídico de las aguas en Canarias)", *Estudios de Derecho Administrativo Especial Canario (Heredamientos y Comunidades de Aguas)*, Cabildo Insular de Tenerife, 1969.

PÉREZ PÉREZ, E. *Legislación y administración del agua en España.* Editorial Regional de Murcia, Murcia, 1981

Estudios jurídicos sobre la propiedad, aprovechamientos y gestión del agua. Ministerio de Obras Públicas, Madrid, 1993.

- "Breve exposición de la Ley de Aguas de 1985". *Derecho de Aguas.* Instituto Euromediterraneo del Agua, Madrid, 2006, pp. 61-68.

PÉREZ SARRIÓN, G.: "Regadíos, política hidráulica y cambio social en Aragón (ss. XV-XVIII)", en *Aguas y modos de producción*, Mª. Teresa Pérez Picazo (Coord.). Crítica, Barcelona, 1990, pp. 212-270

PÉREZ MARRERO, L. M. "El proceso de privatización del agua en Canarias", *Anuario de Estudios Atlánticos*, núm. 36, 1990, pp. 429-461.

PESET REIG, M. "L´ Enfiteusis al Regne de Valencia: una análisis jurídica", *Estudi d'Historia Agraria*, núm.7, 1989, pp. 99-126.

PIQUERAS ARENA, J. A. "La revolución burguesa española. De la burguesía sin revolución a la revolución sin burguesía", *Revista Historia Social*, núm. 24. 1996, pp. 95-132.

PRESA GUZMÁN. J. "Bases para una regulación de las aguas subterráneas", *Revista de Derecho Administrativo*, núm. 187, 1980, pp. 233-248,

POVEDA SÁNCHEZ, A. "Sistemas hidráulicos y organización campesina durante el periodo andalusí", en *El agua en la Historia de España, Servicios de publicaciones de la Universidad de Alicante, Alicante,* 2000, pp.19-46.

QUESADA MORILLAS, Mª. Y. "Fuentes para el estudio del régimen jurídico de aguas en Al-Ándalus", *Wasser-Weger-Wissenauf der Iberichen Halbinsel,* Ignacio Czegun, Cosima Möller, Yolanda María Quesada Morillas y José Antonio Pérez Juan (Coord.), Nomos, Berlín, 2016. pp. 295-318.

RABASCO POZUELO, P. "La planificación en la construcción de los poblados del Instituto Nacional de Colonización", *Informes de Construcción,* núm. 515, 2009, pp. 23-24.

RIBERA NÚÑEZ, D. "legislación y protección de las zonas húmedas", en *Aspectos legales de la temática ecológica y ambiental,* Universidad de Murcia, Murcia, 1984.

ROMÁN BARREIRO, E. "La nueva regulación en materia de vertidos" *La reforma de la Ley de Aguas (Ley 46/99, de 13 de diciembre)",* Antonio Embid Irujo (Coord.), Civitas, Madrid, 2000, pp. 399-406.

ROSALES QUEVEDO, T. *Historia de la Heredad de Arucas y Firgas,* Ed. Casa de la Cultura del Ayuntamiento de Arucas, 1977.

RUEDA HERNAZ, G. "La supresión de señoríos y el proceso desvinculador de los bienes nobiliarios", *Aportes. Revista de Historia Contemporánea,* núm. 30. 2015, pp. 41-58.

RUIZ RUIZ J. F. "Sistema de riego en la Vega de Granada: el mantenimiento de un paisaje agrario a partir de los repartos de agua de riego", *Revista Electrónica de Patrimonio Agrario,* núm. 12, 2013, pp. 3-30.

RUIZ TORRES, P. "Reforma agraria y revolución liberal en España", *Reformas y políticas agrarias en la historia de España (de la Ilustración al primer franquismo),* Ministerio de Agricultura, Alimentación y Medio Ambiente, Madrid, 1996, pp. 201-245.

SAHUQUILLO HERRAIZ, A. "Las aguas subterráneas en España", *El campo: Boletín de información agraria,* núm. 96, 1984, pp. 11-13.

SALINAS QUIJADA, F. *El Código civil general y el derecho civil de Navarra en sus diferencias fundamentales,* Consejo Superior de Investigaciones Científicas, CSIC, Madrid, 1955.

- "Navarra en el Proyecto isabelino de Código civil de 1851 y en las Concordancias de García Goyena. *Príncipe de Viana,* núm.45. 1984, pp. 655-698.

SÁNCHEZ BLANCO, A. "Usuarios e intereses generales en la Ley de Aguas de 1985. La dinámica entre un modelo de producción agrario y el equilibrio intersectorial y los intereses generales", *Revista Española de Derecho Administrativo,* núm. 45. 1985, pp. 25-44.

SÁNCHEZ JORDÁN, M.E. "La titularidad (y el aprovechamiento) de las aguas en Canarias", en *Derechos civiles en España,* Madrid, 2000, pp. 4021-4056.

SÁNCHEZ MARROYO, F. *España en el siglo XX: economía, demografía y sociedad.* Ed. Istmo, Madrid, 2003.

SÁNCHEZ MORON, M. "Aspectos ambientales de la modificación de la Ley Aguas", en *La reforma de la Ley de Aguas (Ley 46/99, de 13 de diciembre)",* Antonio Embid Irujo (Coord.), Civitas, Madrid, 2000, pp. 87-111

SÁNCHEZ SÁNCHEZ, I. *El Instituto Nacional de Colonización: repercusiones de la política agraria franquista en Talavera y sus tierras.* Ayuntamiento de Talavera de la Reina, 2002.

SANDOVAL PARRA, V. "Derecho local medieval de aguas", *IusFugit,* núm. 20, 2017, pp. 397-429.

SARMIENTO ACOSTA, M. J. *El Derecho de aguas de Canarias,* Marcial Pons-Ediciones Jurídicas y Sociales, Madrid, 2002,

- "Los retos del Derecho especial de aguas de canarias en el Estado autonómico", *Vector plusmiscelánea científico – cultural,* núm.19. 2002, pp. 68-74.

SEGURA CLAVELL, J. "agua en canarias", *Boletín de la Real Sociedad Económica de Amigos del País de Tenerife (Nautis et incolis),* núm.1, 2011, pp. 17-40.

SERVERA GONZÁEZ, J. *Código de Aguas,* Colección de Cuadernos de Documentación núm. 29. Imprenta Alberdi, Madrid, 1980, pp. 11-13.

SERRANO SANZ, J.M. "La política arancelaria española al término de la primera Guerra Mundial: proteccionismo, arancel Cambó y tratados comerciales". *La crisis de la Restauración. España, entre la primera Guerra Mundial y la Segunda República. II Coloquio de Segovia sobre Historia Contemporánea de España,* Siglo XXI de España, Madrid, 1986, pp. 199-224

SUARÉZ GRIMÓN, V, J. "El agua como motivo de la conflictividad social en Gran Canarias (siglos XVIII-XIX), *VIII Coloquio de Historia Canario-Americana (1988),* Cabildo Insular de Gran Canarias, Gran Canarias, 1981, pp. 209-230.

TORTELLA, G. "Los orígenes del capitalismo en España: banca, industria y ferrocarriles en el siglo XIX, Tecnos, Madrid, 1982.

TORRIJANO PÉREZ, E. "Los aprovechamientos del agua en el Derecho histórico hispano, siglos XIII-XIX", *Minius*, núm. 23, 2015, pp. 171-206.

VALENCIA MARTÍN, G. *Jurisprudencia constitucional y medio ambiente.* Thomson Reuters Aranzadi, Pamplona, 2017.

VASSBERG, D. E. Tierra *y sociedad en Castilla, Señores, poderosos y campesinos en la España del siglo XVI,* Crítica, Barcelona, 1986

VERGARA BLANCO, A. *Derecho de Aguas.* Tomo I, Editorial jurídica de Chile, Santiago de Chile, 1998.

VIDAL-ABARCA GUTIERREZ, M. R., SALAT UMBERT, J. y OLLERO OJEDA, A. "La gestión sostenible de ecosistemas acuáticos continentales, aguas costeras y de transición: hábitats, biodiversidad y funciones hidrogeomorfológicas", *El agua: perspectiva ecosistémica y gestión integrada,* Leandro del Moral Ituarte (Coord.), Fundación nueva cultura del agua. Madrid, 2015, pp. 120-184.

VILLAR ROJAS, F. J. "El Derecho transitorio de la Ley de aguas de Canarias: el inevitable equilibrio entre el dominio público hidráulicos y los derechos preexistentes", *Revista Española de Derecho Administrativo,* núm. 83, 1994, pp. 425-454

VILLARES PAZ, R. "Reformas institucionales y expansión agraria en la España liberal", *Estudios de historia (Homenaje al profesor Jesús María Palomares).* Elena Maza Zorrilla (Coord.), Universidad de Valladolid, Valladolid, 2006, pp. 351-368.

VIÑA BRITO, A. y GAMBÍN GARCÍA, M. "El poder del agua. Conflictividad en las islas Canarias", *Anuario de Estudios Atlánticos,* núm. 54, 2008, pp. 323-370.

ZAMBRANA MORAL, P. "La protección de las aguas frente a la contaminación y otros aspectos medio-ambientales en el Derecho romano y en el Derecho castellano medieval", *Revista de Derecho de la Pontificia Universidad Católica de Valparaíso,* núm.2. Vol. 37, 2011, pp. 597-650.

- *La protección del medio ambiente: perspectiva histórico-jurídica.* Aranzadi, Pamplona, 2022.

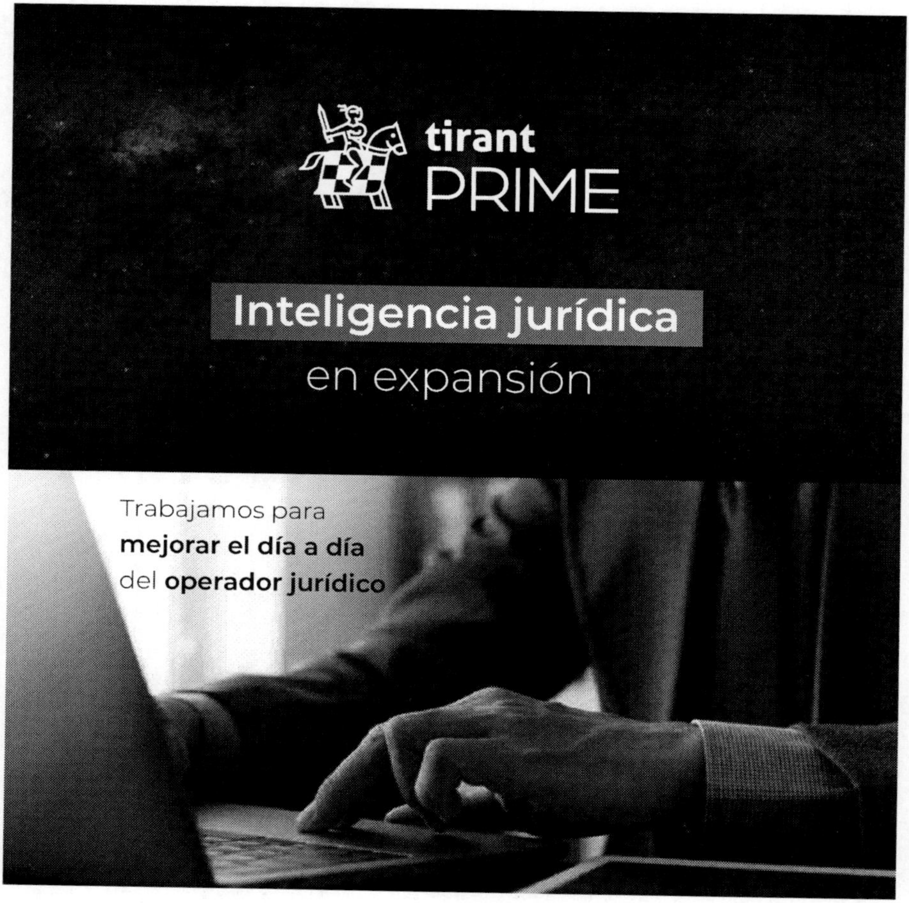